世纪经济学特色精品教材

国际财务管理

梁艳 编著

清华大学出版社
北京

内 容 简 介

本书共包含两个主干,一个是跨国公司财务管理的国际金融环境分析,主要介绍国际金融市场环境,同时还介绍了外汇交易的基本概念和汇率决定理论,为跨国公司财务规划奠定基本的理论基础。另一个是跨国公司直接投资的财务规划策略分析,涉及跨国公司投融资管理的特殊性与战略视角,突显不同于国内财务管理的跨国公司六种财务规划策略,既有理论应用性,又有案例分析与讨论,具有较强的实践性与应用性。

本书可作为本科生与研究生的金融与财务管理专业教材,也适合财经类专业工作人员和研究人员自学和查阅使用。

本书封面贴有清华大学出版社防伪标签,无标签者不得销售。
版权所有,侵权必究。举报: 010-62782989, beiqinquan@tup.tsinghua.edu.cn。

图书在版编目(CIP)数据

国际财务管理/梁艳编著. —北京: 清华大学出版社,2017(2023.1重印)
(21世纪经济学特色精品教材)
ISBN 978-7-302-46117-3

Ⅰ.①国… Ⅱ.①梁… Ⅲ.①国际财务管理—高等学校—教材 Ⅳ.①F811.2

中国版本图书馆 CIP 数据核字(2017)第 006070 号

责任编辑: 张　伟
封面设计: 单　良
责任校对: 宋玉莲
责任印制: 曹婉颖

出版发行: 清华大学出版社
网　　址: http://www.tup.com.cn, http://www.wqbook.com
地　　址: 北京清华大学学研大厦 A 座　　　邮　编: 100084
社 总 机: 010-83470000　　　邮　购: 010-62786544
投稿与读者服务: 010-62776969, c-service@tup.tsinghua.edu.cn
质量反馈: 010-62772015, zhiliang@tup.tsinghua.edu.cn
课件下载: http://www.tup.com.cn,010-62770177-4506

印 装 者: 天津鑫丰华印务有限公司
经　　销: 全国新华书店
开　　本: 185mm×260mm　　印 张: 20.5　　插 页: 1　　字 数: 467 千字
版　　次: 2017 年 5 月第 1 版　　　　　　　　　　印 次: 2023 年 1 月第 4 次印刷
定　　价: 44.00 元

产品编号: 045752-01

21 世纪经济学特色精品教材

丛书编委会

主　　任　苏敬勤
副 主 任　李延喜　任曙明
编　　委　（按姓氏拼音排列）
　　　　　安　辉　陈　艳　陈艳莹　成力为
　　　　　丁永健　郭崇慧　李文立　李秀莲
　　　　　梁　艳　刘井建　刘晓冰　逯宇铎
　　　　　潘雄锋　苏振东　孙晓华　徐大伟
　　　　　袁　鹏　兆文军

丛书序

纵观世界，人类社会处处充满矛盾，表现为阶级斗争、宗教恩怨、文明纠葛，或者意识形态之间的冲突等。给经济学下定义，往往在两个方面遇到困难。一是经济学的研究领域有日渐扩大的趋势，因此很难用一个定义加以概括；二是经济学涉及的问题，极易引起持不同世界观和道德标准的人们的争论，常常无法达成统一见解，为此，我们需要以人们的某种共识为基础，对经济学进行剖析。毋庸置疑，人类的发展史，就是一部与天斗、与地斗、与人斗的斗争史。不过，究其实质，人类社会最基本的矛盾乃是人类欲望的无限性与资源的稀缺性之间的矛盾。经济学则试图通过优化资源配置来缓解人类社会的这一基本矛盾。

大连理工大学经济学科自建立以来，一直坚持理论与应用相结合的办学方向，为培养能够理论联系实际、解决实际问题的精英人才，经济学科一直非常重视高水平教材建设，2010年前出版了一套系列教材。2010年7月，为加强管理与经济两个学科的资源整合、集成学科群体优势、搭建创新大平台，促进人才培养、科学研究和学科建设，学校在原管理学院、经济系基础上组建成立了管理与经济学部，学部下设管理科学与工程学院、工商管理学院、经济学院、MBA/EMBA教育中心。学部成立后对人才培养给予了高度重视，为了更好地满足培养经济学科精英人才的需要，加强教材建设，以及源于日常教学和科研参考之需，在学部的支持下，大连理工大学经济学院决定按照新的体系再出版一套经济学系列教材。

这套教材作为经济学院建院以来重要的成果之一，在编写过程中力求体现以下特点。

1. 强调与国际先进接轨原则

每部教材的编写充分反映了相关领域内国际最先进的理论、方法与思想，并用符合教学特点的语言撰写出来。力图使学生在学习课程最前沿的研究成果的基础上，进一步深入理解当今经济现实发生背后的原因和作用机理。尽力将国际经济活动的最新数据融入新教材，以充分反映与国际先进接轨的时代性。

2. 强调中国特色原则

每部教材的编写在充分反映相关领域内国际最先进的理论、方法与思想的基础上，注意介绍改革开放以来中国经济、中国金融、中国投资和中国制度的成功案例，不仅反映了中国发展带来的巨大变化，而且深入揭示了中国经济发展的规律和特点，使学生做到学以致用。每部教材力图将国际经济基本理论教学融入中国问题分析，并力图引导高年级学生用国际视角去思考本土问题。

3. 强调应用导向原则

每部教材的编写在系统地论述经济理论的同时，强调这一学科的知识在现实生活中的应用，即强调理论紧密联系当前的实际。各章之后均附有可供分析和讨论的习题和案例思考题，激发学生进行思考，并在独立思考的基础上进行合作交流，在思考、探索和交流的过程中获得较为全面深入的体验和理解。书中尽可能多地运用实例，帮助学生学以致用。

4. 强调阅读导向原则

每部教材的编写注重符合学生学习的认知规律，具有启发性，采用图文并茂的形式进行详细的介绍，以增加可阅读性，激发学生的学习兴趣，让学生能比较轻松地掌握深奥的知识。每部教材内容丰富，基础理论严谨，专栏独特，案例典型，以点带面，帮助学生对内容理解、消化和吸收，充分体现了"实用、新颖、有趣"，为广大财经学子开辟了一条通往学术殿堂的道路。

希望这套教材的出版，能为改变我国经济学人才短缺的现状和培养理论与实务兼备的经济学人才贡献出微薄之力。由于自身理论和实践认识水平所限，特别是知识更新速度加快，因此这套教材难免存在不足之处，诚恳地希望广大读者特别是任课教师和使用本系列教材的同学们提出宝贵意见，以便今后进一步完善。最后感谢清华大学出版社编辑们的辛勤工作，经过反复论证，使丛书得以正式出版。

编委会

2012 年 7 月

前言

世界经济形势的变迁,从 2007 年美国次贷危机引发的全球金融危机、欧债主权危机、英国脱欧到埃及货币危机,甚至 2016 年美国总统大选都直接引发金融市场和全球金融政策的改变。这些危机带来的金融冲击与经济的关联,体现全球经济环境一直处于不断自我调整与变迁的进程中,对微观主体——跨国公司的影响,无疑也引发学者和企业管理者的格外关注。因此,如何进行合理而有效的财务管理,在风云变幻的国际政治与经济环境中,制定相应的财务管理战略,赢得公司核心竞争力优势,愈发显得重要与关键,也推动国际财务管理理论与应用策略的调整与改革,凸显国际财务管理的必要性。

国际财务管理不仅仅是国内财务管理的简单延伸,伴随着金融市场自由化、产品创新和技术进步,各国的汇率、税率、通货膨胀率、资本市场、会计制度以及基本环境的不同,国际财务管理所涉及的范围和内容一直发生着很大的演变。国际财务管理作为一门学科,研究在国际经济条件下,国际企业从事跨国性生产经营活动所面临的特殊领域财务管理问题,是现代化财务管理在国际领域的延伸。本书以经济全球化和跨国公司的崛起为引子,引出国际财务管理的概念,由浅入深地讲述国际财务管理的基本内容,本书特色表现在以下三个方面。

1. 合理的教材体系

本书基于国外学者 Cheol S. Eun 和 Jeff Madura 的经典原文教材与相关资料素材,借鉴相应的理论体系和案例,同时,结合本人多年的教学实践,摒弃以往国际金融宏观理论和间接投资理论,清晰简洁地构架出以跨国公司为研究对象进行国际投融资的财务管理架构,分为两个主干体系——国际金融市场环境分析和跨国公司的投融资财务管理策略分析。前者包括绪论、国际银行和国际货币市场、国际债券市场和国际股票市场、外汇市场和外汇交易、外汇衍生市场五个部分;后者包括外汇风险管理、国际融资管理、对外直接投资和跨国并购、国际营运资金管理、国际税收管理、国际资本预算管理六个部分。本书的逻辑结构清晰明了,避免同类教材章节众多、层次混杂而知识重复的现象,突出国际财务管理内容的特殊性。

2. 强调基础知识和实践经营的需要与应用

扎实的基础知识是实践应用的基石,本书的第一个主干体系国际金融市场环境分析强调基本概念,使后续各章学习变得更为容易。对于层次较深的话题,本书在每章的内容中,选择适当的角度或者是重点关注的几个问题,以专栏的方式引用实例加以解释;同时,还适当地援引一些精心选编的案例和习题,以强化知识点,让读者自己去分析和拓展,使读者能够掌握一种分析框架,目的就是增加本书的实践性和可读性,有助于读者从各种角度理解和掌握国际财务管理的基本原理和策略应用。另外,结合理工科院校学生的特点,强调培养学生扎实的国际投融资理论基础和实践基础,适当吸收最新的金融理论和跨国公司发展的最新动态、特征与发展规律,深入浅出,重点强调如何运用金融市场的交易设计风险规避策略,保证金融理论的时效性与应用的可操作性。

3. 增加案例与习题的编写,突出学生洞察力

本书结合各高等院校《国际财务管理》双语课程教学的需求,充分发挥双语教学优势,适应培养开放经济下应用型人才的需要,结合全球经济一体化不断变化的时代背景,借鉴原版教材的国外案例,编制简化且容易分析的中文专栏、案例与习题部分,帮助学生运用金融和财务理论来制定和选择财务规划策略,体现教材与时代同步发展的特点,弥补现有国内教材的不足,改进国外原版案例的国内适用性,增强教学效果。

本书主要是高等院校金融学专业、国际贸易专业以及相关专业的本科教材,同时也可作为MBA学生,银行、咨询和培训等行业的从业者重要的参考书与培训教材。在编写书稿时,我们力争充分利用多年来在该领域所积累的教学和研究成果,对国际财务管理方面的最新观点进行清晰而全面的阐述,希望能增加本书的可读性;同时,也能够起到抛砖引玉的作用,使读者触类旁通,熟悉掌握金融财务理论的应用。

同时,感谢我的学生杨振兴、白雨露、王昳儿、董建言等对书稿的校对与修订,也感谢我的女儿和家人所给予的无私之爱、理解与支持,每个挑灯未眠之夜的耕作,无不与爱的温暖息息相关,对于本书稿的完成起着至关重要的作用。在此,一并表示来自心底的深深欣慰和谢意!

梁 艳

2017年1月

目录

第1章 国际财务管理绪论 … 1

1.1 经济全球化和跨国公司的崛起 … 1
- 1.1.1 世界经济全球化 … 1
- 1.1.2 跨国公司的崛起与发展 … 4

1.2 国际财务管理的重要性和主要内容 … 13
- 1.2.1 国际财务管理的重要性 … 13
- 1.2.2 国际财务管理的主要内容 … 14

1.3 国际财务管理的组织与目标 … 19
- 1.3.1 国际财务管理的组织 … 19
- 1.3.2 两种主要财务管理目标的比较 … 21
- 1.3.3 国际财务管理目标的选择与合理组合 … 23

思考题 … 26

第2章 国际银行和国际货币市场 … 27

2.1 国际金融市场概述 … 27
- 2.1.1 国际金融市场的含义及特点 … 27
- 2.1.2 国际金融市场的类型 … 29
- 2.1.3 国际金融市场的作用与格局分布 … 31

2.2 国际银行与跨国银行 … 33
- 2.2.1 跨国银行的产生与发展 … 34
- 2.2.2 跨国银行的分支机构与业务活动 … 36
- 2.2.3 跨国银行的作用与影响 … 38

2.3 国际货币市场的特点和组成 … 39
- 2.3.1 国际货币市场的功能和特征 … 39
- 2.3.2 国际货币市场的组成 … 41
- 2.3.3 国际货币市场交易所和欧洲票据市场 … 45

2.4 欧洲货币市场及其特点 … 47
- 2.4.1 欧洲货币市场的起源 … 47
- 2.4.2 欧洲货币市场的迅速发展 … 48
- 2.4.3 欧洲货币市场的特点和类型 … 50

思考题 … 54

第3章 国际债券市场和国际股票市场 … 55

3.1 国际资本市场概述 … 55
3.1.1 国际资本市场的功能和分类 … 55
3.1.2 国际债券市场的分类与信用评级 … 57
3.1.3 国际股票市场的发行与流通 … 64

3.2 外国债券市场和欧洲债券市场 … 69
3.2.1 各国的外国债券市场 … 69
3.2.2 欧洲债券市场的特征与发行程序 … 73

3.3 主要的国际股票市场 … 80
3.3.1 美国的主要证券交易所 … 80
3.3.2 其他典型的证券交易所 … 83
3.3.3 境外不同上市方式的比较 … 87

思考题 … 89

第4章 外汇市场和外汇交易 … 91

4.1 外汇市场概述 … 91
4.1.1 外汇市场的特征和分类 … 91
4.1.2 外汇市场的基本概念 … 94

4.2 汇率制度与汇率决定理论 … 102
4.2.1 不同货币制度下的汇率决定基础 … 102
4.2.2 外汇市场供求决定的均衡汇率 … 106
4.2.3 外汇市场上的主要平价关系 … 107

4.3 即期外汇交易与远期外汇交易 … 116
4.3.1 即期外汇投机交易与套汇交易 … 116
4.3.2 远期外汇交易 … 118
4.3.3 远期择期交易 … 123

思考题 … 124

第5章 外汇衍生市场 … 126

5.1 外汇期货交易 … 126
5.1.1 外汇期货概述 … 126
5.1.2 外汇期货与外汇远期的比较 … 130
5.1.3 外汇期货的功能及其应用 … 132

5.2 外汇期权交易 … 137
5.2.1 外汇期权的概念与分类 … 137
5.2.2 外汇期权的特征 … 140
5.2.3 外汇期权交易的应用 … 143

5.3 外汇掉期交易与互换交易 ··· 144
    5.3.1 掉期交易及应用 ·· 144
    5.3.2 货币互换和利率互换交易 ·· 146
    5.3.3 利率互换期权交易 ··· 152
  思考题 ··· 154

第6章 外汇风险管理 ·· 156

  6.1 会计风险及其管理 ·· 156
    6.1.1 会计折算方法 ··· 156
    6.1.2 会计风险的管理策略 ·· 158
  6.2 交易风险及其管理 ·· 160
    6.2.1 交易风险概述 ··· 160
    6.2.2 交易风险的三种金融市场管理策略 ··· 161
    6.2.3 其他套期保值策略 ··· 166
  6.3 经济风险及其管理 ·· 169
    6.3.1 经济风险概述 ··· 169
    6.3.2 经济风险的管理策略 ·· 174
  思考题 ··· 180

第7章 国际融资管理 ·· 182

  7.1 国际信贷融资和证券融资方式 ··· 182
    7.1.1 国际信贷融资及分类 ·· 182
    7.1.2 国际信贷融资风险 ··· 187
    7.1.3 国际证券融资 ··· 189
  7.2 国际租赁融资和项目融资 ··· 191
    7.2.1 国际租赁融资 ··· 191
    7.2.2 国际项目融资 ··· 193
  7.3 汇率波动对跨国公司融资决策的影响 ··· 201
    7.3.1 贷款币种的选择——贷款成本法分析 ·· 201
    7.3.2 贷款币种的选择——外币现金流入的影响 ·· 205
    7.3.3 融资决策与金融衍生市场的应用 ··· 206
    7.3.4 投机行为对贷款方案选择的影响 ··· 208
  思考题 ··· 209

第8章 对外直接投资和跨国并购 ·· 210

  8.1 国际直接投资概述 ·· 210
    8.1.1 对外直接投资的定义及资金来源 ··· 210
    8.1.2 对外直接投资的动因及条件 ·· 211

8.1.3　对外直接投资的类型 …………………………………………… 214
8.2　国际直接投资的风险与规避 ………………………………………………… 217
　　8.2.1　政治风险及其规避 ………………………………………………… 218
　　8.2.2　经营风险及其防范 ………………………………………………… 221
8.3　跨国并购 ……………………………………………………………………… 223
　　8.3.1　跨国并购考虑的因素 ……………………………………………… 224
　　8.3.2　跨国并购的利与弊 ………………………………………………… 225
　　8.3.3　跨国并购的成功要素 ……………………………………………… 228
思考题 ……………………………………………………………………………… 230

第9章　国际营运资金管理 ……………………………………………………… 232

9.1　跨国公司营运资金管理的内容 ……………………………………………… 232
　　9.1.1　跨国公司营运资金管理概述 ……………………………………… 232
　　9.1.2　从母公司到子公司的资金流动 …………………………………… 234
　　9.1.3　跨国公司内部的资金流动 ………………………………………… 235
9.2　国际现金管理 ………………………………………………………………… 240
　　9.2.1　国际现金管理的目标和内容 ……………………………………… 240
　　9.2.2　国际现金池管理 …………………………………………………… 243
9.3　国际应收账款和国际存货管理 ……………………………………………… 247
　　9.3.1　国际应收账款管理的主要内容 …………………………………… 247
　　9.3.2　国际存货管理的主要内容 ………………………………………… 248
9.4　跨国公司资金转移方案设计 ………………………………………………… 249
　　9.4.1　股利支付与纳税策划 ……………………………………………… 249
　　9.4.2　被锁定资金的策略 ………………………………………………… 250
　　9.4.3　充分利用全球资金转移政策 ……………………………………… 252
思考题 ……………………………………………………………………………… 253

第10章　国际税收管理 …………………………………………………………… 254

10.1　国际税收概述 ………………………………………………………………… 254
　　10.1.1　国际税收概念、目的和环境 ……………………………………… 254
　　10.1.2　国际税收的种类 …………………………………………………… 256
10.2　国际双重课税 ………………………………………………………………… 261
　　10.2.1　国际双重课税产生的原因 ………………………………………… 261
　　10.2.2　国际双重课税的处理 ……………………………………………… 263
10.3　跨国公司的纳税策划与国际避税手段 ……………………………………… 269
　　10.3.1　不同组织形式与纳税策划 ………………………………………… 269
　　10.3.2　国际税收策划与避税手段 ………………………………………… 273
思考题 ……………………………………………………………………………… 279

第11章 国际资本预算管理 ·············· 281

11.1 资本预算的基本方法 ·············· 281
11.1.1 资本预算的基本原则 ·············· 281
11.1.2 资本预算的基本方法 ·············· 283
11.1.3 国际平价条件和跨国资本预算 ·············· 285

11.2 国际资本结构与资本成本 ·············· 287
11.2.1 资本结构理论与项目估值 ·············· 287
11.2.2 跨国公司最佳资本结构的选择 ·············· 289
11.2.3 跨国公司的资本成本 ·············· 292

11.3 国际资本预算的复杂性 ·············· 298
11.3.1 基于国内母公司角度的项目评估 ·············· 298
11.3.2 基于国外子公司或项目角度的项目评估 ·············· 298
11.3.3 国际购买力平价不成立时项目净现值的判别标准 ·············· 299
11.3.4 国际项目投资净现值 APV 的计算 ·············· 299

11.4 国际资本预算风险评估的复杂性 ·············· 301
11.4.1 国际资本预算风险评估模型 ·············· 302
11.4.2 分割的资本市场条件下的国际资本预算评估 ·············· 303

思考题 ·············· 308

第 1 章 国际财务管理绪论

1.1 经济全球化和跨国公司的崛起

1.1.1 世界经济全球化

从历史上看,经济全球化作为一种进程由来已久,自 15 世纪末 16 世纪初地理大发现以来,原先各个相互分离的区域性市场逐渐连接成世界市场,并且随着产业革命的大规模展开,尤其是世界生产力的增长和大规模资本输出,越来越多的国家卷入到国际市场的密网之中,世界各国开始走向世界经济全球化。1985 年,美国著名经济学家 T. 莱维在《谈市场的全球化》中使用"全球化"来形容前 20 年世界经济发生的巨大变化,即生产、贸易、资本开始在世界范围内进行前所未有的发展和流动,科学技术不仅获得巨大发展,还开始成为全球的共享资源。因此,世界经济全球化,就是世界各国在经济发展过程中,彼此之间互相开放,通过贸易、资金流动、技术转移、信息网络和文化交流等方式,形成一个全球性的相互联系、相互依存的经济有机体。它是当代世界经济的重要特征之一,也是世界经济发展的重要趋势。

1. 世界经济全球化和国际分工体系的初步形成阶段

19 世纪末和 20 世纪初期,世界经济全球化和国际分工体系得以初步形成。首先,第二次科技革命为世界经济走向全球化奠定了物质基础。这一时期西方发达国家发生第二次科技革命,从蒸气时代进入电气时代,从以纺织工业为中心的轻工业革命进入以钢铁、石化、电器、机械、汽车为代表的重化工业革命,生产力获得新的大发展。从 1873 年到 1913 年,世界工农业生产增长 4 倍以上,其增长速度超过历史任何时期。世界贸易量增加 2 倍,参加国际贸易的国家和地区从 50 个增加到 100 多个。其次,交通运输事业的迅速发展巨大地推动世界经济的全球化发展。这一时期的电车、汽车、铁路、铁制轮船成为新的交通运输工具,电话、无线电、电报成为新的通信手段,大大缩短时空距离,为国际贸易的大发展提供了新的物质技术基础。全世界铁路长度增加 4 倍,世界轮船总吨位增加 1 倍。1869 年苏伊士运河通航又把欧洲和亚洲连接在一起,航程缩短几千海里,大大促进世界范围内的商品贸易、资本输出和人口流动的发展。最后,世界货币(黄金)的确立及金融网络的形成是世界经济走向全球化的必要条件。这一时期,世界上大多数国家都过渡到金本位制,为世界市场上各种货币的价值提供一个互相比较的价值尺度,从而把各国的价格结构联系在一起。同时,西欧和美国的银行建立了许多海外分支,发展了保险业务和通信网络,把世界市场上的有形贸易和无形贸易、商品贸易和金融交易紧密地结合在一起。

2. "一战"至"冷战"结束后经济全球化的曲折发展

然而,世界经济全球化进程并不是一帆风顺的,也存在诸多矛盾。其中,世界经济大萧条的影响、贸易保护主义浪潮的冲击、第一次和第二次世界大战以及其后社会主义阵营与资本主义阵营对峙的冷战,均以不同方式阻碍并打乱经济全球化的正常进程和秩序,破坏各国和各地区的经济交往。但是经济全球化进程并未因此而停止,恰恰相反,正是这些事件的发生使人们认识到战争(不论热战还是冷战)和对峙只能损害全人类的经济发展,损害人类社会的进步。因此,在第二次世界大战结束前夕,作为稳定和调节世界经济和国际经济关系的三大国际经济组织——GATT(关税及贸易总协定)、世界银行和国际货币基金组织应运而生。这三大国际经济组织的产生和发展标志着经济全球化从自发过程开始走向制度化过程。20世纪50年代初,出现以微电子、新材料、新能源为代表的新科技革命,将工业化进程引向新阶段,发达资本主义国家进入一个经济大发展的新时期,即所谓的"经济高速增长时期"。也正是在这个历史阶段,西方帝国主义国家苦心经营几百年的殖民体系土崩瓦解,亚、非、拉殖民地国家摆脱悲惨的殖民统治,建立起自己当家做主的新国家,同时也与西方发达国家逐步形成了独立自主、平等互利的国际经济关系。因此,这一阶段既是经济全球化受阻的时期,也是经济全球化向纵深发展的孕育时期。

3. "冷战"后第三次科技革命导致经济全球化的加速发展阶段

20世纪80年代末90年代初苏联解体、东欧剧变,标志着经济全球化进入一个新阶段。世界各国最主要的任务是发展经济,稳定和可持续发展的经济目标成为最高目标,合作成为世界经济发展的一股新潮流,经济全球化进程出现前所未有的上升势头,并正在成为不可逆转的发展趋势。这一阶段的突出标志表现在:以微电子、生物工程大发展为标志的科技革命得到深入发展,西方发达国家开始从工业社会转变为信息社会;跨国公司不仅在数量上、规模上有了更大发展,而且其经营战略发生重大变化,突出地体现在企业跨国并购的形式、数量和规模均有了重大发展,许多跨国公司的研发中心移向海外,世界经济融合的程度空前提高;出现不同制度国家的体制创新,社会主义国家经济体制的改革和以市场为取向的体制转轨,最终消除市场经济全球化障碍,市场经济成为涵盖整个世界的经济体制;同时,WTO(世界贸易组织)等国际经济组织的职能、规模的扩大和发展,使世界经济运行日益规范化和规则化,实现物流、资金流、信息流和知识流的全球畅通,标志着经济全球化时代的真正到来。

世界经济取得空前大发展,经济全球化进程又出现前所未有的上升势头,并正在成为不可逆转的发展趋势。主要特征表现在以下几个方面。

(1)生产力国际化和生产国际化得到全面发展

"二战"后,在第三次科技革命浪潮的影响下,生产力国际化速度大大加快,世界经济的各个环节相互联系和依赖不断加深。生产力的国际化表现在零部件和半成品而不是最终产品的生产专业化发展。例如,在现代化机器制造业中,仅仅15%~20%的机器零件是专用的,其余80%~85%的零件是批量生产的、标准化的和可相互替换的统一化产品,适用于各种产品的生产,发达国家之间30%以上的贸易是协作产品的供应。因此,在科技革命和国际分工的发展与生产力的国际化的影响下,生产也日趋走向国际化。根据联合国跨国公司研究中心数据显示:世界上最大的382家跨国公司海外销售额占其总销售额的比例,由1971年的30%上升到1980年的40%,约占非社会主义国家各国总产值的28%。1987年,理查德·柯克兰在美国《幸福》杂志中指出:"越来越多的公司在两个、三个或更多的国家中设厂生产,把全世界当作自己的工厂和市场,这些公司在全世界非农产品货物的出口份额中比重占据一半以上,其产品真正成为'全球工厂'的产品。"因此,在新科技革命推动下,当代世界社会生产力越来越要求生产的国际化,生产的国际化又要求世界经济的全球化,也就是要求世界各国,无论是发达的资本主义国家,还是发展中国家或社会主义国家,都要在经济发展过程中互相开放、互相依存、加强合作,这也成为不可逆转的历史发展趋势。

(2) 国际分工日趋深化和扩大

第三次科技革命引起社会生产力的巨大进步,国际分工不仅在内容上发生变化,其性质也在变化。过去的国际分工是工业国和农业国家之间粗线条的分工,战后的国际分工迅速发展为以现代工艺和技术为基础的工业部门之间的分工和部门内部的分工,进而走向工业程序之间的分工,这也是现代技术发展带来的必然结果。生产国际化,特别是高技术产品生产的国际化,导致工艺过程层次上的直接国际分工,参与国际分工本身已成为生产正常发展的基本前提。例如,生产波音747飞机需要近450万个各种零部件,分别由众多国家的1 600多个公司供应,没有国家间的合作便不可能进行正常的生产。

(3) 世界贸易得到前所未有的快速发展

世界经济发展经历了1948—1973年的黄金时代,这段时间也是国际贸易发展的黄金时代。1960—1970年世界出口量平均增长率为8.5%。虽然20世纪80年代初世界经济出现危机,国际贸易出现下降,但是,总的来看,1945—1987年,国际贸易量平均增长仍旧超过1945年前的历史水平。从有形贸易发展来看,1986年世界出口值首次超过3万亿美元大关。1987年,在世界经济增长不到3%、发达国家生产增长约4%的情况下,国际贸易总额超过2.45万亿美元。1980—1987年,世界物质产品产量的平均年增长率为2.5%,世界有形贸易的平均年增长率为3%,表明战后几十年,世界各国间的经济相互依赖和相互依存,世界经济的关联性更加紧密。

(4) 金融国际化和金融市场全球化趋势日益突出

金融开始总是被认为附属于贸易,国际金融活动仅仅是国际贸易活动的一部分。如今,国际金融活动已经作为一种能动力量把世界经济联系在一起。据估计,仅在欧洲美元市场上至少有一万亿美元在流动,一年借贷款约为75万亿美元,相当于世界贸易总额的25倍,世界外汇市场的交易累计额也十几倍于世界贸易总额。国际资本流动的规模越来越大,使世界各国的经济活动直接地联系在一起,出现网络式辐射的金融市场全球化的特征。东京、香港、苏黎世、伦敦、纽约相互接应,使全球金融活动可在24小时内不间断进行。全球化的金融机构以纽约、伦敦、东京为核心,以法兰克福、苏黎世、巴黎、布鲁塞尔、阿姆斯特丹、米兰、斯德哥尔摩、蒙特利尔、香港、新加坡、卢森堡、巴哈马、巴拿马等为基本辐射区域,以埃及、突尼斯、约旦、科威特、阿联酋、巴巴多斯、百慕大等奉行外向型发展战略的国家和地区为辐射圈,形成纵横交错的金融网络。20世纪80年代,开始出现了金融业务的自由化趋势。西方主要资本主义国家相继宣布取消或减少对债券投资的利息征税,放宽外国企业发行债券的财务限制,实行外汇买卖和存款利率的自由化,不断加快本国货币和市场国际化的进程。因此,许多国家的金融业务,特别是发达国家的金融业务已经打破国界,难分国内市场和国际市场,形成真正的世界统一的金融市场;金融技术革命,尤其电信和电子计算机等现代金融技术的运用,将不同地区、不同国家以及各个不同体系的金融市场融为一体,市场关系高度依存。

(5) 欧元时代的来临

1999年欧元的产生,成为世界金融体系的一个重大事件。截止到2008年1月1日,15个国家(奥地利、比利时、芬兰、法国、德国、希腊、爱尔兰、意大利、卢森堡、荷兰、葡萄牙、西班牙、斯洛文尼亚、马耳他和塞浦路斯)中,超过3.18亿的欧洲人都在日常生活中使用欧元。欧元区的货币政策是由位于法兰克福的欧洲中央银行(ECB)制定的,部分依照德国中央银行——德意志银行模式。欧洲中央银行在法律上负有保障欧元区货币稳定的责任。被称作"欧元之父"的罗伯特·蒙代尔教授曾指出:"欧元区的产生将会逐渐地,但是必然会在优化货币政策的角度和货币的适用范围上与美元区发生冲突。"欧元体系将15个国家重组,统一使用欧元,给欧洲金融体系带来变革,促使形成一个覆盖整个欧洲大陆、在深度和广度上都可以和美元媲美的资本市场。正是由于欧元资本市场的巨大作用,才导致在欧洲奉行大规模的跨行业收购及兼并中很少有银行资本参与。自从第一次世界大战以后,美元就代替英镑成为世界经济活动中的主流货币,货币汇率以美元标价和结算,类似地,像汽油、咖啡、小麦和黄金的日常美元结算交易都体现了美元的强势主导统治地位、成熟开放的货币市场、稳定的物价以及强大的政治、军事实力。美元的主导地位也赋予美国很多特权,例如,美国可以发生大量的贸易逆差而不需要充足的外汇储备,还可以大规模用美元进行国际贸易而不需要考虑汇率风险。然而,一旦贸易商真正开始使用欧元作为结算、流通和储存的货币,美元不得不与欧元分享上述特权。

总之,战后国际形势日趋缓和,世界市场迅速扩大,各国间经济相互依存和相互渗透,各国经济越来越深地卷入到统一的世界市场之中,不仅在发达国家之间,南南之间、南北之间,而且东西方之间,相互依存关系都在不断加强,世界经济正在迅速地不可逆转地相互交织在一起。

1.1.2 跨国公司的崛起与发展

跨国公司的发展几乎与整个20世纪同步。19世纪末20世纪之初,杜邦、诺贝尔、胜家等跨国公司的先驱,不过是在国外有一两家工厂,海外产值总计不会超过100万美元。后来,跨国公司已经遍及全球,发展成为超级庞然大物。《1995年世界投资报告》显示,全球4万家跨国公司拥有25万国外分支机构,其全球海外销售额超过6万亿美元。跨国公司直接投资额约占国际投资总额的90%,同时还掌握和控制着全球研究与开发费用的80%~90%,国际技术贸易的60%~70%,国际商品贸易的50%~60%。全球国际直接投资的存量在1995年为2.6万亿美元,仅1995年全年国际直接投资量就达2 300亿美元。目前,跨国公司已经成为全球经济的重要力量——富可敌国。2008年跨国公司控制着世界贸易额的41.8%。在世界100个最大的经济体中,一半以上的公司是跨国公司。在过去近100年中,跨国公司是沿着两个趋势发展的:规模的扩展和企业制度的演进,而其对世界经济的影响也可归为两个层面,既影响世界经济的增长方式,也影响世界经济运行的性质。

1. 国际直接投资的载体——跨国公司的兴起和发展

跨国公司作为一个载体、一种组织形式,使国际直接投资"鹤立"于各种类型的国际资本流动之中。19世纪中后期出现了跨国公司的雏形,后来跨国公司的发展不仅表现为规模、范围和数量的扩展,而且体现为企业制度和经营战略等方面的发展。

(1) 跨国公司的兴起(1850—1914年)

跨国公司的兴起阶段正是国际间接投资的黄金时期。1910年英国对外投资额占GDP(国内生产总值)的7.4%,其中90%为证券投资,约10%为直接投资。这10%直接投资作为跨国公司最初兴起的表现,从一开始就显示出与众不同的特征。

当时盛行的间接投资主要流向表现为工业化国家向其殖民地的单向转移。美国、加拿大是当时主要的间接投资吸纳国。与跨国公司相关的直接投资则呈现双向性,有相当部分流向发达国家(约为37.2%)。跨国经营的先驱公司也主要在发达国家发展生产经营。1865年,德国拜尔药业公司在美国纽约以控股形式开展生产;1866年,瑞典诺贝尔在德国直接设厂;1867年,美国胜家公司在英国建立缝纫机生产厂,完全垄断欧洲缝纫机市场。这一时期跨国公司兴起的主要原因在于,国际市场上需求和生产都达到相当规模;考虑到运输成本、关税障碍和民族工业保护政策,部分厂商感到本土化生产收益更大;通信、运输手段和科技(包括提供大规模生产能力的机械的发明和通信运输设备的开发)三要素成为跨国公司兴起的推动力和保障因素。到1914年第一次世界大战爆发前,全球对外直接投资总额达1 434亿美元,流出国完全是发达国家(英国、美国、法国、德国、瑞典)。从生产行业结构看,英国的跨国公司主要集中于消费品和重工业领域,美国集中于新兴技术和标准产品生产领域,德国则集中于化学工业领域。从整体看,这一初创时期的跨国公司只是现代跨国公司的雏形,只是将企业的一部分生产能力转移到相似的政治和经济环境的国外,在目标市场就近生产,或是在殖民地设立资源开发导向型的子公司,谈不上一体化生产和市场营销。但是,此时跨国公司的产生和初步发展突破以国际贸易、国际间接投资为主要形式的国际经济交往方式,确立以国际直接投资为代表的国际化生产形式。

(2) 跨国公司在两次世界大战间的活动及其在战争中的停滞(1915—1945年)

不同于一般企业的特征,跨国公司是经营活动具有跨国性的特殊企业,其总体发展和个别企业的经营运作都受到国际经济政治环境的影响与制约。1915—1945年的30年间经历了现代历史上的两次世界大战和三次经济危机。"一战"之后,许多参战国遭受巨额经济损失,随后的三次严重的经济危机,特别是1929—1933年的经济大萧条,使欧洲主要资本输出国的跨国经营活动受到严重打击。金本位制国际货币体系在1931年以英国放弃金本位制而归于彻底瓦解。浮动汇率制成为这一金融动荡时期的主要角色,同时,还出现大量国际债务危机、对外国企业普遍歧视等问题,如当时德国政府对德国企业"纯粹"性要求、法国政府对投资限制、美国对跨国公司强迫转让等。因此,这一时期的国际政治、经济环境跨国公司几乎集中所有跨国经营的主要风险,即国家风险和汇率风险等;跨国公司的营运也遇到前所未有的困难,但其发展也并非无所作为。直接投资在此期间有了较大发展,占全球海外总投资的份额从1913年的10%上升至1929年的25%。跨国公司的数目似乎较投资额增长速度更快,到1938年属于制造业的跨国公司海外子公司数目已增至1 441家,是1914年的4倍,其中美国、英国和欧洲大陆国家各有785家、244家和412家。

总体上说,这一艰苦时期的跨国公司缓慢发展至少在两方面是有价值的:①由于战争和经济萧条等因素,许多国家提高关税并加强进口管制,促使企业用跨国生产代替出口贸易。这一时期企业跨国经营中,跨国经营方式多样化,内部交易的规模和数量都大幅度增加,出现纵向一体化经营或多样化的经营,而且,跨国收购和兼并活动的增长快于新建企业的增长。②美国跨国公司由于受战争影响较少而取得巨大进展,使企业经营者在谋求一个和平与发展的国际经济环境,实现经济相互依存并推动经济全球化等方面达成强烈共识,为20世纪后半期全球贸易自由化、金融稳定及国际化和生产全球化创造了条件。

(3) 战后"跨国公司时代"的到来

经过20世纪初跨国公司的所谓史前发展以及在两次世界大战期间的艰难运行,跨国公司作为一种新兴的企业制度已经得到社会的初步认识和接受,在社会认同、经验积累和组织准备上做了相当充分的工作。母国开始意识到跨国公司所代表的国际化生产方式能更大限度利用全球资源要素。东道国也由于跨国公司在本国的经营生产活动,对其运作形成初步认识,同时,跨国公司在自身的早期运作发展中,初步积累了国际化生产的经验,并相应地总结适应国际化生产经营的企业组织结构和生产模式,在全球范围内形成一定的跨国公司分布和生产国际化规模。第二次世界大战结束后,西方各国重建工作取得很大进展,而广大发展中国家也普遍摆脱殖民统治,获得主权和民族独立,世界进入一个全面谋求经济快速发展的时期。与之相适应的是,战后两极格局的形成保证了军事战略支持下特殊的和平环境;联合国、世界银行、国际货币基金组织和关税及贸易总协定等诸多国际组织机构的积极运作和所达成的国际经济制度性安排(如美元黄金挂钩的汇兑安排)也提供了一个相对稳定的国际经济环境;战后通信方式和运输工具的发展进一步降低国际化经营的成本,由此,跨国公司从20世纪60年代开始得到蓬勃发展。

美国跨国公司是推进这一浪潮的排头兵。20世纪50年代美国跨国公司加速全球市场拓展,1950年美国对外直接投资存量为118亿美元,至1960年已升到319亿美元,占当时发达国家直接对外投资累计额的49%。1975年这一数字已上升到1 241亿美元,到1980年美国对外投资存量更跃升至2 154亿美元。20世纪80年代后,美国的海外投资在国际投资中的霸主地位相对下降,1980年美国对外直接投资同外国流入美国的直接投资相抵的净流入为33.54亿美元,1981年这一净流入额跃升至111.31亿美元,美国成为净直接投资流入国。这一重大格局转变的原因在于日本和以德国为代表的西欧国际投资迅速上升,80年代各年份两者合计对外投资的规模,赶上并超过了美国,形成美国、日本、欧盟三足鼎立的国际投资格局。

20世纪90年代以来,经济全球化趋势大大加强,促使大国际贸易概念出现,越来越多的跨国公司在全球范围内进行经济资源配置。21世纪后,经济全球化带来全球跨国直接投融资的大规模增长。2007年全球外国直接融资达到18 330亿美元,达到历史最高点。三大类经济体——发达国家、发展中国家以及转型期经济体(东南欧国家和独立国家联合体)中,外国直接投资都在显著增长。流入发达国家的FDI(外商直接投资)为12 480亿美元,美国仍占首位,其次是英国、法国、加拿大和荷兰。欧盟作为一个整体,吸引的FDI占发达国家总量的2/3。发展中国家吸引FDI达到前所未有高水平的5 000亿美元,比2006年增长21%。最不发达国家吸引FDI 130亿美元,也是创新高的纪录。同时,由于亚洲跨国公司的对外扩张,整个发展中国家FDI输出也达到2 531亿美元。转型经济国家的FDI连续7年增长,2007年FDI流入增长50%,达860亿美元,输出也猛增达到512亿美元。表1.1为2002—2007年三大经济体外国直接投资输出情况。

表1.1 2002—2007年三大经济体外国直接投资输出情况

单位:10亿美元

年份	1995—2000平均值	2002	2003	2004	2005	2006	2007
发达国家	631.0	483.2	507.0	786.0	748.9	1 087.2	1 692.1
发展中国家	74.4	49.6	45.0	120.0	117.6	212.3	253.1
转型经济体	2.0	4.6	10.7	14.1	14.3	23.7	51.2
全球	707.4	537.4	562.7	920.1	880.8	1 323.2	1 996.4

亚太地区FDI流入增长较快,2007年达2 490亿美元。南亚、东亚和东南亚地区良好的商业理念、持续的经济增长、区域一体化的加强、投资环境的改善以及国别因素都促进了FDI的增长。发展中和转型经济国家或地区中吸引FDI最多的是中国内地、中国香港和俄罗斯。中国2007年吸引FDI达835亿美元,输出为225亿美元。印度是南亚吸收FDI最多的国家。从亚太地区输出的FDI也创新高达1 500亿美元,反映出发展中国家作为资本输出者的地位越来越重要。该地区海外FDI股本从2006年1.1万亿美元增长到2007年的1.6万亿美元。2006年排名前25位的发展中国家跨国公司主要来自亚太地区。目前,亚太地区FDI增长前景依然很好。

回顾跨国公司战后50年的发展,从美国跨国公司的一枝独秀到日、欧企业赶超后的三足鼎立,到今天跨国公司不再成为发达国家的专宠,发展中国家的跨国公司也在全球经济中占有了一席之地,我们真正看到了跨国公司作为与经济全球化时代相适应的经济现象,不仅将自己的生产经营领域扩展至全球,而且它本身所代表的企业制度形式也为全球各种类型国家所广泛接受。

2. 跨国公司对世界经济的影响

20世纪80年代,对外直接投资中90%是由跨国公司实现的。跨国公司的发展体现着20世纪国际资本流动的发展背景。19世纪末和20世纪初,跨国公司的出现对世界经济的影响是深远的。跨国公司超越原先国际贸易、国际金融、信贷资本流动,以及国际移民这些简单的单一要素流动模式,逐渐发展为一种综合资本、技术、管理、人才等众多要素的、整个生产行业的跨国转移,甚至包括某种意义上生产关系的跨国转移。它的兴起使世界经济领域发生变化。

(1) 跨国公司发展与国际贸易形式的演变

有人认为,跨国公司最初动因是避免贸易壁垒、接近原料地或市场区,跨国公司将产品的国际贸易替代为生产行为的国际转移,所以很大程度上是对国际贸易的一种替代。显然,这种传统的分析过于简单,跨国公司国际化生产行为带来的国际贸易影响远远超过单纯的贸易替代。实际上,跨国公司所倡导的国际生产分工使传统国际贸易的内容为之改观。传统国际贸易主要是以要素禀赋差异形成的比较优势为贸易的基石,进行有形的商品跨国贸易的企业间国际贸易。跨国公司兴起促使国际贸易全面突破了这些基本特征,从而使国际贸易的性质、面貌趋于彻底改观。跨国公司兴起,首先,创造企业内部国际贸易,即跨国公司内部母子公司间、子公司间相互进行原材料、中间产品、生产技术和设备的跨国流动。其次,"二战"后跨国公司的迅速发展还直接推动产业内部贸易,即相同产业的产品在国际间的双向流动。对个别国家而言,既存在同类产品的出口又存在商品的进口,从而超越国际贸易的要素禀赋论解释。最后,20世纪70年代以来,跨国公司组成结构从制造业、采掘业企业为主转化为服务业为主,间接推动服务贸易作为国际贸易的新生长点。总之,跨国公司的全球化经营所确立的国际贸易新形式和创造的国际贸易机会,已使跨国公司对国际贸易总体增长的积极影响远甚于贸易替代的消极影响。

① 企业内部国际贸易——更低交易费用的国际贸易形式。跨国公司产生的一个基本动因是解决市场的不完全性,跨国公司在国际化生产的同时引入企业内部贸易,其目的也在于以市场的内部化解决一般市场所共有的不完全性。实际上,跨国公司国际化生产和贸易内部化正是跨国公司全球化经营的两个侧面。现实中,正常国际贸易往往受到政府干预和限制,面临市场信息的不完全和垄断力量的干扰,这种市场扭曲阻碍了国际贸易的开展。同时,商品制造标准的差异、汇率波动和对产品效用认识的差异导致定价分歧,使企业面临多重的附加交易成本。跨国公司达成的国际化生产和内部化贸易的组合(从另一角度讲也是生产的内部化),恰恰有助于克服外部市场的各种扭曲和不稳定。对经营结构具有垂直分工特征的跨国公司而言,企业内部贸易和企业内部上下游的生产分工都是不可或缺的。对横向分工和混合分工型跨国公司而言,内部产品流动也是调剂余缺、最大限度实现产品价值的最有效率的方式。

据保守估计,此时全球国际贸易中内部贸易比重至少为50%。企业内部贸易的产品结构主要是一系列"你的产品即我的投入品"的上下游关系的最终产品组合和一系列处于同一生产过程不同工序的中间产品组合。企业内部贸易往往发生在技术密集度适中、成熟性高的生产行业,即按产品生命周期理论处于成熟阶段的产品生产,最易形成内部分工和内部贸易。因为这类产品生产技术成熟,适于对生产过程甚至工序进行分割且可能达成不同工序间技术密集度的差异,部分技术密集型工序仍可标准化、适于劳动密集型生产,因此,可通过将各生产过程分布于不同要素禀赋国家,再经企业内国际贸易获得最佳效率。企业内部贸易的地区结构相当复杂,一方面在整体上符合一般国际贸易基于地区要素禀赋差异的流动结构,另一方面又受到本跨国公司的全球化生产分工布局的限制。无论怎样,企业内部贸易方式的形成为跨国公司降低交易成本、实现全球利润最大化(指通过发挥企业内部贸易的内部定价机制转移利润)提供了保证。

② 产业内部贸易、规模经济与跨国公司。产业内部贸易范畴的贸易产品是属于《国

际贸易标准分类》同一类别的产品,即这类产品相互具有相当程度的消费替代性、相近的技术密集度和相当程度的生产替代性(要素投入比率和规模接近)。因此,有关产业内部贸易全部动因的研究尚存在分歧,但关于规模经济的动因解释已达成共识,一般认为,当在某些国家间不存在要素禀赋差异时,规模经济对特定产品生产成本的影响仍然可以促成国家间的比较优势。它促使要素禀赋相同的国家间通过以各自致力于差异产品(但仍属同类产品)分工生产的规模生产,互为市场实施产业内部贸易,从而共同获得规模收益。

因此,以规模经济为动因的产业内部贸易,要求那些即使是要素禀赋相同无法达成传统比较优势的国家组群,也进行生产分工。跨国公司的经营活动显然为这样的分工提供了基础。首先,实施横向分工或生产工序垂直分工经营结构的跨国公司,自身的国际化发展有助于形成同一产业内部的中间产品和最终产品的规模生产与流动,也就形成不同国家间实施产业内部分工的基础。其次,跨国公司的全球化经营的成功有赖于跨国公司的厂商优势,而产品或技术的专有性则是厂商优势的核心。在当前激烈竞争的经济环境中,开发全新的专有技术或产品的难度越来越大,跨国公司更倾向于通过对已有产品的改造形成差别化产品来保持厂商优势。因此,跨国公司直接对产品差别化作出了贡献,而产品差别化恰恰是产业内部分工与贸易发展的基石。

③ 跨国生产无形化与服务贸易的发展。20世纪70年代以来,跨国公司结构变动的一个显著特点是服务部门企业的迅速国际化。银行业是这一浪潮的排头兵。1971年至1976年间,全球前50位的银行在海外的分支机构数目增长超过60%,有近3 000个。保险公司、广告公司、会计及各类咨询公司也都成为跨国生产无形化浪潮的中坚,最初原因在于这些服务部门的主要客户——制造业的大公司相继拓展了国际业务。实施国际化生产当然要求服务业紧随其后跨出国门。随着一批新兴工业化国家的出现和发展中国家普遍的经济国际化,服务性跨国企业认识到它们不仅可以为传统客户国际化经营提供支援,而且还可以为来自发展中国家的新客户提供有关进入本国市场的各种服务。所以,服务性跨国公司成为新兴的服务贸易的开拓者。总之,跨国公司的兴起与发展对国际贸易的影响是多层面的,既有对国际贸易规模扩展的支持,更有对国际贸易性质结构的积极影响,使国际贸易的面貌彻底改观。1923—2007年金融危机以前,全球对外直接投资总额从250亿美元增加到19 700亿美元,增长近78倍,而同期世界贸易总额增长53倍。正如WTO的经济分析家希莱克赫斯特所指出的那样:"外国直接投资输出国和输入国之间的投资和贸易是互补的,也就是说,自由贸易和投资政策能增进外国直接投资,并能加强外国直接投资和贸易之间的直接联系。"

(2) 跨国公司发展与国际资本流动

跨国公司的兴起与发展是基于国际资本流动方式的创新——直接投资的出现。跨国公司的诞生、国际资本的直接投资形式创新以及国际资本流动的历程前文已述及,这里主要介绍跨国公司发展给国际资本流动(主要是直接投资)的规模和格局带来的影响。

① 跨国公司的生产活动与国际资本流向的变动趋向一致。战后成熟跨国公司的屡次拓展浪潮,基本上与总体国际资本流动势头趋于一致。跨国公司是国际直接投资的载体,但面临较大的风险,具体包括国家风险、汇率风险和常规的经营风险。直接投资所具有的长期性和不易抽逃的特性,使之受各种风险的影响也最大。因此,投资前厂商对投资

对象要进行全面深入考察才慎重投资。但一旦实施投资,意味着投资者对投资国持有较强的信心,对其他间接投资的号召力也很强。战后初期,随着欧洲的重建,美国跨国公司随着马歇尔计划的实施大举进入欧洲国家,国际资本流动主要指向欧洲,形成第一轮拓展。20世纪70年代随着拉美经济的活力出现,以美国为主的跨国公司大举进入拉美国家,大量借贷资本和证券资本流入拉美国家。第一次债务危机的爆发,使大量间接投资从拉美抽逃,直接投资停顿。80年代,美国作为最大资本净输出国的地位被打破,日、德经济的腾飞导致大批日、德跨国公司打入美国市场,美国证券成为日、欧金融资本的追逐对象。80年代后期,一批发展中国家的跨国公司相继出现,拓展目标也直指美欧发达国家。但战时跨国公司的拓展方向出现两个极端:一是与产业内部分工贸易相关的发达国家把跨国公司的拓展与区域经济一体化潮流联合起来,以跨国公司为载体的直接投资在一体化区域内和区域间进行拓展,间接资本流动也呈类似特点。二是以亚太、拉美为代表的新兴市场地区成为发展中国家内少数吸引跨国公司和各种国际资本流入的"明星",而且预见这一趋势还将持续下去。

② 跨国公司与国际资本流动的规模和格局。随着服务业跨国经营的发展和跨国公司本身操纵的流动资金的扩大,跨国公司对国际资本流动的影响远远超出单纯的直接投资范畴,直接成为国际间接投资的关键参与者。为维持企业的正常运转运行和公司内部贸易的正常开展,跨国公司拥有巨额的现金和流动资本。20世纪70年代初,跨国公司拥有的短期流动资本已达发达国家央行外汇储蓄的2倍之多。鉴于跨国公司内部更为频繁和畅通的资本转移,国际资本流动速度得以加快,流动规模也得到倍增。同时,跨国公司也是国际证券市场的关键性力量,绝大多数跨国公司都是国际主要证券市场的上市企业,股票市场、债券市场成为跨国公司筹措资金的重要场所。跨国公司也会利用国际资本市场实施多元化经营、充分发挥巨额短期闲置资金效用。套期保值、套汇、套利,甚至纯粹的金融投机都是跨国公司生产性活动中的惯用经营手法。跨国银行更是国际资本流动的核心,其主体是跨国经营货币信贷业务的私营金融企业。1985年全球100家银行的全球分支营业机构已达4 660家。

(3) 跨国公司与全球发展问题

发展问题是当代世界经济的核心问题之一,它主要涉及广大不发达国家如何摆脱社会经济的落后局面,实现经济腾飞。关于发展问题的解决,一般认为需通过发展中国家间的南南合作和发展中国家与发达国家间的南北对话来解决。按母国划分,跨国公司绝大多数来自发达国家,但其国际化经营活动有相当部分在发展中国家开展。因此,自20世纪50年代以来,跨国公司就成为南北关系及发展问题讨论中的焦点之一。

"二战"后广大新独立的发展中国家普遍认为,自身的贫穷落后是发达资本主义国家长期殖民统治和不平等的国际经济秩序所导致的,跨国公司也是经济殖民政策实施的主要角色。相当部分非洲、拉美发展中国家将自己畸形的经济结构归咎于跨国公司在当地的掠夺性经营。20世纪五六十年代,发展中国家对跨国公司的活动采取相当严厉的政策和抵制,收回资源主权,对跨国公司的设备资产实施国有化,全面限制甚至排斥跨国公司的经营活动成为当时发展中国家的主要政策,到70年代以中东石油危机为标志达到顶峰。进入80年代,绝大多数的发展中国家都转向以积极的态度和有序的政策吸引跨国公司的投资。这一时期跨国公司也确实为发展问题的解决和南北关系的协调作出了积极的贡献,具体表现为跨国公司进入发展中国家在一定程度上缓解了发展中国家资金和生产能力方面的窘境;其生产技术和管理技巧的引进有助于发展中国家的产业更新;跨国公司的进入还有助于沟通发展中国家与国际市场的联系。进入80年代以来主要跨国公司积极推进"当地化"政策进一步融洽了同东道国的关系。因此,在发展中国家有意识的外资引导政策框架下,70年代以来跨国公司对发展中国家经济增长的综合贡献是可观的,70年代中后期以来,发展中国家外资政策开始转变,以新兴工业化国家为代表的一批发展中国家率先通过发展外向型经济达成经济腾飞。跨国公司有了新的进展,发展中国家自行组建跨国公司的新动向,进一步证明发展中国家充分认可了跨国公司生产形式对国民经济发展和经济国际化的积极作用。据联合国贸易与发展会议《1995年世界投资报告》显示,1995年发展中国家跨国公司对外直接投资达330亿美元,占全球的15%,来自墨西哥、中国香港、韩国的五家最大的跨国公司,其跨国化指数达40%。

(4) 跨国公司全球化生产与世界经济全球化

20世纪初跨国公司兴起,尤其是战后第三次科技革命所带动的跨国公司生产国际化的空前发展,为世界经济走向成熟即形成全球化做出重要的贡献,更推动世界经济的根本性变革——全球化。

① 跨国公司实施的生产国际化超越了一般意义上的生产国际分工。生产国际分工是世界经济形成的标志之一。生产国际分工是在考虑了原材料的供求及价格,劳动力、资金、技术等生产要素供求以及交通运输成本的基础上,通过不同国别、区位上的生产分工,在生产过程中形成的将各类产品生产配置于全球范围内,使该生产所需的资源要素禀赋综合优势最佳,从而实现最高生产效率。随着生产国际分工的深入,分工越来越细,意味着生产的专业化程度越来越高。一方面更彻底地降低生产成本、提高效率,从而提高全球经济福利;另一方面则相应提高了交易成本。例如,厂商在销售产品时由于下游厂商或最终消费者对特定产品的研发费用认识不足(信息不对称),需要花费更多的市场宣传成本,从而增加了交易成本。此外,由于资产专用性以及市场交易条件等原因也会导致交易成本的提高。如今,全球化运作的跨国公司更将生产分工深入到价值增值的各个链接点上,从而为国际分工的深化提供了微观基础。跨国公司倡导的生产国际化内涵是企业内部的国际化分工。当跨国公司进入区域一体化,甚至全球一体化经营阶段时,分散在海外各地的子公司不再是独立运作或仅与母公司发生联系,而是保持着与母公司及其他子公司间高度一体化的联系。跨国公司依据不同区位要素密集度建立的比较优势,将生产活动和其他功能性活动实现更加细密的专业化和内部国际生产分工,达到最大生产效率的目标。同时,由于各零部件、中间产品的供求方在所有权上的联系,跨国公司得以通过公司内部国际贸易实现产品流通,形成部分国际市场交易的内在化,从而最小化交易成本,弥补了一般生产国际分工的缺陷。

专栏1-1

海尔集团的国际化之路

海尔集团的国际化经历以下五个阶段:

第一阶段:内向发展(1984—1990年)。其间海尔完全致力于国内市场,构筑国内销售和服务网络,完善企业管理,力争取得国内市场地位,创立国内名牌,为在海外发展打基础、做准备。

第二阶段:外向出口(1990—1996年)。1990年,海尔在中国工业企业中率先提出"与狼共舞"的观点,开始国际化进程,采取先难后易的战略。首先将海尔家电产品打入欧洲、美国和日本等发达国家和地区,后来进军东南亚、拉美、中东和非洲等地区的发展中国家市场,发展海尔专营商和经销网络。到1996年年底,海尔已经在31个国家建立经销商,共拥有3 000多个营销网点。在商品出口迅速发展的同时,海尔的家电生产技术也出口到东南亚、中东、东欧及欧盟的一些国家和地区。

第三阶段:海外投资(1996—1998年)。为了更好参与国际竞争,1996年海尔进一步提出"本土化"战略,开始在海外投资建厂。同年12月,印度尼西亚海尔莎保罗有限公司成立,标志着海尔首次实现生产投资的国际化。随后,海尔在菲律宾、马来西亚、南斯拉夫和伊朗等地也相继投资建厂。

第四阶段:国际经营(1999—2004年)。1999年4月,海尔在美国南卡罗来纳州建立当地设计、当地生产、当地销售的首家"三位一体本土化"海外海尔——海尔美国冰箱厂,即设计中心在洛杉矶、营销中心在纽约、生产中心在南卡罗来纳州。海尔正式形成成熟的国际化经营网络战略,也就是"三个三分之一"的全球市场战略,即国内生产国内销售的三分之一、国内生产国外销售的三分之一、国外生产国外销售的三分之一。

第五阶段:引领国际标准(2005年以后)。2005年7月,海尔热水器"防电墙"技术、海尔"双动力"等自主知识产权的发明相继被纳入国际电工委员会国际标准提案。2016年3月上海举办的冰箱国际保鲜标准论坛暨精控干湿分储技术发布会上,推出了行业首创的精控干湿分储技术。海尔依靠自主创新而一举成为国际标准的参与者与制定者,此消息在国内引起轰动,同时也令世界级巨头企业大为震惊。海外的国际化之路进入一个崭新的阶段。

总之,跨国公司企业内部国际分工和企业内部国际贸易的两个方面是统一的,跨国经营使企业内部分工国际化,确保了生产效率,企业内部贸易既联结了生产过程,又降低了交易成本。

② 跨国公司的企业制度创新。跨国公司是唯一实施要素供求、生产、销售全球化,利润全球最大化的企业模型,也正是跨国公司的生产国际化推动世界经济的融合,同时,发出对全球范围内实现经济政策和汇率体制统一的强烈呼声,达到统一经营环境,降低生产国际化的风险和障碍的目的。为保障生产国际化的顺利实施,跨国公司在企业制度和经营战略上也形成了一系列创新,涉及适应生产国际化要求的所有权安排、企业内部管理结构、生产组织模式以及"全球中心"的经营战略、转移定价等。同时,要求财务管理也与之相适应。例如,要求在全球范围内以最低的筹资成本和筹资风险获得更多的资金,以较少的投资额和较低的投资风险获得更大的投资收益,合理地管理和调用外汇资金,合理地配置资金以避免各种风险和损失,等等,极大地促进了国际财务管理的形成和发展。

1.2 国际财务管理的重要性和主要内容

1.2.1 国际财务管理的重要性

国际财务管理的重要性体现在以下几个方面。

1. 跨国公司成为促进国际贸易和进行国外直接投资的重要力量

跨国公司的国外投资数量逐年增长,国际化经营水平也在显著提高,并且投资结构与投资方式也在不断改变。

表1.2 2014年部分大跨国公司销售额与部分国家GDP比较

单位:10亿美元

公司	按资产全球排名	2014年销售额	对比国家	2011年GDP
荷兰皇家壳牌石油	2	431.34	委内瑞拉	381.3
中石油	3	457.2	阿联酋	399.5
埃克森美孚	5	364.76	丹麦	342.4
英国石油	6	357.78	新加坡	307.9
国家电网	7	333.39	巴基斯坦	243.6
嘉能可国际	10	232.69	秘鲁	202.6
雪铁龙	12	220.36	越南	186.2
意昂集团	18	162.56	匈牙利	138.3

资料来源:世界银行。

进入20世纪90年代以来,随着经济一体化进程的加快,跨国经营的企业也在迅速增加。表1.2的2014年数据显示:"全球500家"巨型跨国公司在规模和实力上已远远超过中小国家的国民经济实力,甚至相当于一些小的发达国家。目前,跨国公司已不再是发达国家的专利,发展中国家的企业也在向着国际化方向发展。中国自改革开放以来,一向以吸引外资为主,而进入21世纪后,中国企业也在大踏步地向着国际化领域迈进。国际财务管理学科的创立是基于跨国公司经营的需要,而跨国公司的发展,则向国际财务管理提出了更高的要求,促使其更加完善和成熟。跨国公司加速对外投资,极大地促进东道国的经济的发展。东道国政府日益认识到跨国公司的投资对本国经济的积极作用,因此,许多国家为了吸引跨国公司投资展开激烈的竞争。

2. 浮动汇率体系的建立增加了跨国公司经营环境下的不稳定性

自1973年布雷顿森林体系瓦解以后,固定汇率制从此退出历史舞台,各国开始实行浮动汇率制或有管理的浮动汇率制,国际主要货币美元、日元、英镑等的波动很难预测,汇率的剧烈波动无疑会对跨国经营产生重大影响,跨国公司的经营风险也随之加大。今天,跨国公司的发展资金取决于其获利能力的强弱,更表现为其规避风险能力的大小,至此,也使国际财务管理的研究显得更加重要。避免风险和把握机遇,成为国际财务管理工作的两个基本职责,机遇主要在于可以充分利用全球性资金市场,为企业的跨国经营选择融资方式和获取最低成本的资金提供便利。

3. 国际金融市场的变化和发展为跨国公司投融资活动提供了更多的机会

自 20 世纪 60 年代以来,欧洲货币市场不断发展和完善,其规模比任何国内金融市场都大,为跨国公司资本运作提供了更广阔的空间;进入 80 年代以后,金融创新工具层出不穷,货币、期权和掉期交易的出现,可使跨国公司在不增加风险的情况下在全球内筹措资金;90 年代,货币市场和资本市场全球一体化进程加快,又使得几乎所有的企业都受到世界经济环境的影响,没有多少企业可以认为是纯国内型的,要么直接从事进出口业务,要么与来自国外的竞争对手在产品、原材料市场展开竞争。甚至那些只在国内采购原材料,也只在国内销售产品,并且未遇到来自国外竞争对手的企业,也在考虑如何在国际市场筹措资金。因此,随着跨国公司投、融资活动机会的增加,国际财务管理愈加重要。

4. 国际财务管理可以解决落后国家地区企业的损失和风险问题

在一些国家,由于市场经济意识淡薄,企业对财务融资和投资效益的认识度不够,大多数企业把财务管理视为简单的"出纳"工作,或干脆把它等同于"记账会计"。企业由于不善于财务管理所导致的损失是重大的,仅因应收应付账款管理不善而陷入困境的企业已屡见不鲜,更谈不上进行合理优化投资组合以获取最大收益,或者妥善安排融资结构来降低筹资成本。跨国经营中因不懂国际财务管理而造成的财务失败不胜枚举。比如,一国的绝大部分进出口公司都不采取外汇保值措施,进出口交易所用货币基本上都用美元计价。在美元不断贬值的情况下,企业在出口时既没意识到改用其他价值相对稳定的货币计价规避外汇风险,也不知道如何进行套期保值;而进口时,外商用除美元外的趋硬货币计价就很容易避免自己受损。这样就出现了外汇风险,使公司甚至国家遭受严重损失。

1.2.2 国际财务管理的主要内容

以跨国公司为主体的国际企业的出现和发展,是国际财务管理形成和发展的基础。一方面,跨国公司的国外投资数量逐年增长,国际化经营水平显著提高,投资结构和投资方式也在不断改变。另一方面,浮动汇率体系增加了跨国公司跨国经营环境的不稳定性,突出国际财务管理的必要性。这种财务活动是在多元化的国际环境中进行的,面临国内企业财务管理无可比拟的各种复杂风险,但在经营管理和财务管理上相应地也会有更多的选择和获利机会。国际财务管理不是国内财务管理的简单延伸,各国的汇率、税率、通胀率、资本市场、会计制度以及基本环境不同,使国际企业的财务管理内容更复杂。国际财务管理是研究在国际经济条件下,国际企业从事跨国性生产经营活动所面临特殊领域的财务管理问题,是现代化财务管理在国际领域中的延伸。国际财务管理除了包括传统的"财务管理"投融资和营运资金管理之外,也是一种跨国界的财务管理活动,涉及特殊性,即考虑外汇风险管理、国际资金转移管理、国际税收和国际结算三方面特殊内容。具体包括外汇风险管理、国际融资战略管理和跨国直接投资的财务策划三大类策略。

1. 外汇风险管理策略

外汇风险管理(foreign exchange risk management)是国际财务管理最基本的内容之一,是国际财务管理和一般财务管理的根本区别所在,也是国际财务管理其他内容的基础。所谓外汇风险管理是指外汇资产持有者通过风险识别、风险衡量、风险控制等方法,预防、规避、转移或消除外汇业务经营中的风险,从而减少或避免可能的经济损失,实现在风险一定条件下的收益最大化或收益一定条件下的风险最小化。

(1) 外汇风险管理的原则

外汇风险管理也应遵循相应的外汇风险管理原则,包括保证宏观经济的原则、分类防范的原则和稳妥防范的原则。①保证宏观经济的原则。在处理企业、部门的微观经济利益与国家整体的宏观利益的问题上,企业部门通常是尽可能减少或避免外汇风险损失,而将风险转嫁到银行、保险公司甚至是国家财政上去。在实际业务中,应把两者利益尽可能很好地结合起来,共同防范风险损失。②分类防范原则。对于不同类型和不同传递机制的外汇汇率风险损失,应该采取不同适用方法来分类防范,但切忌生搬硬套。对于交易结算风险,应以选好计价结算货币为主要防范方法,辅以其他方法;对于债券投资的汇率风险,应采取各种保值为主的防范方法;对于外汇储备风险,应以储备结构多元化为主,又适时进行外汇抛补。③稳妥防范原则。从其实际运用来看,该原则主要体现为使风险消失、使风险转嫁、从风险中避损得利三个方面,从而达到规避风险、取得收益的理想目标。

(2) 外汇风险管理的策略

外汇风险管理具有复杂性,不同的情况企业应该采取不同的策略来使收益最大化。常见策略包括完全抵补策略、部分抵补策略和完全不抵补策略。①完全抵补策略,指采取各种措施消除外汇敞口额,固定预期收益或固定成本,以达到避险的目的。对银行或企业来说,就是对于持有的外汇头寸,进行全部抛补。一般情况下,采用这种策略比较稳妥,尤其是在实力单薄、涉外经验不足、市场信息不灵敏、汇率波动幅度大等情况下。②部分抵补策略,指采取措施清除部分敞口金额,保留部分受险金额,从而保留部分赚钱的机会,当然也留下部分赔钱的可能。③完全不抵补策略,指任由外汇敞口金额暴露在外汇风险之中,适合于汇率波幅不大、外汇业务量小的情况。在面对低风险、高收益、外汇汇率看涨时,企业也容易选择这种策略。

(3) 外汇风险管理的过程

企业在对外交易的过程中,外汇风险往往是隐蔽的、复杂的。对于外汇风险的管理,首先应该识别风险和判断风险的类型,即企业在对外交易中要了解究竟存在哪些外汇风险,是交易风险、会计风险,还是经济风险。或者了解面临的外汇风险哪一种是主要的,哪一种是次要的;哪一种货币风险较大,哪一种货币风险较小;同时,要了解外汇风险持续时间的长短。其次,度量风险的大小,即综合分析所获得的数据和汇率情况,并计算风险暴露头寸和风险损益值,判断这些汇率风险将达到多大程度,会造成多少损失。根据风险的特点,从各个不同的角度去度量汇率风险,才能为规避风险提供更准确的依据。最后,采取一定措施降低甚至规避风险,即在识别和衡量的基础上采取措施控制外汇风险,避免产生较大损失。汇率风险规避方案的确定,需要在企业国际贸易汇率风险规避战略的指导下选择具体的规避方法。企业应该在科学风险识别和有效风险度量的基础上,结合企业自身的性质、经营业务的规模、范围和发展阶段等企业的经营特色,采取全面规避战略、消极规避战略或是积极规避战略。各种规避战略只有适用条件不同,并没有优劣之分。

企业在确定其规避战略的基础上,进一步选择其避险方法,可供企业选择的避险方法归纳起来有两大类:一类是贸易谈判结合经营策略来规避汇率风险;另一类是利用金融衍生工具来规避交易风险,如期汇、期货、期权及其他金融衍生工具。不同的方法对应着不同的操作,但目的都是使"不确定性"得到确定,从而规避风险。

2. 国际融资管理策略

国际融资是指在国际金融市场上,运用各种金融手段,通过各种相应的金融机构而进行的资金融通。随着国际资本流动速度的加快和对资金需求的增加,国际融资越来越成为一国融资的重要手段之一。国际融资的特点表现为筹资规模较大、资金来源广、筹资风险较大和筹资决策的复杂程度高等,体现出国际融资可以在更大范围内分散风险、充分利用不同国家的金融市场、利用国际贸易融资等专门融资方式、更容易接近国际资本市场、降低筹资成本等财务优势。因此,国际融资管理,则是指国际企业通过科学地谋划和合理地组合,以筹资成本最小化和降低筹资风险的有利条件筹措资金,并寻求建立和实现最佳的资本结构。

(1) 国际资本融资方式

跨国公司的快速发展既促进国际金融业的发展,又对国际融资提出更高要求。跨国公司规模一般都比较大,对资金的需求也较大,传统单一的银行贷款已满足不了跨国公司巨额的财务需求。近几十年国际金融业的快速发展,为跨国公司提供更多的融资渠道,主要包括内部自有资金、来自母国的资金、来自东道国的资金和来自国际间的资金。

国际资本融资方式主要指国际股权融资,即指符合发行条件的公司组织依照规定的程序向境外投资者发行可流转股权证券的国际融资方式。国际股权融资在性质上不同于国际债权融资,它本质上是股票发行人将公司的资产权益和未来的资产权益以标准化交易方式售卖给国际投资人的行为;与此相对应,投资人认购股份的行为本质上是一种直接投资,认股人将取得无期限的股东权利,实现资本利益的股东自益权和控制、监督发行人公司的股东共益权,具有永久性、主动性和高效性的特点。

(2) 国际债务融资方式

国际债务融资,按照融资工具不同可分为国际信贷市场和国际债券市场,按照法律关系的特征可分为欧洲市场和外国市场。传统国际信贷市场主要是国际银团的辛迪加贷款,随着金融市场的发展和金融工具的日益完善,欧洲债券市场和外国债券市场证券融资也发展起来。债券按其发行渠道的不同基本上分成两大类,即国际债券和国内债券。

(3) 国际贸易融资方式

国际贸易融资方式包括短期和中长期贸易融资方式。例如,福费廷是一种以无追索权形式为出口商贴现远期票据的金融服务项目,也称为包买票据业务的中期贸易融资手段。出口信贷是由出口国官方信贷机构所承担的业务,如各国出口银行、出口信贷担保局等,或商业银行向本国出口商、外贸企业提供的旨在支持和扩大本国资本货物,如大型机电产品、成套设备、高新技术产品出口,提高产品国际竞争力的一种中长期国际贸易融资方式。

(4) 其他国际融资方式

其他国际融资方式包括国际租赁融资和国际项目融资。租赁融资是指资本货物的出租人,在一定期限内将财产租给承租人使用,由承租人分期支付一定租赁费的一种融物与融资相结合的融资活动。国际项目融资是指以境内建设项目的名义在境外筹措外汇资金,并仅以项目自身预期收入和资产对外承担债务偿还责任的融资方式。

由于国际经济、政治环境的复杂多变,各国汇率、利率的走势迷离,各国贷款者及投资者的目的、意图各不相同,跨国公司国际融资中充满了各种各样的风险。由于政治、汇率、利率以及税收政策等因素变动造成的融资目标实现的不确定性被称为融资风险。跨国公司国际融资风险分为因不同币种之间资金调配转移带来的汇率风险、因不同融资市场选择受到政局或政策的稳定性以及干预经济行为的影响带来的政治风险、因不同的信贷方式带来的利率风险,以及因不同融资手段的选择给融资成本带来的税收风险。跨国公司国际融资风险管理就是指公司对其融资过程中存在的各种风险进行识别、测定和分析评价,并适时采取及时有效的方法进行防范和控制,以经济合理可行的方法进行处理,以保障融资活动安全正常开展,保证其经济利益免受损失的管理过程。

3. 跨国直接投资的财务策划策略

按投资对象的不同,国际投资方式包括国际证券投资、国际信贷投资、国际直接投资和国际技术转让等。对跨国公司进行直接投资的财务规划主要针对国际直接投资。国际直接投资是指投资者通过对外国直接投资创办企业或与当地资本合作经营企业,并通过直接控制或参与其生产业务的一般资本流动,主要表现为生产成本、关键技术、专门技术、管理方法乃至商标专利等国际间的转移和转让,其具体的投资组织形式包括:①到国外开办工厂、企业、子公司;②同国外企业共同投资开设合作经营企业或合办企业;③购买外国企业的股票,从而控制或参与经营管理原有的企业。实践说明,国际投资的风险是多种多样的。一般来说,有经营的风险、违约的风险、市场变化的风险、币值变化的风险、利率变化的风险和国家的风险等。而特殊的投资方式又有其特定的风险。不论何种风险,都会对投资的收益产生直接的损害或不利的影响。因此,基于对各种风险的分析、预测、控制和管理,国际直接投资财务策划策略具体包括三个方面:国际营运资金管理、国际税收管理和国际资本预算管理。

(1) 国际营运资金管理

国际营运资金管理是指国际企业对营运资金的管理,涉及不同的国家和不同的货币的管理。它是国际企业财务管理中的一个重要环节。汇率的波动、外汇管制以及税收制度的差异,都是国际企业营运资金管理需要考虑的因素。国际营运资金管理的目标就是通过资金的合理安置(包括资金安置地点和以何种货币持有)以及资金的适当集中(集中于公司总部或集中于某地区)和分配,使公司内部资金转移成本减至最低,加快公司各单位间的国际资金转移速度,使分散于各国的附属单位的各种收支往来能够在各项财务政策(如股利政策、管理费及权利金政策、移转定价政策、贷款政策、应付账款政策等)的协同下,达到最适当的流向、金额和时机,防止外汇风险损失,提高流动资金的报酬率,使整个公司税后利润最大。

国际营运资金管理主要包括营运资金的存量和流量管理。营运资金的存量管理着眼于如何确定现金、应收账款、存货等营运资金的最佳持有水平以及短期资金来源渠道、持有币种,这与国内企业相同。但国际企业财务管理环境的复杂性,决定国际企业必须立足于全球制定其营运资金管理战略,将其资金在全球范围内进行最有效的配置,以实现国际企业整体经济效益的最大化。营运资金的流量管理则主要着眼于如何利用内部资金转移机制实现资金合理的配置,即如何根据多变的理财环境,合理调度资金,使之达到最适当的流量、流向和时机,确定最佳安置地点和最佳的持有币种,以避免各种可能面临的风险并最大限度地提高整个企业的效益。

(2) 国际税收管理

跨国公司是在多个不同的国家经营业务,各国税则和税率差异很大,纳税涉及不同国家的税制和税收关系,对国际企业纳税的管理要比对国内企业更为复杂。国际税收是指两个或两个以上的国家政府,在对跨国纳税人行使各自的征税权力而形成的征纳税关系中所产生的国家之间的税收分配关系。其实质是国家之间的利益分配,是各国政府对跨国公司所得的再分配。在国际税收中,跨国纳税人(来源于或存在于两个或两个以上国家的收入和财产的跨国自然人和法人)同时对两个或两个以上的国家承担纳税义务,并分别向来源国和居住国缴纳税款,即同时承受两个或两个以上国家对跨国纳税人所规定的税收负担。各国政府对跨国纳税人课征所形成的税收负担不仅涉及征税双方的经济利益,而且涉及有关国家的财权利益,从而形成国际税收分配关系。

国际税收负担不仅涉及各国税收利益的分配关系,而且还会在不同程度上影响各国之间正常的经济交往关系。因此,一国政府在税收征管方面所制定和遵循的对跨国纳税人的国际税收课税原则主要有三种,即平等原则、最大负担原则和优惠原则。

① 平等原则。国际税收负担的平等原则,是以自由竞争的市场经济理论为依据,要求一国政府对跨国外国纳税人和本国纳税人的所得按照相同的课税范围和税率进行征税,其所得额的计算、费用的扣除标准、抵免的范围等保持大致相同,即要求政府采取中性税收制度。

② 最大负担原则。国际税收的最大负担原则又称从重原则,是指一国政府通过税法的设计,规定跨国外国纳税人承担高于本国纳税人的税负,但其负担限度要控制在保证跨国外国纳税人能够获得基本盈利的基础上,以避免跨国外国纳税人因税负过高而中止在该国的投资经营活动。

③ 优惠原则。国际税收优惠原则是指赋予跨国外国纳税人以承担低于本国纳税人税负的特殊优惠权利。这种优惠待遇主要是通过一国政府对跨国外国纳税人制定的低税率、税收减免、提高起征点、再投资退税以及资本加速折旧等具体措施加以体现。

(3) 国际资本预算管理

国际资本预算是指跨国公司对国际直接投资项目进行的资本预算,即通过对国际直接投资项目的盈利和成本进行比较来对国际投资项目的可行性进行评价。由于国际投资项目一般具有资金量大、不可撤回的特性,且以合理价格转卖的难度也较大,因此,在投资前对国际项目的可行性进行正确的评估就显得尤为重要。跨国资本预算最常用的方法是净现值法,即估计项目未来现金流入的净现值。但是,许多的特殊情况会影响国际投资未来的现金流量和折算资金的折算率。因此,国际资本现金流量的分析比一般的国内资本预算复杂很多。

国际直接投资项目评估角度具有多样性,分别从子公司和母公司角度进行跨国项目的资本预算,资本预算决策结果是不同的。子公司是项目的管理者,但母公司却对项目进行大部分融资。有些项目从子公司的角度看是合理的,但从母公司的角度看却不一定合理。为什么会产生这样的差异呢？主要有以下四个影响因素。

① 税收因素。如果投资项目的收益将来要汇回母公司，则跨国公司需要考虑母国政府对这一收入的税收。如果母国政府的税收水平高于东道国政府的税收水平，则从子公司的角度看可行的项目对母公司不一定可行。此时，即使从子公司的角度看是合理的，母公司也不应该考虑对该项目进行投资。

② 汇付限制因素。有些国家的政府对子公司盈利的汇付进行限制，只允许将一定比例的收益汇回母公司。因此，对于母公司来说，有一部分盈利将被永久地留在东道国，母公司无法获得这部分盈利。所以，从母公司的角度看该项目可能不具吸引力，但从子公司的角度看该项目却具有经济可行性。解决这一问题的办法之一是让子公司从东道国获得部分融资，并用无法汇回的盈利来偿还东道国的贷款。

③ 管理费因素。因为对子公司的管理主要集中于母公司总部，所以母公司对子公司都要收取管理费。对于子公司而言，管理费用是一项支出；而对母公司来说，管理费用代表收入，如果管理费用过高，还有可能超过管理子公司的真实成本。此时，从子公司角度看，项目的收益率较低，但从母公司角度看项目的收入则较高。同样，此项目的可行性取决于资本预算的角度。如果忽略母公司的利益，可能会扭曲国际直接投资项目的真实价值。

④ 汇率因素。当收益汇付回母公司时，往往要将子公司的货币兑换成母公司的货币。因此，母公司实际收到的货币额要受到现行汇率的影响。如果只是从子公司的角度进行项目评价，就不需要将现金转换成母公司的货币。

1.3 国际财务管理的组织与目标

1.3.1 国际财务管理的组织

相对国内企业而言，国际企业是指任何超出本国界限从事商业活动的公司，是从事国际经营活动的经济实体的统称，如跨国公司、外贸企业、合资企业等。跨国公司是企业走向国际化、成为国际企业的高级阶段的结果，是指一家在某一国注册设立母公司，在其他国家拥有分支机构，进行国际经营活动的跨国经营组织，具有一个反映企业全球战略经营政策的中央决策系统，企业内的各个实体分享资源、信息并分担责任。

国际企业（主要指跨国公司）的决策控制模式主要考虑跨国公司成长阶段、股权结构与技术水平、企业文化和竞争状况等因素，在集权与分权之间进行权衡与选择，形成不同的决策组织形式。例如，跨国公司在增长阶段，组织规模越大，决策数目越多，协调、沟通及控制就越不易，宜于分权，反之则宜于集权。一些大工业如机电、冶金、石化、电力等行业的企业，生产连续性强，工艺复杂，分工协作联系紧密，生产指挥控制要求集中统一，从而集权多一点。反之，对于那些生产连续性、协调性要求不高的企业，如食品、服装和采矿等行业，生产经营管理权可以分散一些。同时，处于不确定性较高、竞争激烈的买方市场的跨国公司，分权管理因为信息传递成本较低，并且能够很好地发挥子公司的主动性和创造性，所以更适合分权管理。反之，环境不确定性较低、对市场适应力的要求不高的企业，可以通过集权管理来增加管理效率。

1. 财务管理决策权的控制模式

财务管理决策权的控制模式主要有集权管理模式和分权管理模式。

(1) 集权管理模式

集权型财务管理模式,是将海外业务看作国内业务的扩大,绝大部分财务战略决策与经营控制权都集中在母公司总部,母公司对子公司实施严格控制和统一管理。母公司成为融资管理中心、投资管理中心、资金结算中心、资本运营监控中心、税费管理中心等。这种管理模式的优点是保证下属分支企业的财务活动更好地服从企业的总体目标,缺点是管理线过长,反应不及时,不利于对分支机构的绩效考察。

(2) 分权管理模式

与集权管理模式优缺点互为正反,多中心经营是分权财务管理模式的理论基础,即将决策权分散给子公司,母公司起控股公司的作用,限于不同战略经营单位经营组合分析。子公司拥有充分的财务管理决策权,母公司对于其财务管理控制以间接管理为主。

最好的集权就是有效的分权。分权职责明确,并相互协调一致本身就实现了集权的要求。因此,部分集权部分分权,可以将重要决策集中,其他决策分散。分权的利益取决于子公司的特点与区位,对某些国家的子公司实行财务集中,对另一些国家的子公司实行财务分权。

2. 财务管理决策的组织形式

跨国公司的财务组织形式主要包括三种:本国中心管理方式(集权)、多国中心管理方式(分权)、总部与分部之间分工的管理方式。

(1) 本国中心管理方式(集权)

本国中心管理方式组织形式如图1.1所示。如果跨国公司采取集中的财务决策管理模式,则会在母国设立中心管理部。在国际经营管理中能集中富有经验的国际理财专家进行国际财务管理,经理们从整体角度看问题,使公司在整体范围内的财务活动保持一致,如获取资金调度和运用中的规模经济效益,优化资金配置,保证资金供应,同时借以对全球生产经营加强控制,降低融资成本,实行全球税收计划、资本预算,在国际活动中起到监督作用。

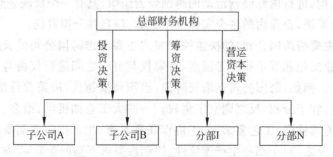

图1.1 本国中心管理方式组织形式

(2) 多国中心管理方式(分权)

实行分权的跨国公司会采用多国中心管理方式。此方式适用于在国外的分支机构是独立法人,并且经营活动相对于母公司来讲也是独立的;国外分支机构或子公司已经在外长期经营,并拥有强大的财务部门;同时,子公司相对于母公司的战略决策并不重要。其组织形式如图1.2所示。

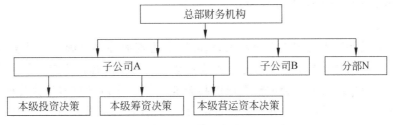

图1.2　多国中心管理方式组织形式

(3) 总部与分部之间分工的管理方式

这是介于上述两者之间的管理方式,即母公司负责决定公司的财务政策,并对主要财务决策给予控制,而分支机构则对每天的财务活动及一些不重要的财务决策负责。

1.3.2　两种主要财务管理目标的比较

国际财务管理的目标,是指国际财务管理在一定环境和条件下,所应达到的预期结果和基本要求。它是整个国际财务管理活动的定向机制、出发点和归宿。

1. 国际财务管理目标的特点

国际财务管理的目标一般具有相对稳定性、多元性、层次性和复杂性四个特点。

(1) 相对稳定性

国际财务管理的目标经历了"筹资数量最大化""利润最大化""净现值最大化""每股收益最大化"和"财富最大化"等几个阶段,证明了国际财务管理的目标是一定社会政治经济环境下的产物,并随着社会政治经济环境的发展而变化。但是,国际财务管理的目标又不能朝令夕改,否则,就失去实现性。所以,国际财务管理的目标在一定时期内和一定条件下,应保持相对稳定性。

(2) 多元性

国际财务管理行为是协调各方经济利益的一种方式,为之服务的对象不是单一的,而是多元的。如母公司、各子公司、各债权人、社会公众等。这就决定了国际财务管理的目标不是单一的,而是能够体现上述各方要求的目标群。当然,在各目标群中,有一个处于支配地位、起主导作用的目标,即主导目标,而其他一些目标则是辅助目标,处于被支配的地位,对主导目标起补充作用。例如,国际财务管理在努力实现"财富最大化"这一主导目标的同时,还必须努力实现履行社会责任、加快现金流动、提高偿债能力等一系列辅助目标。

(3) 层次性

如前所述,国际财务管理的内容包括国际融资管理、国际投资管理、国际营运资金管理、国际税收管理等多方面。而且,每方面的内容又可以再细分为更具体的内容,这种管理内容的层次性,就决定国际财务管理的目标也具有层次性,是一个由整体目标、分部目标和具体目标三个层次构成的目标体系。整体目标是国际企业进行国际财务管理所要达到的总体目标或根本目标,它决定着分部目标和具体目标;分部目标是指在整体目标的制约下,进行某一部分财务管理所要的目标;具体目标是指在整体目标和分部目标的制约下,从事某项具体财务管理活动所要达到的目标。

(4) 复杂性

国际企业的经营业务遍布多个国家,国际财务管理面临多个国家的社会政治经济环境乃至全球的政治经济形势。国际企业对财务管理目标的选择或确定变得十分复杂。例如,为了求得一个较好的经营环境,有时国际企业必须放弃追求财富最大化的目标,而搞一些财务外交。1967 年,面对英镑贬值的风险,一些著名的跨国公司,包括几家母公司在美国的公司,是如何进行决策的呢?如果它们都把结余的英镑换成美元,来减少风险和股东的损失,这符合财富最大化的目标;如果它们继续持有英镑,帮助英格兰银行适当阻止英镑贬值,则要承担很大的外汇风险,这不符合财富最大化的目标。最后,它们选择后者,因为它们需要与英格兰银行保持良好的合作关系,而不能仅仅考虑目前利益的得失。

2. 利润最大化目标

西方国家关于企业财务管理目标的观点虽然有很多,但最主要的有两种:利润最大化目标和财富最大化目标。利润最大化观点在西方经济管理中根深蒂固,是指通过财务管理,不断增加企业利润,使利润达到最大化。西方许多经济学家都是以利润最大化这一概念来分析和评价企业行为与业绩的。例如,亚当·斯密、大卫·李嘉图、阿尔费莱德·马歇尔的古典经济理论认为,企业的目标应该是利润最大化。企业财务管理的利润最大化目标,就是根据古典经济理论来设定的。

(1) 利润最大化目标的优点

以利润最大化作为国际财务管理的目标有其合理性。一方面,用利润的多少可以衡量创造剩余产品的多少。另一方面,利润最大化有利于资源的合理配置。在市场经济条件下,资金的使用权最终将属于获利最大的企业。利润最大化是企业获取资金的最有利条件。取得资金,也就等于取得了经济资源的支配权。同时,企业追求利润最大化有利于经济效益的提高。为了获得更多的利润,企业就必须加强经济核算管理,改进技术,提高劳动生产率,降低产品成本。

(2) 利润最大化目标的缺点

以利润最大化作为国际财务管理目标也存在缺点:如利润最大化没能有效地考虑风险问题和利润发生的时间,也就不可能考虑货币的时间价值,可能会使财务人员不顾风险去追求最多的利润。同时,利润最大化往往会使企业财务决策带有短期行为的倾向,即只顾实现目前的最大利润,而不顾企业的长远发展。利润最大化的目标存在一定的片面性,并不是财务管理的最优目标。

3. 财富最大化目标

财富最大化是指通过企业的合理经营,采用最优的财务政策,在考虑资金的时间价值和风险报酬的情况下,不断增加企业财富,使企业总价值达到最大。在股份有限公司中,企业的总价值可以用股票市场价值总额来代表,当公司股票的市场价格最高时,就说明企业实现了股东财富最大化目标。在股份制经济条件下,股东财富最大化说明企业实现了财富最大化目标。股东的财富由其所拥有的股票数量和股票市场价格两方面来决定,当股票价格达到最高时,则股东财富也达到最大,企业总价值最大与股东财富最大是一致的。所以,在股份有限公司中,财富最大化也可以表述为股东财富最大化。一般而言,报酬与风险是共存的,报酬越大,风险越大。企业的价值只有在报酬和风险达到比较好的均衡时,才能达到企业财富,乃至企业价值最大化。

(1) 财富最大化目标的优点

以财富最大化作为国际财务管理的目标有很多优点:①考虑了取得报酬的时间因素,并用资金时间价值的原理进行科学计量。②能够克服企业在追求利润上的短期行为。因为不仅过去和目前的利润会影响企业价值,而且预期未来利润的多少对企业价值的影响会更大。③有利于社会财富的增加。各种企业都把追求财富作为自己的目标,整个社会的财富也得到增加。④科学地考虑了风险与报酬之间的联系,能够有效地克服企业财务管理人员不顾风险,片面追求利润的错误倾向。财富最大化的观点体现了对经济效益的深层次认识,因此,现代财务管理理论认为,应该选取财富最大化作为财务管理目标,正确权衡报酬增加和风险增加的得与失,努力实现二者之间的最佳均衡,使企业价值达到最大。

(2) 财富最大化目标的缺点

以财富最大化作为国际财务管理的目标,也存在缺点:①企业财富最大化是一个十分抽象而很难具体确定的目标。从非上市企业来看,其未来财富或价值由于既不能在日常会计核算中加以揭示,也不可能依靠股票价格的变动来加以显示,所以只能通过对资产评估来确定。但是,这种评估要受到其标准或方式的影响,难以被较准确地确定。从上市企业来看,其未来财富或价值虽然可以通过股票价格变动来直接加以显示,但是,由于股票价格的变动是受多种因素影响的"综合结果",难以被准确地确定。因此,财富最大化目标在实际工作中难以被企业管理当局和财务管理人员所把握。②对上市企业来说,现代企业大都采用环形持股方式,相互参股,目的在于控股或稳定购销关系,这种股东结构对企业影响深远。事实上,由于法人股东对股票市价变动的敏感程度远不及一般个人股东,从而对股价最大化目标没有足够的兴趣,或者说,法人股东似乎并不把股价最大化作为其财务管理追求的唯一目标。③财富最终归企业所有者所有,财富最大化目标直接反映企业所有者的利益,是企业所有者所期望实现的利益目标。但是,这一目标也可能与其他利益主体如子公司、债权人、经理人员、内部职工等所期望实现的利益目标发生矛盾。财富最大化目标尽管存在这些缺点,但与利润最大化目标相比较,西方国家仍认为它是一个较为合理的财务管理目标。

1.3.3 国际财务管理目标的选择与合理组合

不同的政治、经济、文化背景,就会导致不同的财务管理目标,这对我们正确地确定国际财务管理的目标具有重要的指导意义。

1. 不同国家企业国际财务管理目标的选择

为了探讨不同国家企业财务管理人员对财务管理目标的态度,一项调查法国、日本、荷兰、挪威和美国的 4 个产业部门 87 个企业的结果显示：

（1）法国的财务主管选择的财务目标是税后收益。因为他们相信这个目标是保证管理成功的最好手段。同时，他们也重视资金流动性这一目标，常常限制分发股息和红利，保障企业的发展和安全。

（2）日本只有索尼、三菱等少数几家大公司，是以股东财富最大化为财务目标。因为这几家大公司不属于任何家族集团，股权为机构、个人以及与其没有业务关系仅为获取红利的国外投资者混合所有，所以，公司财务管理是以股东为中心。但是，其他大部分企业的财务主管选择税后收益作为其最重要的财务目标，也很重视对能保证企业发展和安全的资金流动性目标，因为日本企业的资本结构中负债比率很高。

（3）荷兰的财务主管以税后收益增长为其第一目标，第二目标是股东权益收入最大化和保证资金的流动性。挪威的财务主管将股东权益收入最大化，将资金流动性、支付利息和税前收益最大化三个目标摆在同等重要的位置上。美国的财务主管主张选择每股收益的增长作为财务管理的目标。他们认为股票的市场价值是企业本身无法控制的，而收益的增长是可以实现的目标，他们倾向于以非市场手段来评价工作业绩，如收益、权益所得以及收益的增长。尽管资产的增长和销售的增长并没有作为潜在的财务管理目标，但也仍是许多企业倾向的目标。

从理论上讲，国际财务管理的目标应是"财富最大化"；但从实践上来看，由于各国的社会政治经济环境存在差异，各国的企业财务主管所设定的财务管理目标就不完全一样。如果国际企业只是单纯地追求"财富最大化目标"，不考虑其他因素，就会不可避免地与子公司、债权人等有关的其他利益主体发生冲突。调查显示的这几个国家的财务主管均没有把股票的市场价值作为财务管理的目标，但是，财务研究人员认为，"税后收益的增长""股东权益收入的增长"和"每股收益"均是实现股票市场价值最大化的基础或途径，因为股票的市场价值是建立在未来的收益和红利基础上的。

2. 主目标与辅助目标的组合

如何把理论和实践结合起来，使各利益主体在国际财务管理目标上协调统一？跨国公司在设计财务目标战略时，既要重视投资者的利益，也要重视债权人及其他相关者的利益；既要处理好跨国公司外部关系，也处理好其内部关系；既能解决跨国公司本国中的利益矛盾，又能缓和与东道国的利益冲突。只有对各方的冲突进行适当的协调，跨国公司才能在良好的内外部环境中生存和发展，实现自身整体利益最大化。因此，跨国公司的国际财务管理经营目标组合，应该以"财富最大化"为主导目标，并结合东道国的特点，设立相应的辅助目标为补充。一般认为，应在如下三个共同的经营财务目标（可控制的业绩目标）中达到平衡。

（1）长期税后合并收益最大化

实证研究表明，多数国家的财务主管都把税后收益作为重要目标，这是有一定道理的，因为收益的多少直接影响企业价值，影响的不是单一的母公司的收益，也不是单一的子公司的收益，而是子公司与母公司的合并收益最大，即各分支机构在不同经济环境获得的、用不同货币表示的利润经汇率调整后的合并利润最大化。

（2）资金的流动性和偿债能力

这个目标反映企业财务风险的大小，一般而言，资金流动性越好，偿债能力越强，说明企业财务风险越小;否则,说明财务风险大。

(3) 全球税赋最小化

与国内公司不同,跨国公司集中的财务管理决策机制,决定其会进行国际避税的通盘安排,使跨国公司在全球经营中的税收负担降到最低。跨国公司在世界上许多国家和地区都有附属子公司,在各国税制存在差异的情况下,如何安排公司集团内部的业务经营形式和业务经营轨道,使公司集团的税负尽可能地减轻,已成为跨国公司经营的一项重要内容。跨国公司税收筹划的目标更加综合,涉及范围更加广泛,跨国公司在进行税收筹划时应当统一于跨国公司整体战略目标,而不是局限于某一个国家内子(分)公司的个别目标,税收筹划战略制定的依据和指导,应当从全球高度出发,服务于整体利益,使全球税负最小化。

专栏 1-2

中国跨国公司跃上全球舞台

商务部数据显示,2015年一季度我国对外非金融类直接投资2 617.4亿元(约合400.9亿美元),同比增长55.4%,实现中国对外直接投资连续13年增长,年均增幅高达33.6%。2015年年末,中国对外直接投资存量首次超过万亿美元大关。2016年2月,中国化工集团公司宣布收购瑞士农业化学巨头先正达100%股权;3月,中国广核集团以23亿美元成功获得马来西亚埃德拉公司下属电力公司股权及新项目开发权,将"一带一路"相关5国13个清洁能源项目收入囊中……《2014年度中国对外直接投资统计公报》显示,截至2014年年底,中国1.85万家境内投资者设立对外直接投资企业近3万家,分布在全球186个国家和地区。《中国跨国公司发展报告(2015)》总结中国跨国公司海外投资有以下新特点。

从投资主体看,有限责任公司占主导地位,国有企业占比下降,投资主体向多元化方向发展。在海外并购中,国有企业并购金额较高,而民营企业并购项目数量高于国有企业,私募基金和风险投资基金也参与到跨境并购中。

从投资规模看,海外投资发展速度较快,但投资规模相对偏小。美国的对外直接投资流量占全球FDI流量的1/6~1/3,近4年占比约为1/4;截至2014年年底,中国企业FDI存量仅相当于美国FDI存量的11.2%、英国的46.0%、法国的57.0%、德国的46.1%、日本的61.1%。

从地区分布看,中国跨国公司FDI流向的国家和地区广泛,但分布不均衡。2004—2014年流向第一目的地主要集中在亚洲,其次是欧洲和拉丁美洲。2014年年底,中国境外投资企业中57.1%分布在亚洲。研究表明,60%以上中国企业境外项目分布在澳大利亚、中国香港、美国、德国以及加拿大等发达经济体,52.75%的大型项目仍然主要位于发达国家;58.44%的浙江中小企业项目分布在越南、柬埔寨等周边发展中经济体。

从行业分布看,涉及行业广泛,但投资行业相对集中,主要分布在服务业、制造业和采矿业。2014年年底,中国境外投资企业主要分布在批发零售业(8 759家,占29.5%)、制造业(占20.6%)、租赁和商务服务业(占13.1%)、建筑业(占7.3%)、采矿业(5.0%)等行业,占中国FDI总存量的75.5%。其中,境内企业在境外对"商务服务业"的投资,实际上最终的流向主要是采矿业和制造业。中国国有跨国公司侧重投资工业、资源和能源行业,而民营企业则偏好海外的科技和品牌等战略资产。

出资方式多样,新建与并购并重,有绝对控股倾向。截至2013年年末,中国境外设立的企业中,子公司占86.4%,分支机构占9.1%,而联营公司为4.5%。追求绝对控股可能导致海外投资企业的业务过分依赖于国内,没有在海外当地形成自己的营销网络和信息渠道,缺少海外独立运营的意识,缺少与当地企业进行横向联系。此外,境外投资的母公司主要是中央企业及来自沿海地区或经济发达地区的企业。2014年年底,中央企业和单位在境外设立企业占全部设立境外企业的15%。

同时,报告还分析了中国跨国公司海外投资的三个发展趋势:

趋势一:以FDI方式把产业链两端延伸到境外。在境外设立加工制造、资源利用、农业加工以及商贸物流等类型的境外经贸合作区,把从事劳动密集型生产企业转移到境外,同时,又与国内的母公司内部有贸易往来,在一定程度上扩大中国中小跨国公司融入全球价值链的程度。此外,因生产成本提高,受调查的11%珠江三角洲企业计划向海外迁移,多是纺织、制衣等低端制造企业。同时,具有一定经济实力的中国跨国公司利用并购、绿地新建等方式,收购境外品牌、研发团队及销售渠道等战略资源,向价值链的下游拓展。

趋势二:以信息化技术重塑管理流程,创新商业模式,探索互联网化公司的运营模式。如海尔集团的"人单合一"模式把传统的科层管控型组织构架变革为开放的平台型企业;个性化定制生产模式改变传统的集约化规模生产模式。

趋势三:加大对境外房产、农业等领域投资。中国农业跨国公司的对外投资力度加大。2014年中粮集团并购新加坡来宝农业公司和荷兰尼德拉公司各51%的股权。2013年年末,中国企业境外房地产投资存量为154.2亿美元,2014年绿地集团投资英国伦敦两个住宅项目;万科合资开发纽约曼哈顿列克星敦大道610号项目等。

资料来源:对外经济贸易大学国际经济贸易学院智库、对外经济贸易大学中国企业"走出去"协同创新中心共同发布《中国跨国公司发展报告(2015)》。

思考题

1. 生产经营国际化和金融市场国际化对财务管理有哪些影响?
2. 简述跨国公司的发展过程与特点。
3. 国际财务管理的重要性体现在哪些方面?
4. 与国内财务管理相比,国际财务管理在内容和风险方面有哪些不同?
5. 国际财务管理的决策模式有何不同?
6. 比较利润最大化和财富最大化两种财务目标的不同。
7. 国际财务管理的目标是什么?应该怎样确定国际财务管理目标?

第 2 章 国际银行和国际货币市场

2.1 国际金融市场概述

国际金融市场是国际金融学科中的一个重要领域,也是当代国际经济体系的重要组成部分之一。在整个国际经济联系日趋密切的今天,国际金融市场的规模和作用均在不断扩大,从而使它对世界经济的影响日益加深。不难想象,在全球尚没有统一的货币、统一的清算工具,而经济联系却日益密切的状况下,如果没有国际金融市场,人们将面临多大的困难!可以这样说,国际金融市场是当今世界经济中最为重要的一个市场,它已逐渐成为现代社会整个市场机制的核心。

2.1.1 国际金融市场的含义及特点

1. 国际金融市场的内涵及形成条件

金融的本意是指资金的融通,也就是资金的借贷关系。金融市场是指因经常发生多边资金借贷关系而形成的资金供求市场。如果本国居民之间发生金融市场的资金借贷关系,不涉及其他国家居民,则形成国内金融市场;如果涉及其他国家,超越国境而在世界范围内进行资金借贷,则形成国际金融市场。换言之,国际金融市场就是非居民参加、从事国际借贷的信用市场。由于它涉及两个或多个国家之间的信贷关系,所以具有国际性,即国际金融市场实际上是国际信贷关系产生和国际借贷资本移动的中介。

在国际金融市场上,资金的借贷和融通一般是通过国际商业银行或证券投资机构来完成的,所以,国际金融市场有时也指国际间一些跨国银行和证券投资机构云集的国际金融中心。传统的国际金融市场或国际金融中心,一般必须先成为国内的金融中心,并受当地金融法规或市场运行惯例的制约。后来,原有的国际金融中心出现脱离当地法规控制和管理的倾向,同时许多以前没有金融服务设施基础的地区,也迅速发展成为国际金融中心。实际上目前世界上任何地区,只要政府采取鼓励性的政策措施,并且具有一定条件,即使本身没有巨额资金的积累,都可能成为国际金融中心,形成国际金融市场。具体条件如下:

(1)稳定的政局

一国政局稳定,资本才有安全保障,国际资本才会流向那里,才能积聚向外国借款者提供贷款所需的资金,进而会形成国际金融中心。

(2) 完整的市场结构

完整的市场结构指既有完备的金融机构网络,又有发达的国内金融市场,还有一支庞大的具有国际金融专业知识和丰富的银行实践经验人员队伍。

(3) 良好的地理位置和现代化的国际通信设施

国际金融市场的业务活动一般都由各种银行与金融机构的柜台业务来进行,交易的双方通过电话、电报、电脑等电信设备和邮政设施相互联系,进行货币买卖、融资、票据及有价证券的发行、承购、转销等业务活动。由此,对该地区的便利交通及完善通信设施提出要求。

(4) 完善的金融制度

完善的金融制度主要包括:具有足够数量的银行及其他金融机构,能够组织起相当规模的金融资产交易;实行自由外汇制度或外汇金融管制较松,外汇调拨比较灵活;征低税或免征税;货币政策、财政政策宽松,在存款准备金、税率和利率等方面没有严格的管制条例,等等。

(5) 具有比较稳定的货币制度与作为国际支付手段的货币

完善稳定的货币制度是一国货币成为通兑的前提条件,而一国货币只有具有完全兑换性,才能更好地促进国际资本的流动。

2. 国际金融市场的特点

国际金融市场具有以下特点。

(1) 市场的参与主体国籍不同,具有广泛性

国内金融市场的资金供应者与资金需求者均为本国居民,活动领域仅局限在一国领土之内,使用资金也限于本国货币。在国际金融市场上,不同国别的资金需求者与资金供应者相互之间进行交易,即本国居民和非居民之间进行超越一国国境界限的交易,而且交易的货币不限于本国的货币,可自由兑换的货币均可作为交易对象。

(2) 市场的金融管制较为宽松

国内金融市场一切交易均受本国法令、规章的管制。国际金融市场所在地的国家对国际金融市场的活动不作过多的干预,交易也不完全受所在国家的法令、规章的管制,因此,交易相较于国内金融市场有更大的自由度。

(3) 市场交易以无形市场为主

金融市场可以是有形市场,也可以是无形市场。国际金融市场多数是一种无形市场,并不存在某个固定的资金场所,而是由各国经营国际金融业务的机构如银行、非银行金融机构或跨国公司构成,它们通过电话、电传、计算机等现代化的通信设施以及相联系的网络体系在国际范围内进行资金融通、有价证券买卖及其有关的国际金融业务活动。

(4) 市场全球一体化影响更大

目前伦敦、纽约、东京、巴黎、法兰克福、苏黎世以及香港等地的金融市场,不仅是该国的金融中心,还是主要的国际金融中心。全球经济一体化的深远影响,同样,使这些国际金融中心面临更大的信用风险,且影响范围更大,波及范围更广。

2.1.2 国际金融市场的类型

根据不同的分类标准,可将国际金融市场分成不同类型。

1. 根据功能分类

根据国际金融市场的功能,可以将其分为国际货币市场、国际资本市场、国际外汇市场和国际黄金市场。

(1) 国际货币市场

国际货币市场指以短期金融工具为媒介进行期限为1年或1年以下的短期资金融通与借贷的交易市场,又称短期资金市场或短期金融市场。货币市场的参与者众多,商业银行是该市场的重要参与者,此外,还有企业、政府、证券交易商等。货币市场最重要的功能是为个人、企业、金融机构及政府等经济单位调剂短期资金的余缺,解决它们的流动性问题。通常由银行同业拆借市场、短期信贷市场、短期证券市场和票据贴现市场四个部分组成。国际货币市场的融资工具主要有国库券、商业票据、银行承兑票据等。理想的国际货币市场必须有一个完善的中央银行,中央银行有能力并愿意充当最后贷款人;有种类繁多的短期金融工具,交易活跃;有关货币市场的法律法规制度健全。

(2) 国际资本市场

国际资本市场指以期限在1年以上的金融工具交易为主的交易市场,又称长期资金市场。该市场的主要参与者有国际金融组织、国际银行、国际证券机构、跨国公司及各国政府等。资本市场的主要功能有两个:①提供一种使资本从剩余部门转向不足部门的机制,使资本在国际间进行优化配置;②为已发行的证券提供具有充分流动性的二级市场,以保证发行市场活动的顺利进行。按借贷方式的不同,国际资本市场主要分为银行中长期信贷市场、债券市场和股票市场等。

(3) 国际外汇市场

国际外汇市场指在国际间从事外汇买卖,调剂外汇供求的交易场所。由于国际贸易、投资、旅游等经济往来,不免产生货币收支关系。但各国货币制度不同,在国外完成支付和结算,必须先以本国货币购买外币;同时,从国外收到外币支付凭证也必须兑换成本国货币才能在国内流通。由此,产生本国货币与外国货币进行兑换的国际外汇市场。外汇市场是在西方国家放松外汇管制的情况下,随着商品经济、货币信用和国际贸易的发展而逐步形成的,它在实际购买力的国际转移、防止外汇风险以及提供国际性的资金融通和国际结算等方面都发挥着重要的作用。

(4) 国际黄金市场

国际黄金市场指世界各国专门集中进行黄金交易的场所,是国际金融市场中最早出现的部分,也是国际金融市场的特殊组成部分。黄金市场的主要参与者包括:出售黄金的企业或个人、以黄金做原料的企业、各国的外汇银行和中央银行、为保值或投资而进行黄金购买和投机的个人或机构,以及一些国际金融机构。黄金买卖既是调节国际储备的重要手段,也是居民调整个人财富储藏形式的一种方式。黄金交易分为现货交易和期货交易。全球的黄金市场主要分布在欧、亚、北美三个区域。欧洲以伦敦、苏黎世黄金市场为代表;亚洲以中国香港为代表;北美主要以纽约、芝加哥和加拿大的温尼伯为代表。目前,伦敦仍是世界上最大的黄金现货市场。伦敦黄金市场拥有全球所有场外交易活动的90%以上。2011年,它拥有全球黄金市场总成交量的86%,其中,90%都是现货交易。相比之下,纽约商品交易所分部COMEX,在2011年仅拥有总成交量的不到10%。不同于COMEX,伦敦黄金市场是完全不对个人和零售贸易开放的,黄金交易的最低量(每单笔交易)为1 000盎司。

2. 根据融资渠道分类

根据市场的融资渠道,国际金融市场可以分为国际信贷市场和国际证券市场。

(1) 国际信贷市场

国际信贷市场指国际资金借贷活动的场所或机制,它以金融机构为媒介,为各国资金需求者提供资金融通。早期的国际信贷活动,主要是银行为国际贸易融通资金,对于国际贸易和世界经济的发展具有重要意义。随着国际经济一体化的发展,国际信贷活动也在不断发展,形式也在日渐多样化。国际信贷市场按照市场运行模式,分为传统的国际信贷市场和欧洲货币市场;按照融资途径,可分为直接信贷市场与间接信贷市场;按照国际信贷方式,可分为国际银行信贷市场、各国政府与国际金融机构间信贷市场、国际债券市场以及国际租赁市场等。目前,国际信贷市场以银行同业拆借为主体,以从事境外业务的银行为基础,形成多个国际信贷中心,促进了经济全球化和金融全球一体化,有助于促进世界经济的增长;有助于缓解有关国家的国际收支困难,从而有效地克服债务危机或金融危机;有助于跨国公司的国际财务管理,加快跨国公司的全球性扩张。

(2) 国际证券市场

证券市场包括一级市场和二级市场。一级市场是证券的发行市场,指新证券的发行人在此市场完成从筹划到由中介机构承销,直至证券全部由投资人认购完毕的过程。二级市场是已发行债券流通和转让的市场,包括证券交易所市场和场外交易市场。国际证券一级市场的存在,才使国际证券的二级市场有交易的内容;二级市场的存在,有利于证券投资人随时通过证券的买卖来调整其投资资产结构,有利于加强其资产的流动性,也就更有利于吸引更多的投资人购买证券。

国际信贷市场、国际证券市场和国际货币市场、国际资本市场是密不可分的。在货币市场中,人们经营短期信贷业务,也经营短期票据业务。在国际资本市场中,人们既从事长期信贷业务,也从事长期证券业务。

3. 根据从事金融业务的地域和性质分类

国际金融市场是本国居民与非居民之间进行资金借贷的市场。除了传统国际金融市场之外,20世纪70年代中期以后,迅速发展起来一种摆脱传统国际金融市场受当地政府有关法令限制的约束,不受任何政府管制的"境外市场"或称"离岸市场"。离岸市场是国际金融市场的新发展,其资金的借贷或供求双方都不是本国居民,是经营境外货币借贷业务的市场,是新型的国际金融市场。所有离岸市场的整体,被称作欧洲货币市场。

欧洲货币(Euro-currency)是指设在货币发行国国境以外的银行收存与贷放的该种货币资金。一般来说,只要是欧洲货币,都不能在该货币的本国境内进行交易。相应地,经营这种货币资金的收存贷放等业务的银行,称为"欧洲银行"(Euro-bank),而由这种货币资金的供求借贷形成的市场就称为"欧洲货币市场"。欧洲货币中的"欧洲"一词,实质是指"非国内的"或"境外的",因此,欧洲货币亦称境外货币。例如,在美国,境外的银行(包括美国银行的国外分行)所吸收和贷出的美元资金,在英国境外的银行所吸收与贷出的英镑资金,等等,统称为欧洲货币或境外货币。在岸金融市场与离岸金融市场的比较见表2.1。

表2.1 在岸金融市场与离岸金融市场的比较

市场分类 内容	在岸金融市场	离岸金融市场
借贷关系	居民与非居民(本质上是国内金融市场向国外的延伸)	居民与非居民(是真正意义的国际金融市场)
金融管制	受市场所在国国内金融、税收等法规的管制	基本不受所在国国内金融、税收等法规的管制
交易货币	所在国货币	境外货币
业务范围	国际融资、贸易结算、保险等	基本上是国际融资

2.1.3 国际金融市场的作用与格局分布

1. 国际金融市场的作用

国际金融市场作为从事国际货币金融业务活动的领域,遍及全球各地,既是经济国际化的重要组成部分,反过来又对世界经济的发展产生极其重要的作用。主要表现在以下几个方面。

(1) 加速生产和资本国际化

第二次世界大战后,国际垄断组织的主要形式跨国公司在世界各地遍设分公司和子公司,按其全球战略来组织生产和销售,客观上需要有国际金融市场为其服务。国际金融市场的发展,特别是"境外货币市场"的产生和发展,为国际投资的扩大和国际贸易的发展创造了条件,从而加速了生产和资本的国际化。同时,跨国公司及其遍布世界各地的子公司在推进生产国际化的过程中,一方面要求生产发展到哪里,商品就运销到哪里,力求得到必不可少的资金供应和资金调拨的便利;另一方面其在全球性的生产、流通过程中暂时游离出来的资金,也需要通过金融市场得到更有效率的利用。国际金融市场的出现有助于满足跨国公司的这些需求,加速跨国公司在国际经营中的资本循环与周转,加速生产和资本的国际化,加强了各国经济之间的联系。

(2) 促进银行业务国际化

第二次世界大战后,随着生产和资本的国际化发展,国际金融市场通过各种业务活动使各国的金融机构有机地结合起来。银行作为国际金融市场的主要参与者和重要组成部分,在国际金融市场的发展背景下,世界各地的银行业务发展成为国际间的银行业务,国际上的一些大商业银行加速向跨国化的方向发展。

(3) 促使国际金融渠道畅通,为各国经济发展提供资金国际金融市场通过各项业务活动汇集了巨额的资金,从而使一些国家能够比较顺利地获得发展经济所需要的资金,促进这些国家经济的恢复和发展。从市场的一般功能来看,国际金融市场有利于保持国际融资渠道的畅通,为世界各国提供一个充分利用闲置资本和筹集发展经济所需资金的重要场所。它不仅曾经为某些工业国家的经济振兴做出过重要贡献,而且也在一定程度上推动发展中国家的经济建设进程。例如,欧洲货币市场促进原联邦德国和日本经济的恢复与发展,亚洲美元市场对亚太地区经济的腾飞起了积极作用。

(4) 促进国际贸易和国际投资的进一步发展

第二次世界大战后,各国间的经济贸易联系更加密切,国际投资活动更加活跃,国际间的借贷业务迅速增长,外汇买卖、证券交易迅速发展,使国际金融市场获得快速的发展。国际金融市场的发展,又使贸易双方能通过它进行外汇买卖、国际结算、资本转移和证券交易等,不仅可以消除双方可能遇到的汇率变动风险,还为双方融通资金,从而促进国际贸易和投资的进一步发展。

(5) 调整各国国际收支不平衡

第二次世界大战后,国际金融市场已经成为许多资金短缺国家筹措资金的重要渠道。不论是发达国家,还是发展中国家,在它们的国际收支发生严重逆差时,常常因外汇头寸不足而纷纷到国际金融市场筹资,以消除逆差。特别是两次石油危机后,一些石油进口国的巨额国际收支逆差,都是借助于欧洲货币市场的资金融通才得以解决的。

因此,国际金融市场对世界经济的影响大多数是积极的;但我们也必须看到,国际金融市场在促进世界经济发展的同时,也形成一些不稳定的因素。例如,国际金融市场在有利于调节国际收支失衡和为发展中国家提供发展资金的同时,也埋下了债务危机的隐患;国际金融市场有利于国际资本的流动,然而数额巨大的、频繁和不规则的国际资本流动会冲击一国经济政策的执行效果,同时也会增加汇率的波动幅度和助长外汇市场上的投机行为,从而增加国际投资的风险,也为国际间的投机活动提供了场所;高度一体化的国际金融市场在经济衰退时期,会加速经济危机的传播,还可能诱发国际金融危机,进而加深世界经济危机的动荡和危害。因此,各国在积极利用国际金融市场给本国及世界经济发展所带来的种种有利条件发展经济的同时,还应该慎重对待其潜在的风险,兴利除弊,才能充分发挥国际金融市场对发展经济所产生的重大推动作用。

2. 世界主要的国际金融中心布局

目前,世界上主要的国际金融中心可以划分为五个区域:西欧区、亚洲区、中美洲区和加勒比海区、北美洲区、中东区。

(1) 西欧区

西欧区的伦敦,历史最悠久,目前仍然是最大的国际金融中心。伦敦市场所从事的国际金融业务种类最多,联系最广泛,而且聚集在伦敦国际金融中心的跨国银行的数量也是世界上最多的。实际上,在伦敦的外国银行数量超过了英国本国银行的数量。除了伦敦之外,苏黎世、法兰克福、巴黎、布鲁塞尔、卢森堡等也是西欧区重要的国际金融中心。

(2) 亚洲区

在亚洲区,主要有新加坡、中国香港和日本东京等国际金融中心。在亚洲,新加坡是最早建立经营境外货币的金融中心。1968年10月,美洲银行新加坡分行获准在新加坡设立国际银行设施,称为亚洲货币经营单位。亚洲货币经营单位可以吸收非居民的存款和对非居民发放信贷。20世纪70年代,香港采取一系列措施鼓励外国银行进入,促进该地区国际金融业务的发展。20世纪80年代以后,日本政府也逐步放松了金融管制,对外开放国内金融市场,使东京国际金融中心迅速发展起来。此外,还出现了菲律宾的马尼拉和马来西亚的吉隆坡等国际金融中心。

(3) 中美洲和加勒比海区

在中美洲和加勒比海区,开曼群岛和巴哈马群岛以其特殊的地理位置和优越的通信服务设施,以及完善的金融服务设施,吸引了大量的跨国银行,尤其是美国的银行在此进行投资设立分行。例如,人口数量不足2万的开曼群岛,竟集中350多家跨国银行和其他各类金融机构,从而成为一个重要的国际金融中心。

(4) 北美洲区

在北美洲区,主要有纽约国际金融中心,以及美国所有设有国际银行设施的州。此外,还有加拿大的多伦多、蒙特利尔等金融中心。1981年12月3日,美国法律正式允许欧洲货币在美国境内通过国际银行设施进行交易。所谓国际银行设施,是指美国境内的银行根据法律可以使用其国内的机构和设备,但要设立单独的账户,向非居民客户提供存款和放款等金融服务。这些境外货币业务,不受美国联邦储备委员会规定的法定金准备率、贷款利率等条例的限制,而且国际银行设施吸收的存款也不必加入由美国联邦存款保险公司提供的存款保险。国际银行设施的建立,加强了美国与世界上其他国际金融中心的联系,推动国际金融市场全球一体化的进程。

(5) 中东区

在中东区,巴林是重要的国际金融中心。一方面,由于最初这一地区的金融中心贝鲁特遭受连年战火和骚乱而丧失了金融中心的功能;另一方面,由于巴林十分靠近沙特阿拉伯的首都利雅得,这两个原因促使巴林成为世界上最大的沙特阿拉伯货币——里亚尔的境外交易中心。此外,科威特也是中东地区重要的国际金融中心。

2.2 国际银行与跨国银行

经济全球化的一切活动(包括国际收支结算、国际间货币资金的运动、国际汇兑等)和结果都是与银行的活动分不开的。不论是国家间、区域间的经贸活动,还是全球性的经贸活动都是如此。银行与跨国银行、区域性的国际银行机构和全球性的国际银行(金融)机构不仅能反映国际经济贸易活动及其结果,而且通过它们本身所特有的职能作用的发挥,对国际经济、贸易和金融产生重大影响。国际银行的特点在于它们所提供的是区别于国内银行的服务。一方面,国际银行可以为进出口贸易客户提供贸易融资便利;为客户安排外汇买卖以开展跨国交易与跨国投资。另一方面,国际银行会通过远期合约和期货合约来帮助客户规避应收和应付款项的外汇汇率风险。同时,由于国际银行能提供外汇交易的便利,它们自己也经常交易外汇产品。

国内银行与国际银行的重要差别在于所接受的存款和所从事的投资与贷款的类型。

大型国际银行在欧洲货币市场上同时进行借款和贷款。另外,它们通常会是国际贷款财团的成员,与其他国际银行一起,共同为需要进行项目融资的跨国公司和因经济发展需要的主权国家提供大量资金。此外,根据其经营所在国的规定或其组织形式,国际银行也可能参与欧洲债券或国外债券的承销交易。目前,国际银行集团常常采用控股形式,既能够担当传统商业银行的职能,也能够从事投资银行业务职能,为客户提供咨询服务和建议。国际银行特别擅长的领域,包括外汇交易套期保值策略、利率和货币互换融资以及国际现金管理服务。国际银行包括跨国银行和国际金融机构,跨国公司和企业主要与跨国银行发生业务往来,因此,本书中国际银行主要介绍跨国银行。

2.2.1 跨国银行的产生与发展

跨国银行,是指以国内银行为基础,同时在海外拥有或控制着分支机构,并通过这些分支机构从事多种多样的国际业务,实现其全球信息经营战略目标的超级银行。联合国跨国公司中心认为,跨国银行是指至少在 5 个国家和地区设有分行或附属机构的银行。中国银行也在跨国银行之列。跨国银行具有派生性;机构设置具有超国界性;国际业务经营具有非本土性;战略制定具有全球性。

1. 跨国银行的产生与发展过程

跨国银行是资本国际化、世界经济走向一体化、发达国家对外经济扩张的结果。在跨国银行的形成与发展过程中有两个重要的因素:一是国际贸易关系越来越密切、越广阔,对跨国银行的需求日益增强;二是生产和资本的国际化,国际上出现大量游资,需要跨国银行把国际游资集中起来,贷放给企业家。因此,一些国际大商业银行便加速向跨国化的方向发展,逐渐从一国的银行发展为跨国银行。跨国银行的产生与发展可分为以下五个阶段。

(1) 萌芽产生阶段(15—20 世纪初)

早在中世纪的欧洲便已经出现主要为国际贸易服务的国际银行业。当时,最为典型是意大利的麦迪西银行,它以佛罗伦萨为总部,在西欧八大城市设有分行。而自 16 世纪以来,德国、荷兰、英国的国际银行业依次各领风骚。到 1910 年,仅总部在伦敦的 32 家英国银行便在其殖民地拥有 2 100 多家分行。虽然这些银行的海外分支机构业务范围还十分有限,国际业务占业务总量的比重也不大,但是,其已经具备跨国银行的雏形,如米德兰银行、香港上海汇丰银行、标准渣打银行等至今依然存在。此外,当时法国与德国的跨国银行在海外也拥有 500 多家分行。

(2) 逐步形成与迅速发展阶段(20 世纪 20—80 年代)

20 世纪 20—60 年代,随着这些跨国银行业务范围的扩展,银行突破传统的商业融资、外汇交易等业务模式,开始开展批发业务及投资银行业务。20 世纪 60—80 年代,各国跨国银行重建密布全球的海外分支机构网络,业务量及业务范围迅速扩张。其中,美国、日本等发达国家的银行开始迅速进行对外扩张,发展中国家开始崛起。

(3) 调整重组阶段(20 世纪 90 年代初—90 年代中期)

进入 20 世纪 90 年代直至中期,银行间兼并、联合活动频繁。主要以国内兼并为主,跨国兼并为辅;注重效率发挥,优势互补明显;兼并向大型化发展以期增强实力。此外,跨国银行业还着力于内部机构的调整与改善,开始削减机构和裁减员工。

(4) 创新发展阶段(20世纪90年代中期至今)

从20世纪90年代中期至今,国际银行的重组并购愈演愈烈。各银行开始追求规模最大化,强强联合,建立超大型跨国银行;商业银行兼并非银行金融机构的案例开始增多,跨国银行开始经营过去由投资银行、保险公司和其他金融机构经营的业务。

2. 跨国银行形成的理论解释

银行开始跨国经营的原因,鲁格曼和卡马斯(1987)正式罗列为以下几条。

(1) 低边际成本

以很低的边际成本将国内银行积累的管理和营销经验应用于国外市场。

(2) 知识和信息共享优势

国外银行的分支机构,可以借鉴母国银行在客户开发和资信调查方面的经验,为东道国所在地的公司提供更多更完善的关于该银行母国的贸易与金融方面的信息,这是国外当地银行无法媲美的。

(3) 声誉优势

大型跨国银行的声誉良好、流动性强、存款安全,这些都可以吸引国外的客户。

(4) 管制放松和降低交易成本

跨国银行常常不会受制于当地银行要遵守的规章管制。它们或许可以少披露些财务信息,或许在外汇存款方面可以少交些存款保证金和存款储备金,并且不受银行地域限制(例如,美国的银行可以不受来源于哪个州的规章制度限制)。同时,如果银行拥有国外分支机构可以绕开政府监管,就可以保留外国货币金额,减少外汇兑换的交易成本和风险。

(5) 维护大额客户和零售交易

银行跟随它们的跨国公司客户至国外为其子公司服务,可以防止它们客户的海外子公司向国外的银行寻求服务而丧失客户。同时,跨国银行可以使它们客户的支票、旅游和国外业务市场免受国外银行的竞争。

(6) 规模经济和降低风险

母国银行的增长可能会因国内银行所提供服务的饱和而受到限制。如果跨国银行设立海外分支机构,可以增加业务内容和客户范围,带来业务量和收入的增长。同时,跨国银行国际多样化经营可以带来更加稳定的收入,分散单一投资的风险,而且各个国家的商业和货币政策可以相互抵消,从而降低某一特定国家的国别风险。

3. 国际联合银行和国际银行俱乐部

(1) 国际联合银行

随着跨国银行的发展,国际联合银行开始兴起。国际联合银行,是指由国籍不同的几家银行作为股东而建立的银行,其中任何股东都不直接持有50%的股权,它是由一批银行联合起来所形成的一个独立的经济实体,从事某些特定地区和领域的业务,或提供某项专门的服务。各个国际联合银行的服务范围和活动方式不尽相同,但它们一般都从事中期欧洲货币贷款。

第二次世界大战后,从1963年起到20世纪70年代初期,国际联合银行有了较大发展。据统计,1981年伦敦就有65家国际联合银行。目前,在国际银行领域,它仍然占重要地位。通过参加国际联合银行,一些在本国规模较大,但向跨国化方向发展规模不够或缺少较好国际网络的银行,可以从股东银行那里获得较多的金融资源,扩大银行的活动范围;一些只有从事国内业务经验,不熟悉国际银行业务的银行可以凭借联合起来的力量,顺利地进入国际金融市场,从事国际业务;发展全球性的银行网络以及从事跨国经营需要付出的较高成本费用可以由股东分摊,有关专家和技能由股东共享,银行从一开始就能够在竞争中赢得一席之地;银行可以通过它的国际网络获得更多有关国家与地区经济条件和政治风险的情报,从而在国际间有效地开展业务活动,扩大其利润来源。

(2) 国际银行俱乐部

随着跨国银行的发展,国际银行俱乐部应运而生。国际银行俱乐部,就其性质来说,是一种松散的国际银行集团,主要作用是促进和协调各成员银行的国际业务。因为参加这个俱乐部的,主要是欧洲国家的银行,所以国际上又把它叫作欧洲银行集团,自20世纪60年代末开始出现。欧洲银行集团的出现标志着跨国银行的国际联合有加强的趋势,这种联合化的跨国银行组织扩大了银行的经营规模和活动范围,分散了独家经营的风险,避免与国内股东银行在国内零星业务中的竞争,有利于中小银行进入国际资金市场。目前,国际银行俱乐部共有5个,分别是:欧洲银行国际公司(EBIC)、欧洲联营银行公司(ABECOR)、英国—阿尔法集团(Inter—Alpha)、欧洲金融合营集团(Europartner)、欧洲联合合作金库(UNICO)。

2.2.2 跨国银行的分支机构与业务活动

1. 跨国银行海外的分支机构

跨国银行通过设置不同的海外分支机构,形成银行的国际网络,包括国外分行、子银行与联营银行、代理行、代表处等,从事不同的业务活动。

(1) 国外分行

跨国银行的分行是总行的一部分。它的所有权和业务均受到总行控制,资产和负债都列入总行的资产负债表,经营活动和信贷政策均同总行保持一致。国外分行代表总行在所在国从事当地政府允许的各项银行业务,因此,它既要受母国银行业规章的约束,又受到运营地银行业规章的约束。

(2) 子银行与联营银行

子银行是一家在当地设立的具有独立法人资格的银行,或为母国银行全资所有,或为母国银行控股。联营银行是指国外母行拥有其部分股权,但又不为国外母行控制的银行。子银行和联营银行都要遵守所在地的银行法。美国银行很喜欢设立海外子银行与联营银行的结构,因为它们被许可能够承销证券。

(3) 代理行

跨国银行如果在哪个重要的金融中心没有设立自己的运营机构,那么,它们一般会与该金融中心的其他银行建立代理关系,即双方银行各自在对方银行开立一个往来银行账户,形成代理行关系。例如,一家纽约的大银行会在伦敦的一家银行开立一个往来账户,而伦敦的该银行也会在纽约的那家银行设立一个往来账户。代理银行制使银行的跨国公司客户可以通过其在当地的银行或者关联代理行,在世界范围内开展业务。代理银行主要是为跨国公司的国际交易所引起的外汇兑换提供服务。但是,代理行服务也包括协助贸易融资,如议付信用证、承兑向代理行开立汇票等。另外,如果跨国公司需要为其在国外的子公司提供当地的融资服务,则需要当地银行向国外代理行开立一封介绍信。代理行关系是很实惠的,因为银行能够以很低的成本为其跨国公司客户提供服务,而不用在很多国家实际设置银行职员,弊端在于银行的客户通过代理行得到的服务水平可能不如银行自己在国外的分支机构所提供的服务水平高。

(4) 代表处

跨国银行的代表处是跨国银行总行派驻海外的联络机构,只能受总行的委托或代表总行同所在国的客户进行金融业务联系,它的基本任务是为总行开拓新的领域和提供有关信息。借助代表处的设立,母行可以使其跨国公司客户享受到比仅仅通过代理行关系所提供的更好服务。母行可能会在一个有很多跨国公司客户或者至少有一个重要客户的国家设置代表处,也可以用来协助跨国公司获得当地商务习惯、经济方面的信息以及对跨国公司的外国客户提供资信评估等。

2. 跨国银行的业务活动

随着国际经济一体化的迅速发展,国际金融服务面临更高的要求。跨国银行为了适应这种业务要求,扩展了其业务范围:一部分是国内银行业务在国际间的直接延伸,如划拨资金和接受存放款;另一部分是纯粹的国际性业务,如汇款买卖和信用证融资等。具体业务如下。

(1) 存款业务

跨国银行利用其遍布世界各地的分支行,吸收当地货币或外币存款。这些被吸收进来的国外游资,成为跨国银行重要的资金来源。20世纪70年代石油危机以后,石油输出国的盈余资金成了较为重要的资金来源。

(2) 贷款业务

跨国银行的贷款业务分为公司贷款和国家贷款。跨国银行的公司贷款是指对公司企业,特别是对跨国公司的贷款;跨国公司的国家贷款,则是指针对某些国家的政府和官方机构所发放的贷款。

(3) 外贸融资

外贸融资是跨国银行的一项传统业务,它的期限较短,收益较大。为了避免同当地银行的竞争,多数是采用所在国货币之外的其他硬通货来进行这种融资,还对当地提供各种形式的出口信贷服务。

(4) 投资业务

跨国银行投资业务主要是指国际债券的承购和配销活动,包括对客户和政府发行国际债券提供咨询服务。在世界25家主要债券承销商中,有20家是跨国银行,它们是控制发行人进入国际债券市场和决定债券发行条件的主要力量。

(5) 外汇业务

跨国银行的外汇业务包括外汇买卖和代客户在外汇市场进行抵补活动。在外汇业务方面,跨国银行相当活跃,经营也比较顺利。

(6) 货币市场业务

为了保持银行资产的流动性,并通过买卖差价赚取一定的利润,货币市场业务成为跨国银行在资金需求低落时投放剩余资金、在资金需求高涨时筹集贷款资金的重要场所。近年来,跨国银行在短期货币市场上的交易量增长很快。

(7) 信托业务和其他业务

跨国银行的信托业务包括信托投资和信托贷款。信托投资是指跨国银行代客户管理资金和进行投资。信托贷款是指受客户的委托,以跨国银行名义,用客户的存款进行国际贷款,风险由委托人承担。跨国银行的其他业务包括代收贷款、设备租赁和担保见证等。

跨国银行除了重视上述各项国际业务外,还积极从事金融期货交易、期权交易、货币互换交易、利率互换交易等新业务。通过这些多种形式的服务,跨国银行在世界范围内构成一个无形的金融市场。

2.2.3 跨国银行的作用与影响

从全球范围来讲,跨国银行无疑为金融一体化进程做出了积极的贡献,促进全球经济的平稳而有序地发展。一方面,跨国银行作为国际借贷资本的重要媒介,促进国际金融业的发展,并通过融资活动,促进跨国公司的全球化和国际贸易的发展;另一方面,跨国银行的各种活动对国际金融市场的稳定等方面产生了重要影响。

1. 积极作用

跨国银行对国际金融的积极作用,主要表现在以下五个方面。

(1) 使银行的业务结构发生变化

跨国银行的出现,使银行从传统的专业化经营转向市场经营,开始积极参加国际银团贷款,参与外汇市场的交易,为国际市场提供出口信贷和租赁等广泛的服务,满足客户对大笔资金的需求。

(2) 使资金可以随时调拨和互通有无

跨国银行的广泛经营及众多分支机构,且资金可以在银行成员之间进行灵活调拨,使银行具有保持资金稳定流动的能力。同时,在国际资本市场上,特别是欧洲货币市场上,为数众多的跨国银行竞相开展业务,增加了市场的竞争性,提高了金融市场效率。

(3) 有效地满足客户对中长期资金的需求和收集信息

跨国银行通过广泛的国际网络进行各项业务活动,能够有效地把流动的短期资金转化为中长期资金,满足跨国公司、大企业和各国政府对中长期信贷资金日益增长的需求。同时,通过国际网络可以收集世界各地的经济、贸易、金融情报,寻求有利可图的机会。

(4) 促进先进的银行技术和管理方法的国际转让

跨国银行通过资本的全球借贷活动,使金融资本(包括先进技术和管理方法)流向世界的各个角落,进行国际转让,有助于提升银行集团的整体技术和管理效率。

2. 消极影响

跨国银行通过创造各种国际可兑换货币的存款,在缓和各种矛盾的同时也带来了世界性通货膨胀及金融危机的潜在压力,对国际金融市场稳定产生消极影响,主要表现在以下几个方面。

(1) 贷款过于集中,增加了"多米诺"连锁反应的可能性

随着跨国银行国际贷款的增长,一些国家无法偿还其债务时,会引起一系列的贷款拖欠,从而导致金融危机。

(2) 跨国银行的贷款用于弥补国际收支赤字,增加了借款国的债务负担和债务风险

跨国银行的贷款用于弥补国际收支赤字的行为越来越多,其贷款程序并不要求借款国调节其国际收支,这就增加了借款国债务负担,当借款国债务急剧膨胀时,不履行协议的风险就大幅增加。

(3) 跨国银行的投机活动会给国际金融市场增添不稳定因素

1974年曾发生一次金融恐慌,联邦德国的赫斯塔德银行、美国的富兰克林银行和以色列—英格兰银行因外汇投机或倒账相继倒闭,在国际银行界产生很大震动。

(4) 不利于各国政府实施货币政策

跨国银行的短期资金在国际间大量移动,使各国政府难以贯彻货币政策和外汇调整政策,这对稳定国际金融市场也是很不利的。

这些问题的存在,使各国开始关注跨国银行的管理。西方工业国家为了加强对跨国银行的监督与管理,在巴塞尔成立了"国际清算银行对银行进行管制和监督的常设委员会"(又称"巴塞尔委员会"),并制定一些共同遵守的管制法规。该法规于1983年6月经过修改,进一步明确对银行的国外分支机构实行监督的总原则,并确定对银行国外分支机构实行监督责任的分担,包括资金偿付能力、流动性资产、银行的外汇业务和头寸管理等方面,根据银行国外机构的不同性质确定相应的监督责任。

2.3 国际货币市场的特点和组成

2.3.1 国际货币市场的功能和特征

根据国际金融市场的功能划分,国际货币市场是以短期金融工具为媒介进行期限为1年或1年以下的短期资金融通与借贷的交易市场。国际货币市场的参加者主要是商业银行、中央银行、各国政府的财政部门、货币机构、跨国公司、票据承兑公司、贴现公司、证券公司、跨国银行以及国际金融机构等。货币市场的存在是因为这些经济单位在现金流入和现金流出之间出现了时间上的不匹配,因此,国际货币市场最重要的功能是提供一种在暂时盈余的资金供给者和暂时性短缺的资金需求者之间调剂资金的机制,解决经济单位短缺资金的流动性问题。

1. 国际货币市场的功能

国际货币市场有以下功能。

(1) 解决了经济活动中短期资金的供求矛盾

货币市场的存在,使短期资金的盈余者可充分利用短期资金,获取最大的收益;使资金短缺者在需要流动资金时可及时迅速地获得短期资金,解决经济单位流动性问题。

(2) 为多国中央银行货币政策的操作提供场所

在货币市场中聚集着各银行的资金，形成一个庞大的信贷金库。在国际货币市场上，国内外众多银行相互连为一体，单个银行的存款实际上就成为国际信贷市场上资金来源的一部分。中央银行作为货币政策的决策和执行机构，主要通过调节法定贴现率、存款准备金率和公开市场业务影响商业银行的活动，从而实现预定的货币政策操作目标。

(3) 为政府创造财政收入提供了重要的来源基础

中央或地方政府通过发行短期国库券，获得财政收入，可以用于公共设施建设和维护，调控宏观经济，有助于维护经济稳定与增长，发挥政府调控职能。

2. 国际货币市场金融工具的特征

投资者进入货币市场的主要原因首先是追求安全性和流动性，而盈利性往往是第二位的。

(1) 安全性——低违约性的可能性

国际货币市场信誉高，融资数额大，能够发行货币市场金融工具的经济单位信用都比较高。例如政府、大型企业、金融机构等经济单位只是融通资金，为了解决短期暂时性的资金短缺问题。因此，这些货币市场金融工具到期违约的可能性比较低，比较安全。例如，美国短期国库券。

(2) 流动性——低价格波动的风险

货币市场金融工具的期限较短，一般都在1年之内，通常是几个小时或1~3个月。在一年的发行期内，市场利率波动的可能性比较小，货币市场金融工具在短期内受市场利率影响也较小。因此，货币市场交易的目的是解决短期资金周转的需要，货币市场工具价格波动的风险就很小。

(3) 流通速度——高变现能力

由于货币市场金融工具具有低违约可能性和低价格风险，因此，货币市场金融工具的持有者，很容易将其在二级市场售出转让，解决临时资金融通问题，这也表明它们具有较强的"货币性"，具有很高的变现能力。货币市场借贷成本低，资金周转快，流量大，风险小。

专栏 2-1

巴菲特持股公司将现金投资于美国短期国库券

沃伦·巴菲特(Warren Buffett)曾在2010年写给他的持股公司——伯克希尔·哈撒韦公司(Berkshire Hathaway)的董事长的信中提道："We keep our cash largely in U.S. Treasury bills and avoid other short-term securities yielding a few more basis points, a policy we adhered to long before the frailties of commercial paper and money market funds became apparent in September 2008. We agree with investment writer Ray DeVoe's observation, 'More money has been lost reaching for yield than at the point of a gun.' At Berkshire, we don't rely on bank lines, and we don't enter into contracts that could require postings of collateral except for amounts that are tiny in relation to our liquid assets."这段话可以简述为"公司将大量现金投资于美国短期国库券,而获得低于其他短期债券几个百分点的投资收益,我们采取这种投资策略,要远远早于2008年9月商业票据和货币市场基金凸显出的风险缺陷之前,我们伯克希尔公司不会依赖银行贷款,也不会签订需要抵押物的借款交易合约来融资,除非这些抵押物占流动资产比例很小"。

2.3.2 国际货币市场的组成

虽然各个国家国际货币市场不尽相同,但基本组成较为相似。美国的货币市场最为发达,也最为典型,因此,这里主要以美国为主介绍货币市场的组成及相应的金融工具。美国国际货币市场主要由短期国库券市场、短期信贷市场、短期票据市场和大额可转让定期存单四个市场组成。

1. 短期国库券市场

(1) T-bills

美国短期国库券(treasury bills, T-bills),是指美国政府发行的借以应付国库季节性财政支出需要的期限少于或等于一年的债务证券,它是由政府承诺在发行日起经特定时日向持票人偿付一定金额的负债证券,是货币市场(money market)中最重要和最活跃的信用工具之一。目前,T-bills主要还是一国国内货币市场上的金融工具,只有少数发达国家政府发行的国库券才具有国际投资价值。T-bills由财政部按照拍卖(auction)方式折价出售,没有票面利率,到期时兑现面值,面值和发行价格的差价即为投资的报酬。对于特许银行或者授权的投资机构给出的投标价格,政府会从高到低排列,按倒序来确认中标机构,直到全部发放完毕。投标机构需要谨慎给出投标价格,投标价格过高会增加成本,过低则会竞标出局。T-bills按照投资期限可分为四种:3个月、6个月、9个月及1年,但3个月占绝大部分。不同于其他金融工具,T-bills面额至少达到100 000美元,投资门槛相对较低。因为国库券具有无信用风险,高度流动性及易于转让,容易兑现现金,转让手续费低等特质,其二级市场非常活跃,经常被国外政府、金融机构和个人持有,信用评级和到期收益率都很高,而且发行规模巨大,所以,T-bills也被称作"金边债券",其到期收益率经常被视作市场无风险收益率。

(2) Repo

回购协议(repurchase agreement, Repo),是指证券交易双方以协议的方式约定,在买卖证券时,出售者(资金获得者)向购买者(资金提供者)承诺在一定期限后按约定的价格(以原来的买卖价格再加若干利息)如数购回该证券的交易。它包含同笔证券方向相反的两次买卖,实质上是以证券作为担保的短期借贷。大多数回购协议的期限为1天,是隔夜资金融通的一种票据融资形式。

2. 短期信贷市场

(1) 短期商业信贷

短期商业信贷(short term loan)是指一国贷款人(主要是商业银行)向另一国非银行类的借款人提供的贷款期限为1年或1年以下的贷款安排。短期商业信贷的主要借款人一般为大型跨国公司和政府机构。它一般不限定用途,可由借款人自主安排。

(2) 银行同业拆借市场

银行同业拆借市场,是指银行机构之间以货币借贷方式进行短期资金融通活动的市场。同业拆借的资金主要用于弥补银行短期资金的不足、票据清算的差额以及解决临时性资金短缺需要,是金融机构之间进行短期、临时性头寸调剂的市场。同业拆借的交易对象主要以中央银行存款准备金等即时可用资金为主。由于借款银行拆入短期资金的目的是弥补其头寸周转需要,银行同业拆借一般期限较短,期限大多数为1~3个月,最长为9个月,最短为3天。从数量角度分析,同业拆借每笔交易的数额比较大,最低10万美元。从交易手续角度分析,借款银行一般无须缴纳抵押品,甚至可以不签订书面协议。银行同业拆借市场的形成,为金融机构提供了一种实现流动性的机制;提高了金融资产的盈利水平;能够及时反映资金供求变化;成为中央银行有效实施货币政策的市场机制。银行间各种期限的借贷所形成利率水平往往称为这种货币相应期限的基础利率。全球最著名的基准利率有伦敦同业拆借利率(LIBOR)和美国联邦基准利率,中国典型的是上海银行间同业拆借利率(SHIBOR)。

① LIBOR。伦敦同业拆借利率(London interbank offered rate,LIBOR),是英国银行家协会根据其选定的银行在伦敦市场报出的银行同业拆借利率,进行取样并平均计算成为基准利率,是伦敦金融市场上银行之间相互拆放英镑、欧洲美元及其他欧洲货币资金时计息用的一种利率。目前LIBOR已经成为国际金融市场中大多数浮动利率的基础利率,作为银行从市场上筹集资金进行转贷的融资成本。同时,LIBOR还成为金融机构之间进行利率互换、远期交易等衍生品交易和换算不同货币间汇率水平的重要参照体系,是目前国际间最重要和最常用的市场利率基准。

② federal funds rate。美国联邦基金利率(federal funds rate)是指美国同业拆借市场的利率,其最主要的隔夜拆借利率,也被称为 target rate。这种利率的变动能够敏感地反映银行之间资金的余缺,美联储瞄准并调节同业拆借利率就能直接影响商业银行的资金成本,并且将同业拆借市场的资金余缺传递给工商企业,进而影响消费、投资和国民经济。尽管对联邦基金利率和再贴现率的调节都是由美联储宣布的,但是,其方式则有行政规定和市场作用之分,其调控效果也有强弱快慢等差别,这也许正是联邦基金利率逐渐取代再贴现率、发挥调节作用的一个重要原因所在。

③ SHIBOR。上海银行间同业拆借利率(Shanghai interbank offered rate,SHIBOR)是中国人民银行为了推动中国利率市场化,培育中国的货币市场基准利率体系,对外发布的上海银行间同业拆借利率。SHIBOR是由信用等级较高的18家银行组成报价团自主报出的人民币同业拆出利率计算确定的算术平均利率,是单利、无担保、批发性利率。目前,对社会公布的SHIBOR品种含隔夜、1周、2周、1个月、3个月、6个月、9个月及1年。SHIBOR的发布流程为:每个交易日全国银行间同业拆借中心根据各报价行的报价,剔除最高、最低各4家报价,对其余报价进行算术平均计算后,得出每一期限的SHIBOR,并于9:30通过上海银行间同业拆放利率网对外发布。2016年4月8日的SHIBOR利率报价表如图2.1所示。

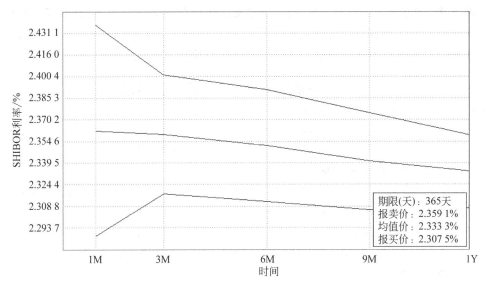

图 2.1　2016 年 4 月 8 日的 SHIBOR 利率报价表

3. 短期票据市场

商业票据是指一些资金雄厚、财政健全、信誉卓著的著名公司在公开市场发行的最小面额为 10 万美元的短期无担保借款证明文件。

(1) 商业票据市场

商业票据的发行者通常是信用等级较高的大公司,主要有工商业大公司、公共事业公司、银行持股公司以及金融公司。金融公司包括从事商业、储蓄及抵押等金融业务的公司,从事租赁、代理及其他商业放款的公司以及从事保险和其他投资活动的公司。在 20 世纪 80 年代,许多小公司也发行商业票据。例如,1984 年,美国的美林公司开创了允许信用等级较低的小机构以持有的国库券和联邦机构证券甚至应收账款做抵押,发行商业票据。

虽然商业票据的流动性不如银行承兑票据,其安全性不如国库券,但其利息率较高。而且,发行商业票据的大公司为了保证正常的资金来源和商业信誉,很少到期拒付本利,因此,投资者愿意购买或持有商业票据。商业票据对投资人的限制较少,参与者十分广泛。但当前,由于商业票据面值较大,只有少数个人投资者有实力进行投资。商业票据的主要投资者有非金融公司、货币市场互助基金(MMMF)和银行信托部门、小银行、年金基金、保险公司及地方政府等。

美国商业票据是一种无担保的短期本票,由企业或者是银行发行,通过经销商直接卖给公众投资者,按面值的一定折扣销售,且交易额度较大,一般最低金额为 10 万美元。到期日通常为 3~9 个月,多数在 30~50 天。美国法律规定期限低于 270 天的商业票据可以不向美国证券交易委员会(SEC)登记,另外,期限低于 90 天的商业票据更易卖出,而且低于 90 天的商业票据被中央银行认为是贴现放款的合格票据。

(2) 商业票据的贴现市场

商业票据持有者可以将未到期的商业票据到银行柜台办理贴现,即银行根据面值和未到期天数,扣除一定折扣利息后,将余下票据金额支付给票据持有者,从而获得融资便利。票据贴现市场折扣利率的变动是非常活跃和敏感的,是重要的市场利率参考变量。

商业票据贴现收益率和商业票据投资收益率的计算公式分别为

$$i_d = \frac{票面价格 - 购买价格}{票面价格} \times \frac{360}{距离到期日的天数}$$

式中:i_d——商业票据贴现收益率。

$$i_d = \frac{票面价格 - 购买价格}{购买价格} \times \frac{360}{距离到期日的天数}$$

式中:i_i——商业票据投资收益率。

例如,投资者以 980 000 美元的折扣价购买期限为 180 天、价值为 1 000 000 美元的商业票据,其投资收益率和贴现收益率分别为

$$i_i = (1\ 000\ 000 - 980\ 000)/980\ 000 \times (360/180) = 4.08\%$$
$$i_d = (1\ 000\ 000 - 980\ 000)/1\ 000\ 000 \times (360/180) = 4\%$$

(3) 银行承兑汇票

银行承兑汇票(banker's acceptance)是由付款人委托银行开具的一种远期支付票据。是由在承兑银行开立存款账户的存款人出票,向开户银行申请并经银行审查同意承兑,保证在指定日期无条件支付确定的金额给收款人或持票人的票据。银行基于对出票人资信的认可对出票人签发商业汇票进行承兑,给予信用支持。通常银行承兑汇票只用于公司与公司之间,付款期限最长达 6 个月。银行是主债务人,客户必须在承兑银行开立存款账户。对于购货方而言,使用银行承兑汇票无须付现,即完成了货款的支付,意味着其可从银行处获得了一笔成本较低的资金,这也就是银行承兑汇票的融资功能;对销货方而言,在银行承兑汇票到期前,也可通过向银行申请贴现的方式获得资金。

银行承兑汇票用于清偿债务时是一种支付结算工具,用于票据贴现时是一种资金融通工具。由于银行承兑汇票具有承兑性强、流通性强和效益性强等特点,为银行和公司之间广泛使用,对公司与公司之间的资金清算和融通起到了积极的作用,但同时也具有一定的风险性。

4. 大额可转让定期存单(CDs)

大额可转让定期存单(certificate of deposit,CDs),是银行印发固定面额、固定期限、可以转让的一种定期存款凭证,存款凭证上载明一定的票面金额、存入和到期日及利率等,到期后可按票面金额和规定利率提取全部本利,逾期存款不计息。CDs 最初由花旗银行前身 First National City Bank 为规避利率管制,于 1966 年开始发行,使商业银行的资金配置策略着眼于"负债管理"。CDs 具有面额大、期限固定;利率高于同期普通定期存款;不记名,存单到期前持有人可以自由转让等特点。

按照发行者不同,美国 CDs 可以分为四类:国内存单、欧洲美元存单、扬基存单和储蓄机构存单。CDs 市场可分为发行市场(一级市场)和流通转让市场(二级市场)。其发行方式一般有直接发行和间接发行两种。直接发行是发行人自己发行 CDs,并将其直接销售出去,而间接发行是发行人委托中介机构发行。大银行分支机构众多,可以采取直接发行方式,节约成本。小银行由于规模小,可以委托承销商代为办理发行,并向其支付一

定的费用。发行市场的主要参与人是发行人、投资者和中介机构。发行人一般是商业银行。发行市场上的中介机构一般都是投资银行,它们负责承销大额可转让定期存单,向发行人收取一定的费用作为承销收益。

满足美国投资者目标的货币市场金融工具见表2.2。

表2.2 满足美国投资者目标的货币市场金融工具

• 短期国库券 • 短期政府票据和债券 • 联邦机构票据	• 联邦基金 • 商业票据 • 银行承兑汇票 • 欧洲货币存款	• 投资于债券、联邦基金、CDs、欧洲货币存款等的金融期货和期权交易

资料来源:Rose & Marquis. Financial Institutions and Markets[M]. 11th ed. New York:McGraw-Hill, 2011.

2.3.3 国际货币市场交易所和欧洲票据市场

1. 国际货币市场交易所

芝加哥国际货币市场(international monetary market,IMM),是最早的有形货币期货市场,成立于1972年5月。它是芝加哥商业交易所的一个分支。开始主要交易品种是6种国际货币的期货合约,即美元、英镑、加拿大元、德国马克、日元、瑞士法郎,后又增加了这些货币的期权交易。

在芝加哥商业交易所正式成立国际货币市场分部,推出了7种外汇期货合约之后,揭开了期货市场创新发展的序幕。从1976年以来,外汇期货市场迅速发展,交易量激增了数十倍。1978年纽约商品交易所也增加了外汇期货业务,1979年,纽约证券交易所亦宣布,设立一个新的交易所来专门从事外币和金融期货。1981年2月,芝加哥商业交易所首次开设了欧洲美元期货交易。随后,澳大利亚、加拿大、荷兰、新加坡等国家和地区也开设了外汇期货交易市场,从此,外汇期货市场便蓬勃发展起来。

伦敦国际金融期货期权交易所是另一家重要的货币交易所,它成立于1982年,主要交易品种有英镑、瑞士法郎、德国马克、日元、美元的期货合约及期权。此后,澳大利亚、加拿大、荷兰、新加坡等国又陆续成立了多家货币期货交易所。开展货币期货交易,但芝加哥、伦敦两家交易所的交易量仍为最大。

2. 欧洲商业票据的内涵

欧洲商业票据与国内的商业票据一样,是一种无担保的短期本票,由企业或者银行发行,通过经销商直接卖给公众投资者。欧洲票据是以低于面值的价格折价发行,期满时按面值全额偿付。到期日通常为1~6个月。欧洲票据对借款者很有吸引力,因为与辛迪加欧洲银行贷款相比,其利息开支通常较低,一般为LIBOR+0.125%。银行之所以乐于发行欧洲票据,是因为它们可以赚取一些发行费,或者是从资金吸纳中获得利息收入。大多数的欧洲商业票据是以美元标价的。但是,美国商业票据市场与欧洲商业票据市场有很多不同之处。欧洲商业票据的到期时限一般是美国商业票据到期时限的两倍。正因如此,它的二级市场比美国票据的二级市场更活跃。另外,欧洲商业票据发行人的信用大多比美国的同行差,因此,票据的收益率一般比较高。欧洲商业票据的时间一般较长,且不需要拥有未使用过的银行信用额度,较普通商业票据品种更为多样,流动性更强,可在二级市场上流通。因此,欧洲商业票据的利率低于银行提供的公司贷款利率且比银行贷款利率灵活。但企业通过发行商业票据方式融资,容易与银行关系疏远,一旦企业出现融资困难,不容易得到银行的支持。

3. 欧洲商业票据按照是否存在代销商分类

根据是否存在代销商,可将欧洲商业票据分为直接发行票据和交易商票据。

(1) 直接发行票据

直接发行票据指由大的金融公司和银行控股公司发行,直接卖给投资者的票据。在直接票据市场借款的主要是金融公司,包括:①大企业所属的金融公司。如通用汽车承兑公司、通用电器资本公司等。这类金融公司的主要目的是为它们的母公司顾客提供担保融资,其中通用汽车公司的通用汽车承兑公司是美国最大的商业票据发行者。②与银行相联系的金融公司。③独立的金融公司。发行商业票据的银行控股公司主要位于纽约、芝加哥、旧金山和其他重要城市。

(2) 交易商票据

交易商票据不同于直接发行票据由公司直接发行,而是由交易商代销。交易商票据主要由非金融公司(包括公用事业、制造业、零售业和运输业公司)和一些小的银行控股公司、金融公司发行。

4. 欧洲票据按照性质和期限分类

(1) 承销性票据发行便利

它是一种承销性的欧洲票据,是银行等金融机构对客户发行欧洲票据所提供的融资额度。融资方式为银行向客户承诺约定一个信用额度,在此额度内帮助客户发行短期票据取得资金;票据如果未能全数出售,则由该银行承购或提供贷款以弥补其不足额,使发行人顺利取得必要的资金。

(2) 循环承销便利

循环承销便利又称展期承销便利,是借款人希望通过发行欧洲短期票据来满足其较长期限(如5~7年)的资金需求时,承销银行提供的一种可循环使用的信用额度。也就是说,在每期的短期票据到期后,发行人可根据需要决定是否需要继续融资。如果需要继续融资,那么承销银行有义务通过发行新债来还旧债的方式,即通过发行新的欧洲票据来偿还到期票据的方式,满足发行人继续融资的需求。

(3) 非承销欧洲票据

非承销欧洲票据包括欧洲商业票据和非承销性票据发行便利。欧洲商业票据是采用贴现方式发行的,非承销的,发行期限为1个月、3个月和6个月的欧洲票据。

(4) 多选择融资便利

它允许借款人采用多种方式提取资金,包括短期贷款、浮动信用额度、银行承兑票据等。由瑞典最先采用,是欧洲票据市场的一种创新。

(5) 欧洲中期票据

它是指期限从9个月到10年的欧洲票据,是在原有的欧洲短期票据基础上产生的欧洲票据最新形式。

2.4 欧洲货币市场及其特点

2.4.1 欧洲货币市场的起源

1. 欧洲货币市场的概念

欧洲货币(Euro-currency)是指设在货币发行国国境以外的银行收存与贷放的该种货币资金。欧洲货币中的"欧洲"一词，实质是指"非国内的"或"境外的"，因此，欧洲货币亦称境外货币。例如，在美国境外的银行(包括美国银行的国外分行)所吸收和贷出的美元资金，在英国境外的银行所吸收与贷放的英镑资金，等等，统称为欧洲货币或境外货币。欧洲美元是指储蓄在美国境外的银行而不受美国联邦储备系统监管的美元。因此，此种储蓄比相似的美国境内的储蓄受到更少的限制。起初，"欧洲美元"这一词只是用来定义在欧洲银行的美元，随着对其定义的不断扩展，如今可以将定义扩展为在东京或北京以美元定价的存款。欧元货币或欧元区没有任何关系。更一般的情况是"Euro-"这一前缀可以用来表示任何一个国家非官方持有的货币，如欧洲日元或欧元区欧元。而由这种欧洲货币资金的供求借贷形成的市场就称为"欧洲货币市场"。

2. 欧洲货币市场形成的原因

欧洲货币市场起源于20世纪50年代初的欧洲美元。关于欧洲美元产生历史的说法有许多种，但是大多数可追溯到共产主义政府要在境外保持一定数额的美元存款的缘故。一种说法认为，第一次使用美元可以追溯到1949年，中国政府为了防止美国冻结在朝鲜战争期间的剩余资产，将美元转移到苏联在巴黎的北欧商业银行；另一种说法认为，第一次使用美元可以追溯到苏联，在美苏两大阵营的冷战期间，尤其在1956年入侵匈牙利之后，苏联政府担心其在北美的银行存款会被冻结，决定将其持有的部分美元存款转移到在英国的莫斯科国民银行，而该银行之后会将这笔美元存入美国银行，就保障它们因为直属于英国银行非苏联而无法被没收。1957年2月28日，转移了800 000美元款项，创造了第一笔欧洲美元，最初被称为"欧洲银行美元"，鉴于这类存款首先由欧洲银行和金融机构持有，最终命名为"欧洲美元"。当时，英国政府为了刺激战争带来的经济萎缩，企图重建英镑的地位。1957年英格兰银行采取措施，一方面对英镑区以外地区的英镑贷款实施严格的外汇管制；另一方面却准许伦敦的商业银行接受美元存款并发放美元贷款，从而在伦敦开放了以美元为主体的外币交易市场，这就是欧洲美元市场的起源。

20世纪50年代中期，苏联对于欧洲美元提出更高的利率要求，并且说服意大利银行与其建立卡特尔协议，给予苏联比存储在美国境内货币更高的利率，欧洲美元交易从此开始，并发展成为一种主导地位的世界货币，意大利银行不得不去寻找愿借款苏联美元并且支付超过美国国内法定利率的消费者，因此，欧洲美元开始在全球金融中被越来越多地使用。同时，因为在美联储存有储备保证金和美联储的监督与流动性支持，美国国内银行的美元存款风险较低，相比较而言，欧洲美元存款则风险稍高，会要求利率稍高于美国国内法定的利率。欧洲美元存款业务主要由金融城——伦敦的银行、米德兰银行、汇丰银行以及它们的离岸控股公司经营。

同时,美国和其他国家的一些公司为避免其"账外资产"公开暴露,从而引起美国管制和税务当局追查,也把美元存放在伦敦的银行,成为欧洲美元的另一主要来源。当时,欧洲美元总额不过10亿多美元,而且存放的目的在于保障资金安全。

2.4.2 欧洲货币市场的迅速发展

20世纪60—80年代,欧洲货币市场都得到不同程度的发展,原因也各不相同。

1. 60年代欧洲货币市场逐渐发展起来的主要原因

60年代欧洲货币市场逐渐发展起来有以下几种主要原因。

(1) 美国国际收支发生逆差

这是欧洲美元迅速增长的最根本原因。私人公司或其他经济实体在欧洲银行存入一笔欧洲美元,归根结底,只能是把原来在美国银行里的一笔活期存款转存到欧洲银行。同样,一家欧洲银行贷出一笔欧洲美元,也只能是把这笔原来存在美国银行里的活期存款转贷给借款人。因此,欧洲美元的根本来源在于美国银行对外负债的转移,这与美国国际收支逆差有着直接关系。

(2) 美国政府的金融限制促使大量美元外流

根据30年代美国联储制定的Q项条款规定,美国商业银行对活期存款不付利息,并对定期与储蓄存款利率规定利率最高限额,而在国外的欧洲美元存款则不受此种限制。另一个美联储的M条款规定,美国银行对国外银行的负债,包括国外分支行在总行账面的存款,必须缴存累进的存款准备金,而国外的欧洲美元存款则可以不缴存任何存款准备金。这些措施引起美国国内商业银行的不满,纷纷向国外寻求吸收存款的出路。境外美元的出现,是逃避美国金融政策法令的一个结果,但美国当局对此又采取一种纵容的态度。由于大量美元在境外辗转借贷存储,不需换成外币,这就减少流入外国中央银行或政府的可能性,从而减轻美国政府兑换黄金的压力,对美国减少黄金储备有缓冲作用,并为美国转嫁其通货膨胀开辟了新途径,对美国又有利。美国当局权衡之下,还是采取纵容放任的态度。全世界的跨国公司也不得不转向欧洲货币市场,以满足其资金融通的需求。这些因素都大大地促进欧洲货币市场的发展。

(3) 各国实行货币的自由兑换

20世纪50年代末开始,欧洲国家逐步放松甚至取消了外汇管制。从1958年12月开始,西欧各国允许出口商和银行拥有外币资金——主要是美元资金。当时,美元是国际间主要的支付与储备货币,西欧各国解除对外汇的管制,意味着各国货币可以自由兑换美元,使欧洲银行的美元存放业务迅速增长,同时也促进美国银行的分支机构大量增加,欧洲银行经营的自由化,促进欧洲货币市场的快速发展。同时,1958年后,由于当时的固定汇率制度,联邦德国马克、瑞士法郎一直走强。一些外国人纷纷将本币换成马克或瑞士法郎存于德国或瑞士,来获取德国马克和瑞士法郎增值的利益,这无异于加剧德国、瑞士本国的通货膨胀。为此,德国、瑞士货币当局对非居民的本币存款,采取倒收利息政策,来缓解本国通货膨胀的压力。这种政策使非居民将所持马克或瑞士法郎从德国或瑞士抽走,转存于伦敦或卢森堡。大量德国马克、瑞士法郎存于该国国境以外,是欧洲货币市场集结大量欧洲货币的一个重要原因。

2. 70 年代以后欧洲货币市场迅速发展的主要原因

进入 20 世纪 70 年代以后,欧洲货币市场进一步发展。无论从该市场上的资金供应方面,还是从资金需求方面来看,都在迅速增加。

(1) 来自资金供应方面的因素

① 第二次世界大战后,马歇尔计划的提出和美国进口贸易使美国成为最大的消费市场。因此,美国境外的美元大幅度增加,大量数额的美元由美国境外的外国银行保管。美国巨额且持续的对外军事开支和资本输出,使大量美元流入外国企业、商业银行和中央银行,它们把这些美元存于欧洲各国银行中套取利息。特别是 1971 年 8 月 15 日美国宣布停止美元与黄金兑换后,更多的美元流入欧洲市场。1970 年年底,3 850 亿美元存款作为贷款借给其他国家用以商业贷款,贷款利率可能会远高于美国当地贷款利率,该贷款主要用于对美国的出口贸易,出口是以美元计价,从而避免汇率变动带来的贷款风险。

② 石油生产国的美元。1973 年 10 月油价提高,石油生产国的石油美元收入急剧增加,这些国家将美元收入的一部分存入欧洲货币市场。

③ 各国商业银行和跨国公司的美元。经营欧洲货币市场业务的各国商业银行的分行,为适应业务的需要,常将其总行资金调至欧洲市场,以便调拨使用。一些大的跨国公司,为促进其业务的发展,便于资金的使用,也增加在欧洲银行的美元资金投放。

④ 派生存款的增加。欧洲银行在吸收一笔欧洲美元存款后,留存一定的备付金,将剩余资金贷出,而接受贷款的借款人,又将所得贷款存入欧洲银行,正如在国内银行体系中所发生的存款派生过程一样,欧洲货币市场也会发生类似的存款派生过程,而且由于没有法定存款准备金的规定,其派生存款的倍数往往要高于国内派生存款的倍数。

(2) 来自资金需求方面的因素

从资金需求来看,20 世纪 60 年代到 70 年代欧洲货币市场以短期贷款为主,满足工商企业短期资金周转的需要,贷款期限多在 1 年以下。但在 70 年代后,发生了一些变化。

① 1974 年以来,自石油提价以后,西方工业国及第三世界非产油国出现国际收支巨额逆差,开始向欧洲货币市场举债。苏联及东欧一些国家也到欧洲货币市场举债。

② 1973 年资本主义国家开始实行浮动汇率后,一些银行与工商企业为了减少汇率风险并投机牟利,增加了外汇的买卖,从而扩大对欧洲货币市场的资金需求。

其他欧洲货币是在美元危机中逐渐形成的。从 20 世纪 60 年代以来,美元的霸权地位日益衰落,抛售美元、抢购黄金或其他硬通货的风潮频繁发生。而各国的企业与投机商,以及西方各国中央银行所掌握的外汇储备,绝大部分是美元。因此,它们就不得不谨慎行事,使它们的储备构成多样化,由此,必然导致美元国际市场价格的下降,又使大量持有美元的外国企业以及各国中央银行的储备头寸价值下降。储备的多元化导致人们对美元的信心动摇,使当时国际市场的硬通货,如联邦德国马克、瑞士法郎、日元等,身价倍增,成为抢购的对象,再加上前面所述西欧有些国家对非本国居民存入本国货币施加种种限制,而对持有外国货币则不加限制或限制较少,就形成"欧洲德国马克""欧洲瑞士法郎"等其他欧洲货币。最初的欧洲美元市场,也就逐渐发展成为欧洲货币市场。

同时,欧洲货币市场的范围也在不断扩大,它的地区分布区扩展至亚洲、北美和拉丁美洲,因此,所谓欧洲货币不一定是存放在欧洲各国的生息资本。"欧洲货币市场"这一名词的含义不断发生变化。这个名词的词头"欧洲"是因为原先的市场在欧洲,但实际上由于欧洲货币市场的不断发展,它已不再限于欧洲地区。这些欧洲货币的存放借贷大多集中于银行业务和金融市场比较发达的伦敦市场。1980年,它占整个欧洲货币市场的份额的1/3左右。

现在欧洲货币市场规模已经很大。所谓市场规模,是指某一时点未清偿的欧洲货币存放款或其他金融资产的存量。在实际统计时,人们是以银行的欧洲货币负债额而不以资产额来测定欧洲货币市场的规模,因为银行的资产除了金融资产以外,往往还包括有形资产。而银行的负债主要是存款,从是否存缴法定准备金就可以辨认出某笔外币存款是不是欧洲货币存款。目前,关于欧洲货币市场规模有多种统计资料,其中以国际清算银行、摩根保证信托公司和英格兰银行的统计比较可靠。国际清算银行根据与欧洲美元市场有联系的大多数银行报告,估计这一市场的资金总额和净额。其总额只限于报告国银行外币负债的总计,它没有把所有有关国家和地区都包括进去,如巴林、拿骚等地。而且,它只计算呈报银行对非居民的外币负债,而呈报银行对本国居民,包括本国银行和本国金融当局的外币负债则略而不计。因此,这种估计显然是偏低的。摩根保证信托公司在统计方法上和国际清算银行相同,但范围大。它用各国官方关于本国银行的外币资产负债的资料对国际清算银行的估计进行补充和核实,差别不太大。

2.4.3 欧洲货币市场的特点和类型

一些学者认为,传统的国际金融市场就其本质而言,仍然属于国内金融市场,而欧洲货币市场具有完全的国际性,是真正意义上的国际金融市场。欧洲货币市场产生于欧洲的伦敦和西欧其他国家美元的借贷市场,即狭义的欧洲货币市场,但是后来不仅仅限于欧洲,其地域范围逐渐突破"欧洲"界限,扩展至亚洲、北美洲、拉丁美洲等。目前,欧洲货币市场既包括欧洲各主要金融中心,同时还包括日本、新加坡、中国香港、加拿大、巴林、巴拿马等新的全球或区域性金融中心,即广义的欧洲货币市场,有时也被称为"超级货币市场"(super money market),或"境外货币市场"(external money market)。20世纪50年代,美元资金向欧洲市场聚集,新型的欧洲货币市场,已经成为国际金融市场体系中的主流,当时的东京、纽约、伦敦并称为国际金融市场的"金三角"。

1. 欧洲货币市场的特点

欧洲货币市场是一个有很大吸引力的市场,这个市场与西方国家的国内金融市场以及传统的国际金融市场有很大的不同,关键在于这是一个完全自由的国际金融市场,与传统的国际金融市场有以下不同之处。

(1) 不受任何一国国内金融法规或政府法令的管理约束

传统的国际金融市场,必须受所在地政府的政策法令的约束,而欧洲货币市场则不受国家政府管制与税收限制。一方面,该市场本质上是一个为了避免主权国家干预而形成的"超国家"的资金市场,它在货币发行国境外,货币发行国无权施以管制;另一方面,市场所在地的政府为了吸引更多的欧洲货币资金,扩大借贷业务,往往采取种种优惠措施,尽力创造宽松的管理氛围。因此,这个市场经营非常自由,不受任何管制,事实上任何一个国家也根本不可能单独管制这一市场。由于欧洲货币市场是一个不受任何国家政府管制和税收限制的市场,经营非常自由。例如,借款条件灵活,借款不限制用途等。因此,这个市场不仅符合跨国公司和进出口商的需要,而且也符合许多西方国家和发展中国家的需要。

(2) 突破国际贸易与国际金融业务汇集地的限制,资金调度灵活手续简便

传统的国际金融市场,通常是在国际贸易和金融业务极其发达的中心城市,而且必须是国内资金供应中心,但欧洲货币市场则超越这一限制,只要某个地方管制较松、税收优惠或地理位置优越,能够吸引投资者和筹资者,即使其本身并没有巨量的资金积累,也能成为一个离岸的金融中心。它包括了西方世界所有的国际离岸金融中心,债权人和债务人可任意选择投资和借款地点。这个特点使许多原本并不著名的国家或地区如卢森堡、拿骚、开曼、巴拿马、巴林及百慕大等发展为国际金融中心。欧洲货币市场资金周转极快,调度十分灵便,因为这些资金不受任何管辖。这个市场与西方国家的国内市场及传统的国际金融市场相比,有很强的竞争力。

(3) 建立了独特的利率体系

欧洲货币市场利率较之国内金融市场独特,表现在:其存款利率略高于国内金融市场,而贷款利率略低于国内金融市场。存款利率较高,是因为一方面国外存款的风险比国内大,另一方面不受法定准备金和存款利率最高额限制。而贷款利率略低,是因为欧洲银行享有所在国的免税和免缴存款准备金等优惠条件,贷款成本相对较低,故可以降低贷款利率来招徕顾客。存放利差很小,一般为 0.25%～0.5%,因此,欧洲货币市场对资金存款人和资金借款人都极具吸引力。

(4) 完全由非居民交易形成的借贷关系

欧洲货币市场的借贷关系,是外国投资者与外国筹资者的关系,即非居民之间的借贷关系。市场上所借贷的货币是"欧洲货币",即在货币发行国境外借贷的货币。国际金融市场通常有三种类型的交易活动:①外国投资者与本国筹资者之间的交易,如外国投资者在证券市场上直接购买本国筹资者所发行的证券;②本国投资者与外国筹资者之间的交易,如本国投资者在证券市场上购买外国筹资者所发行的证券;③外国投资者与外国筹资者之间的交易,如外国投资者通过某一金融中心的银行中介或证券市场,向外国筹资者提供资金。第一种和第二种交易是居民和非居民间的交易。该种交易形成的关系是传统国际金融市场的借贷关系。传统的国际金融市场是各国金融市场的对外部分,欧洲货币市场是各国金融市场的在外部分。

(5) 拥有广泛的银行网络与庞大的资金规模

欧洲货币市场是银行间的市场,具有广泛的经营欧洲货币业务的银行网络,它们拥有全球性的分支机构和客户网络,利用现代化的通信工具等手段,依赖现金的业务技术和严格的经营管理,将世界各地的欧洲货币供求者联系在一起,形成一个以若干著名的离岸金融中心为依托、高效且高度全球一体化的欧洲货币市场整体。因此,欧洲货币市场基本上是以网络运营形式存在的无形市场。欧洲货币市场是以批发交易为主的市场,该市场的

资金来自世界各地，数额极其庞大，各种主要可兑换货币应有尽有，充分满足了各国不同类型的银行和企业对不同期限和不同用途的资金的需求。

(6) 具有信贷创造机制

欧洲货币市场不仅是信贷中介机制，也是信贷创造机制。进入欧洲货币市场的存款，经过银行之间的辗转贷放使信用得到扩大，这些贷款如果存回欧洲货币市场，便构成货币市场派生的资金来源，把其再贷放出去，形成了欧洲货币市场派生的信用创造。

2. 欧洲货币市场的组成

欧洲货币市场有特定的交易主体、交易客体和交易中介等，形成了区别于其他国际金融市场的独特性质。欧洲货币市场的交易客体是欧洲货币。要判断一笔货币资金是否为欧洲货币，就要看这笔存款是否缴纳存款准备金，一般来说只有非居民的外币存款不用缴纳存款准备金。同时，欧洲货币市场的交易主体是市场所在地的非居民，交易中介是欧洲银行。欧洲银行专指那些经营欧洲货币业务的银行。所谓"欧洲银行"与其说是一种机构，不如说是一种职能。"欧洲银行"以伦敦为中心，散布在世界各大金融中心。它们之间通过信函、电话、电报和电传联系。伦敦有许多金融机构，它们同世界各国有千丝万缕的联系，形成了伦敦特有的金融地位。这些机构由三类银行组成：①英国商业银行在伦敦开设的总分行；②其他各国商业银行和金融机构在伦敦开设的分行、金融公司或投资银行；③由不同国家大商业银行组成的联合银行集团。

欧洲货币市场主要由欧洲短期借贷市场、欧洲中长期借贷市场和欧洲债券市场组成。

欧洲短期借贷市场，主要是1年以内的银行同业间的资金拆借（信贷）市场。这一市场形成最早、规模最大；它的借贷期限短，交易大部分都是按日计算且借款数额较大，一般以10万美元或25万英镑为起点，参与者多是金融机构、跨国公司、政府机构及国际金融机构；存贷利差较小，一般在$0.25\%\sim0.5\%$；它条件灵活、选择性强，借贷的利息、期限、货币种类、金额和交割地点均由交易双方协商确定；交易建立在信誉基础上，无须抵押。

欧洲中长期借贷市场是经营期限在1年以上至10年的欧洲货币借贷业务的市场。传统上，1年以上至5年期的贷款为中期贷款，5年以上的贷款为长期贷款。"二战"后，一般不再将二者期限严格划分。对于欧洲中长期借贷，借贷双方须签订贷款协议，有时还需借款国政府提供担保；贷款形式大多采用银团贷款；其贷款利率确定灵活；贷款资金的使用比较自由。

欧洲债券市场是从事欧洲债券发行和买卖的市场，它是国际中长期资金市场的重要组成部分，也是欧洲货币市场的重要组成部分。欧洲债券市场在地理范围上并不仅限于欧洲，除了伦敦、卢森堡等欧洲金融中心的债券市场外，还包括亚洲、中东等地的国际债券市场。20世纪60年代出现的欧洲美元债券是最早的欧洲债券形式。

3. 欧洲货币市场的类型

欧洲货币市场按照境内业务与境外业务的关系分为一体型、分离型和走账型。

(1) 一体型（内外混合型）

本国居民参加的在岸业务与非居民间进行的离岸交易之间没有严格的分界，境内资金与境外资金可随时相互转换，如伦敦和香港属于此类。

(2) 分离型(内外分离型)

在岸业务与离岸业务分开。有助于隔绝国际金融市场的资金流动对本国货币存量和宏观经济的影响。美国纽约离岸金融市场上设立的国际银行设施、日本东京离岸金融市场上设立的海外特别账户，均属此类。

(3) 走账型或簿记型

没有或几乎没有实际的离岸业务交易，只是起着其他金融市场资金交易的记账和划账作用，目的是逃避税收和管制。加勒比海的巴哈马、百慕大、巴拿马及开曼等岛国属此类。这些岛国政局稳定，没有金融管制，免征任何税赋，为欧洲货币存贷款业务建立记账结算中心。

4. 欧洲货币市场的作用和影响

欧洲货币市场的产生和迅速发展，对世界经济产生了广泛而深刻的影响，既促进各国经济的快速发展，又加剧金融体系的动荡。

欧洲货币市场的积极作用主要表现在以下四个方面。

(1) 为各国经济发展提供资金便利。欧洲货币市场是国际资金再分配的重要渠道。在这个市场上，金融机构发达，资金规模大，借款成本较低，融资效率高，因此它成了各国获取资金推动经济发展的重要场所。如日本在20世纪60年代和70年代，就从该市场借入可观的欧洲货币，推动了日本经济的高速发展。它在很大程度上也帮助西欧恢复经济；为第三世界提供资金加速经济建设，扩大了出口贸易。

(2) 促进国际金融市场一体化。欧洲货币市场在很大程度上打破了各国货币金融关系的相互隔绝状态，将大西洋两岸的金融市场与外汇市场联系在一起，从而促进国际资金流动。欧洲银行的套利套汇活动，使两种欧洲货币之间的利率差别等于其远期外汇的升水或贴水，超过这个限度的微小利率差别都会引起大量资金的流动，促进欧洲货币市场形成国际利率，使各国国内利率更加相互依赖，促进国际金融的一体化。

(3) 有利于平衡国际收支。欧洲货币市场的发展，拓展了金融市场的空间范围，也丰富了国际结算的支付手段，方便了短期资金的国际流动，特别是促进了石油美元的回流。如果一国在国际贸易上出现了逆差，就可以从欧洲货币市场上直接借入欧洲美元或其他欧洲货币来弥补，从而缓和逆差的压力；反之，一国出现贸易顺差，过多的外汇储备也可投入该市场，达到了平衡国际收支的目的。

(4) 推动了跨国公司国际业务的发展。欧洲货币市场作为离岸金融市场，不受各国法律制度的约束，它既可为跨国公司的国际投资提供大量的资金来源，又可为这些资金在国际间进行转移提供便利，从而推动跨国公司的国际经营和业务的国际化。

同时，欧洲货币市场的消极影响也主要表现在以下三个方面。

(1) 刺激投机而加剧外汇市场的动荡。欧洲货币市场因资金流动不受管制的特性，具有极强的流动性，可能使上万亿美元的资金容易地在国际间流窜，而且一旦各地信贷市场和外汇市场的利率与汇率稍有变化，货币投机者便倾巢而出，利用各种手段，如套利、套汇或进行黄金投机牟取暴利，为外汇投机活动提供方便，加大汇率的波动幅度，从而加剧国际金融市场的动荡。

(2) 削弱各国金融政策实施的效果。欧洲货币市场的活动往往会使一些国家的金融政策不能收到预期的效果,当一些国家为了遏制通胀实施紧缩政策时,商业银行仍可以从欧洲货币市场上借入大批资金;反之,当一些国家为了刺激经济改行宽松的政策时,各国银行也可能把资金调往国外。这样就使政府的宏观金融政策效果被削弱,预期的目标也难以实现。

(3) 增加经营欧洲货币业务的银行所承担的风险。欧洲货币市场经常是国际信贷领域"超级风险"的根源。第一,欧洲货币市场的资金来源——短期资金和同业拆借资金占有相当大的比重,而欧洲货币市场中的很多贷款是中长期的,一旦银行信用出现问题而引起客户大量挤提,银行就会陷入困境;第二,欧洲货币的贷款,是由许多家银行组成银团联合贷出的,贷款对象难以集中在一个国家或政府机构,一旦贷款对象到期无力偿还,这些银行就会遭受损失;第三,欧洲货币市场没有一个中央机构,使其缺乏最后融资的支持者(Lender of last resort),且该市场也没有存款保险制度;第四,该市场本身就是一个信用创造机制,在欧洲货币市场上的操作风险很大。

思考题

1. 什么是国际金融市场?它与国内金融市场及离岸金融市场之间是怎样界定的?
2. 国际金融市场形成的基本条件是什么?国际金融市场有何重要作用?
3. 跨国银行的分支机构有哪些类型?
4. 跨国银行对世界经济起到怎样的作用和影响?
5. 国际货币市场有哪些功能?
6. 国际货币市场金融工具具有哪些特征?
7. 简述国际货币市场的组成及相应的工具类型。
8. 以美国短期国库券为例,一张面值 $100、发行价格为 $95、期限为 60 天的国库券,到期收益率为多少?
9. 简述欧洲票据市场的分类。
10. 什么是欧洲货币市场?欧洲货币市场是如何产生的?
11. 解释欧洲货币市场快速发展的原因。
12. 简述欧洲货币市场的特点。
13. 欧洲货币市场有何作用和影响?

第 3 章 国际债券市场和国际股票市场

3.1 国际资本市场概述

国际资本市场是指国际金融市场中期限在 1 年以上的各种资金交易活动所形成的市场。国际资本市场主要由国际债券市场、国际股票市场、国际银行中长期信贷市场三部分组成。国际资本市场的中长期资金供应者大多数为商业银行、储蓄银行和保险公司。国际中长期信贷市场具体特征和分类将在第 7 章国际融资管理里具体介绍，本章主要介绍国际债券市场和国际股票市场。

3.1.1 国际资本市场的功能和分类

1. 国际资本市场的功能

国际资本市场有以下功能。

(1) 提供了一种融资机制。国际资本市场使资本能够迅速有效地从资本盈余单位向到资本不足单位转移，此时资本市场承担了一级市场功能，只有一级市场才能通过发行和增发新的证券，为资金需求者提供新的资金来源。

(2) 提供流动性。国际资本市场能够为已发行证券提供充分流动性的二级市场，即发行证券的流通市场，二级市场的存在是为了保证一级市场更有效地运行，二级市场上投资人可以通过不断调整其资产组合来降低风险，获取最大收益，并且可以随时使证券变现；同时发行人也可以迅速并持续地从社会上募集到其扩张所需的资金。

(3) 提高资本使用效率和带来资本增值。国际资本市场能够更广泛地吸引国外资本或国际资本，能够以较低的成本吸收资本，降低融资成本，提高资金运作效率。

(4) 提供规避风险的机制和工具。国际资本市场能够通过发行国际证券的形式或创造新的金融工具，规避风险，规避各国的金融、外汇管制及税收问题。

2. 国际资本市场的分类

国际资本市场按不同的分类方法可分为不同类型。

(1) 一级市场和二级市场。资本市场根据证券发行交易性质可分为一级市场和二级市场，即在初次资本市场上发行还是在资本市场上流通。一级市场又称发行市场。二级市场是已经发行的金融产品的交易市场，也称为流通市场。

(2) 场内交易市场和场外交易市场。按有无固定的交易场所和严格的交易时间可分为场内交易市场和场外交易市场。

(3) 有形市场和无形市场。按金融交易是否存在固定场所,可以将国际资本市场划分为有形市场和无形市场。

(4) 国际债券市场、国际股票市场和中长期信贷市场。

① 国际债券是指借款者(包括一国政府机构、金融机构、企业及国际性组织等)在国外金融市场上向投资者发行以外币标价的债券。由国际债券的发行人和投资人所形成的金融市场即为国际债券市场。国际债券的重要特征是,发行者和投资者属于不同的国家,筹集的资金来源于国外金融市场。

② 国际股票是指发行和交易过程,不是只发生在一国内,而通常是跨国进行的股票,即股票的发行者和交易者,发行地和交易地,发行币种和发行者所属本币等有至少一种和其他的不属于同一国度。这个概念揭示了国际股票的本质特征,即它的整个融资过程具有跨国性。而完成股票在国际范围内发行并交易的金融市场即为国际股票市场。

③ 中长期信贷是借款人为了投资或其他用途向国际银行及其他金融机构筹措资金的交易活动,其所在的金融市场即为中长期国际信贷市场。中长期贷款具有数额多、期限长、风险大等特点。因此,一般多采取联合贷款的形式。中长期国际信贷市场的主要业务是银行及其他金融机构为长期资金需求者提供期限在1年以上的中长期贷款。中长期信贷的方式主要包括独家银行贷款和银团贷款。

3. 国际资本市场工具的特点

国际资本市场工具有以下特点。

(1) 收益性

证券最基本的特征是收益性,这也是证券投资者的唯一目的。收益性具有两种不同的表现形态:① 固定收益。债券和优先股都是这种证券,风险性较小。② 不确定收益。普通股的收益完全与企业经营成果挂钩。这种证券的收益波动性大、风险性大,但在企业经营状况良好时具有较高收益。

(2) 流通性

股票是一种永不偿付证券,债券有一个期限问题。证券持有人希望持有现金时,在资本流通市场上将证券脱手转让或作为抵押品,保证证券随时可变现。

(3) 风险性

证券的种类不同,风险的大小也不相同。一般来说,风险性和收益性成正比,风险越大,可能取得的收益也越大。国际证券的风险主要有:①市场风险,即整个证券市场长期行情变动引起的风险。②利率风险,即市场利率的变化会引起证券收益或证券价格波动,使投资者有遭受损失的可能。③通货膨胀风险。它又称购买力风险。较高的通货膨胀会使投资者的实际收益下降和货币的实际购买力下降。④汇率风险。汇率波动引起证券价格波动,从而带来不利影响的可能性。⑤信用风险。证券发行人无法按期还本付息而使投资者有遭受损失的可能性。⑥经营风险。由于企业经营管理能力不同而造成的风险。

(4) 价格波动性

股票具有多种价格,票面价值即票面额,发行价格是指发行股票时在招股说明书中载明的股票发售价格,两者有很大不同。股票的票面金额只是代表投资人入股的货币金额是固定的,证券发行完毕进入交易场所后,由于证券本身收益率高低、证券供需关系及其他因素影响,还会形成上下不断波动的交易价格,取决于预期股息和股票投资价值。

3.1.2 国际债券市场的分类与信用评级

近年来,国际债券市场呈现出规模更大、市场更为成熟、更加注重创新等特点。国际债券市场与本国债券市场相互竞争,共同发展。2009—2015年发达经济体与新兴经济体每季度国际债券净发行量见表3.1。

表3.1 2009—2015年发达经济体与新兴经济体每季度国际债券净发行量

单位:10亿美元

发行时间	发达经济体(发行净值)				新兴市场经济体(发行净值)			
	政府机构	金融机构	非金融机构	发行总额	政府机构	金融机构	非金融机构	发行总额
2009-04	−5.98	41.95	56.76	92.73	21.27	2.35	37.00	60.62
2010-01	40.21	186.00	47.09	273.30	11.96	11.29	12.28	35.53
2010-02	18.16	−110.22	−0.45	−92.51	14.97	−4.62	21.39	31.74
2010-03	23.29	116.42	40.85	180.56	14.12	34.18	25.64	73.94
2010-04	7.83	−77.93	33.31	−36.79	12.32	24.77	36.00	73.09
2011-01	17.48	75.65	34.10	127.23	10.90	29.12	29.02	69.04
2011-02	8.81	−29.25	44.26	23.82	9.81	27.39	36.91	74.11
2011-03	−2.93	−62.26	4.26	−60.93	11.50	1.65	7.56	20.71
2011-04	−5.84	−38.44	26.77	−17.51	11.56	18.17	27.50	57.23
2012-01	−62.66	126.04	86.60	149.98	19.50	46.74	48.23	114.47
2012-02	−6.35	−233.78	58.50	−181.63	26.93	16.05	35.62	78.60
2012-03	−29.02	−112.32	90.45	−50.89	11.94	52.20	40.19	104.33
2012-04	28.81	−77.14	123.15	74.82	19.24	48.08	47.13	114.45
2013-01	−5.97	−140.76	79.27	−67.46	1.57	40.87	44.18	86.62
2013-02	−18.07	−112.60	78.27	−52.40	6.58	27.36	79.05	112.99
2013-03	12.40	−73.85	86.12	24.67	20.69	30.41	24.59	75.69
2013-04	−23.72	−3.26	120.70	93.72	32.14	40.96	43.89	116.99
2014-01	−0.65	−130.66	46.34	−84.97	0.89	35.74	33.85	70.48
2014-02	25.66	27.06	106.28	159	10.38	46.82	60.91	118.11
2014-03	−0.59	29.34	79.99	108.74	9.99	44.59	21.09	75.67
2014-04	3.55	−97.32	68.57	−25.20	7.80	29.42	46.20	83.42
2015-01	−20.37	57.20	110.81	147.64	17.44	7.33	23.38	48.15
2015-02	−11.57	34.63	99.17	122.23	3.66	36.66	50.51	90.83
2015-03	1.05	−22.16	42.91	21.80	10.15	−14.66	6.05	1.54

资料来源:根据Dealogic;Euroclear;Thomson Reuters;Xtrakter Ltd;BIS数据整理。

但是,近年来,不论是发达经济体还是新兴经济体,债券发行量都呈现季度性下跌。以2015年发达经济体为例,金融行业的国际债券净发行量减少到−220亿美元,与前一季度350亿美元相比大幅下跌,非金融公司债券净发行量为430亿美元,是自2011年第四季度以来债券发行量的最低值。新兴经济体在2015年第一——三季度累计发行量要低于前四年的相应时期,然而,对于发达经济体来说,2015年第一——三季度累计发行量高于前四年相应时期,仍然具有增长趋势。

表 3.2　2010—2015 年经济体每季度累计国际债券净发行量

单位:10 亿美元

年份 季度	发达经济体(累计发行净值)					
	2010	2011	2012	2013	2014	2015
第一季度	273.30	127.22	149.98	−67.46	−84.97	147.64
第二季度	180.79	151.04	−31.64	−119.86	74.03	269.87
第三季度	361.35	90.11	−82.53	−95.20	182.78	291.67
第四季度	324.56	72.61	−7.72	−1.47	157.58	—
年份 季度	新兴经济体(累计发行净值)					
	2010	2011	2012	2013	2014	2015
第一季度	35.53	69.04	114.46	86.62	70.48	48.15
第二季度	67.27	143.15	193.07	199.61	188.58	138.98
第三季度	141.21	163.86	297.40	275.29	264.25	140.52
第四季度	214.29	221.09	411.86	392.28	347.66	—

资料来源:*International Banking and Financial Market Developments*,BIS

1. 国际债券的分类

国际债券依据不同的分类方法,可分为以下种类。

(1) 外国债券和欧洲债券

① 外国债券(foreign bonds)。外国债券指借款人在其本国以外的某一个国家发行的、以发行地所在国的货币为面值的债券。例如,一家英国的跨国公司向美国的投资者发行以美元标价的债券。外国债券与国内债券有法律上的区别:两者有不同的税率、发行时间和金额;债券发行前对发行者应该披露的资料信息种类和数量有不同的要求;两者之间也有不同的注册要求和购买者限制。例如,在美国发行的外国债券必须按照美国证券管理委员会的规定,对公众发布财务状况,且只能以私募方式发行,采用和美国国内债券类似的法令限制与税制,以防止本国资金外流。

外国债券发行必须经发行地所在国政府的批准,并受该国金融法令的管辖。按发行国的不同,外国债券被冠以不同的名称,如在美国发行的外国债券被称为"扬基债券" (yankee bonds);在日本发行的外国债券被称为"武士债券"(samurai bonds);在英国和瑞士发行的外国债券则被分别称为"猛犬债券"(bull dog bonds)和"巧克力债券"(chocolate bonds)。外国债券因为受到发行地有关国内证券法规的管辖,所以外国债券与本国债券的特点很相似。由于外国债券主要面向国外投资者,与欧洲债券形成直接竞争,因此,具有如下特点:a. 与欧洲债券一样,外国债券的税收制度比较优惠。实际上,在借款人所给付的利息收入中并没有直接或间接的税款扣除。b. 负责外国债券发行的银行集团由发行地国家的银行组成,有利于促使本地的良好投资,尽管也向非本国人开放。c. 外国债券的二级市场是一个场外交易市场,主要由市场交易人负责交易。

② 欧洲债券(Euro-bond)。欧洲债券是借款人在债券票面货币发行国以外的国家或在该国的离岸国际金融市场发行的债券,是一种由国际辛迪加承销的国际债券。例如,一位德国的借款者在法国、瑞士市场上发行的以英镑标价的债券。一般来说,债券的面值以哪一个国家的货币来标价,就叫这种货币的欧洲债券,如以美元标价的欧洲债券就叫欧洲美元债券,以日元标价的欧洲债券就叫欧洲日元债券。每种币种债券的交易,形成各自的单一市场,总体上就叫作欧洲债券市场。

国际债券市场上,欧洲债券的发行规模要远大于外国债券。而外国债券与欧洲债券都具有较为优惠的税收制度,在借款人所给付的利息收入中并没有直接或间接的税款扣除。欧洲债券实际上是一种无国籍债券,它的发行和交易可以免于一些国家金融政策和法律法规的限制。因此,欧洲债券市场自20世纪60年代形成以来得到迅速发展,占有国际债券高达80%左右的的比重。欧洲债券是欧洲货币市场三种主要业务之一,它的发行不受任何国家金融法令的管辖。

(2) 不记名债券与记名债券

大多数欧洲债券是不记名债券,即拥有债权凭证便拥有债券的所有权,发行商对债券当前的持有者不做任何记录,包括投资者的投资情况及其收入等,以利于避免纳税,因而对于希望私下交易或匿名交易的投资人具有较大吸引力。然而记名债券的持有者名字需被记录在债券上,发行商也会记录投资者的信息。各国的证券法规对债券的记名与无记名的要求不同,美国证券法规定,向美国公民出售的"扬基债券"和美国公司债券必须为记名债券。而英国外国债券市场上同时存在记名式的和无记名式的债券,各次发行有所不同。

(3) 公募债券与私募债券

债券的发行方式有公开募集和私下募集之分,以公募、无担保发行的比例较大。公募债券是向社会广大公众发行的债券,可在证券交易所公开上市买卖,其发行必须经过国际上公认的资信评级机构评级,且借款者需将各项情况公之于众。私募债券是私下向限定数量的投资人发行的债券,其发行金额较小,期限较短,不能上市公开买卖,且债券息票率偏高,但发行价格较低,以保障投资者利益。私募债券机动灵活,一般无须资信评级机构评级,也不要求发行人将自己的情况公之于众,发行手续较简便。外国债券必须遵守发行国的证券法规。例如,公开交易的"扬基债券"必须按照美国证券管理委员会的规定,对公众发布财务状况,且只能以私募方式发行,采用和美国国内债券类似的法令限制与税制,以防止本国资金外流。在日本发行日元外国债券和瑞士法郎外国债券等也都具有公开募集与私下募集两种发行方式,与其他国家不同的是,瑞士法郎外国债券私募的发行额没有限制,而公募的发行额则限制在1亿瑞士法郎之内。私募债券的发行额一般为公募债券发行额的2~3倍。根据瑞士中央银行的法规,公募债券的发行期限可达10年以上,而私募债券的期限一般在8年以下,在私募债券的发行中,牵头人和承销团只能把债券出售给自己的固定客户且严格禁止对第三者进行推销。

(4) 固定利率债券、浮动利率债券和无息债券

① 固定利率债券。固定利率债券指具有固定利率、固定利息息票和固定到期日,并承诺在到期日向债券持有者偿付本金的债券。其中,固定的息票在存续期间被作为利息支付给债券持有人。固定利率债券的筹资成本和投资收益可以事先预计,不确定性较小。

但是当市场利率不断发生较大变化时,也会对债券发行人或债券投资人造成风险,影响债券的发行条件和效果。例如,未来市场利率上升,新债券的发行成本增大,原来债券的发行成本相对较低,而投资者的报酬则低于购买新债券的收益,原来发行的债券价格将下降。近年来,固定利率债券最常见的标价货币是美元、欧元和英镑。固定利率债券是国际债券的传统类型,也是目前国际融资中使用最多的债券工具。

② 浮动利率债券。浮动利率债券产生于20世纪70年代中期,其产生的直接原因为金融市场上实际利率的无规则变化。一般情况下,在债券发行时只确定第一次的付息利率,以后的付息利率都是在息票到期前两天确定下一次的付息利率。浮动利率债券利率通常以伦敦拆借利率(LIBOR)作为参考利率,根据发行商的信用程度及市场情况最终确定。该类型债券结合中期银行贷款和长期欧洲债券的优点,在为借款方提供期限长于银行贷款的中长期借贷资金的同时,又减少投资者承担因利率上升所要承担的资金贬值风险。债券利率随市场利率的浮动性,避免了债券实际收益率和市场收益率之间出现较大的差异,使发行人的成本和投资者的收益与市场变动趋势一致,但它也增加了发行人的实际成本和投资者实际收益的不确定性,导致较高的利率风险,但倘若国际利率走势明显低浮,或借款人今后的资金运用也采取同样期限的浮动利率,利率风险则可以抵免。

③ 无息债券。无息债券指没有息票的债券。这种债券发行时是按低于票面额的价格出售,到期按票面额收回,发行价格与票面额的差价,就是投资人所得的利益。发行这种债券对借款人来说,节省息票印刷费用,从而降低筹资成本;对投资人来说,可以获得比有息票债券更多的利益。

(5) 一般债券、可转换债券和附认股权债券

① 一般债券。一般债券是按债券的一般还本付息方式所发行的债券,包括通常所指的政府债券、金融债券和企业债券等,它是相对于可兑股转换债券、附认股权债券等债券新品种而言的,后两种债券合称"与股权相联系的债券"。

② 可转换债券。可转换债券通常指投资者在一定时期或债券到期时将债券换取发行商约定数量的股票而不收回本金的债券。这种债券在发行时,就给投资人一种权利,即投资人经过一定时期后,有权按债券票面额将企业债券转换成该企业的股票,成为企业股东,享受股票分红待遇,可以在一个价格最有利的时间转换为股票。当所定股票的市价上升超过该债券的固定价格时,该债券的投资者就可按固定股价以债券兑换股票,从而获得溢利收入。反之,投资者可以继续持有债券,且可以放弃转股权,以在到期时收回本金并取得固定的债券利息收入。筹资者一方面可以用较低的成本筹集资金,因为转股债券发行时的利率可以定得低于一般债券。另一方面,债券发行人能够取得转股溢价,因为在发行时转股价格可以定得高于普通股票的市值。因而可转换债券对筹资者来说是非常有益的。发行这种债券大多是大企业,近年来在国际债券市场上可兑股企业债券发展得很快。

③ 附认股权债券。附认股权债券是指能获得购买借款企业股票权利的企业债券。投资人一旦购买了这种债券,在该企业增资时,即有购买其股票的优先权,还可获得按股票最初发行价格购买的优惠。发行这种债券的也多为大企业。

(6) 双重货币债券和欧洲货币单位债券

① 双重货币债券。双重货币债券指以不同的货币计价发行、支付利息、偿付本金的

债券,它涉及两种货币,即以一种货币支付,另一种货币偿还本金。前者通常是债券投资人所在国家的货币,后者则通常是美元或筹资者所在国家的货币。两种货币间的汇率在发行债券时就已经确定。例如,德国筹资者可以在英国发行这种债券,投资人以英镑买进、收息,但到期时以欧元(按约定的汇率)收回本金。通过两种货币的组合,能比一种货币更有效地筹措资金,通过利率调期等还可达到进一步降低成本的目的。且在发行时确定以某种货币金额偿付本金使投资者能够避免因这种货币汇价在债券到期时过分下跌所造成的损失。双重货币债券利率通常较高,发行这种债券的最大优点是可以防止和避免创汇货币与借款货币不一致所带来的汇率风险。

② 欧洲货币单位债券。欧洲货币单位债券是以欧洲货币单位为面值的债券,价值较稳定,近年来该债券在欧洲债券市场上的比重逐年增大。

随着金融市场的发展,国际债券市场上也出现了像本息分离债券、选择性债券等很多新型的债券及衍生品工具。本息分离债券是依据利率期限结构理论,把付息债券的每笔利息支付和最终本金的偿还进行拆分剥离后,分别进行证券化的一种债券业务创新,以此方法达到投资组合收益、对冲市场风险的目标。进行本息分离后的债券只能在债券到期或者被出售时获得资本收益,其间不存在利息收入,因而本息分离后,债券为零息债券。而选择权债券是将固定收益债券和选择权相结合产生的一种衍生产品,其中选择权具体表现在,期权持有者可以选择某个确定时间以确定价格卖出或买入标的资产的权利。选择权债券按执行期权的身份分为发行人选择权债券和投资人选择权债券。例如,若债券发行人享有在债券到期日之前的某一约定时间全部或部分赎回债券的权利,则为发行人选择权债券。

2. 国际债券的发行方式

国际债券发行的方式除了公募发行和私募发行之外,也可分为直接发行和间接发行。

(1) 直接发行

由发行人自己出面发行债券,发行人自己办理发行的全部手续,做好发行前的准备工作,并直接向投资人出售债券,剩余的债券也由自己处理。发行人也可在债券发行之前,在规定期限内接受投资人的申请,按申请数印制债券,并直接发行,这样可以防止债券过剩。

(2) 间接发行

由发行人委托中间人代理发行债券,具体又分为委托募集和承购募集。委托募集是委托销售集团推销债券,推销不完的债券退回发行人处理。承购募集是由承购集团推销,推销不完的债券由承购人买下。在国际债券市场上,一般都采用承购募集的方式发行债券。

3. 国际债券的发行条件

国际债券的发行条件是指确定国际债券的发行额度、期限、利率、票面金额和发行价格等。债券发行条件是否合理、有利,对于融资企业的筹资成本、发行效果和未来销路都有很大的影响。

(1) 发行额度

发行额度是发行债券的总值,即通过债券所要筹集的资金额度。它应根据发行者对资金的需要量、发行市场的具体情况、发行者的信誉水平、债券的种类、承购辛迪加的销售能力等多种因素综合考虑后作出决定。发行额度的大小与发行成本有一定关系,发行额度越大,发行成本越低,对发行者越有利。但如果发行过多,会恶化发行条件,造成销售困难,有的债券市场对一次发行债券的最高额度会进行限定。

(2) 票面利率

债券利率的高低所受影响的因素很多,它随着发行市场行情、发行时期、发行时的国际金融形势、发行者信誉的不同而变化。一般来讲,债券的利率和市场的利率成同方向变动。因为债券持有者的债券实际利息如果低于市场利率,人们就会转向银行存款和其他有价证券的投资,而使债券难以销售;如果只是债券利率高于市场利率,又会增加企业的成本。所以决定票面利率的关键因素是市场利率。

企业的信用级别和经营状况也会影响到债券利率。如果企业的信用级别高,财力雄厚,偿债能力强,即使债券的利率较低,也可以筹集到资金。反之,信用级别低的企业,债券利率要提高,以吸引投资者。另外,就整个金融市场的形成来看,当社会资金充实时,筹资容易,可以考虑用低利率来获得资金;当社会资金短缺时,需要支付较高的利率。最后还要考虑承购债券公司的销售能力,如果它的推销能力很强,也可以降低利率。

(3) 发行价格

债券的发行价格取决于面值、票面利率、偿还期限和市场收益率。债券的发行价格可以是平价、折价或溢价。折价或溢价发行是为了与市场的实际利率保持一致,以调整债券购买人的实际收益。债券虽然是一张确定的付息证券,但在二级市场上,它的价格会随着市场利率和供求情况的变化而发生波动,即会受投资者承购债券的能力和债券发行数量的影响。如果供过于求,债券价格下降;供不应求,债券价格上升。

债券的价格及其收益率会随着利息水平的变动而发生变化。债券价格与票面利率成正比,和市场利率成反比。其计算公式为

债券价格＝(债券票面利率×面值)/市场利息率 ＝债券利息收入/市场利息率

(4) 债券期限

债券的期限根据发行者对资金的实际需要和选择,同时考虑不同市场的传统做法与法令法规,以及利率等各种因素来确定。偿还期限长,票面利率要相应提高,所以偿还期也是平衡发行条件的一个重要因素。目前国际债券的偿还期限一般为 5~20 年,美元债券市场期限曾长达 25 年,日本市场为 12 年。

(5) 偿还方式

国际债券的偿还方式有以下几种。

① 购销偿还。发行者根据市场情况和有利时机以及本身的资金状况,在市场价格便宜,或市场利率趋于下降时,从流通市场买回发行的债券,而不管债券是否到期。

② 比例偿还。发行者按债券的发行总金额,每年分比例偿还本息。它分为平均比例偿还、逐年递增比例偿还和逐年递减比例偿还三种方式。

③ 抽签偿还。每年抽一到两次签,债券持有人根据中签号码收回本息。

④ 轮次偿还。发行债券时,已经规定按债券号码的顺序偿还本息。

(6) 担保

发行人可以用其财产或第三者信用作为担保,保证到期还本付息,也可以仅凭发行人的信用发行债券。发行债券时提供适当的担保,有助于吸引投资者购买。在西方国家,为了保护投资者利益,对于无担保债券,往往要凭信托契约才能发行,要受到若干条件的约束。

4. 国际债券市场的信用评级

在国际债券市场发行债券时,为了保证投资者的利益,一般要通过专门的评级机构对债券发行进行信誉评级,这是对发行者还本付息能力所作出的评估,可作为投资者购买债券时的参考。债券评级内容包括发行企业的基本素质、财务质量、发展前景、偿债能力等。国际上具有权威性的发行国际债券资信评级机构有三家:美国的穆迪投资服务公司(Moody's Investmet Service Corperation),擅长主权国家评级;标准普尔公司(Standard and Poor's Corperation),擅长企业评级;惠誉国际评级公司(Fitch),擅长金融机构与资产证券化评级。表3.3是三大评级机构的中长期信用评判标准。

各家评级机构对债券评级的分类方法不尽相同,档次设置也有区别,但基本原则大同小异。主要是根据企业对其所发行债券的本金和利息的支付能力以及风险程度来划分级次,一般最高级为AAA级,最低级为D级。例如,日本政府规定,发行日元债券,属AAA级的,贷款数额可不受限制;AA级的,限定只可发行300亿日元;未被评级的,只能发行100亿日元。资信级别还影响到债券的发行期限,级别越高,期限越长。

表3.3 穆迪、标普和惠誉的中长期信用评判标准

穆迪	标普	惠誉	性质	等级定义及说明
Aaa	AAA	AAA	投资级	最高级。信用质量最高,信用风险最低,本息支付能力极强
Aa	AA	AA	投资级	高级。信用质量很高,有较低的信用风险,本息支付能力很强
A	A	A	投资级	中上级。投资品质优良,本金利息安全,但有可能在未来还本息能力下降
Baa	BBB	BBB	投资级	中级。保证程度一般,本息支付在未来具有不可靠性,缺乏优良的投资品质
Ba	BB	BB	投机级	中下级。具有投机性质。目前有足够偿债能力,但在恶劣的经济条件下偿债能力可能较弱
B	B	B	投机级	缺少理想投资品质,具有投机性。还本付息或履行其他合同条款的保证极小
Caa	CCC	CCC	投机级	劣质债券,有可能违约,或者现在存在危及本息支付的因素
Ca	CC	CC	投机级	投机性较强。本息基本没有保障,潜在风险极大,目前违约的可能性较大
C	C	C	投机级	最低等级评级。风险极大,没有能力支付本息
	SD	RD	投机级	发债人有选择地对某些或某类债务违约
	D	D	投机级	债务到期,发债人未能按期偿还债务。正在申请破产或已有类似行动阻碍偿付债务

信用评级以简单的评级符号代表各种因素对评级对象信用质量的影响,以此表示其对信用质量的意见。债券信用评级的评估结果将对投资者的投资决策起到关键作用,同时也是保障金融市场稳定的关键因素。(例如,一般而言,只有 AAA 级信誉的借款人才能发行扬基债券。)因此,必须有严格的评估程序保证客观、公平的评估结果。

3.1.3 国际股票市场的发行与流通

1. 国际股票市场概况

股票交易所的雏形源于在荷兰的阿姆斯特丹商人于 1611 年买卖海外贸易公司的股票。1773 年,伦敦成立英国第一个证券交易所。进入 20 世纪 70 年代之后,随着西方工业发达国家经济规模化和集约化程度的提高、发展中国家经济的蓬勃兴起以及现代通信技术的进步,股票市场步入迅速发展的阶段。发达国家的证券化率(股票市价总值与国内生产总值的比率)已经达到较高程度。1995 年,美国、日本和英国的证券化率分别达到 95.5%、83.5%和 121.7%,全球股票市场的交易金额 11.66 万亿美元。进入 21 世纪,仅 2015 年上半年,全球股市交易总额就达 59 万亿美元,全球股市市值达 70 万亿美元,美国、英国、日本和中国香港是全球最重要的国际股票市场。

美国股票市场经过 200 多年的发展,已经成为世界上最发达、最有影响力的股票市场。美国股票市场由 1934 年成立的证券交易委员会统一管理,管辖法律依据联邦政府制定的《1933 年证券法》《1934 年证券交易法》和《1940 年投资公司法》等,以及各州、地方政府制定的有关法律(统称为"蓝天法")。其特点是专业化和分散化相结合,既有发达的证券交易所市场(纽约证券交易所),也有场外市场(纳斯达克证券市场);拥有发达的投资银行和大量成熟的机构投资者。美国的股票指数(道琼斯指数和标准普尔 500 指数),被公认为是美国乃至世界经济的晴雨表。英国股票市场是欧洲最大的股票市场,是全球三大股票市场之一,更是历史最悠久的股票市场之一。世界上著名的大银行和证券商大部分都是伦敦国际股票交易所的会员。英国股票市场是世界上最具有国际性的股票市场,发行专业化程度很高。第一次世界大战以前,在伦敦证券交易所上市的证券中 80%是国外证券,所有发行由证券商和金融机构合作进行。日本股票市场的现代化程度很高,在国际上占有重要地位,分为场内市场和场外市场。中国香港的证券市场经过百年的发展,已经从一个经营分散、规模不大的本地市场成长一个重要的国际市场。截至 2015 年年底,香港股市的总市值已超过 20 万亿元,在亚洲仅次于 A 股和日本东京股市排在第三位。根据香港交易所相关调查,海外投资者及机构投资者(这两类投资者或会有所重叠)在香港市场的交易中占很大的比重。

2. 国际股票融资的结构

国际股票的发行主要包括海外上市和开放本国的股票市场。国际股票融资依照其发行与上市结构可分为不同的类型,中国较普遍采用的类型主要包括境内上市外资股结构、境外上市外资股结构、间接境外募股上市结构和存托证境外上市结构等。

(1)境内上市外资股结构

境内上市外资股结构是指发行人通过承销人在境外募集股票(通常私募方式),并将该股票在发行人所在国的证券交易所上市的融资结构。我国证券法规将依此类结构募集的股份称为"境内上市外资股",实践中通常称为"B 股"。在我国,此类股份主要是为了满足境外投资人的投资偏好,增加其投资信心。由于多数国家的法律对于国际股票私募并没有严格的限制,因而境内上市外资股结构所需解决的法律冲突和障碍也较少,其结构相对简单。

(2) 境外上市外资股结构

境外上市外资股结构是指发行人通过国际承销人在境外募集股份,并将该股票在境外的公开发售地的证券交易所直接上市的融资结构,此类募股通常采取公开发售与配售相结合的方式。中国的证券法规将依此类结构募集的股份称为"境外上市外资股",实践中所称的"H 股""N 股""S 股"等均属之。境外上市外资股票充分利用了市场所在国的外汇制度、法律制度、证券交易制度和信息披露制度,采用国际股票融资实践中惯常的组织方式,故其发行效率和股票流动性均优于境内上市外资股。

(3) 间接境外募股上市结构

间接境外募股上市结构是指一国的境内企业通过其在境外的控股公司向境外投资人募集股份筹资,并将该募集股份在境外公开发售地的证券交易所上市的股票融资结构。依其公司重组方式又可分为通过境外控股公司申请募集上市和通过收购境外上市公司后增募股份两种。在中国,间接境外募股上市是利用中外合营企业(joint venture)境内合资法制和境外市场所在国法制的条件,使境外投资人对境外上市公司有较强的认同感和法制信心,而其股权利益则由境外上市公司代表股东向境内的合资企业主张。依此类结构组织的国际股票融资在发行效率、股票流动性和市场表现上均优于境外上市外资股结构。

(4) 存托证境外上市结构

存托证(depositary receipt)上市结构,又称"存股证",是指在一国证券市场流通的代表外国公司有价证券的可转让凭证。存托证所代替的基础证券通常为其他国家公司的普通股股票,但目前已扩展于优先股和债券,实践中最常见的存托证主要为美国存托证(american depositary receipt, ADR)及欧洲存托证(EDR)。存托证境外上市结构是指一国的发行人公司通过国际承销人向境外发行的股票(基础证券),将由某外国的存托银行代表境外投资人统一持有,而该存托银行根据该基础证券向该国投资人或国际投资人发行代表该基础证券的存托证,并且最终将所发行的存托证在该国证券交易所上市的国际股票融资方式。海外上市程序主要包括组建承销团;推销股票(推销材料、录像和巡回路演);确定发行股票的定价。其中,发行股票的定价主要分为固定价格和公开定价发行。例如,中国香港和欧洲采取固定价格的发行方式,巡回路演推荐的股票价格已经由主承销商协商好。由于事前难以判断需求,所以,价格低以保证成功销售。美国则采取公开定价的发行方式,投资银行向投资者报出股票的出售价格范围,巡回路演结束后,在了解投资需求之后,确定在原先的基点上上浮或下降。我国目前已在境外上市的上海石化、上海二纺机、马鞍山钢铁等公司均采取 ADR 境外上市结构。

现在就以美国的存托凭证为例加以说明。美国存托凭证 ADR 的发行主要由三个机构负责:①存券银行。存券银行作为 ADR 的发行人和 ADR 市场中介,为 ADR 投资者提供所需的一切服务。②托管银行。托管银行是由存券银行在基础证券发行国安排的银行,负责保管 ADR 所代表的基础证券;根据存券银行的指令领取红利或利息,用于再投资或汇回 ADR 发行国,并向存券银行提供当地市场信息。③存券信托公司。存券信托公司指美国的证券中央保管和清算机构,负责 ADR 的保管和清算。存托证上市结构的当事人除包括发行人和基础证券承销人之外,还包括存托银行、存托证承销人和托管银行等。

这一结构的基本特征在于:①美国投资者委托美国经纪人以 ADR 形式购入非美国公司证券。美国经纪人与基础证券所在地的经纪人联系购买事宜,由某外国的存券银行代表境外投资人认购发行人公司通过国际承销人向境外配售的基础证券(股票),并委托该托管银行机构(通常为存托银行的附属机构或代理行)负责保管和管理该基础证券。②存券银行依据基础证券通过承销人向美国投资人或国际投资人发行代表该基础证券的存托证,每一单位存托证依发行价代表一定数量的基础证券,并将发行存托证的筹资用于认购所指示的基础证券的支付。③托管银行借入相应的证券后,立即通知美国的存券银行。存券银行即发出 ADR 交与美国经纪人,安排存托证在存券银行所在国证券交易所上市,负责安排存托证的注册和过户,同时保障基础证券在其市场所在国的可流转性。④经纪人将 ADR 交给投资者或存放在存券信托公司,同时把投资者支付的美元按当时的汇价兑换成相应的外汇支付给当地的经纪人。由存券银行透过托管银行向基础证券发行人主张权利,并以此向存托证持有人派发股息。⑤存券银行负责向基础证券发行人咨询信息,并负责向存托证持有人披露涉及基础证券发行人的信息和其他涉及存托证利益的信息。⑥存托证注销的过程通常由存券银行以回购要约通过市场向存托证持有人购回存托证,由存券银行通知基础证券市场的经纪商售出基础证券,将购回的存托证注销,将基础证券售卖收入偿付存托证原持有人。

可见,存托证上市结构是由存券银行提供金融服务的某种衍生证券发行与上市结构,存券银行在其中仅提供中介服务并收取服务费用,但不承担相关的风险。对于投资者来说,ADR 的优点体现在:ADR 像其他可转让证券一样,通常用美元报价和支付股息或利息,是持有海外公司股票便利的途径;与直接拥有所有权相比,存托凭证在拥有海外公司股票方面简化了交易和清算程序。前者涉及监管服务、外汇交易等;存托凭证与它所代表的基础股票具有同样流动性,因为两者之间是可以互换的。

表 3.4 为美国 144A 规则与公开发行的比较。ADR 的类型包括:有担保的 ADR,即一级 ADR、二级 ADR、三级 ADR 和 144A 规则 ADR;无担保的 ADR。其中,发行一级存托凭证 ADR 最简单。只需按美国 1933 年《证券法》,以 F-6 注册登记单注册,按 1934 年《证券法》的 12g3-2(b)豁免申请书呈报报告就可以,无须提供财务报告和全面的定期报告,在美国场外市场交易,发行时间短。二级 ADR 允许在美国的交易所上市。财务清单必须部分符合美国的公认会计准则(GAAP)。但公司不能发行新证券。三级 ADR 存托凭证允许在美国交易所上市,公司能筹措新资本。允许股东以正式公开发行价出售股份,但必须在 SEC 注册及提交财务报告和定期报告,财务清单必须完全符合美国的 GAAP。

表 3.4 美国 144A 规则与公开发行比较

144A	公 开 发 行
优点：不需要向 SEC（美国证券交易委员会）登记；财务信息不需要符合 GAAP（公认会计原则）；准备和审核阶段时间短，发行只需要提供有限信息	缺点：需要向 SEC 登记；财务信息需要符合 GAAP；准备和审核阶段时间长；发行后履行对 SEC 报告的义务
缺点：销售只覆盖公司和机构投资者；销售方法需要仔细界定；再出售只限于合格机构投资者；由于有限流动而提供价格折扣，不能在证券交易所上市	优点：销售可以对美国任何人；销售完全流动，再出售无限制；非流动性股票无价格折扣可以在证券交易所上市

中国企业发行 ADR 的情况见表 3.5。

表 3.5 中国企业发行 ADR 的情况

企 业 名 称	ADRd 级别
兖州煤业、中国电信(香港)、中国南方航空公司、中国东方航空、吉林化工、中国南方航空、北京燕化	三级
马鞍山钢铁、庆铃汽车	144A
上海金桥、广船国际、中海发展、青岛啤酒	一级

3. 国际股票发行价格的确定

股票市场价格的高低，取决于两个因素：一是股利；二是存款利息率。公式如下：

$$SP = \frac{D}{I}$$

其中：SP 为股票的市场价格；D 为年股利；I 为存款年利息率。

例如，某公司股票面值 200 美元，年股利 25 美元，银行存款年利息率 10％，则该股票的市场价格为：25/10％＝250（美元）。该公式仅仅表明影响股票市场价格的基本因素。在实际生活中，由于股利水平和利率高低受许多因素影响，股票价格的形成并非如此简单。一般来说，股利水平是股份公司经营状况变化的反映，一切影响企业经济效益的行为和现象，最终都会影响到企业的净收益和股利派发，从而影响到股票价格。银行利率高低是金融市场环境变化的结果，凡是引起金融市场环境改变的因素，也都会影响股票价格的波动。影响股票市场价格波动的因素，除了经济因素外，还有政治因素和心理因素等。

确定股票发行价格的方法有多种，这里介绍三种主要方法。

（1）市盈率法

市盈率又称本益比，指股票市场价格与盈利的比率，即市盈率＝股票市价/每股收益，通过市盈率法确定股票发行价格时，应该根据经审核后的盈利预测计算出发行人的每股收益；再根据二级市场的平均市盈率、发行人所在行业情况（同类行业公司股票的市盈率）、发行人的经营状况及其成长性等拟定发行市盈率；依据发行市盈率与每股收益之乘积决定发行价。按市盈率法确定发行价格的计算公式为

$$发行价 = 每股收益 \times 发行市盈率$$

$$每股收益 = 税后利润 / 发行前总股本数$$

确定每股税后利润有两种方法:一种是完全摊薄法,即用发行当年预测的全部税后利润除以总股本,直接得出每股税后利润;另一种是加权平均法。不同方法得到的发行价格不同,一般来说,采用加权平均法较为合理。因为股票发行的时间不同,资金实际到位的时间先后也不同,这不仅影响到企业效益,而且投资者在购股后才应享有的权益。加权平均法的计算公式为

$$股票发行价格 = \frac{发行当年预测利润}{发行当年加权平均股数} \times 市盈率$$

$$= \frac{发行当年预测利润}{发行前总股数 + 本次公开发行股数 \times \frac{12-发行月份}{12}} \times 市盈率$$

$$每股年税后利润 = \frac{发行当年预测税后利润}{发行前总股数 + 本次公开发行股数 \times \frac{12-发行月份}{12}}$$

(2) 净资产倍率法

净资产倍率法又称资产净值法,是指通过资产评估和相关会计手段确定发行人拟募股资产的每股净资产值,然后根据证券市场的状况将每股净资产值乘以一定的倍率,以此确定股票发行价格的方法。计算公式为

$$发行价格 = 每股资产 \times 溢价倍率$$

净资产倍率法在国际上常用于房地产公司或资产现象要重于商业利益的公司的股票发行。依此种方式确定每股发行价格,不仅应考虑公平市值,还需考虑市场所能接受的溢价倍数。

(3) 现金流量折现法

现金流量折现法通过预测公司的未来盈利能力,计算出公司净现值,并按一定比例的折扣率折算,从而确定出股票发行价格。该方法首先是用市场能接受的会计手段预测公司每个项目未来若干年内每年的净现金流量,再按照市场公允的折现率,分别计算出每个项目未来的净现金流量的净现值。由于未来收益存在不确定性,发行价格通常要对上述每股净现值折让20%~30%。

国际主要股票市场对新上市公路、港口、桥梁、电厂等基建公司的估值和发行定价一般采用现金流量折现法。这类公司的特点是前期投资大,初期回报不高,上市初期的利润一般偏低,如果采用市盈率法发行定价,则会低估其真实价值,而对公司未来收益(现金流量)的分析和预测,能比较准确地反映公司的整体和长远价值。用现金流量折现法定价的公司,其市盈率往往远高于市场平均水平,但这类公司发行上市时套算出来的市盈率与其他公司的市盈率之间不具有可比性。

3.2 外国债券市场和欧洲债券市场

3.2.1 各国的外国债券市场

外国债券发行人首先要向美国的资信评级机构(如标准普尔公司、穆迪投资服务公司等)提交资料,评定债务发行人和债务的资信等级。然后,向美国证券交易委员会呈报注册登记的文件,以供审查批准,同时,要向有意向投资者提供一份关于发行商详细财务信息的说明书。这些程序所带来的成本和导致的时间延误都是使外国借款者更倾向于在欧洲债券市场筹资的原因。

1. 美国的"扬基债券市场"

美国的外国债券市场又叫"扬基债券市场",一度曾经是世界上最大的外国债券市场。第二次世界大战后,美国经济实力急剧膨胀,美元成为国际货币,资金比较充足,美国以外的借款人纷纷到纽约以美元发行债券筹集资金。但是,20 世纪 60 年代,随着美国经济实力下降,美国政府于 1963 年实行"利息平衡税"制度,美国居民购买外国债券的利息要向联邦政府交纳一定的税金,从而限制了美国人对外国债券的购买,外国人只有提高债券的利率才能吸引美国投资者。所以,很多欧洲国家纷纷减少在美国发行扬基债券。1974 年,美国政府权衡利弊,取消了利息平衡税,以便重新吸引外国人到美国发行扬基债券,但是,由于发行手续繁杂及欧洲外国债券市场的竞争,美国外国债券市场仍没有多大发展。整个 80 年代,美国"扬基债券市场"每年发行总额从未超过 1 000 亿美元,大多徘徊在 500 亿~800 亿美元。90 年代以来,美国放松金融管制、非中介化和金融创新的影响,使进入美国金融市场的门槛得以降低。例如,1990 年 4 月,美国证券法中引入 144A 规则,允许自我登记注册,意味着证券委员会放松审查限制,加快了发行速度,节约了债券发行的成本和时间。新的规则显然有助于外国发行者的进入,从而对美国外国债券市场的发展产生了积极的促进作用,美国外国债券市场的发行余额由 1989 年的 890 亿美元上升到 1995 年的 2 700 亿美元,增加两倍多,可见其发展速度之快。

(1)"扬基债券"的发行手续

"扬基债券市场"发行手续较为复杂,从申请到正式发行一般需要半年时间。外国债券发行人首先要向美国的资信评级机构(如标准普尔公司、穆迪投资服务公司等)提交资料,以评定债务发行人和债务的资信等级。然后向美国证券交易委员会呈报注册登记的文件,以供审查批准,并根据证券委员会对提交的申请注册报告的意见进行补充修改,提交一份"补充说明书"作为发行说明书的最后文本。说明书确定之后,申请者需要选择一家主牵头公司,具体负责组织包销及相关的发行工作,但在证券委员会宣布注册生效之前不得出售债券。申请者还需要和有关认购人员签订认购协议,并向包销团成员分发债券。最后在证券委员会通知注册报告生效后,发行人和包销团选择一个最有利的市场日正式发行债券。

(2)美国"扬基债券市场"特点

美国"扬基债券市场"有以下特点。

① 债券发行额大，流动性强。由于美国国内金融市场高度发达，美国"扬基债券"市场发行额较大、流动性强。投资者尤其是机构投资者（主要是商业银行、储蓄银行和人寿保险公司）实力强，每笔"扬基债券"的发行额度一般都在 7 500 万到 15 000 万美元。同时，"扬基债券"的发行地主要在纽约证券交易所，但是，实际交易遍布美国各地，欧洲货币市场又是"扬基债券"的转手市场，因此，"扬基债券"交易实际上已经遍及全球。

② 债券的期限长。20 世纪 70 年代中期扬基债券的期限一般为 5～7 年，从那以后逐步延长。20 世纪 80 年代以来，由于国际债务危机，信贷市场渐趋冷清，债券市场迅速膨胀，一些信誉比较高的债券发行者可以在美国发行期限为 20～25 年的扬基债券。这说明美国的外国债券市场比较适合于长期筹资者的需要。

③ 债券的发行主体以政府、国际机构或大银行为主，民间企业较少。购买者主要是美国的商业银行、储蓄银行和人寿保险公司，这三大投资者起着主导作用。

④ 债券的发行方式有公开募集和私下募集，但以公募、无担保发行比例大。外国人在美国发行扬基债券若采用公开募集的方式，即以不确定的公众为推销对象，必须将发行者的有关事实全部公开，并向美国证券管理机构登记，而且要经过严格的审查。若采取私自募集的方式，即发行债券不是面向一般投资者，而是出售给特定的投资者，则不必向美国证券管理机构办理登记手续，但投资者不能超过 35 个，而且债券不能转卖。由于缺乏流动性，私募债券比公募债券的利息率高，所以，公募、无担保发行比例要大于私募。

⑤ 由于债券的发行要经过评级公司的评级，评级的级别高低直接影响债券的发行和流通，而且债券的评级对新发行公司或知名度不高的公司是一种良好的债券推销形式和机会，一般而言，只有 AAA 级信誉的借款人才能利用扬基债券市场发行债券。

2. 日本的"武士债券市场"

日本债券市场向外国人开放的时间较晚，直到 1970 年才首次由亚洲开发银行发行了第一笔日元外国债券——"武士债券"。至 1979 年，才有一家外国公司第一次在日本市场上发行外国债券。在 20 世纪 80 年代金融自由化改革之前，为了避免影响日本国内债券市场，日本银行掌握着日本"武士债券"发行的控制权，其突出表现是"武士债券"的初次发行由承销辛迪加联合发行，外国金融机构可以参加辛迪加，但是，牵头人必须是日本的山一、大和、日兴和野村四大证券公司之一。1985 年 4 月，日本政府为了促进日元国际化和金融自由化，取消对"武士债券"新发行数量和金额的任何限制，新发行债券的牵头人也不必再是日本证券公司。所以，日本"武士债券"市场在 80 年代以来得到较快发展。

（1）"武士债券"公募发行的程序

在日本发行"武士债券"分为公募发行和私募发行两种。日元公募债券的发行程序包括：①发行人选择牵头人、支付代理人，计划发行债券的各项工作。②由牵头人编写债券发行申请书及起草有关合同文件，经集团讨论定稿后印刷装订成册。③由牵头人向大藏省提交签字生效后的债券发行申报文件，代表发行人向日本银行递交呈报书申请支付日元投资资金。④牵头人着手组织承购团，发行双方共同确定承购团成员。发行双方最后确定发行条件，牵头人与其他承购团成员签订承购合同。⑤依据经大藏省批准生效的募集申报书，发行人签订承购合同、募集委托合同、登记合同和支付合同，并将这些合同作为附件再次向大藏省提交债券发行申报书。⑥债券发行申报书批准生效后开始正式发行债券,债券销售结束后,投资人在规定日期内向发行人缴款,两个月后债券在东京证券交易所上市。

(2) 日本"武士债券市场"的特点

日本"武士债券市场"有以下特点。

① 债券发行的获准条件宽松,只要发行人得到日本或其他国际性资信评级机构 A 级以上的评级即可在日本公募发行。日本的信用评级机构主要有日本公社债研究所、日本投资家服务公司和日本信用评级公司三家机构,信用等级从 AAA 级到 C 级共 9 个等级,只要达到 A 级或 A 级以上评级标准的公共机构就能取得发行日元外国债券的资格。

② 债券发行量大。AAA 级的发行人可以无限量地发行,AA 级发行人的每次发行金额可达 300 亿日元,A 级发行人可以发行 200 亿日元。

③ 国际机构和发展中国家在日本市场发行日元债券所占比重较大。由于日元外国债券的发行缺乏灵活性、流动性,不易作美元互换,发行成本高等原因,不如非居民欧洲日元债券便利,因而对知名度高、信誉好的筹资者而言,它的吸引力并不大。目前,发行日元债券的筹资者主要是需要在东京市场筹资的国际机构和一些要发行期限超过 10 年以上的长期筹资者,其次是在欧洲市场上信誉不佳的发展中国家,发展中国家发行日元债券的数量占总量的 60% 以上。

3. 德国的外国债券市场

第二次世界大战结束后,原联邦德国经济在美国的大力扶植下很快得以恢复和发展;20 世纪 50—70 年代更是创造了所谓的"经济奇迹"。随着原联邦德国在国际贸易中所占的比重不断增大,马克逐渐成为硬通货被作为结算货币和储备货币,马克国际债券对筹资者的吸引力越来越大。

(1) 德国债券市场的发行程序

在德国发行马克债券的程序是:①决定发行债券,选择牵头人,由牵头人起草债券发行的有关文件。②确定发行方式。③确定发行日程,并取得每月举行的资本市场委员会外国发行委员会的审议承认。④确定发行的各有关当事人,组成承销团。⑤确定发行条件并签约。⑥缴款,发行结束后公募债券上市。

(2) 德国债券市场的特点

德国债券市场有以下特点。

① 发行工作组织严密。管理严格。1985 年以前,德国马克外国债券的发行额和时间由中央资本市场家德国银行组委会外国发行委员会管理,该委员会由 6 家德国银行组成,德意志银行为监视人。1985 年 5 月,上述制度改为发行马克外国债券首先要向德意志银行申报,经同意后由一家著名的德国银行或外国银行牵头组织发行。债券的上市要经过证券交易所的上市委员会批准。

② 经营主体主要是一些大商业银行。德国由于并不划分商业银行和投资银行的业务,因而马克外国债券市场主要由一些大商业银行经营。

③ 在德国,国内债券、马克外国债券和马克欧洲债券三者间的区别不像其他市场那样严格。1984 年 10 月以前,马克外国债券、马克欧洲债券与国内债券的区别,仅在于非居民购买德国国内债券要交 25% 的利息税,而购买马克外国债券和马克欧洲债券则毋需

交纳。1984年后德国政府取消了这一规定,马克外国债券、马克欧洲债券与国内债券的界限事实上模糊起来。马克欧洲债券和马克外国债券在法律上也没有划分区别。倘若销售国际债券的银行辛迪加只是由德国银行经营,这种债券就是马克外国债券;如果辛迪加成员包括非德国银行,就叫作马克欧洲债券。

20世纪70年代由于受石油提价等因素的影响,德国外国债券市场的发展也一度受阻。1984—1985年,德国政府宣布取消德国人购买外国债券的限制,同时德国中央银行还制定了一系列旨在促进资本市场发展的自由化措施,允许银行发行浮动利率债券、远期债券、货币互换债券、双重货币债券和债券认购证,解除外国银行不准牵头发行德国马克债券的禁令,准许外国银行、证券机构参与德国国债、铁路债券及邮政债券的推销,这些措施促进了德国本国债券市场和国际债券市场的发展。

4. 瑞士外国债券市场

(1) 瑞士外国债券市场是目前世界上最大的外国债券市场

瑞士的外国债券市场之所以能够成为世界上最大的外国债券市场,原因如下:

① 瑞士经济发达,居民有良好的储蓄习惯。瑞士作为中立国,在两次世界大战中均未遭受影响,经济一直发达,国民收入水平较高,居民有良好的储蓄习惯,国内资金充裕。②严格的保密制度是瑞士银行业的传统习惯和经营法宝。这大大吸引了国际资金,使瑞士的国际资本很充裕。③瑞士的苏黎世是世界上最大的金融市场之一。瑞士金融机构长期的业务实践使其员工素质很高、经验丰富,尤其善于组织大额证券的发行和大额贷款。④瑞士法郎是自由兑换货币。瑞士法郎没有外汇管制,资本可以自由输出入,没有税收限制。⑤低通货膨胀率带来的币值坚挺。瑞士中央银行有一套独立的目标导向政策,长期坚决实行稳定通货的措施,通货膨胀率一直低于其他国家。⑥瑞士的外汇市场活跃。瑞士债券发行人可以利用掉期业务将其转换成所需要的货币,这既可以降低融资成本,又可以减低或避免瑞士法郎升值所带来的货币风险。

(2) 瑞士法郎外国债券市场的发行与特点

瑞士法郎的外国债券市场也有公募与私募两种发行方式,但与其他国家不同,其私募发行额没有限制,而公募发行额则限制在1亿瑞士法郎之内。私募债券的发行额一般为公募债券发行额的2~3倍。根据瑞士中央银行法规,公募债券的发行期限可达10年以上,而私募债券的期限一般在8年以下,在私募债券的发行中,牵头人和承销团只能把债券出售给自己固定客户且严格禁止对第三者进行推销。在1984年以前,瑞士法郎外国债券的发行不论公募还是私募都要经过瑞士中央银行批准,债券的承销一般由瑞士三大银行(瑞士银行公司、瑞士联合银行、瑞士信贷银行)之一担任牵头经理。1984年,瑞士政府废除逐笔审批制度,外国银行设在瑞士的分行也可以担任牵头经理,不过直到现在,这种职务一般还是由三家银行之一担任,外国银行行使这一权利的例子很少。

瑞士外国债券市场的特点有:①流通市场不活跃,投资者购买债券后一般持有到期;②由于瑞士中央银行禁止在瑞士发行欧洲债券,因而,瑞士法郎外国债券是唯一的国际债券;③瑞士不允许瑞士外国债券的实体票据流到国外,必须按中央银行决定,由牵头银行将其存入瑞士国家银行保管。

5. 英国的"猛犬债券市场"

英国在1979年以前,长期实行外汇管制政策,因而外国债券市场并不存在。1979年10月撤销外汇管制后,英国债券市场开始向外国人开放。丹麦政府当即在伦敦债券市场上发行了第一笔英镑外国债券,总金额为7 500万英镑,年利率为13%,2005年到期。这笔债券被称为"猛犬债券"(bull dog bonds),因而其市场即命名为"猛犬债券市场"。1980年11月,英国中央银行英格兰银行对发行外国债券制定了新规则:非英镑标价的债券发行后应在外国资本市场上进行,但如果债券附有获得英镑利息或本金的选择权则可以在伦敦市场发行,不过必须有一家总部在英国的公司牵头管理。这一要求等于放开了以英镑标价的所有债券市场(国内债券、外国债券和欧洲债券)。此后,许多外国政府、国际机构和外国公司相继在伦敦发行债券,英国的外国债券市场便逐渐兴旺起来。

由于英国投资者不习惯估计国外风险,因而不愿意购买不是资信最高者所发行的债券,所以到英国发行外国债券的主要还是各国政府和国际机构。这是英国外国债券市场的特点之一。另外,英国外国债券市场上所发行的债券几乎都是一个到期日的固定利率债券,债券为记名式的,但也有不记名式的,各次发行有所不同。不管是记名式还是不记名式,债息全部支付,没有利息预扣税。

总的来看,英镑外国债券在英国债券市场中所占份额不大,而且也没有英镑欧洲债券发展得快。例如,1986年3月英国外国债券新发行额为35亿英镑,占英国债券市场的2.3%,到1988年3月新发行额反而下降到33.6亿美元,而同期英镑欧洲债券则由141亿英镑(占9.2%)发展到300.5亿英镑(占16.42%)。

3.2.2 欧洲债券市场的特征与发行程序

1. 欧洲债券市场的基本特点

欧洲债券市场发行成本低,市场容量大,也具有较高的安全性和较强的流动性,更重要的是欧洲债券对任何国家而言,都是境外债券,这一市场便是境外市场,欧洲债券市场发展之迅速以至于其发行量是国内债券发行量的4倍左右,是跨国公司、政府机构以及国际性组织筹资的重要途径。

欧洲债券市场作为一种高度开放的国际债券市场,具有以下基本特点。

(1) 不受任何国家政策、法规的限制

它是境外市场,发行自由灵活,欧洲债券对任何国家而言,都是境外债券,这一市场也是境外市场,因此它的发行和交易可以避免一些国家金融政策和法律法规的限制,这是任何国家外国债券市场所无法做到的。

(2) 发行成本低,市场容量大

欧洲债券的发行费用一般为面值的2.5%,其成本是较低的。而且由于欧洲债券一般都免交利息预扣税及所得税等,其利息支付的成本也较低。同时更由于欧洲债券是在全世界范围发行,因而其市场容量远远大于任何一个国家市场上所能提供的资本的数量。

(3) 发行方式一般采用非正式方式,受到的限制较少

欧洲债券的发行和销售都经由各国银行组成的国际辛迪加承办,通常采用出盘方式,

即不经过申请批准的非正式发行方式以避免国家对发行的限制。

(4) 债券不记名式发行,可以保护投资者的利益

大多数欧洲债券是不记名式,投资者的投资情况及其收入可以保密,利于避免纳税,因而对许多投资者有较大的吸引力。

(5) 欧洲债券市场安全性高,流动性强

欧洲债券市场的主要发行人或借款人大多是大的跨国公司、政府和国际金融组织,这些人资信都比较好,对投资人而言资金比较安全,又由于欧洲债券市场有一个比较发达的二级市场使债券保持较强的流动性。

2. 欧洲债券的发行市场

(1) 欧洲债券承销辛迪加的构成

欧洲债券是以一种以自由兑换的货币作为面值单位且发行者所在国、发行市场所在国及票面货币所在国具有不同国籍的国际债券,种类较多,发行人选择既能满足自身需求又适合投资者偏好的债券,且债券种类决定后,需要慎重决定具体的债券发行细节和合同签订,同时更应做好债券的销售工作,因而,债券发行事务复杂繁重,一般通过承销辛迪加集团进行。欧洲债券的承销辛迪加集团一般由三部分组成:经理集团、承销集团和代销集团。债券发行人首先选择一家比较著名的投资银行机构,委托它为债券发行的牵头银行,再由该投资银行邀请若干银行和证券公司组成经理集团。经理集团的任务一方面负责把所发行的债券推向市场,并做好其他各项必要工作,如准备相关文件,撰写招募报告书和申请证券交易所上市报告,拟定发行人和辛迪加之间的协议书以及一系列必要的协定(承销协定、上市、信托和支付代理机构协定等)等工作。同时,经理集团应对债券的推销负主要责任,经理的头衔并不在于其对债券管理事务参与程度,而是反映它承销数额的多少。如果债券发行数额较大,经理集团成员负担不了全部债券的销售任务,还须再选择一些适合条件的银行以承销商或代销商的身份加入辛迪加,共同负责把债券推销给投资者。二者的区别在于承销商以事先商定的价格从经理集团手中购得债券,若日后不能以更高的价格出售,损失由承销商自负;而代销商则纯粹是销售代理机构,只收取销售佣金,若债券不能以既定的价格出售,则退回经理集团。

此外,发行欧洲债券还须委托一家银行作为支付代理机构,负责替借款人对投资者按期付息和到期还本,以及其他任务如经营偿债基金。有时在欧洲债券发行中还设立信托机构,不过信托机构主要是代表投资者的利益,为债券持有人处理借款人违背债券合约的有关事宜。

(2) 欧洲债券发行费用的确定

在欧洲债券市场上,发行费用是以折减债券面额的方式收取的。例如,一笔债券的面额每张为1 000美元,以平价发行,但借款人实际得到的资金并不是发行价格。经理集团可能只付给975美元,扣下的25美元或债券面额的2.5%即为发行成本或投资银行机构的利润。当然这2.5%的利润只有当债券恰以面额1 000美元的价格售给最终投资者后,才能真正实现。如果债券不能以100%的面额出售,发行机构的利润就要下降。欧洲债券总的发行费用可以大致分为销售佣金、承销折扣和管理费。以1 000美元面值的债券为例。牵头经理付给借款人975美元的资金,再以985美元的价格售给单线的代销商或

以980美元的价格售给承销商。于是,该债券发行费用的分配如下:发行成本为1 000－975＝25(美元);销售佣金为1 000－985＝15(美元);承销折扣为985－980＝5(美元);管理费为980－975＝5(美元)。

可见,对于一般的代销商,它只有以高于985美元的价格出售才能获得利润,承销商只能以比代销商更低的价格获得债券,因为它要为其所承担的销不出去自负损失的风险获得承销折扣。经理集团若同时也是承销商和代销商,则可同时获得三种费用。在上述例子中,假定发行成本是2.5%,而实际上,欧洲债券的典型发行成本是2%－2.5%。其他外国债券市场的发行成本各不相同:扬基债券是0.5%－1%,武士债券和马克外国债券是2%,瑞士法郎外国债券是4%(由瑞士三大银行具有购买债券的垄断权力所致)。

(3) 欧洲债券发行的一般程序

欧洲债券发行一般程序如图3.1所示。从图3.1可以看出,欧洲债券的发行一般要经过三个阶段。但是,债券的发行工作实际上不是从图中所表示的宣布日开始的,在这以前,牵头经理已经开始与借款人一起讨论并初步确定发行债券的各项工作,这一过程大约也需要两个星期。不过,除非是在包买交易(牵头经理按预定条件在宣布债券发行以前从债券人那里把债券全部买下)下,否则这时确定的条件都是临时性的,最终条件只有到正式发行日才能确定下来。在这段时间,债券发行人还需挑选一个支付代理机构。如

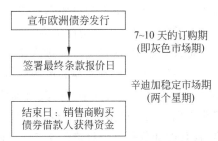

图3.1　欧洲债券发行一般程序

果债券需要向证券交易所申请上市,那么还需要选择上市代理机构。此外,准备工作还包括公布发行通告或简介,这种通告的初级形式称作"非正式筹资章程",着重介绍借款人的情况。如果借款人是一家私营公司,还需要一份财务审计报表。如果是政府借款人,则需附上有关的国民生产总值状况说明和中央银行的必要统计数据。

上述工作完成后,牵头经理开始组织经理集团,以协调债券发行工作,并列出一份将被邀请担任承销商或代销商的辛迪加成员名单。这些辛迪加成员在宣布日被发出邀请后将有7～10天的答复期限,又称为灰色市场期(gray market)。在欧洲债券定购期间,当潜在的承销商和代销商表示定购意愿时,有关此次债券发行的最终条件及市场条件尚具有某种不确定性,但此时一些承销商或代销商已决定要购买债券,从而使人们有可能就这些债券进行远期交易。由于这个市场是在债券正式发行前形成的,故称为灰色市场。

灰色市场出现于1977年,是为了提高市场交易的效率,也是由于市场上竞争激烈所致。在此之前,债券发行价格由牵头经理和借款人凭主观臆断而定,没有市场基础。由于那时债券发行额较小,而利率又较稳定,牵头经理把新债券推向市场,承担的风险不是很大。在灰色市场交易实行后,灰色市场价格实际上就在很大程度上左右着根据传统日程表所发行的新欧洲债券的定价问题。因为灰色市场的交易价格一定是比实际发行时的价格低(灰色市价通常以"减一"即英文"Less"表示。换言之,若债券最终是以面值99.75%的价格发行,灰色市价就是98.75%)。显然,如果最终投资者能在灰色市场上按照"减一"的价格买到债券,就不会在债券最终发行时支付比这个价格更高的价格去购买债券;

反之,如果没有人愿意支付高于灰色市场的价格,那么,当借款人和牵头经理在定期期末商定债券发行的最终条件时,不管条件如何,灰色价格将支配市场。

显然,随着灰色市场的出现,牵头经理在欧洲债券发行中的传统作用受到限制。但是,灰色市场交易是有一定危险性的。例如,1983年10月伦敦的两家证券公司——Ross证券合伙公司和Guy Butler国际有限公司,在获悉加拿大和世界银行将要发行7亿美元的欧洲债券的消息后,立即对这些尚不存在的债券进行交易,一天后才得知这笔债券不会发行,但已经造成了损失。

在定购期间,借款人在主要的国际金融中心进行宣传以扩大潜在投资者的影响。牵头经理做初步的债券分配,并等待收取承销商或代理商签署的协议书。在定购期结束时,牵头经理与借款人确定最终的价格条件。一般情况下,承销商有一天时间决定接受还是拒绝。如果接受条件,应该在借款人与牵头经理签订的、写明债券发行最后条件的认购协议书上签字,正式决定购买债券。牵头经理发出最后销售通告,通知承销商和代理商每人所分配的债券份额。代销商应在一定时间后通知牵头经理其配额是否售完。

正式开始发行债券后,即进入辛迪加活动时期,在债券宣布发行日和发行结束日期间,牵头经理为了影响债券的市场价格,一般在辛迪加组织内成立一个小组,以便在必要的时候买进或卖出债券来支持其市场价格达到稳定价格(stabilization)的目的,因而又称稳定市场时期。典型沿用的经验法则是不允许市场上的债券价格降低到销售让价的限度,通常的让价是发行价格的1.5%。稳定价格有几种动机,其中之一是维护牵头经理的声望。如果在发行条件刚签订后债券价格立即上涨,这表明牵头经理没有很好地评价市场,因为如果不是这样借款人就可以以超低的利率借入资金。于是,借款人会因此而不满意,他在下一次借款时就会考虑更换牵头经理了。同样,如果投资者在以接近债券发行价格的价格买入债券后,债券的市场价格在二级市场上却立即下跌,那么投资者也会对牵头经理及辛迪加组织的发行宣传感到失望,以后他们可能会对同一牵头经理及辛迪加组织的债券发行持一种谨慎的态度。显然,为了有效地避免上述两种情况的出现,牵头经理具备必要的稳定价格的能力是十分重要的。

由于债券的市场价格与市场利率的走势是密切相关的,如果在债券销售时期市场利率上升,债券价格就会趋于下降,这时,牵头经理为稳定价格,需要在市场上买入债券;反之,如果在此期间市场利率下跌,债券价格就会有上升趋势,牵头经理则需要出售较多的债券以稳定价格。因此,如果牵头经理认为在稳定价格时期市场利率会上升,他可以在签订新债券发行条件时,分配给销售者超过实际债券数额的债券份额,这种做法叫作辛迪加空头。不过,牵头经理有责任在结束日前把那些债券买回,以使最后实际交割时券、钱相符。在相反的情况下,牵头经理可以做辛迪加多头,即以减少分配债券份额然后抛出的办法来达到稳定价格的目的。

(4) 欧洲债券发行程序的变化

近年来,随着市场竞争压力和利率风险加大,欧洲债券的发行程序也出现一些变化。首先,出现包买交易(bought deal),即牵头经理在宣布债券发行前就从借款人那里以商定的价格买入全部债券。第一笔包买交易是瑞士信贷第一波士顿银行(Credit Suisse First Boston Bank,CSFB)从通用兼并公司(GMAC)包买全部1亿美元的发行债券,然后由

CSFB组织一个辛迪加来推销这批债券。这种事后组织辛迪加的做法使销售和承销集团的作用减弱以致消失,并且使新债券进入市场所需的时间大大缩短,也可以充分利用市场上持续时间较短的利率或债券需求变动机会。其次,发行程序的变化也体现为出现收益定价法(yield pricing),指根据当前二级市场上同类债券的收益来确定新发行债券价格的一种方法。收益定价法与传统发行方法的区别主要在于:传统方法是在发行日宣布初步发行条件,然后经过灰色市场的调整,到发行结束日再确定最终发行条件;而收益定价法则是在发行结束日一次性确定发行价格,由于这种价格水平是参照同类债券收益来确定的,因此对投资者的利益比较有保障。收益定价法最初在美国债券市场上运用得较广泛,进入20世纪80年代后,这种方法在欧洲债券发行中也得到了越来越广泛的运用。发行程序变化的第三种形式叫作拍卖发行(auction issue),即是借款人在宣布了新发行债券的期限和息票率等后邀请投资者竞相购买。在这种方式下投资者通常是准备再转手销售债券的经理公司或银行,它们以债券面值百分比的方式减价,并表明它们按照减价所愿意购入债券的数量。借款人则根据投资者的出价从高到低分配债券,直到批发完毕为止。拍卖发行的好处是节约了辛迪加的经营费用和成本,但它一般只适合于知名度很高的借款人,对于知名度较低者,则还需借助于承销辛迪加来宣传以扩大影响,从而需要增加相应的成本。

3. 欧洲债券的流通市场

投资者在一级市场向销售团成员购买的欧洲债券,可以在到期日之前在二级商场上转售给其他投资者。欧洲债券二级市场交易包括交易和清算两个部分,前者是指交易者根据协商价格买卖债券,后者是指债券交易后在有关多方之间转移债券所有权的过程。

(1) 债券交易

在国际债券市场上,各种外国债券都是在市场所在地进行交易和结算的,而欧洲债券的交易中心是一种场外市场,其主要发生在伦敦,但其他地方如法兰克福、阿姆斯特丹和苏黎世等一些主要的欧洲金融中心也会发生重要交易。在欧洲债券市场上,经营债券买卖业务者有两个:一是经纪商,二是市场报价者。经纪商主要是接受买卖委托书,并寻找买卖双方来配对而成交。他们通常向先来委托的一方收取0.0625%的佣金。经纪商有时也可以为自己买卖,但他们一般不会同时报出买进卖出两种价格,不与投资者进行零售交易,而只担任市场报价者之间中介人的角色。市场报价者则相反,他们对投资者报出买进卖出两种价格,并随时按这个价格买卖债券。也就是说,市场报价者可以利用自己的资本买进债券作为存货,并将存货向投资者出售。除有时接受委托买卖外,市场报价者在二级市场上对任何一方都不收取佣金,他们的收入来自买卖成交后的买卖差价。一般情况下,固定利率债券的买卖价差幅是0.5%,但实际上差幅取决于市场条件。在一笔新债券发行后的前几天,买卖量最大的差幅可能会只有0.125%,交易量小的差幅则可能达到1.5%。至于浮动利率债券,由于其流动性更高,差幅通常会更小。债券交易一旦进行,交易价格也就确定了。但是,实际付款和得到债券要等到起息日(value date)。所谓起息日是指金融交易的结算日。在欧洲债券交易中,实际交易发生后的一个星期(即包括假日在内)中的任何一天都可以作为起息日。

(2) 债券清算

债券在市场上成交后,买卖双方需要进行交割,即需要清算系统实现一方向另一方所有权转移和资金支付。大多数欧洲债券的清算是通过两个主要的清算系统进行的:欧洲清算系统和卢森堡清算系统。欧洲清算系统的总部位于比利时的布鲁塞尔,由摩根保证信托公司于1968年建立并经营至今。卢森堡清算系统是由25个国家的71家联合银行在1971年成立的。两个清算系统的业务发展都很快。从1971年起,这两个系统建立相互之间的业务联系渠道,并且自1981年起发展成一个完整的电子计算机联系网络。

清算系统的运转大大减少了实际债券交易的换手次数。据统计,清算系统入账的交易额中只有不到5%的比例需要实际换手。清算系统通过与世界上各主要银行的联系建立起了一个提供受托保管业务的金融网络,即以清算系统为中心,以遍布世界各金融中心的大银行为受托人的国际网络。一旦顾客把购得的债券提交给某个受托人保管,那么在以后的债券交易中就无须实际转移有关债券。清算系统的运转还可使参与者避免交割风险(delivery risk)。这里所谓的风险,是指在一方得到债券前已经出现了可以得到收益的机会或在付出债券后不能马上得到相关收入。于是,在债券交割和款项支付之间的时间差就使这笔支付或应得的款项面临市场汇率变动的风险。而清算系统则可以消除这种风险,因为清算系统要在债券的收据和支付款项两者都具备时才可实际交割。

近年来,清算系统的又一重要功能是从事有关证券的借贷活动。在借贷活动中,借贷者均以清算系统为中心,相互间并不需要谋面。借取债券的期限一般不超过6个月,同时,清算系统会控制不会让债券借出的比例超过其流通中总额的10%。此外,欧洲债券的发行人还可利用欧洲清算系统和卢森堡清算系统向承销辛迪加成员和最终投资者分置新债券。清算系统也可被借款人用来向债券持有人支付债息。总之,清算系统的运转节省了因债券交易而发生的成本,从而推动欧洲债券市场的发展。

专栏 3-1

欧债危机的起因及救助方案

欧债危机,全称欧洲主权债务危机,是指自2009年以来在欧洲部分国家爆发的主权债务危机。欧债危机是美国次贷危机的延续和深化,其本质原因是政府的债务负担超过了自身的承受范围引起的违约风险。

早在2008年10月华尔街金融风暴初期,北欧的冰岛主权债务问题就浮出水面,而后中东欧债务危机爆发,鉴于这些国家经济规模小,国际救助比较及时,其主权债务问题未酿成较大的全球性金融动荡。2009年12月,希腊的主权债务问题凸显,2010年3月欧债危机进一步发酵,开始向葡萄牙、意大利、爱尔兰、西班牙蔓延。美国三大评级机构则落井下石,连连下调希腊等债务国的信用评级。至此,国际社会开始担心,债务危机可能蔓延全欧,由此侵蚀脆弱复苏中的世界经济。

1. 导火索

2009年10月20日,希腊政府宣布当年财政赤字占国内生产总值的比例将超过12%,远高于欧盟设定的3%上限。随后,全球三大评级公司相继下调希腊主权信用评级,欧洲主权债务危机率先在希腊爆发。2010年上半年,欧洲央行、国际货币基金组织(IMF)等一直致力于为希腊债务危机寻求解决办法,但分歧不断。欧元区成员国担心,无条件救助希腊可能助长欧元区内部"挥霍无度"并引发本国纳税人不满。同时,欧元区内部协调机制运作不畅,致使救助希腊的计划迟迟不能出台,危机持续恶化。葡萄牙、西班牙、爱尔兰、意大利等国接连爆出财政问题,德国与法国等欧元区主要国家也受拖累。

2. 欧债危机的起因

(1) 整体经济实力薄弱:遭受危机的国家大多财政状况欠佳,政府收支不平衡。

(2) 财务造假埋下隐患:希腊因无法达到《马斯特里赫特条约》所规定的标准,即预算赤字占GDP 3%、政府负债占GDP 60%以内的标准,于是聘请高盛集团进行财务造假,以顺利进入欧元区。

(3) 欧元体制天生弊端:欧洲央行作为欧洲经济一体化组织,主导各国货币政策大权,欧元具有天生的弊端,经济动荡时期,无法采用货币贬值等政策工具,因而只能通过举债和扩大赤字来刺激经济。

(4) 欧式社会福利拖累:希腊等国高福利政策没有建立在可持续的财政政策之上,历届政府为讨好选民,盲目扩大赤字,造成公共债务激增,偿债能力遭到质疑。

(5) 国际金融力量博弈:一旦经济状况出现问题,巨大的财政赤字和较差的经济状况,会使整体实力偏弱的希腊等国成为国际金融力量的狙击目标。

(6) 高盛之责:高盛公司为希腊量身定做的"货币掉期交易"方式,为希腊掩盖了一笔高达10亿欧元的公共债务,以符合欧元区成员国的标准。2004年,欧盟统计局重新计算后发现,希腊国债赤字实际上高达3.7%,超出了标准。2010年3月的消息表明,当时希腊真正的预算赤字占到其GDP的5.2%,远远超过欧盟规定的3%以下。专家分析指出,高盛行为背后是欧美之间的金融主导权之争。表面上来看,高盛在希腊债务危机中的角色是金融机构和主权国家之间的利益纠葛,但是从深层次来看,这是一种阻止欧洲一体化战略在经济上的表现。希腊债务危机,高盛责无旁贷,但是高盛行为本身在现有金融监管框架下难以判定违法。分析也指出,欧盟在其成员国债务问题监管机制上的漏洞和不足是高盛之流屡屡得手的原因之一。

3. 救助方案

(1) 欧洲金融稳定工具EFSF通过杠杆化,从4 400亿欧元扩大至1万亿欧元;EFSF扩容能避免债务危机进一步扩大到其他欧洲国家,但是,此前评级机构标普已经发出警告,称EFSF的扩容可能影响到欧洲的信用评级。

(2) 欧洲银行业认可为希腊债务减记50%。希腊债务减记50%将可少负担1 000亿欧元的债务,但是欧洲银行业持有大量希腊债券,减记意味着银行业失血加剧,或导致大批小银行倒闭。

(3) 在2014年6月前向欧洲银行业注入近1 000亿欧元,将核心资本充足率提高到9%。政府通过注入资本金帮助银行度过危机,避免美国雷曼兄弟倒闭的故事重演。但欧洲的危机与2008年时的美国不同,政府花掉大量财政收入救助银行,反会增加这些国家的债务负担。

3.3 主要的国际股票市场

3.3.1 美国的主要证券交易所

目前,美国股票市场包括4家全国性交易所和5个地区性股票交易所及类似交易所组织的另类交易系统(ATS)。全国性的股票市场主要包括纽约证券交易所(NYSE)、全美证券交易所(AMEX)、纳斯达克证券交易市场(NASDAQ)和招示板市场(OTCBB)等,而区域性的股票市场则包括费城证券交易所(PHSE)、太平洋证券交易所(PASE)、辛辛那提证券交易所(CISE)、中西部证券交易所(MWSE)以及芝加哥期权交易所(Chicago board options exchange)等。其中,纽约证券交易所是全美首屈一指的证券交易所,其交易量超过美国所有其他证券交易所的交易量总和。

1. 纽约证券交易所

纽约证券交易所是全球四大交易所之一,成立于1863年,前身是成立于1792年的纽约证券交易协会,目前是世界上规模最大的买卖股票、公债、公司债券等有价证券的市场,对全球金融市场有重大影响。纽约证券交易所是从一个自动组织起来买卖联邦债券和州、市、公司债券的社团逐步发展起来的,第二次世界大战结束后,纽约证券交易所也借此进入一个新的"黄金时代",美国证券市场的繁荣对战后股份公司的发展起到了积极的促进作用,推动了美国经济的繁荣和发展。1879年,在纽约证券交易所上市的证券只有174种,市场交易量也不大,然而到20世纪80年代,已发展成世界最大的证券交易所和金融中心。如今,纽约证券交易所已发展成为全球上市公司总市值第一、IPO(首次公开募股)数量和市值第一以及交易量第二的交易所。

纽约证券交易所是会员制的非法人团体,最高权力机构是董事会,交易所由正式会员和准会员组成,正式会员的身份通常用"席位"表示。正式会员席位有1 366个,正式会员本人所属的证券公司有投票权的股东经交易所董事会批准后,可以成为准会员,准会员不能进入交易所的营业大厅参与交易。因此,纽约证券交易所的会员全部由个人组成,投资银行或经营证券业务的金融公司只能选派其股东或经理人员,代表其所在单位申请正式会员资格,参加证券交易所的场内交易活动,而其所在单位的其他人员则没有进行场内交易活动的权利。按照有关规定,若想成为该交易所正式会员,必须将申请正式会员资格的申请书递交给交易所,交易所对其进行调查。审查合格后,便在交易所董事会上表决,如果超过2/3的票数表示同意,则接纳其为交易所正式会员。与此同时,正式会员申请人还必须支付一笔相当的费用,即购买"席位"的费用。交易方式包括现款交易、例行交易(T+5)、发行日交易和选择权交易等。

长期以来,纽约证券交易所一直实行会员制。但是,伴随着规模和体量的增长,纽约证券交易所的治理结构也在不断变化和完善。2005年,纽约证券交易所宣布实行公司化改革并且收购了群岛交易(archipelago),直接导致纽约证券交易所的市值增加了50%,从21亿美元上升到32亿美元。随后,在2006年3月,纽约证券交易所将其股票在交易所挂牌交易。2006年6月,在完成公司化改革后,纽约证券交易所出价99亿美元并购了泛欧证券交易所,催生了全球首个跨大西洋的证券交易平台"纽交所—泛欧证交所公司"。2007年4月新公司正式开始运行。

2. 全美证券交易所

全美证券交易所是美国第三大股票交易所,是唯一一家能同时进行股票、期权和衍生产品交易的交易所,也是唯一一家关注于易被人忽略的中小市值公司并为其提供一系列服务来增加其关注度的交易所。全美证券交易所前身为纽约股票证券交易场外市场联盟,主要交易建国初期的美国政府的债券和新成立的企业的股票,后来逐渐形成完善的交易规则。1921年,由场外交易变为场内交易。1953年,正式改名为全美证券交易所,且沿用至今。全美证券交易所经营股票业务、期权业务、交易所交易基金(ETFs)业务等。2009年1月16日,纽约证券交易所集团并购了美国证券交易所。

全美证券交易所的交易场所和交易方式大致和纽约证券交易所相同,只不过在这里上市的公司多为中、小型企业,因此股票价格较低、交易量较小,流动性也较低。它的上市条件比纽约交易所要低一些,许多传统行业及国外公司在该交易所上市,但是在该交易所上市的近30家中国概念股的行业分布十分广泛。上市公司的行业范围包括金融银行业、通信技术、资源及能源、制造工业、批发零售业、健康产业、房地产等。全美交易所为个人和机构投资者、股票发行者提供包括所有行业领域的金融机会。2000年1月,作为主要金融指数的全美交易所综合指数曾经超过了纽约交易所综合指数以及纳斯达克综合指数。全美交易所交易的最大的25家上市公司包括英美烟草、帝国石油、美孚石油、埃克森石油、通用汽车公司、杜邦公司等跨国企业。

3. 纳斯达克证券交易市场

纳斯达克证券交易市场是全美证券交易商协会于1971年在华盛顿建立并负责管理的一个自动报价系统,是世界上第一个电子股票市场,也是世界最大的股票电子交易市场。每天在美国市场上换手的股票中有超过半数的交易在纳斯达克上进行,将近有5 400家公司的证券在这个市场上挂牌。纳斯达克证券交易市场有两个组成部分:全国市场(national market)和1992年建立的小型资本市场(small capmarket)。纳斯达克在成立之初的目标定位在中小企业。因为企业的规模随着时代的变化而越来越大,现在纳斯达克反而将自己分成了"全国市场"、"中小企业市场"、以美分为交易单位的柜台买卖中心(OTCBB)和粉单交易市场(pink sheets,是垃圾股票交易的地方)。小型资本市场的上市标准较低,没有业绩要求,对象是高成长的中小企业,其中高科技企业占相当的比重。与纽约证券交易所的多数上市公司相比,纳斯达克是高新技术企业上市(尤其是计算机和与计算机相关行业)的基地,微软、Intel、苹果等全球知名的高新技术企业都在纳斯达克上市。2006年纳斯达克完成了从场外市场到交易所的转变,并在纳斯达克内部逐渐形成证券市场分层,拥有纳斯达克全国市场和纳斯达克小型证券市场。其上市公司的数量超过了包括纽约证券交易所在内的任何一家美国证券交易所,成为"世界第一"。目前纳斯达克已经是一个著名的交易所品牌和一个专有的名称,纳斯达克采用做市商制度(marketmaker)。这一制度安排对于那些市值较低、交易次数较少的股票尤为重要。通过这种做市商制度使上市公司的股票能够在最优的价位成交,同时又保障投资者的利益。

做市商由纳斯达克的会员担任。每一只在纳斯达克上市的股票,至少要有两个以上的做市商为其股票报价;一些规模较大、交易较为活跃的股票的做市商往往能达到 40~45 家。这种竞争活动和资本提供活动使交易活跃地进行,广泛有序的市场、指令的迅速执行为大小投资者买卖股票提供了有利条件。

从纳斯达克的业务发展历程看,它是沿着统一报价显示、统一成交确认、统一委托路径以及统一交易执行的路径逐渐发展的。其功能从简单到复杂、业务从前端到后端,最终建立起覆盖整个交易流程的业务线。与其他创业板相比,在纳斯达克上市的要求是最严格复杂的,同时由于它的流动性很大,在该市场直接上市所需进行的准备工作也最为繁重。近年来,相当数量的中国民营企业选择到纳斯达克上市,截至 2005 年年底,在纳斯达克上市的中国公司包括中华网、新浪网、搜狐网、网易、TOM 网、盛大网络、侨兴电话、空中网、前程无忧、金融界、携程网、亚信科技、掌上灵通、UT 斯达康、九城关贸、第九城市、北京科兴、华友世纪、汽车系统、太平洋商业、分众传媒、德信无线、百度、杨凌博迪森、美东生物、e 龙、中国医疗、中国科技、众品食业等。

4. 招示板市场(OTCBB)

1990 年 6 月,在 OTCBB 市场试点的基础上,作为增加 OTC(场外交易)市场透明度结构的重要部分,OTCBB 开始运作。OTCBB(over the counter bulletin board)的全称是场外交易(或柜台交易)市场行情公告板(或电子公告板),是美国最主要的小额证券市场之一。OTCBB 不是证券交易所,也不是挂牌交易系统,它只是一种实时报价服务系统,不具有自动交易执行功能。在 OTCBB 报价的股票包括不能满足交易所或 NASDAQ 上市标准的股票以及交易所或 NASDAQ 退市的证券。OTCBB 没有上市标准,任何股份公司的股票都可以在此报价,但是股票发行人必须按规定向 SEC 提交文件,并且公开财务季报和年报。这些条件比交易所和 NASDAQ 的要求相对简单。OTCBB 采用做市商制度,只有经 SEC 注册的做市商才能为股票发行人报价。NASDQ 和 SEC 对 OTCBB 报价的做市商进行严格的监管。目前有不少中国企业先在 OTCBB 上市,之后再转到 NASDAQ 或其他交易所上市。

OTCBB 的上市程序是:一旦客户公司通过了投资顾问公司的资格初审,投资顾问公司将指导和监督该客户公司与壳公司之间的并购工作。在客户公司签合作意向书,并支付保证金给壳公司,之后,投资顾问公司会编制整个专案的计划及时程表,提供壳公司的尽职调查报告,草拟股票交换协议书,审阅 SEC 所要求的申报材料。

与首次公开发行(IPO)将上市和融资一步完成不同,反向兼并分两步:第一,完成反向兼并;第二,通过上市企业的资本私募(private investmentin public equity,PIPE)或登记的公开发行来募集资金。投资顾问公司将审阅定向发售备忘录(适用于上市公司以 PIPE 方式增发新股)或审阅招股说明书(适用于注册的证券公开发行),完成定向募集或公开发行的全部手续,之后为在纳斯达克(NASDAQ)、场外交易公告板(OTCBB)和粉单市场(pink sheets)的股票做市。一段时间后,投资顾问公司将继续协助客户完成从 OTCBB 到 NASDAQ 或 AMEX 的挂牌申请。近年来,PIPE 已经成为资本募集的最主要的手段之一。主要面向为机构投资者、富有的个人投资者、美国以外的海外投资者。对于私募的金额没有限制性规定。资本私募投资人在一年内不可以将股权在市场上销售,但是可以进行私下交易,通过证券商或注册经纪人进行资本私募会发生佣金费用,佣金在 8%~10%。

5. 粉单交易市场(pink sheets exchange)

粉单交易市场在1913年成立,现在被纳入纳斯达克最低层的一级报价系统。粉纸交易市场的功能是为那些选择不在美国证券交易所或NASDAQ挂牌上市,或者不满足挂牌上市条件的股票提供交易流通的报价服务。在粉单交易市场里交易股票,大多是因公司本身无法定期提出财务报告或重大事项报告,而被强制下市或下柜。因此,投资人通常称这种公司为"空头"或"空壳"公司,该类股票为"垃圾股票"。上市没有特别要求,而且粉单交易市场没有连续公布财务等信息的要求。在这个系统中,市场每周对交易公司进行一次纸上报价,流动性比OTCBB更差。粉单交易市场不是一个自动报价系统,而是经纪商通过电话询问至少3个做市商的报价之后,再与最佳报价的市场做市商成交,市场的监督机制与其他证券交易所有所不同,由于它不是一个股票交易所,并不受证券监管当局的监管,只要每天交易结束时公布挂牌公司的报价即可。但是监管当局(NASDR)和SEC会对粉单交易市场证券的所有做市商进行严格的监管。

3.3.2 其他典型的证券交易所

1. 英国伦敦证券交易所

英国证券市场包括伦敦证券交易所与交易所外市场两个层次。伦敦证券交易所是历史最悠久的证券交易所之一,起源于17世纪末伦敦交易街的露天市场,1773年宣告成立,位于伦敦中心区的伦敦金融城内。1973年该所同英国各地的交易所合并为伦敦证券交易所。1986年11月,伦敦证券交易所和伦敦国际证券业协会协议改组,成立国际证券交易所,已经成为世界上最大的国际股票和相关金融工具交易市场之一。

伦敦证券交易所内部又分为三个层次:第一层次是主板市场(main market),为英国金融服务局批准正式上市的国内外公司提供交易服务。第二层次是选择投资市场(alternative investment market,AIM),在该市场挂牌的证券不需要金融服务局审批,属于未上市证券。选择投资市场(AIM)由伦敦交易所主办,创立于1995年6月19日,其运行相对独立,是伦敦证券交易所为英国本地及海外初创的、高成长型公司所提供的一个全国性市场。选择投资市场直接受伦敦证券交易所的监督与管理,并由交易所组成的专人负责经营。第三层次是全国性的三板市场(未上市证券市场)。英国的资本市场中,除了由伦敦证券交易所创办的,为中小企业进行股权融资服务的选择投资市场外,还有为更初级的中小企业融资服务的场外市场。

伦敦证券交易所的交易大厅,按不同种类的证券分为:政府统一长期公债市场、美国股票和债券市场、外国公债市场、英国铁路证券市场、矿业证券市场及银行、工商证券市场等。交易所接受英国证券交易委员会的管理,并设置理事会为市场管理机构。交易方式有现货、期货和期权交易等。伦敦交易所的国际化程度也是世界上最高的,目前世界上的国际股票交易约有2/3是在伦敦证券交易所进行的。在其国际股票市场,外国股票的交易量甚至大过英国本国股票的交易量,国际证券交易量几乎是国内证券交易量的两倍。

从上市公司的构成来看,二板市场、国际证券已经成为伦敦证券交易所的重要组成部分,伦敦证券交易所对外国公司尤其是新兴市场国家的吸引力日益增强。

2. 日本著名证券交易所

日本资本市场的多层次化发展起步较晚,没有美国及欧洲国家深远的历史。但是从20世纪90年代以来却后发制人、发展迅速。以JASDAQ(日本店头市场)及多个中小企业市场(SBM)的成立为标志,日本已经建立起了比较完善的多层次资本市场体系。在全球范围内,日本资本市场多层次化框架体系的完整性接近美国。日本证券市场包括交易所市场及场外的店头市场两个大的层次。日本场外市场由东京证券协会负责管理。日本证券市场参与主体除了发行公司、投资者和证券公司以外,还有证券金融公司,它为证券公司和投资者提供融资或融券服务。交易所及店头市场内部又进一步分为若干层次。

(1) 证券交易所的概况

日本的证券交易所内部一般分为三个层次:第一层次为第一部市场,即主板市场,具有较高的上市标准,主要为本国大型成熟企业服务。第二层次为第二部市场,上市标准低于第一部市场,为具有一定规模和经营年限的本国企业服务。市场一部、市场二部均以日本国内的公司为主要的上市对象,但市场一部的上市标准比市场二部的标准高许多。因此,大多数日本公司通常先在市场二部上市,待发展壮大后再到市场一部上市。第三层次为外国部。外国部设立于1973年12月,虽然在外国部上市的公司数量不多,但这些公司都是国际大型企业,如美国的百事可乐公司、宝洁公司、IBM公司、英国石油公司等。

日本现有8家证券交易所,经过合并与联合形成东京、大阪、名古屋、福冈及札幌5个交易所。东京证券交易所与大阪证券交易所、名古屋证券交易所并列为日本三大证券交易所,都设立第二部市场和外国部市场,因而也称为"中央证券交易所",其他五家(广岛、福冈、新潟、札幌等)称为"地方证券交易所"。

东京证券交易所是日本规模最大的证券交易所,其交易量已占到整个日本证券交易所的75%左右,是日本证券市场的代表,同时也是世界上最大的证券交易中心之一。东京证券交易所原来是股份制的东京证券株式会社,1941年太平洋战争中,合并9家证券交易所,成立了官商合办的日本证券交易所。"二战"后,1946年该交易所解散。1948年4月,公布新的《证券交易法》,成立东京证券交易所,并于1949年1月得到美国同意重新开业。东京证券交易所是实行会员组织制的法人,会员仅限于达到一定标准的日本证券公司和政令规定的外国证券公司,并需按自身规模向交易所缴纳会员资本金并存入一定的保证金。东京证券交易所采取自律和严格管理相结合的管理制度,交易所会员可以参加交易所的管理,内部的最高决策机构是会员大会。除了受交易所各项规章制度的约束外,证券交易所还接受政府机构的管理和监督。东京证券交易所将挂牌股票依资本额的大小而加以区分为"第一部市场股票"和"第二部市场股票"。上市公司的股票先在第二部市场交易,满足规定条件后才能进入第一部市场;第一部市场上市的股票,如果其指标下降到低于第一部市场上市的标准,就会降到第二部市场。东京证券交易所在日本经济高速增长时期获得很大的发展。

东证股价指数(tokyo stock price index,TOPIX),又称东交所指数和日经平均指数,是日本东京股票交易市场的重要股市指标,用以追踪东京股票交易所第一板块内的日本国内公司。截至2008年,东京股票交易所第一板块共有1 713家公司。东证股价指数(TOPIX)将基期1968年1月4日的市价总额定为100点,从而计算当前市价总额的指数。东京股票交易所于1969年7月1日开始计算并公布TOPIX,现在则实时(每隔15秒)发布给国内外的各金融机构及信息咨询商。

(2) JASDAQ市场

日本店头市场又称JASDAQ市场。店头市场内部分为两个层次。第一层次:第一款登记标准市场,为登记股票和管理股票服务。所谓登记股票是指发行公司符合日本证券业协会制定的标准,申请并通过该协会的审核,加入店头市场交易的证券;管理股票是指下市股票,或未符合上柜标准,但经协会允许在店头市场受到更多限制后进行交易的股票。第二层次:第二款登记标准市场,为特则(青空,green sheet)股票服务。特则股票是指未上市、上柜的公司,但经券商推荐具有成长发展前景的新兴事业的股票。

3. 中国香港主要证券交易所

中国香港最早的证券交易可以追溯至1866年。直到1891年香港经纪协会成立时,香港才开始有正式的股票交易市场。该协会于1914年易名为香港经纪商会。香港第二家交易所香港股份商会于1921年注册成立。两所于1947年合并称为香港证券交易所,合力重建"二战"后的香港股市。20世纪60年代末期,香港的证券市场开始步入正轨,迎来发展史上的第一个春天。工商业的发展需要更多的资金,许多公司有上市的要求,原有的一家交易所已不能满足要求,从而促成另外三家交易所的成立,即1969年的远东交易所、1971年的金银证券交易所以及1972年的九龙证券交易所。加上原有的香港证券交易所,在香港这块狭小的地域同时拥有四家证券交易所,时称"四会"。

(1) 香港联合交易所

在加强市场监管和合并四所的压力下,香港联合交易所有限公司(又称联会或联交所)于1980年注册成立。"四会"时代结束,新交易所于1986年4月2日开始运作,拥有在香港建立、经营和维护证券市场的专营权,负责提供交易场地和设施、制定交易规则及监管市场交易活动。联交所扮演的角色是为证券投资者提供一个公平、有秩序和高效率的市场,使所有投资者均有同等的机会和信息进行证券投资活动。"四会"合并解决了以前的弊端,而且联交所用电脑撮合交易的方式取代了原来公开叫价上牌的传统交易方式。每宗交易均有时间记录,交易双方的身份也可查询,使政府对证券市场的监管工作更能有效进行,大大改善了香港证券市场的形象,有利于香港证券市场的国际化。联合交易所是一家会员制的有限公司,其最高权力来自全体会员(股东)组成的会员大会。2000年3月6日,香港联合交易所有限公司与香港期货交易所有限公司实行股份化,并与香港中央结算有限公司合并,由单一控股公司——香港交易所拥有,香港交易所于2000年6月27日以介绍形式在联交所上市。

(2) 香港创业板市场

香港创业板市场成立于1999年11月25日。1997年下半年爆发的亚洲金融危机,对香港经济产生很大冲击,充分暴露香港经济结构性危机。囿于地域特征,香港不可能建立自己的科技园区，唯一可依靠的是自由透明的资本市场，应对新加坡、上海等城市对香港作为远东金融中心地位的挑战。因此，香港必须致力于为周边地区飞速发展的创新科技产业提供融资支持，满足投资者投资高成长产业的需求，以提高香港的国际竞争力，巩固国际金融中心的地位。同时，美国NASDAQ市场的成功对香港起到一定的示范效应，已有多家公司股票在纳斯达克挂牌交易，更多的公司则在跃跃欲试。对香港设立创业板来说，如火如荼的纳斯达克是最好的信心支持，同时也是严峻的挑战。如果对创业板这一金融创新产品不予积极的响应，那么香港资本市场赖以维系的优秀企业资源以及香港地区的大量游资都将流失。

香港创业板市场是主板市场以外的一个完全独立的新的股票市场，与主板市场具有同等的地位，不是一个低于主板或与之配套的市场，在上市条件、交易方式、监管方法和内容上都与主板市场有很大差别。创业板市场的定位主要体现在以下几个方面。

第一，以增长型公司为目标。创业板市场以"增长潜力"为定位主题，不受发行人行业及规模的限制，其对象是各行各业中需要额外资金来进行扩张或发展的新兴公司。创业板市场建立的主要目的，是为那些规模小、历史短，但盈利前景好的新兴公司提供集资途径，其中也包括在内地投资的香港和台湾的增长公司以及大量的"三资"企业，以及内地的一些有发展前景的大中型国有科技企业和中小型民营科技企业。

第二，适合专业投资者的高风险市场。申请在主板市场上市的公司，必须具备营业记录和最低业绩要求。因此，在主板市场上市的公司都有一定的基础，投资者一般可根据其以往记录在一定程度上预期日后的表现。但是，在创业板市场上市的新兴公司一般基础比较薄弱，需要在一些可能是未经证实可行的领域内发展，失败的风险较大。此外，创业板市场要求照顾中小型公司，相对主板市场的要求有所降低，容易使过分激进的发行人及公司发起人为一些成功机会不大或业绩不佳的公司筹资。这两项因素会使投资者投资于创业板市场所需承担的整体风险大为增加。鉴于创业板市场上的股价变动可能更大更频繁，股份的流通性可能偏低，公司破产的可能性也较高，不宜成为一个向所有投资者开放的大众市场，而应发展为纯粹以熟悉投资技巧的投资者为对象的特定市场，不鼓励对投资于高风险公司缺乏一定认识，或主要受传言牵引的散户投资者参与创业板市场。创业板的运作理念是"买者自负"，一切风险由投资者自行承担。

第三，独立的市场定位。香港创业板目标是发展成为一个成功自主的市场——亚洲的NASDAQ。创业板市场是主板市场以外的一个全新集资市场。尽管与主板市场同属于香港联交所，且在启动初期会使用主板市场的一些资源，但创业板拥有自己的机构和专职人员，拥有独立的前线管理及市场监管，使它的营运独立于主板市场。因此，创业板市场并非一个次于主板市场的低级市场，也不是一个培育公司上市再转为主板市场的"跳板"，而是一个可与主板市场分庭抗礼的融资市场。联交所允许创业板公司转移至主板市场上市，也允许主板市场公司转移到创业板市场上市，但都必须先在原先的市场摘牌，并在另一个市场重新申请，符合上市规则后才可上市。

各国国内股票市场指数见表3.6。

表 3.6　各国国内股票市场指数

国家和地区	市　场　指　数
美国	纽约证券交易所：标准普尔 500 指数(Standard and Poor's 500 Coposite Index，4 组 500 种股票)、纽约证券指数(NYSE Composite Index，1 500 种股票)和道・琼斯指数(Dow Jones 30 Industrial stock Index，DJ-30，包括纽约交易所 30 种蓝筹股)
	美国证券交易所：美国证券指数
	场外交易所：NASDAQ 指数
日本	东京股市第一部分指数(TSE 1 Index)：包括所有在第一部分交易股票(大型股票)
	东京股市第二部分指数(TSE 2 Index)：包括所有第二部分交易的股票
	东证股票指数(TOPIX)：包括东京交易所内的 1 000 多种股票
	东京股市的日经 300 股指数：1993 年，包括第一部上市的 300 家代表各行业的股票市价总额加权平均计算
	东京产业指数(TSE Sector Indexes)，根据东京股市第一部分内 28 个产业分别设立的指数
	日经/道琼 500 股票指数(Nikkei/Dow Jones 500 Index)
英国	金融时报指数(Financial Times All Shares，包括 750 种股票)
	金融时报证券指数(Financial Times Stock Exchange，包括 1 000 种股票)
	金融时报普通指数(Financial Times Ordinary，包括 30 种股票)
德国	DAX 指数，由德意志交易所集团(Deutsche Börse Group)推出，包含 30 家主要的德国蓝筹股
新加坡	新加坡海峡时报指数(Straits Times Stock Index)
中国香港	香港恒生指数(Hen Sheng Stock Index)
国际股票指数	欧洲股票指数(European Stock Index)：由欧洲各国证券市场所选出约 600 种股票所组成的加权指数
	EAFE 国际指数(Europe，Australia，and Far East)：它是由欧洲、澳洲和东亚各国证券市场内约 1 000 种股票所编制而成的一种加权国际指数
	世界股票指数(World Index)：它是由 22 个国家股市约 1 500 种股票所编制而成的一种加权指数

3.3.3　境外不同上市方式的比较

企业在选择上市地点时，需要根据自身的发展战略和市场定位对不同的交易所的比较优势进行评估。对于中国企业来说，香港、纽约、伦敦和法兰克福都是值得重点考虑的境外市场。香港作为国际金融中心之一，具有完善的市场体系和自由的投资环境，是亚洲除日本之外的最大的股票交易所，是亚洲地区流动性最高的资本市场，也是内地企业进入国际市场的跳板，且因为具有相同的文化背景，因此香港一直是内地企业境外上市的首选地。

境外不同上市方式的比较见表 3.7。

表 3.7　境外不同上市方式的比较

市场	全球私募	美国 144A 私募	中国香港公开发行	中国香港公开发行；美国 144A 私募；国际配售	中国香港、美国公开发行；国际配售
市场规模		1 000 亿美元	3 000 亿美元	13 000 亿美元	46 000 亿美元
流通性	很低	低	高	高	很高
信誉	很低	低	高	高	很高
投资者	全球极少数机构投资者	美国合格机构投资者，全球极少数机构投资者	按 HKSE 香港联交所	HKSE	HKSE 和 SEC
信息披露要求	国内标准	国内标准	HKSE（香港证券交易所）	HKSE,SEC	HKSE,SEC
定价方法	固定价格	议定价格	固定价格	先在欧洲、美国市场议定价格，然后，在中国香港市场固定价格	先在欧洲、美国市场议定价格，然后，在中国香港市场固定价格
定价结果	对股票发行最大值很大幅度折扣	折扣小	折扣小	稍微打折	接近股票发行最大值
发行费用	最小	较小	大	较大	最大
时间长短	最短	较短	长	较长	最长

香港市场分为主板和创业板,香港主板适合大型企业,创业板适合中小企业。内地公司到香港创业板上市的申请条件、申请文件与一般海外上市相比更为简化。但香港创业板的交易费用并不低,占到总融资额的 15%。因此,从上市要求来看,香港创业板很适合国内经营状况较好的中小企业上市。事实上,中国移动等以美国存托凭证等形式在美国上市,同时也在香港上市之后,在香港市场上的流动性更高,香港市场的交易量占据主导性的地位,因此,对于上市公司来说,在本土市场上市相当重要。

一般中国企业在美国上市,会选择纽约交易所和纳斯达克交易所。在纽约交易所上市是大型公司的重要选择。不过,在纽约上市需要根据美国证监会的要求进行相当严格的登记,需要遵循严格的信息披露等方面的要求。而纳斯达克市场相对来讲比较适合中小企业上市。一般情况下,纳斯达克的上市成本会占到整个筹资金额的 30%～40%,比香港创业板略低。不过,研究表明,投资者对于信息披露严格的美国市场更为偏爱,通常愿意付出溢价,如果企业能够满足美国证监会的要求在美国上市,就能够在估价中赢得一个溢价,同时也有利于促进企业经营管理制度的国际化。

伦敦之所以成为中国企业上市的一个重要的选择,主要是伦敦的上市程序与香港类似而且发行的费用较低,伦敦也是一个老牌的国际金融中心,因此一直吸引了不少亚洲的企业前来上市。在欧元启动之后,法兰克福证券交易所的崛起日益引人注目。事实上,法兰克福证券交易所为了吸引外国公司上市,专门成立名为"自由市场"的上市三部,这个上市三部的上市条件比较宽松,既没有公司最低成立年限的限制,也没有最低发行资本等的限制,甚至对于公司挂牌之后的年度和中期报告披露也没有要求,吸引了大量外国公司,上市公司目前已经成为法兰克福证券交易所的半壁江山。随着欧元的启动和欧元经济区的日趋整合,估计会吸引更多的欧洲和区外企业前来上市。

专栏 3-2

国开行在伦敦举行外币债券上市

2015 年 10 月 20 日,国家开发银行(以下简称"国开行")在伦敦证券交易所举行 10 亿美元债券和 5 亿欧元债券上市仪式,这是中资银行所发行债券在英国上市交易规模最大的一笔。9 月 29 日,国开行前期曾在境外市场面向全球投资者同时成功发行 10 亿美元 5 年期债券、5 亿欧元 3 年期债券,利率分别为 2.5% 和 0.875%。

国开行董事长胡怀邦出席上市仪式并致辞。他表示,在习近平主席访英之际,国开行将面向全球投资者成功发行 10 亿美元和 5 亿欧元债券,并选择在伦敦证券交易所挂牌上市,募集资金主要用于在欧洲的投资项目。这是国开行继去年在伦敦发行 20 亿元人民币债券之后,落实中英财经对话的具体举措,是中英两国金融合作的又一项重要成果。国开行将以此次境外发债为新的起点,积极顺应市场化、国际化趋势,对接国际市场规则,加强与金融同业合作,深化与全球投资者交流,在全球金融市场发展中,做一个富有建设性的参与者、富有创新精神的推动者。

伦敦证交所董事马克·霍本表示国开行在伦敦发行债券,体现中英关系进入"黄金时期",中英两国金融合作关系更加紧密。英国财政部金融服务局局长查理斯·劳斯伯格转达财政大臣奥斯本对债券成功发行的祝贺,表示此次发债并上市,以及选择在伦敦设立欧洲第一个代表处,都体现国开行对伦敦国际金融市场的投入和信心。中国人民银行驻欧洲首席代表包明友表示,国开行债券在伦敦交易所上市反映中英双方在金融领域的紧密合作关系,是加强双方在资本市场长期合作的举措之一,也是落实近期中英财金对话的重要成果。

据悉,国开行是中国最大的债券银行,累计发债 12 万亿元人民币,占中国债券市场份额的五分之一。国际化是国开行重要的发展方向。截至今年三季度末,国开行国际业务贷款余额超过 3 200 亿美元,覆盖 115 个国家和地区,是中国最大的对外投融资合作银行,在服务"一带一路"、支持中资企业"走出去"中发挥了积极作用。

资料来源:《金融时报》,2015 年 10 月 21 日。

思考题

1. 比较分析资本市场和货币市场的功能。
2. 国际债券市场可以分为哪些类型?
3. 什么是外国债券和欧洲债券?比较两者的异同。
4. 简述美国、日本、英国、德国和瑞士等各国国际债券市场的特点。

5. 欧洲债券市场有哪些特点？
6. 什么是美国存托凭证 ADR？其发行程序如何？
7. 什么是灰色市场？什么是粉单市场？
8. 简述美国主要的证券交易所及其特点。
9. 假设你公司刚刚发行了 5 年期的浮动利率债券，其利率为 6 个月期的欧洲美元 LIBOR 加上 0.25%。对于每张面值为 1 000 美元的债券，你公司所要支付的第一期利息是多少？假定当前的 LIBOR 为 7.2%。
10. 在米兰股票交易所，菲亚特(Fiat)股票在 2008 年 2 月 26 日（星期二）的收盘价为每股 14.67 欧元。菲亚特股票以美国存托凭证的形式在纽约股票交易所交易。一份标的菲亚特股票与一份菲亚特美国存托凭证相匹配。在 2 月 26 日，美元/欧元的即期汇率是 \$1.488 9/€1.00，则：

    (1) 在该汇率下，一份菲亚特美国存托凭证的无套利美元价格是多少？

    (2) 与菲亚特美国存托凭证的收盘价 21.94 美元相比，你认为逃离投资是否存在？

第4章 外汇市场和外汇交易

由于国际上没有统一的货币,各国从事国际经济交往必然涉及货币之间的兑换,由此产生外汇和汇率。外汇是一国货币相对于另一国货币而言的,汇率则是两种货币之间兑换的比率。汇率的变化对一国国际收支和经济运行产生重要的影响,而影响汇率变化的因素错综复杂。资金在国际之间的流动离不开一个重要的市场即外汇市场,外汇市场是国际金融市场中最活跃的市场。国际经济交易需求,产生了不同的货币兑换,形成了各种不同类型的外汇交易。因此,本章将重点介绍外汇市场的特征、外汇与汇率等基本概念,分析均衡汇率的形成机制、基本的汇率决定理论,以及即期交易、远期交易、掉期交易等外汇交易的特征和运作模式。

4.1 外汇市场概述

外汇市场(foreign exchange market)是指经营外币和以外币计价的票据等有价证券买卖的市场,是金融市场的主要组成部分。广义的外汇市场泛指进行外汇交易的场所,甚至包括个人外汇买卖交易场所和外币期货交易所等;狭义的外汇市场指以外汇专业银行、外汇经纪商、中央银行等为交易主体,通过电话、电传、交易机等现代化通信手段实现交易的无形交易市场。随着交易日益电子化和网络化,外汇市场主要通过计算机网络进行外汇的报价、询价、买入、卖出、交割和清算,实际上是一个包含了无数外汇经营机构的计算机网络系统。

4.1.1 外汇市场的特征和分类

1. 外汇市场的特征

外汇市场是非常典型的国际金融市场,具有以下六个特征。

(1) 24小时全天候的交易

现在的外汇市场可以叫作全球外汇市场,因为全球时差把世界各地外汇市场的营业时间相互连接,可以不间断地进行交易,这样就形成一个统一的大市场,也使外汇市场成为最具流通性的市场。由于全球金融中心的地理位置不同,全球各大外汇市场因时间差的关系,成为昼夜不停、全天24小时连续运作的巨大市场。惠灵顿、悉尼、东京、香港、法兰克福、伦敦、纽约等各大外汇市场紧密相连,为投资者提供了没有时间和空间障碍的理想投资场所。只有星期六、星期日以及各国的重大节日,外汇市场才关闭。

(2) 成交量巨大

国际性贸易及汇率变动的结果,使外汇市场成为全球最大的金融市场,单日交易额高达1.5兆美元,一个具有高效性、公平性及流通性的一流世界级市场,其规模已远远超过股票、期货等其他金融商品市场,财富转移的规模越来越大,速度也越来越快,也被称为最"干净"的投机市场。

(3) 有市无场

外汇买卖是通过没有统一操作市场的行商网络进行的,现代化通信设备和电子计算机大量应用于这个由信息流和资金流组成的无形市场。各国外汇市场之间已形成一个迅速、发达的通信网络,任何一地的外汇交易都可通过电话、计算机、手机等设备在全球联通的网络来进行外汇交易,完成资金的划拨和转移。这种没有统一场地的外汇交易市场被称为"有市无场"。尽管外汇市场"有市无场",但它具备信息公开、传递迅速的特点。

(4) 零和游戏

外汇市场上,汇价波动表示两种货币价值量的变化,也就是一种货币价值的减少与另一种货币价值的增加。因此有人形容外汇市场是"零和游戏",更确切地说是财富的转移。

(5) 交易成本低

外汇交易不收取佣金或手续费,而只设定点差作为交易的成本,相对而言,成本较为低廉。

(6) 政策干预低

虽说一国中央银行会从实现货币和汇率政策、宏观经济运行的整体要求等角度出发,对外汇市场进行相应的干预活动。不过中央银行干预的力量在这个容量巨大的外汇市场上并不突出,况且在买卖双方阵营中随时都有大型金融机构及为数众多的普通交易者存在并不断地参与交易活动,所以没有机构或个人能够操纵市场。国际外汇市场与期货或股票市场相比,是最公平的市场。

2. 外汇市场的分类

(1) 按照外汇市场外部形态分类

按照外汇市场外部形态分类,可分为无形外汇市场和有形外汇市场。

① 无形外汇市场。无形外汇市场也称为抽象的外汇市场,指没有固定、具体场所的外汇市场。这种市场最初流行于英国和美国,故其组织形式被称为英美方式。现在,这种组织形式不仅扩展到加拿大、东京等其他地区,而且也渗入到欧洲大陆。无形外汇市场的主要特点是:第一,没有确定的开盘与收盘时间。第二,外汇买卖双方无须进行面对面的交易,外汇供给者和需求者凭借电传、电报和电话等通信设备进行与外汇机构的联系。第三,各主体之间有较好的信任关系,否则,这种交易难以完成。目前,除了个别欧洲大陆国家的一部分银行与顾客之间的外汇交易还在外汇交易所进行外,世界各国的外汇交易均通过现代通信网络进行。无形外汇市场已成为今日外汇市场的主导形式。

② 有形外汇市场。有形外汇市场也称为具体的外汇市场,指有具体的固定场所的外汇市场。这种市场最初流行于欧洲大陆,故其组织形式被称为大陆方式。有形外汇市场的主要特点是:第一,固定场所一般指外汇交易所,通常位于世界各国金融中心。第二,

从事外汇业务经营的双方都在每个交易日的规定时间内进行外汇交易。在自由竞争时期，西方各国的外汇买卖主要集中在外汇交易所。但进入垄断阶段后，银行垄断了外汇交易，使外汇交易所日渐衰落。

(2) 按照管制程度分类

按照管制程度分类，可分为自由外汇市场、外汇黑市和官方市场。

① 自由外汇市场。它是指政府、机构和个人可以买卖任何币种、任何数量外汇的市场。自由外汇市场的主要特点是：第一，买卖的外汇不受管制。第二，交易过程公开。例如，美国、英国、法国、瑞士的外汇市场皆属于自由外汇市场。

② 外汇黑市。它是指非法进行外汇买卖的市场。主要特点是：第一，是在政府限制或法律禁止外汇交易条件下产生的。第二，交易过程具有非公开性。由于发展中国家大多执行外汇管制政策，不允许自由外汇市场存在，所以这些国家的外汇黑市比较普遍。

③ 官方市场。它是指按照政府的外汇管制法令来买卖外汇的市场。这种外汇市场对参与主体、汇价和交易过程都有具体的规定。在发展中国家，官方市场较为普遍。

此外，按照外汇买卖的范围分类，外汇市场可以分为外汇批发市场和外汇零售市场。外汇批发市场是指银行同业之间的外汇买卖行为及其场所，主要特点是交易规模大；零售市场是指银行与个人及公司客户之间进行的外汇买卖行为及场所。

3. 外汇市场的主要参与者

外汇市场的参与者，主要包括外汇银行、外汇银行的客户、外汇经纪商、交易中心、中央银行与监管机构。

(1) 外汇银行

外汇银行又称外汇指定银行，是指根据外汇法由中央银行指定可以经营外汇业务的商业银行或其他金融机构。外汇银行大致可以分为三类：专营或兼营外汇业务的本国商业银行，在本国的外国商业银行分行及本国与外国的合资银行，经营外汇业务的其他金融机构。中国的外汇指定银行包括四大原国有商业银行和交通银行等全国性的股份制商业银行，以及具有外汇经营资格的外资银行在华分支机构，各地方商业银行和信用社许多还不具备外汇指定银行的资格。

(2) 外汇银行的客户

在外汇市场中，凡与外汇银行有外汇交易关系的公司和个人，都是外汇银行的供应者、需求者或投机者，在外汇市场上占有重要地位。他们中有为进行国际贸易、国际投资等经济交易而买卖外汇者，也有零星的外汇供求者，如国际旅游者、留学生等。中国外汇银行的客户主要是有外汇需要的各类企业，由于生产经营和国际贸易的需要而产生外汇需求和供给。随着开放和人们收入的普遍提高，个人在外汇交易中的地位开始变得越来越重要。

(3) 外汇经纪商

外汇经纪商指介于外汇银行之间、外汇银行和其他外汇市场参与者之间，进行联系、接洽外汇买卖，从中赚取佣金的经纪公司或个人。目前，中国外汇市场上外汇经纪商的角色已经出现，随着中国外汇市场的发展，外汇经纪商的作用将会逐步扩大。

(4) 交易中心

大部分国家的外汇市场都有一个固定的交易场所,交易中心为参与交易的各方提供了一个有规则和次序的交易场所和结算机制,便利了会员之间的交易,促进了市场的稳定与发展。位于上海外滩的中国外汇交易中心是我国外汇交易的固定交易场所。

(5) 中央银行与监管机构

各国的中央银行是外汇市场上另一个重要的参与者。因为各国中央银行都持有相当数量的外汇余额作为国际储备重要构成部分,并承担着维持本国货币金融市场稳定的职责。随着中国外汇储备的逐步增加,中央银行在中国外汇市场的作用日益重要,大量的外汇储备成为中央银行干预外汇市场的重要保证。另外由于外汇市场的重要性,各国一般由专门的监管机构来规范外汇市场的发展,我国外汇市场的监管机构为国家外汇管理局。

4.1.2 外汇市场的基本概念

1. 外汇和汇率

(1) 外汇(foreign exchange)

外汇有动态和静态两种含义。从动态角度来看,外汇指国际汇兑的行为,即将一个国家的货币兑换成另一个国家的货币而办理国际结算的过程。正如国内商品交易的需要产生了国内货币流通一样,国际间的商品交易及其经济活动带来了不同国家间的货币流通,就是不同国家货币之间的相互交换。国际汇兑的实质是以非现金方式进行的国际支付,相当于国际结算,主要是借助于各种金融工具对国际间债权债务关系进行非现金结算的行为。国际汇兑的主要方式有电汇、信汇和票汇等。外汇的静态含义又可分为广义和狭义两种。广义的静态外汇泛指一切以外国货币名义表示的金融资产。按照我国 2008 年新修订的《中华人民共和国外汇管理条例》,外汇包括:①外国货币,包括纸币、铸币;②外币支付凭证,包括票据、银行存款凭证、邮政储蓄凭证等;③外币有价证券,包括政府债券、公司债券、股票等;④特别提款权;⑤其他外汇资产。狭义的静态外汇指以外币表示的、可直接用于国际结算的支付手段和工具,包括以外币表示的银行汇票、支票、银行存款等。我们通常所说的外汇指狭义的静态外汇。

当然,不是每个外币支付凭证都是外汇,作为外汇必须具备三个要素:①自由兑换性,即持有者可以自由地将其兑换成其他货币或由其他货币表示的金融资产。②普遍接受性,即在国际经济往来中被各国普遍接受和使用。③可偿性,即这种外币资产能够保证得到偿付。自由兑换性与可偿性往往与一国的外汇管理制度有关,而普遍接受性除了与各国的外汇管理制度有关外,还与一国货币价格的稳定性有关。

世界各国(地区)主要货币名称见表 4.1。

表 4.1 世界各国(地区)主要货币名称

货币名称(中文)	货币名称(英文)	ISO 国际标准三字符货币代码	习惯写法
美元	US Dollar	USD	$/US,$
欧元	EURO	EUR	€
英镑	Sterling,Pound	GBP	£

续表

货币名称(中文)	货币名称(英文)	ISO 国际标准三字符货币代码	习惯写法
日元	YEN(Japanese Yen)	JPY	JP¥
德国马克*	Deutsche Mark	DM(DEM)	DM
法国法郎*	French France	FRF	FFr
瑞士法郎	Swiss France	CHF	SF
比利时法郎*	Belgium France	BEF	BFr
瑞典克朗	Swedish Krouna	SEK	SKr
荷兰盾*	Dutch Guilder(Florin)	NLG	Fls
意大利里拉*	Italian Lira	ITL	LIT
加元	Canadian Dollar	CAD	C $
澳大利亚元	Australia Dollar	AUD	A $
韩元	Korea Won	KRW	W
新加坡元	Singapore Dollar	SGD	S $
港币	Hong Kong Dollar	HKD	HK $
澳门元	Pataca	MOP	P/Pat
马来西亚林吉特	Malaysian Ringgit	MYR	M $
菲律宾比索	Philippine Peso	PHP	PeSo
泰国铢	Thai Baht	THB	Ba
特别提款权	Special Drawing Right	SDR	SDRs
人民币元	China Yen	CNY	RMB¥

注:"*"表示已经退出流通的旧符号
资料来源:中国人民银行网站。

(2) 汇率(exchange rate)

汇率指一种货币与另一种货币兑换的比率,即以一种货币表示的另一种货币的相对价格(美元/英镑,或英镑/美元),是货币具有的一种金融资产价格。利率是一国货币对内价值的体现,而汇率是一国货币对外价值的体现,都是重要的金融变量。一般来说,两种货币中被报价的货币称为基础货币,单位通常是1或100,表示基础货币相对价格的货币称为报价货币。如每100美元价值人民币674.01元,其中美元为基础货币也称被报价货币,人民币为报价货币。

专栏4-1

国际外汇和外汇衍生品交易的主要货币份额

国际清算银行对52个国家,数千家金融机构2001—2013年的外汇和衍生产品交易情况进行了统计。统计结果见表4.2显示,列出2001年、2004年、2007年、2010年和2013年八大货币在全球外汇交易日均成交总金额的所占比例。可以看出,虽然美元所占的比例持续下降(从2001年的89.9%到2010年的84.9%,下降了5.0%),2013年回升到87.0%,美元仍然是全球最重要的货币,它的份额比排在第二位的欧元高出一倍以上。欧元份额围绕37.6%波动,自2010年以来呈下降趋势,至2013年下降为33.4%。日元下降了0.5%。从2001年4月到2013年4月,世界三大货币在全球外汇交易中的份额均有所下降,欧元下降的幅度最大,其次是美元。英镑份额从2001年的13.0%下降到2013年的11.8%。

表4.2 全球主要外币衍生品交易统计

货币名称(总计200%)	2001年(%)	2004年(%)	2007年(%)	2010年(%)	2013年(%)
美元	89.9	88.0	85.6	84.9	87.0
欧元	37.9	37.4	37.0	39.1	33.4
日元	23.5	20.8	17.2	19.0	23.0
英镑	13.0	16.5	14.9	12.9	11.8
澳大利亚元	4.3	6.0	6.6	7.6	8.6
瑞士法郎	6.0	6.0	6.8	6.4	5.1
加元	4.5	4.2	4.3	5.3	4.6
瑞典克朗	2.2	1.8	2.7	2.4	1.8

除了上述四大货币外,在其他四种主要货币中,从2001年到2010年,澳元增长了3.3%,加元上升了0.8%。从表4.3可以看出:这八大主要货币的总份额从2001年4月到2007年4月逐渐递减,分别为181.3%、180.7%和175.1%,下降6.2%,到2013年上升为175.3%由于份额总和为200%(因为每个货币被计算两次),而八大货币共占175.3%,相当于它们占全球外汇日均成交总额的175.3%/2=87.65%。

资料来源:www.bis.org

2. 直接标价法和间接标价法

(1)直接标价法(direct quotation)

直接标价法指以一定单位的外币为基准,将其折合为若干本国货币的报价方法,即以本国货币表示外国货币的价格。例如,2015年7月30日中国公布的美元兑人民币牌价是USD1=CNY6.2080,同一天美国纽约外汇市场公布欧元兑美元的牌价为EUR1=USD 1.1037。其特点是:在直接标价下,外国货币的数量固定不变(为一定单位),本国货币的数量随外国货币或本国货币的币值的供求变化而变动,升高时则表明本币币值下降,外汇汇率上升;反之,若是下降,则表明本币币值上升,外汇汇率下降。可见,在直接标价法下,汇率的升降与本币对外价值的高低成反比。目前,除英镑、欧元和美元外,世界上绝大多数国家的货币都采用直接标价法。我国国家外汇管理局公布的外汇牌价也采用直接标价法。

(2)间接标价法(indirect quotation)

间接标价法指以一定单位的本币为基准,将其折合为若干外国货币的报价方法,即以外国货币表示本国货币的价格。如2015年7月30日纽约外汇市场美元对日元的报价为USD1=JPY121.48。间接标价法的特点与直接标价法正好相反,即本国货币的数量固定不变(为一定单位),外国货币的数量随本国货币或外国货币的币值的供求变化而变动,升高时则表明本币币值上升,外汇汇率下降;反之,若是下降,则表明本币币值下降,外汇汇率上升。世界上采用间接标价法的国家主要是英国和美国两个国家,它们的货币都曾经是世界上最主要的货币之一。欧元出现后,也成为世界最主要的货币之一,所以其报价也采用间接标价法。

第二次世界大战后,由于美元的特殊国际地位,大多数国家一般都会报出本国货币与美元的牌价。所以,还有一种约定俗成的美元标价法,即以一定单位的美元为基准,将其折合成若干他国货币的标价方法。目前,在国际外汇市场上,货币的报价除了英镑、澳大利亚元和欧元之外,大都采用美元标价法。因此,美元标价法对除了美国之外的其他国家来说,是直接标价法,而对美国来说,则属于间接标价法。当一种货币相对于另一种货币贬值时,后者必然同时相对于前一种货币升值。为了避免在讨论汇率时出现这种混淆,必须时刻注意所讨论的两种货币中哪一种相对于另一种货币升值或贬值。一般来说,当其他条件相同时,一国货币贬值,进口品变昂贵,出口品变便宜,即本币贬值使出口品的相对价格下降,而进口品的相对价格上升;一国货币升值具有相反的效果,外国人为该国商品支付得更多,本国消费者为外国商品支付得更少即本币升值,使出口品的相对价格上升,进口品的相对价格下降。

3. 外汇买入价和外汇卖出价

外汇买卖一般集中在商业银行等金融机构进行,因此,买卖价是从银行的角度区分的。它们买卖外汇的目的是追求利润,通过贱买贵卖,赚取差价。

(1) 买入价(bid rate)

买入价指银行向客户或从同业买入外汇时所依据的汇率,也称买入汇率。

(2) 卖出价(offer rate)

卖出价指卖出外汇时所依据的汇率,也称卖出汇率。买入价与卖出价相差的幅度一般在 0.1%~0.5%。

在直接标价法下,买入价/卖出价,即外币折合本币较少的数字是买入价,较多的是卖出价;在间接标价法下,卖出价/买入价,即本币折合外币较多的数字是买入价,较少的是卖出价。银行一般同时报出买入和卖出价,在所报的两个汇率中,前一个数字较小,后一个数值较大。在直接标价法下,前一个数值表示银行的买入价,后一个的数值表示卖出价;在间接标价法下,前一个数值表示卖出价,后一个数值表示买入价。例如,在伦敦外汇市场上,GBP/USD 的即期汇率为 1.810 0/1.812 0,前者表示银行卖出美元的价格即 1 英镑兑换 1.810 0 美元,后者表示银行买入外汇美元的价格即 1 英镑兑 1.812 0 美元;而在香港外汇市场上,USD/HKD 的即期汇率为 7.785 6/7.786 6,前者表示银行买入外汇美元的价格即 1 美元兑 7.785 6 港币,后者表示银行卖出美元的价格,即 1 美元兑 7.786 6 港币。买入价和卖出价的平均数,即买入价与卖出价相加除以 2,得到中间汇率即中间价。中间价只在银行同业间买卖外汇时使用,对顾客一般不适用,报刊报道的汇率常用中间价。外汇银行的经营原则是贱买贵卖。买卖之间的价差(spread)为 1‰~5‰,而这个差额正是银行经营外汇业务的利润。差价幅度一般随外汇市场的稳定程度、交易币种、交易地点以及外汇交易量的不同而发生波动。外汇市场越稳定、交易额越大、越常用的货币,差价越小;市场越不稳定、交易量越小、外汇市场位置相对于货币发行国越远,则差价幅度越大。

还有一种汇率叫现钞价,又称现钞买入价,是银行买入外币现钞时所依据的汇率。一一般来说,现钞价比银行购买汇票等支付凭证的价格低。因为外币现钞不能在其发行国以外流通,须将外币现钞运送到其发行国才能充当支付手段,涉及运送外币现钞而产生的运费、保险费、包装费等项目支出,银行要从汇价中扣除这些费用。因此,现钞买入价低于银行购买汇票等支付凭证的价格(一般低 2%～3%)。银行卖出外币现钞的价格与银行卖出汇票等支付凭证的价格相同。

4. 即期汇率和远期汇率

在外汇市场中,两种基本的市场交易形式是外汇即期交易与外汇远期交易,套期保值者与投机者会根据各自目的不同,参与到这些市场中,分别使用不同的汇率。

(1) 即期汇率(spot exchange rate)

即期汇率指即期外汇交易的汇率报价,即交割结算的汇率,采用双向报价,即同时报出买入价和卖出价。即期外汇交易(spot exchange transaction),也被称作现汇交易,是指买卖双方成交后,在两个营业日内办理外汇交割(delivery)。交割是指买卖双方互换货币,划拨资金。交割日(delivery date)就是外汇交易合同到期日,也被称作起息日(value date)。因为欧美之间的即期外汇交易,要通过电报公司的电报传递才能划转资金,而交易时正是电报公司的业务高峰时间,电报业务的费用很贵,于是便约定俗成地将付款委托书的电文留到第二天早晨发出,避开电报业务的繁忙时间,获取电报公司对隔夜业务的优惠价、降低成本。尽管现在外汇市场已经基于计算机网络建立了银行之间的国际清算系统,可以做到当天交易当天入账,但是两个工作日制度还是被沿袭下来。如果碰到到期日是非营业日或节假日,交割日则往后顺延,且两个工作日是以交易地的时间为准。如星期一在伦敦进行英镑与美元之间的交易,则仍然是交易后的第二个工作日(星期三)进行交割,而在纽约的星期一进行英镑与美元之间的交易,则是在交易的第三个工作日(星期四)进行交割(其余类推)。

为了节约交易时间,交易者们经常使用交易用的规范化简语,交易额是 100 万美元的整数倍。如在银行同业交易中,"one dollar"表示 100 万美元;"six yours"表示"我卖给你 600 万美元","three mine"表示"我买入 300 万美元"。通过电话、电传等即期汇率报价时,为了简化,报价银行只报汇率的最后两位数字。汇率标价通常为 5 位有效数字,右起第一个数位的每一个数即为一个汇价点(point),代表 0.000 1(万分之一)。由于银行的外汇交易人员对各种货币对美元的汇率很清楚,因此,银行间报价时,只报最后两位数字。如德国某银行打电话向日本某银行询价时,日本银行的即期汇率为 USD1＝JPY(118.20/118.40),该行回答询价时只报 20/40。如果英镑兑美元的汇率为 GPB1＝USD(1.441 0/1.442 0),报价行交易员只报 10/20。即期外汇交易的结算方式较常用电汇方式。买卖双方首先通过电话达成交易,然后用电传予以确认。1977 年 9 月,国际金融电讯协会(SWIFT)正式启用,是专门处理国际间银行转账和结算的协会系统。目前,大多数国际性银行都已加入该系统,银行同业间结算利用该系统,通过交易双方的代理行或分行进行,最终以有关交易货币的银行存款的增减或划拨完成结算。一般来说,即期外汇交易主要用于银行同业拆放、国际贸易清算和套汇交易。

(2) 远期汇率(forward exchange rate)

远期汇率指远期外汇交易合约中事先约定的交割汇率,远期汇率的形成是交易双方锁定风险也锁定收益的结果。远期外汇交易(forward exchange transaction),又称期汇交易,指外汇买卖双方预先签订一份远期合约,事先约定各种交易条件,如币种、金额、汇率、交割时间和地点等,在未来约定日期到期时办理交割的外汇交易。期汇交易的交割期限通常为1个月、2个月、3个月、6个月,有时甚至有长至一年,短至几天的,最常见的是3个月。

2014—2015年芝加哥交易所各品种外汇远期交易量见表4.3。

表4.3 2014—2015年芝加哥交易所各品种外汇远期交易量

外汇远期	交易量(2015年到期)	交易量(2014年到期)	变动比率(%)
RMB/USD	5 239	4 056	29.20
RMB/EURO	0	0	0.00
KRW/USD	815	2 301	−64.60
TLR/USD	126	20 215	−99.40
EUR/USD	4 325 807	1 969 393	119.70
GBP/USD	488 050	362 251	34.70
USD/CAD	12	2	500.00
USD/CHF	9	6	50.00
USD/JPY	113	119	−5.00
AUD/USD	652 469	519 173	25.70
CHF/USD	28 110	48 379	−41.90
IDR	130 396	11 005	1 084.90
JPY/USD	150 355	164 072	−8.40
CAD/USD	158 108	177 522	−10.90
ZAR/USD	580	1 476	−60.70
USD/CNH	367	297	23.60
CNH(离岸人民币)	13 267	6 446	105.80
INR/USD	2 576	39 944	−93.60

资料来源:芝加哥商品期货网站(http://www.cme.com)。

远期交易在实际交割日到来之前,并不需要资金易手,为人们从事远期交易带来很多便利。远期外汇的交割日,在大部分国家是按月而非按天计算。同时交割日的确定以即期交割日(成交后的第二个营业日)为基准,例如,当远期交易的成交日为1月3日,1月5日则为即期交割日,则标准远期交割日为2月5日、3月5日、4月5日、5月5日、6月5日等,但这些日期必须是有效的营业日,遇节假日按节假日天数顺延,但不能跨过交割日所在月份。如表4.4所示,2015年的远期交易相比2014年则呈现出较大的增长,尤其印度卢比、欧元以及人民币等远期交易增长幅度较大。

一般来说,资金的利率水平决定外汇的远期汇率。在国内资金市场上,利率的结构和水平受到政府政策与政府直接干预的影响。例如,美国境内的美元利率指标或多或少受到美国联邦储备体系信用和货币政策的影响,并且联储也常通过其公开市场干预调整市场的供求关系。在欧洲资金市场,政府干预只能通过间接手段来达到目的,供求关系的作用尤为明显,欧洲资金市场的利率就代表该货币的真实利率。因此,欧洲资金市场的利率决定外汇的远期汇价。

(3) 远期汇率的报价及计算

远期汇率的标价方法有以下两种。

① 直接标明远期汇率。这种报价方法也称全额报价，即直接将各种不同交割期限的汇率买入价和卖出价表示出来，报出买卖价的全部数字。例如，某日东京外汇市场上，美元对日元的汇率(USD/JPY)，即期汇率：102.50/60，1个月远期汇率：102.27/39，3个月远期汇率 101.72/86。

② 间接标明远期汇率。这种标价方法一般称为"远期差价"，即标明远期汇率与即期汇率的差价，又称掉期率。远期差价有升水、贴水和平价之分，其中升水与贴水相对。升水表示远期汇率比即期汇率高，贴水表示远期汇率比即期汇率低，平价则为二者相等。升贴水合称为远期汇水(forward margin)，可用点数或币值来表示，当标价方法不同时，计算原则也不同。

直接标价法下：远期汇率＝即期汇率＋外汇升水；远期汇率＝即期汇率－外汇贴水

间接标价法下：远期汇率＝即期汇率－外汇升水；远期汇率＝即期汇率＋外汇贴水

由于在实际交易中，经常会将买价和卖价同时标出，远期汇水也会有两个数值，并且没有说明远期是升水还是贴水。此时，应用一个规则：当远期汇水前小后大时，表明标价中的单位货币远期汇率升水，用即期汇率加上远期汇水；当远期汇水前大后小时，表明标价中的单位货币远期汇率贴水，用即期汇率减去远期汇水，用公式表示如下：

即期汇率		远期汇水		远期汇率
小/大	＋	小/大	＝	小/大
小/大	－	大/小	＝	小/大

不论是直接标价法还是间接标价法，这一规则都适用，检验计算正确与否最简单的原则是，计算后的结果应该是无论即期汇率还是远期汇率，前一数字总小于后一数字，即标准单位货币的买入价总是小于标准单位货币的卖出价；与即期汇率相比，远期汇率的买入价与卖出价之间的汇差总是更大。

【例 4.1】 外汇市场的即期汇率为：USD/HKD＝7.785 0/60，3个月远期差价为110/120，6个月远期差价为120/100，那么3个月和6个月的远期汇率为多少？

解：因为3个月远期汇水报价是前小后大，采用加法，或者直接标价法下，外汇美元是远期升水，也应该采用加法，则3个月远期汇率为 USD/HKD＝7.796 0/7.798 0；6个月远期汇水报价是前大后小，说明外汇美元是远期贴水，采用减法，则6个月远期汇率为 USD/HKD＝7.773 0/7.776 0。

【例 4.2】 外汇市场的即期汇率为：GBP/USD＝1.776 0/80，3个月远期差价为100/90，6个月远期差价为80/100，则计算3个月和6个月的远期汇率为多少？

解：因为3个月远期汇水报价是前大后小，采用减法，则3个月远期汇率为 GBP/USD＝1.766 0/1.769 0；6个月远期汇水报价是前小后大，采用加法；或者按照间接报价法下，本币英镑是远期升水而外汇美元是远期贴水，也应该采用加法，则6个月远期汇率为 USD/HKD＝1.784 0/1.788 0。

中国银行外汇牌价表见表 4.4。

表 4.4　中国银行外汇牌价表　　单位：人民币/100 外币

货币名称	中间价	现钞买入价	现汇买入价	钞/汇卖出价
菲律宾比索 PHP	13.790 0	13.310 0	13.730 0	13.850 0
韩国元 KRW	0.557 4	0.535 1	0.555 2	0.559 6
俄罗斯卢布 RUB	9.890 0	0.000 0	9.860 0	9.940 0
泰国铢 THB	18.490 0	17.850 0	18.420 0	18.560 0
港币 HKD	83.900 0	82.860 0	83.530 0	83.850 0
美元 USD	651.050 0	643.020 0	648.220 0	650.820 0
欧元 EUR	741.460 0	714.570 0	737.320 0	742.500 0
澳门元 MOP	81.350 0	78.520 0	81.250 0	81.560 0
日元 JPY	6.061 3	5.833 3	6.019 1	6.061 3
丹麦克朗 DKK	99.450 0	96.000 0	99.060 0	99.860 0
新加坡元 SGD	477.960 0	460.310 0	474.960 0	478.300 0
挪威克朗 NOK	79.170 0	76.440 0	78.870 0	79.510 0
英镑 GBP	939.010 0	904.690 0	933.490 0	940.050 0
瑞士法郎 CHF	669.180 0	644.730 0	665.250 0	669.930 0
加拿大元 CAD	502.970 0	484.680 0	500.120 0	504.140 0
瑞典克朗 SEK	79.730 0	76.960 0	79.410 0	80.050 0
新西兰元 NZD	445.170 0	428.730 0	442.380 0	445.480 0
澳大利亚元 AUD	479.880 0	462.480 0	477.200 0	480.560 0

资料来源：http://finance.ifeng.com/forex/，2016 年 5 月 9 日。

5. 基本汇率和套算汇率

（1）基本汇率(basic rate)

基本汇率指本国货币与本国几个关键货币的外汇牌价。

所谓关键货币(key currency)是指本国在国际收支中使用最多、外汇储备中占比例最大,同时又是可自由兑换、被国际社会普遍接受的货币。显然,不同的国家关键货币也是不同的。目前,各国一般都以美元为基本外币确定基准汇率。我国基准汇率包括四种：人民币与美元之间的汇率、人民币与日元之间的汇率、人民币与欧元之间的汇率以及人民币与港币之间的汇率。人民币基准汇率是由中国人民银行根据前一日银行间外汇市场上形成的美元对人民币的加权平均价,公布当日主要交易货币(美元、日元和港币)对人民币交易的基准汇率,即市场交易中间价。

（2）套算汇率(cross rate)

套算汇率又称交叉汇率,指本国货币与本国非关键货币之间通过关键货币套算的汇率。一般当分别报出两种货币对同一第三种货币比价时,需要间接换算出该两种货币之间的比价。例如,某日美元兑人民币牌价为 USD1＝CNY8.272 5,欧元对美元牌价为 EUR1＝USD1.146 8,则欧元对人民币的牌价为 EUR1＝CNY9.486 9。使用套算汇率的好处在于可以避免因汇率差价存在而引起套算的资本流动,从而有助于金融市场和汇率的稳定。

（3）套算汇率的计算

当计算套算汇率的买入价和卖出价时,情况更为复杂。目前,国际上主要的外汇市场和大银行的外汇汇率报价都采用美元标价法,因此,在用非美元货币进行交易时,需要通过美元汇率进行套算,得到所需两种货币的交叉汇率。具体计算方法如下。

① 如果两个即期汇率同为直接报价,汇率的套算是交叉相除。

USD/JPY　　　　　　122.20/122.80

CHF/JPY：73.787 8/74.289 2

USD/CHF　　　　　　1.653 0/1.656 1

② 如果两个即期汇率同为间接报价,汇率的套算也是交叉相除。

EUR/USD　　　　　　0.891 0/0.893 0

EUR/GBP：0.610 5/0.612 5

GBP/USD　　　　　　1.458 0/1.459 5

③ 如果一个是直接标价法,一个是间接标价法,套算方法是同边上下相乘。

GBP/USD　　　　　　1.427 0/85

GBP/CHF：2.358 8/2.364 3

USD/CHF　　　　　　1.653 0/51

【例 4.3】 外汇市场的即期汇率为：东京市场上,USD/JPY=121.50/121.70,伦敦市场上,GBP/USD=1.414 0/1.416 0,计算：①英镑兑日元汇率的美元买价和卖价;②如果客户要求将 10 万英镑兑换为日元,按即期汇率,能够得到多少日元?

解：①因为第一个汇价是直接标价法,第二个汇价是间接标价法,因此,采用第三种方法两式上下相乘,计算得到英镑兑日元的价格为 GBP/JPY=171.80/172.33；②得到英镑兑日元的报价,则客户卖出 100 万英镑,应使用银行的英镑买入价,即 1 英镑=171.80 日元,因而 100 000×171.80=JPY 17 180 000,即客户可以得到 1 718 万日元。

4.2 汇率制度与汇率决定理论

不同的货币制度下,汇率的决定基础是不同的。这一节我们将要了解国际货币体系的演变过程和不同货币体系下汇率的决定基础,外汇市场汇率的决定理论。

4.2.1 不同货币制度下的汇率决定基础

国际货币体系的历史演变大致经历三个阶段,即金本位体系、布雷顿森林货币体系和牙买加货币体系。固定汇率制(fxed exchange rate regime)是指政府用行政或法律手段确定、公布及维持本国货币与某种参考物之间的固定比价,使汇率围绕货币平价(parity)在很小的范围内上下波动。从国际货币制度发展历史来看,1973 年以前,国际间实行的是固定汇率制,其中又分为两个阶段,即"二战"以前的金本位制和"二战"以后的布雷顿森林货币体系。

1. 固定汇率制

(1) 金本位制(gold standard,1880—1914年)

本位(standard)是指衡量货币价值的标准。金本位是以黄金为一般等价物的货币制度,包括金币本位制、金块本位制和金汇兑本位制。在金本位制度下:①金币可以自由铸造。人们可以按照法定的含金量,自由地将金块交给国家造币局铸造成金币,铸币面值与其所含黄金的实际重量价值相一致,使金币的数量自动地满足流通需要,起到自动调节货币需求的作用,避免剧烈的通货膨胀或通货紧缩。②金币可以自由兑换,即允许银行券流通,但它只是作为黄金的符号,必须保证按固定比价与黄金的自由兑换性,因而不会发生信用膨胀。③黄金可以在国际间自由地输出和输入。各国都以法律形式规定每一单位本国铸币的黄金含量,即法定含金量(gold content),黄金可以自由地输出和输入。

各国发行货币基础是持有的黄金储备量,因此,两国货币兑换的价值量基础表现为其含金量之比——铸币平价(mint parity)或金平价(par of exchange),构成汇率决定的基础。如1925—1931年英国规定1英镑金币的重量为123.274 4格令(Grains),成色为22K,即1英镑含113.001 6格令的纯金,美国规定1美元金币的重量为25.8格令,成色为0.900 0,则一美元含23.22格令的纯金。根据含金量之比,英镑与美元的铸币平价为113.001 6/23.22=4.866 6,即1英镑=4.866 6美元。由于价值规律的作用,外汇市场实际汇率会以金平价为中心上下波动,但是波动的范围局限于金平价加减黄金输送点所规定的范围。例如,在英国和美国之间输送1英镑相等黄金的运费为0.03美元,则外汇市场上1英镑实际汇率会以4.866 6美元为中心,即在4.836 5~4.896 5美元上下波动,一旦英镑的汇率超出这一范围,贸易商就会以黄金需求替代对英镑的需求。在纸币流通的金块和金汇兑本位的货币制度下,黄金与纸币不再自由兑换,黄金不能进入流通,金本位制度下的黄金输送点和铸币平价也不复存在,但货币汇率依然有其价值基础,汇率决定的基础是各国货币的购买力,且受外汇市场供求状况的影响。由于黄金是自然开采的不可再生资源,黄金数量不能适应各国经济和贸易的增长,各国只能增加流通中的纸币,动摇了金币自由兑换的物质基础。1929—1933年世界性的大萧条期间,企业破产连累了银行倒闭,实行金汇兑本位制的国家纷纷用英镑向英国兑换黄金,迫使英国于1931年9月放弃金块本位制。美国的经济危机带来周期性的信用危机,大批美国银行倒闭,黄金大量外流,美国无力承受人们用银行券兑换黄金的压力,于1933年3月放弃金币本位制。到1936年,曾一度组成黄金集团意图维系国际金本位制的欧洲大陆国家,也宣布中止实行金本位制度。至此,国际金本位制度走向全面崩溃。

(2) 货币集团时期(两次世界大战期间)

在国际金本位制崩溃的过程中,各国普遍实行纸币流通制度。英国、法国和美国为了在纸币流通制度下维持其势力范围和原有的殖民体系、增强竞争力,先后组建了相互对立的英镑区、美元区和法郎区三个货币集团,形成以某一大国货币为中心、其他国家联合组成的排他性的货币联盟或货币区域,集团内的各国货币都与其中某一大国货币保持固定比价,相互间可以自由兑换,资金移动在区内不受限制,成员国货币兑换区外国家的货币需经大国外汇管理机关批准,区内国际结算统一使用该大国货币,成员国将黄金外汇集中存入大国作为共同储备。各国货币集团的建立,只在局部范围内维持了固定汇率,因而也只有利于集团内部的经济往来。同时,它强化了势力范围的界限,导致各集团对外加强外汇管制,贸易战、货币战此起彼伏,国际金融领域动荡不安,不利于国际贸易和世界经济的发展。1936年9月,为挽救国际贸易和国际金融体系,英、美、法三国达成所谓的"三国货币协定",试图通过该协定减少三种储备货币之间的汇率波动,并以共同合作保持货币关系的稳定。然而,由于不同货币集团利益的对立,加之为第二次世界大战做准备,这种合作使黄金不断流入美国,国际货币体系总体上仍处于分裂状态。1929—1933年经济危机时期,国际货币体系一片混乱,资本主义各国普遍实行纸币本位制。纸币作为价值符号,政府参照过去金属货币的含金量,用法令规定纸币的含金量。但是,实行纸币流通的国家普遍存在纸币贬值现象,纸币的法定金平价与其代表的含金量严重脱节,且汇率的变化受通货膨胀和国际收支的状况制约。

(3) 布雷顿森林货币体系(Bretton Woods System,1944—1971年、1973年)

"二战"末期,各国即着手拟订战后的经济重建计划,筹备建立一个新的适应战后经济发展需要的国际货币体系。由于各国存在不同利益,改革方案较多,美英两国政府出于本国利益的考虑,分别提出"怀特计划"(The White Plan)和"凯恩斯计划"(The Keynes Plan),对战后的国际货币体系进行构思和设计。两个计划有一些共同点,都主张汇率稳定,反对外汇管制,赞同各国有控制短期资本流动的权利,但两者也有一些明显差异。这些差异除了反映两国对新国际货币体系认识上的差异外,主要是两国当时的国际地位所致。战后初期美国经济实力空前强大,拥有巨额国际收支顺差和占世界74.5%的黄金储备(价值240亿美元),主要关心本国的对外负担能力和世界性通货膨胀问题。英国战后经济实力大为衰落,国际收支有巨额逆差,更关心国际收支逆差的平衡问题,希望逆差国能够从国际社会获得充足的融资。

1944年7月1日,在美国新罕布什尔州布雷顿森林镇的一个滑雪胜地召开44国参加的"联合与联盟国家货币金融会议",英美两个计划最终得到相互妥协和吸收,通过以"怀特计划"为基础的"国际货币基金协定"和"国际复兴开发银行协定"两个文件,确定以美元为中心的国际货币体系,被称为"布雷顿森林体系"。同时决定成立一个组织——"国际货币基金组织"(IMF),负责协调各国国际收支和汇率问题。

布雷顿森林体系建立起汇率决定的"双挂钩"机制,即各国货币与美元挂钩,美元与黄金挂钩,形成一种固定汇率制度,汇率波动范围不得超过±1%(牙买加协定后扩大波动范围),美元取得与黄金同等的国际储备资产地位。各国确认1934年1月美国规定的一美元含0.888 671克纯金,即美元同黄金的官价为35美元兑一盎司黄金。一旦外汇市场超过这一范围,美国承担向各国政府或中央银行按官价兑换美元的义务,各国政府和美国都有义务联手干预外汇市场,使市场金价不受国际金融市场金价的冲击,回到规定范围内。各国实际上是根据本国货币的实际购买力规定金平价。当金平价与货币购买力严重背离时,外汇供求将出现明显失衡现象,根据IMF规定,当一国国际收支出现根本性不平衡(fundamental disequilibrium)时,各国经由IMF核准而予以调整金平价,称为法定贬值(devalue)或法定升值(revalue),使之与货币购买力重新保持一致而维持外汇供求的大体平衡。因此,布雷顿森林体系下的固定汇率制是通过人为规定的货币之间固定比价而实现的,又称为可调整的钉住汇率制度(adjustable pegged exchange rates),该制度从1946

年一直持续到1973年。

布雷顿森林体系实际上是一种金汇兑本位制,在当时"二战"后缺乏有效统一的国际货币秩序背景下,对建立统一的国际货币体系起到积极作用,也有助于解决当时亟待解决的各国间战后赔款清偿和国际收支赤字的融资问题。该体系随时间和形势变化而变化,战后初期各国从美国进口商品和劳务的需求大为增加,对美贸易逆差严重,各国迫切需要美元以满足从美国进口的需要,出现"美元短缺"(dollar shortage)。自1950年始,美国出现国际收支逆差,西欧和日本经济突飞猛进发展,对美出口大幅度增加,到了20世纪50年代末,反过来出现"美元过剩"(dollar glut)。美元经历"美元荒"到"美元灾"的转变。1971年5月,美国国内经济及国际收支状况进一步恶化,爆发第七次规模空前的美元危机;1973年1月和3月初,国际金融市场爆发第八次和第九次大规模的美元危机。1971年和1973年爆发两次石油危机和多次美元危机,市场抛售美元,1971年8月终止美元与黄金的自由兑换,结束按每盎司黄金35美元的价格兑换美元的承诺,也就意味着终止黄金和美元的国际价值的布雷顿森林体系,美国政府不得不宣布美元贬值,官价为42.22美元一盎司。至此,布雷顿森林体系的根基彻底瓦解,成员国纷纷宣布本国货币与美元脱钩,即不再硬性规定与美元的汇率平价,而是听凭外汇市场供求自由浮动。

2. 牙买加货币体系后的多元化汇率制

布雷顿森林体系瓦解后,国际金融形势动荡不安,国际间为建立一个新秩序的货币体系进行长期讨论与协商,最终通过相互妥协,于1976年1月在牙买加首都金斯顿签署达成《牙买加协定》,同年4月又加以修订,从此国际货币体系进入一个新的阶段——牙买加货币体系。牙买加协定放弃布雷顿森林体系下的双挂钩制度,确认浮动汇率的合法性,允许汇率安排多样化。规定黄金非货币化,取消黄金官价,黄金与货币彻底脱钩,不再是平价的基础。事实上,牙买加协定很大程度上是对现实的一种官方确认,有很多问题在这一协定中没有得到解决,且在协定签订以后,国际货币体系也没有完全按照勾勒的方向发展。自20世纪80年代以来,选择更加具有灵活性的汇率制度的国家(地区)不断增加,国际汇率制呈现弹性化趋势。因此,牙买加协议之后至今,属于纸币本位体系的浮动汇率制度,汇率决定的基础是外汇市场的供求关系。浮动汇率制度(floating exchange rate regime)指一国货币不再规定黄金平价和汇率波动的上下限,由外汇供求自动决定本国货币对外汇的汇率,中央银行不再承担维持汇率波动界限而进行外汇市场干预的义务。1973年以后,国际上普遍实行的是浮动汇率制。

在浮动汇率制下,虽然各国政府表面上对汇率不加干涉,听任其自由涨落,但是这种自由波动,只是名义上的、表面上的,各国政府从本国情况出发,都或多或少地对汇率水平进行干预或指导,并极力避免汇率剧烈波动。因此,浮动汇率制类型繁多。按汇率浮动的方式区分,浮动汇率制可分为单独浮动(independent floating)和联合浮动(joint floating)。单独浮动是指本国货币不与外国任何货币发生联系,其汇率根据外汇市场的供求状况单独浮动。目前,美元、澳大利亚元、日元、英镑等货币均属单独浮动。联合浮动又称共同浮动或集体浮动,指国家集团在成员国之间实行固定汇率制,同时对非成员国货币实行同升同降的浮动汇率。例如,1979年3月,欧共体建立欧洲货币体系,成员国货币与欧洲货币体系确定比价,并重申成员国之间保持固定比价。如今,欧盟主要成员国已统一为单一货币欧元。按汇率调整幅度划分,浮动汇率制包括钉住浮动(pegged floating)和弹性浮动(elastic floating)。钉住浮动主要指一国货币钉住某种主要货币或一篮子货币,与钉住货币保持相对固定的关系,而对其他货币则自由浮动。主要是钉住美元或英镑,两者同升同降,偏离幅度相当小。目前,大多数发展中国家采取钉住汇率制。这种汇率制度好处在于,增加人们对发展中国家货币的信心,有利于外资的流入和通货膨胀的控制,便于国际结算等。但也存在许多问题,如比较刻板,缺少弹性,容易成为金融投机猎取的对象。由泰国始发的东南亚金融危机和1994年墨西哥金融危机都出于同样的原因。因此,它的成功运行需要一系列的基本条件,如出口的稳定增长、债务负担较轻以及高效的国内金融监管等。弹性浮动主要是指一国根据自身发展需要,对钉住汇率在一定弹性范围内可自由浮动,或按一整套经济指标对汇率进行调整;也可以不受波动幅度的限制,在独立自主原则下对汇率进行调整。

4.2.2 外汇市场供求决定的均衡汇率

实际上,汇率作为一个国家的货币价格,没有任何一个国家能保持纯粹的自由浮动,都会或多或少、或明或暗地对外汇市场进行干预,所以大多数国家实行的都是有管理的浮动汇率制度。相对而言,美国、日本和欧洲大国等实行货币国际化的国家政府干预性较小,更接近自由浮动的汇率制;相反,大多数发展中国家的政府干预性较大,更接近固定汇率制。因此,在自由浮动的汇率制中,汇率完全由外汇市场的供求关系的变化决定的。

例如,美国和英国生产同质的钢材,其价格美国为\$200/吨;英国为£112/吨,此时外汇市场均衡汇率为1.85 \$/£,则英国钢材的美元价格相当于\$207.2/吨。一个月以后,若其他因素(物价、关税政策)不变、忽略运输成本,仅是英镑汇率发生贬值,即为1.65 \$/£时,英国钢材的美元价格合\$184.8/吨,则在英国购买钢材要比美国便宜。于是,美国人就会购买英国钢材,再拿到美国销售,从商品"套购"中获得价差利润,直至套购利润为零为止。若价差反向运动,人们转向美国进行套购行为操作。

均衡汇率的形成如图4.1所示。一方面,英镑的需求数量与英镑汇率负相关。英镑

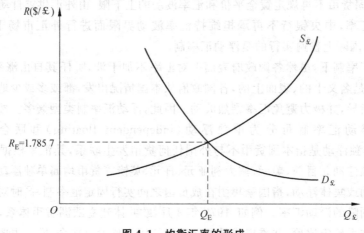

图 4.1 均衡汇率的形成

价格即汇率下跌,英国商品变得便宜,对英国商品的需求数量增加,英国出口增加,外汇市场对英镑的需求数量增加;反之,若美元相对英镑贬值,美国出口增加,英国进口增加,美国居民对英镑的需求数量下降。英镑的需求曲线是一条向右下方倾斜的曲线。另一方面,英镑的供给数量与英镑价格正相关。英镑价格下跌,英减少进口,外汇市场英镑供给数量减少。英镑的供给曲线是一条向右上方倾斜的曲线。商品的"套购"行为会促使同一种货币表示两国的钢材价格相等,即当英镑供给与需求相等时,汇率达到均衡汇率水平,即图4-1所示的 1.785 7 \$/£。

4.2.3 外汇市场上的主要平价关系

随着国际货币经济环境的变化,在理论界形成一些传统的汇率决定理论,经常被外汇市场交易者作为借鉴。外汇市场短期汇率变化多端,但是,长期均衡汇率是短期汇率决定的价值基础。本节将介绍这些体现外汇市场主要平价关系的经典汇率理论,包括购买力平价说、费雪效应、国际费雪效应和利率平价说等。

1. 购买力平价说(theory of purchasing power parity,PPP)

购买力平价说是国际金融学说中历史悠久的汇率决定理论,最初于1902年由英国经济学家 H. 桑顿提出,后又成为李嘉图古典经济理论的一个组成部分。1922年,瑞典学派经济学家古斯塔夫·卡塞尔(G. Cassel)在前人研究的基础上,对其加以发展和充实,在《1914年以后的货币与外汇》一书中正式提出购买力平价理论。该理论第一次解释纸币制度下汇率的决定及两国间长期均衡汇率的确定,其基本思想是:本国和外国居民之所以需要本国和外国货币,是因为这两种货币在各自的发行国均具有购买力;两国货币购买力之比就是决定汇率的基本依据;汇率波动是两国货币购买力变化的结果。购买力平价有两种形式:绝对购买力平价与相对购买力平价。

(1)绝对购买力平价

绝对购买力平价指两国货币的汇率等于它们各自购买力的比值,基本假定为:

第一,位于不同地区的相同商品是同质的,不存在任何商品质量及其他方面的差别;

第二,商品价格能够灵活地调整,不存在任何价格上的黏性;

第三,"一价定律"(the law of one price)成立,指可贸易商品的不同地区价格间存在如下关系,即不考虑交易成本,以同一货币衡量的不同国家的某种可贸易商品的价格应一致。

假定两国都只生产一种商品,根据上述假定,有

$$P = eP^* \tag{4.1}$$

式中:P 和 P^* 分别为本国和外国的一般价格水平;e 为汇率,即以本币表示的外币价格或一单位外币折合为本币价格。

假定编制两国的一般价格水平时,以各种可贸易商品所占比重作为权重,且两国的各种可贸易商品所占的权重相等,则

$$P = \sum_{i=1}^{n} \alpha_i p_i \qquad P^* = \sum_{i=1}^{n} \alpha_i^* p_i^* \tag{4.2}$$

式中：α_i 和 α_i^* 分别为第 i 种可贸易商品在本国和外国所占的权重；p_i 和 p_i^* 分别为第 i 种可贸易商品在本国和外国的价格。

将式(4.2)代入式(4.1)，有

$$e = \frac{P}{P^*} = \frac{\sum_{i=1}^{n} \alpha_i p_i}{\sum_{i=1}^{n} \alpha_i^* p_i^*} \tag{4.3}$$

式(4.3)表明不同国家可贸易商品的一般价格水平以同一种货币计量时是相等的。绝对购买力平价根据一价定律推导得来，即同等质量的商品在世界各地的价格是相同的，只不过是按汇率折合成各种货币的价格形态而已。若汇率不能使"一价定律"成立，国家间就会产生商品套利（commodity arbitrage），即套利者根据贱买贵卖的原则，在低价国购买，运到高价国出售，获取无风险的套购利润。

但是，绝对购买力平价论与一价定律有明显的区别。首先，它是以汇率为分析对象，后者考察的是价格；其次，它涉及的是物价总水平，后者考虑的是单一商品的价格。因此，绝对购买力平价适用的条件不像一价定律那样严格。它并不要求每一种商品的价格都严格相等，只要本国较高价格能抵销较低价格，购买力平价也可以成立；它也不要求两国完全取消贸易壁垒，只要两国对进出口限制的程度相同，购买力平价也可以成立。但是，购买力平价原则上要求两国计算物价水平使用的权重相等，即 $\alpha_i = \alpha_i^*$，如果两国商品的价格完全相等，但计算的权重不等，那么绝对购买力平价也不成立。

(2) 相对购买力平价

由于绝对购买力受到很多限制，实际使用中更多地运用相对购买力平价，表达式为

$$\frac{e_t}{e_0} = \frac{P_t/P_0}{P_t^*/P_0^*} \tag{4.4}$$

式中：e_t 和 e_0 分别为当期和基期的汇率水平；P_t 和 P_t^* 分别为本国和外国在当期的一般价格水平；P_0 和 P_0^* 分别代表本国和外国在基期的一般价格水平。

基期的汇率和一般价格水平已知，对式(4.4)取对数求微分，得

$$\frac{de_t}{e_t} = \frac{dP_t}{P_t} - \frac{dP_t^*}{P_t^*} \quad \text{或} \quad E(e) = \frac{S(t) - S(0)}{S(0)} = \frac{I - I^*}{1 + I^*} \approx I - I^* \tag{4.5}$$

式(4.5)表明汇率的变动率 $E(e)$ 是两国通货膨胀率之差的函数，表明汇率升值与贬值是由两国通货膨胀率差异决定的，即"两国货币汇率的变动率等于两国通货膨胀率之差，即高通货膨胀率的国家货币贬值，低通货膨胀率的国家货币升值"。

此外，还可以得出实际汇率（real exchange rate，e_{real}）的概念，即外国商品和服务相对本国商品和服务的相对价格，表达式为

$$e_{real} = e(P^*/P) \tag{4.6}$$

实际汇率可以说明一国国际竞争力的变动。例如，若一国货币名义汇率下降，其他条件不变，表明该国国际竞争力提高。但是如果该国一般价格水平上涨率大于货币对外贬值幅度，该国国际竞争力下降，这说明名义汇率不能很好地表现该国国际竞争力，而实际

汇率能够较好地反映国际竞争力的变化。因为它把相对价格水平作为名义汇率的权数，考虑了一般价格水平的相对变动。对式(4.6)取对数求微分，得到

$$\frac{\mathrm{d}e_{\mathrm{real}}}{e_{\mathrm{real}}} = \frac{\mathrm{d}e}{e} + \frac{\mathrm{d}P^*}{P^*} - \frac{\mathrm{d}P}{P} \tag{4.7}$$

实际汇率可以反映购买力平价是否成立：若成立，则实际汇率变动的百分数为零；反之，实际汇率变动的百分数不为零，购买力平价不成立，国际竞争力发生变化。

购买力平价论是第一次世界大战后，第一次从货币购买力角度提出两国汇率决定基础是等价的购买力，虽然它并不是一个完整的汇率决定理论，却是更为复杂的汇率决定理论的基础；是最有影响的、从货币的基本功能角度分析货币交换问题的汇率理论；开辟了从货币数量角度对汇率进行分析之先河。在浮动汇率制下，购买力平价论也有一定积极意义。卡塞尔指出，由于各国对进出口限制不同、运输成本、外汇市场可能出现的大规模投机行为、国际间长期资本流动、通货膨胀的预期、实际因素可能引起相对价格变化及金融当局对外汇市场的干预等，实际汇率常常会低于或高于购买力平价。一般价格水平只是影响汇率决定的因素之一。从汇率实际变动情况来看，影响汇率的其他因素有时对汇率的影响并不低于一般价格水平对汇率的影响，如国民收入变动、资本移动、生产成本、贸易条件、政局变化、战争等。从短期看，汇率会因为各种原因而暂时偏离购买力平价。从长期看，购买力平价论是符合实际的，但是实际因素变动会使名义汇率与购买力平价产生永久性偏离。

专栏 4-2

"巨无霸"指数（big mac index）

英国经济学杂志于1986年专门编制了"巨无霸指数"，即以麦当劳快餐食品中行销全球120个国家的汉堡包——巨无霸为标的物，考察购买此同一产品需要多少本国货币或需要多少美元，其目的是以轻松幽默的方式来衡量这些国家汇率是否处在"合理"水平。如表4.5所示，通过"巨无霸"指数，我们可以看出：如果欧元区国家的巨无霸价格是3.44欧元，在美国则需4.07美元，那么，巨无霸购买力平价是3.44/4.07＝0.845 2。如果实际汇率低于此，那么欧元低估；如果实际汇率高于此，则欧元高估。高估或低估程度计算用百分数表示：

$$低估或高估程度 = \frac{(\mathrm{PPP} - 实际汇率)}{实际汇率} \times 100\%$$

通过巨无霸指数可以发现哪些国家货币被高估及高估多少，哪些国家货币被低估及低估多少。从表2可以看出，巨无霸在中国购买需要14.7元人民币，用美元购买仅为4.07美元，得出巨无霸购买力平价为3.61，而美元与人民币的市场汇率为1美元＝6.45，那么按此购买力来衡量，人民币低估44%。用这种方法，发现大部分新兴经济体国家的货币都被低估。

表 4.5 巨无霸指数(2011 年 7 月 25 日)

国家或地区	巨无霸价格		实际汇率 1USD=	高估(+)或低估(-)%	巨无霸购买力平价
	本国货币表示	美元表示			
美国	$4.07	4.07	1	—	—
阿根廷	Peso20.0	4.84	4.13	19	4.92
澳大利亚	A$4.56	4.94	0.92	22	1.12
巴西	Rea19.50	6.16	1.54	52	2.34
英国	£2.39	3.89	0.61	-4	0.59
加拿大	C$4.73	5.00	0.95	23	1.16
中国	Yuan14.7	2.27	6.45	-44	3.61
欧元区	€3.44	4.93	0.70	21	0.85
中国香港	HK$15.1	1.94	7.79	-52	3.71
匈牙利	Forint760	4.04	188	-1	187
印度尼西亚	Rupiah22534	2.64	8523	-35	5543
马来西亚	Ringgit$7.20	2.42	2.97	-40	1.77
墨西哥	Peso32.0	2.74	11.7	-33	7.87
新西兰	NZ$5.10	4.41	1.16	9	1.25
俄罗斯	Rouble75	2.70	27.8	-34	18.5
新加坡	S$4.41	3.65	1.21	-10	1.08
南非	Rand19.45	2.87	6.77	-29	4.78
韩国	Won3700	3.50	1056	-14	910
瑞典	Skr48.4	7.64	6.34	88	11.9
瑞士	SFr6.50	8.06	0.81	98	1.5
中国台湾	NT$75.0	2.60	28.8	-36	18.5

巨无霸指数并不是一个精确的预测汇率的工具。但是,它的理论基础是购买力平价,前提条件是一价定律存在。现实中,一价定律并不总是存在,巨无霸就是一个典型的例证。尽管如此,巨无霸指数仍具有它独特的作用。第一,可以从另一角度使人理解不同国家存在生活费用的差异。因为巨无霸在生产环节上完全实现本土化,而不同地区的劳动力差异,租用场所费用不同等也会使巨无霸实际上在不同的国家存在价格差异。第二,可以让人理解发达国家的价格总水平要高于发展中国家,例如在北京租房就要比在纽约便宜很多。

资料来源:英国经济学家网站,2011 年 7 月。

2. 费雪效应

费雪效应是美国经济学家欧文·费雪(Fisher)提出的,反映一个国家的通货膨胀率对名义利率的影响。认为一国的名义利率是由真实收益率与预期通货膨胀率之和构成,高通货膨胀的国家名义利率也高,反之,亦然。名义利率是指资金市场上挂牌利率,名义利率随通货膨胀率的变化而变化,真实收益率是无通货膨胀率条件下的利率,是长期稳定的利率。例如,假设美国的预期实际年利率为 2%,则美国的(名义)利率将完全取决于美国的预期通货膨胀率。假设预期的年通货膨胀率为 4.0%,则年利率将为约 6%。在 6%

的年利率下，贷款人在补偿预期货币购买力下降的部分之后，仍能获得2%的实际报酬率。

费雪效应的简化表达式为

$$r_{\text{nominal}} = r_{\text{real}} + I \tag{4.8}$$

费雪效应以假定各国历史上形成长期稳定的收益率是相等的为前提，即世界上只有一个真实收益率，否则，如果一个国家货币的真实收益率高于其他国家的真实收益率，那么大量的资本就会流入这个国家，只要政府不加干涉，这种资本流入就会持续进行，直到两国的真实收益率水平相等为止。两国的投资收益可以表达为

$$1 + r_{\text{nominal}} = (1 + r_{\text{real}})(1 + I)$$
$$1 + r_{\text{nominal}}{}^* = (1 + r_{\text{real}})(1 + I^*)$$

式中：r_{nominal}为名义利率；r_{real}为真实收益率；I为通货膨胀率。

将两式相减得

$$r_{\text{nominal}} - r_{\text{nominal}}{}^* = (1 + r_{\text{real}})(I - I^*) \tag{4.9}$$

对式(4.9)两边同时乘以$1/(1+r_{\text{real}})$，得到费雪效应精确表达式

$$\frac{r_{\text{nominal}} - r_{\text{nominal}}{}^*}{1 + r_{\text{real}}} = I - I^* \tag{4.10}$$

因为式(4.10)左边的分母近似等于1，于是，推导出

$$r_{\text{nominal}} - r_{\text{nominal}}{}^* = I - I^* \tag{4.11}$$

3. 国际费雪效应

国际费雪效应实际上是按照购买力平价说，将费雪效应推广于汇率变化得出的结论。根据上述购买力平价理论式(4.5)和式(4.11)可知：

$$E(e) = \frac{S(t) - S(0)}{S(0)} = \frac{I - I^*}{1 + I^*} \approx I - I^* = r_{\text{nominal}} - r_{\text{nominal}}{}^* \tag{4.12}$$

式(4.12)表明：在无限制的国际资本流动的条件下，在金融市场上以国际资本流动的形式进行套利活动使两国的利率之差为将来即期汇率变动的无偏估计。但这并不意味着两国利率之差可用来准确地估计将来的汇率。它只是说明预测误差（高估或低估）随时间趋向相互抵消。

假设一年期银行存款利率国内和国外分别为11%和12%，若国内投资者对这两种投资预期实际收益相同，则外币在投资期内的变化为：$S(t) = (r - r^*)/(1 + r^*) = -0.0089$ 或 -0.89%，意味着国外存款的外币需要贬值0.89%，才能使外币存款实际收益与国内存款的实际收益相同。

例如：瑞士和美国一年期的利率分别为：$r_{\text{SF}} = 4\%$；$r_\$ = 13\%$。如果即期汇率为1SF=0.63\$，求：①求一年后美元和瑞士法郎的即期汇率。②如果美国通货膨胀的变化，使一年后的即期汇率变为1SF=0.7\$，求美国的利率。则

① 1SF=0.63×1.13/1.04=0.6485\$；② $r_\$ = (0.7/0.63) \times 1.04 - 1 = 15.56\%$

4. 利率平价说

利率平价说与购买力平价说一样，也是非常重要的汇率决定理论。利率平价说的基本思想可追溯到19世纪下半叶，由凯恩斯等人于1923年在《货币改革论》中予以完

善。不同的是,购买力平价说研究商品市场价格差异基础上的套利行为,利率平价说研究资金市场利率差异基础上的套利行为;利率平价说是一种短期分析,而购买力平价说是一种长期分析。利率平价论的核心思想为:在国际资本自由流动的情况下,两国货币的远期汇率变动率等于两国利差。利率平价说分为抛补利率平价和无抛补利率平价两大类。

(1) 抛补利率平价(covered interest-rate parity,CIP)

该理论假定:第一,所有的国际投资者都是风险厌恶者,在套利中都会通过远期套期保值来抵补未来即期市场汇率波动的不确定性;第二,忽略套利活动中的交易成本;第三,套利资金的供给弹性无穷大;第四,发达的国际金融市场;第五,每个国家只有一种金融资产。

假定甲国投资者手中有一笔资金可用于投资一年期存款,存在两种选择:投资于甲国还是乙国金融市场。假定甲国金融市场上一年期存款利率为 r,乙国金融市场上同种期限利率为 r^*,即期汇率为 S(以本币表示的外币价格,即一单位乙货币折合为甲货币的价格)。

若投资于甲国金融市场,每单位本国货币到期可得到收入:

$$1+(1\times r)=1+r$$

若投资于乙国金融市场,需分三个步骤:①将甲国货币在即期外汇市场兑换成乙国货币;②用换得的乙国货币投资于乙国一年期存款或国库券;③投资的同时,将一年后获得的乙国货币资金在远期外汇市场上卖出兑换成甲国货币。套利情况如下:

① 每单位甲国货币在即期外汇市场可兑换为 $1/S$ 单位的乙国货币,投资于乙国一年期存款或国库券,到期可获得收入:

$$1/S+(1/S)\times r^* = 1/S\times(1+r^*)$$

② 假定一年后外汇市场即期汇率为 S^*,这笔乙国货币可兑换成甲国货币为

$$(1/S)\times 1+r^* \times S^* = S^*/S\times(1+r^*) \qquad (4.13)$$

由于一年后即期汇率 S^* 是不确定的,这笔投资的最终收益很难确定,或者说汇率变动使该投资收益具有很大的风险。为消除这种不确定性,可以在即期购买一年后交割的远期合约,一年后该投资就不存在风险,假定一年远期汇率为 F,到期时折合本币收入以甲国货币表示为

$$\frac{F}{S}\times(1+r^*) \qquad (4.14)$$

选择在哪国投资取决于两种方式收益率的高低。若 $(1+r)>\frac{F}{S}\times(1+r^*)$,则投资于甲国金融市场;若 $(1+r)<\frac{F}{S}\times(1+r^*)$,则投资于乙国金融市场;若 $(1+r)=\frac{F}{S}\times(1+r^*)$,投资于两国金融市场的结果相同。

与此同时,金融市场的其他投资者也面临同样的选择。若 $(1+r)>\frac{F}{S}\times(1+r^*)$,众

多投资者投资于甲国金融市场,在外汇即期市场上购入甲国货币、远期卖出甲国货币,导致甲国货币即期升值(S变小),远期贴水(F增大),一直到最终甲国货币贴水幅度与利率差异相等,两种投资方式的收益率相等,市场处于均衡状态。所以,当投资者采取持有远期合约抵补套期保值时,市场最终使利率与汇率形成下列关系:$(1+r)=(F/S)\times(1+r^*)$,整理得

$$\frac{F}{S}=\frac{1+r}{1+r^*} \tag{4.15}$$

假定即期汇率与远期汇率之间的升(贴)水率为ρ,即

$$\rho=\frac{F-S}{S}=\frac{(1+r)-(1+r^*)}{1+r}=\frac{r-r^*}{1+r^*} \tag{4.16}$$

或

$$\rho+\rho\cdot r^*=r-r^* \tag{4.17}$$

由于ρ和r^*均是很小的数值,所以乘积$\rho\cdot r^*$可以忽略不计,则

$$\rho=r-r^* \tag{4.18}$$

式(4.18)即为抛补利率平价的一般形式,其经济含义是:两国货币的升(贴)水率会被两国的利差所抵销,高利率的货币远期升水,低利率的货币远期贴水,从而使金融市场处于均衡状态。抛补利率平价具有很重要的现实指导意义,对外汇交易者的交易行为实际调查发现,这一原理被广泛应用于外汇交易中,处于造市商的大银行基本上就是根据各国利率差异来确定远期汇率的升贴水额。

例如:美元和英镑的即期汇率为 1£=1.1025 $,在伦敦,一年期离岸贷款的利率,美元为 5.5%,英镑为 3.5%;根据 CIP,一年期的远期汇率为

$$F=\frac{S(1+r_t)}{1+r_t^*}=\frac{0.56\times(1+0.055)}{1+0.035}=0.57$$

(2) 无抛补利率平价(uncovered interest-rate parity,UIP)

抛补利率平价理论假定投资者是厌恶风险者,套利的同时在远期市场做套期保值。实际中,还有另外一种交易策略,假定投资者是风险中性者,在承担一定汇率风险情况下进行套利投资活动,这种投资者不需要做远期交易的套期保值,而是通过对未来即期汇率的预测计算预期收益。假设投资者预测未来的即期汇率为Ee_f,则在乙国金融市场投资的最终收入为

$$\frac{Ee_f}{e}\times(1+r^*) \tag{4.19}$$

如果这个收入与投资甲国金融市场的收入存在差异,投资者会在市场上进行套利操作,最终使两者相同。当市场处于均衡状态时,有:$(1+r)=\frac{Ee_f}{e}\times(1+r^*)$,整理得

$$\frac{1+r}{1+r^*}=\frac{Ee_f}{e} \tag{4.20}$$

假定预期的汇率远期变动率为$E\rho$,即 $E\rho=\frac{Ee_f-e}{e}=\frac{(1+r)-(1+r^*)}{1+r^*}=\frac{r-r^*}{1+r^*}$

则：$E_\rho + E_\rho \cdot r^* = r - r^*$，由于 E_ρ 和 r^* 均是很小的数值，所以乘积 $E_\rho \cdot r^*$ 可以忽略不计，则

$$E_\rho = r - r^* \qquad (4.21)$$

式(4.21)即为无抛补利率平价的一般形式，其经济含义是：预期的未来即期汇率变动率等于两国利率之差。若无抛补利率平价成立，当本国利率高于外国利率时，市场预期本币未来的即期汇率将贬值。利用无抛补利率平价的一般形式进行实证检验的并不多见，主要是因为预期汇率变动率是一个心理变量，很难搜集到可信的数据加以分析验证，且实际意义不大。

与购买力平价说不同，利率平价说的研究角度从商品市场的商品流动转移到资产市场的资金流动，说明远期汇率与利率间存在密切关系——远期汇率取决于均衡状态时两国货币的相对收益，具有重要的理论意义和现实意义。无抛补利率平价是以资产市场价值的模型为基础的，利率平价条件是汇率变化对利率变化的瞬态反应的结果。在理论上，无抛补利率平价将研究对象从远期汇率扩展到即期汇率，许多新汇率理论在一定程度上沿用其研究方法或以其为研究起点。在实践中，外汇交易者、套利者或投机者也经常用其来预测远期汇率，或用无抛补利率平价预测未来即期汇率。在欧洲货币市场上，各种货币的金融资产具有相同的风险，因而，在外汇市场上，利率、远期汇率和预期的即期汇率的变化率之间总是存在一种均衡关系。例如，在欧洲货币市场货币之间的套利和抵补，使得两种货币之间的利率差价等于相应货币汇率变化率的升水或贴水。国际商业银行是欧洲货币市场的主要交易方。它们在欧洲货币市场上买进或卖出各种货币的金融资产的原因，首先是为了抵补国际商业银行在信贷交易中存在的外汇暴露，而不是从事外汇投机交易；其次是在各种货币的有效利率的差价上寻找无风险的套利机会。这种持续不断的抵补套利和交易确保利率平价关系的成立。

但是，该理论也存在一定的局限性。首先，它要求存在一个"有效市场"且国际间不存在资本流动的障碍，传统的利率平价说实际上是以套利资金的供给弹性无限大为前提。这在现实市场中是不具备的。由于套利交易存在交易成本，并受机会成本和外汇风险成本的影响，套利资金供给弹性并非无穷大，它直接影响利率平价说的结论。其次，该理论假定各种金融资产是完全替代的，而现实生活中不同金融资产的流动性、风险程度和收益率都有着差异，不可能完全替代。最后，该理论强调利率对汇率的决定作用，忽视影响汇率的其他因素，如国内货币供给量、通货膨胀率、国民收入、国际储备等，具有一定的片面性。

如表4.6所示：利率平价说重点讨论为什么远期汇率与即期汇率不同以及存在的差价的大小，这与时间有关。相反，购买力平价说和国际费雪效应重点讨论一种货币的即期汇率怎样随着时间而改变。购买力平价说表明即期汇率是按照通货膨胀率的差额而改变的。国际费雪效应表明即期汇率会按照利率差额而改变。由于通货膨胀率的差额影响两国的名义利率差额，购买力平价说与国际费雪效应是相关的。

表 4.6 外汇市场主要平价说比较

理论	理论的主要变量		理论含义
利率平价说	远期汇率升水（或贴水）	利率差异	远期汇率包含两国之间利率差价决定的升水（或贴水）。结果，抛补套利提供的收益不会比本国高
购买力平价说	即期汇率变化百分比	通货膨胀率差额	即期汇率随着两国通货膨胀的差额而改变。结果，消费者对本国商品的购买力类似于对从国外进口商品的购买力
国际费雪效应	即期汇率变化百分比	利率差异	即期汇率会随着两国的利率差异而改变。结果，从本国投资者的角度看，外币货币市场证券的收益一般来说不会高于国内货币市场的证券收益

5. 市场均衡

如图 4.2 所示，箭头①体现了购买力平价说：通货膨胀是货币供应的扩张超出实际经济增长的必然结果，如果一国发生通货膨胀，将导致该国货币的实际购买力下降，反映该国货币与商品的交换率下降。同时，由于汇率是一国货币与另一国货币的交换率，一国货币实际购买力的下降必然导致该国货币相对于另一国商品交换率的下降，从而导致该国货币相对于另一国货币的贬值，即吻合了购买力平价说的结论——高通货膨胀的国家未来货币即期汇率将贬值，通货膨胀率与未来即期汇率的变动成反向变动关系。箭头②体现费雪效应：名义利率是当前或与未来某一时刻货币的交换率，当一国发生通货膨胀后，为了补偿货币名义购买力的下降，名义利率必然提高，从而货币当前的实际购买力不变，通货膨胀率与名义利率成同向变动关系。但是，人们实际上更关心的是该货币当前的实际购买力和未来实际购买力之间的交换率，即实际利率。箭头③体现了国际费雪效应：如果一国名义利率提高，扣除通货膨胀率因素的影响，该国的实际利率也高于他国的话，因两国实际利率有差异，资金可以在国际资本市场上自由流动。那么，国外资金将流入该国，从长期看，当套利资金获利后流出该国时，则导致外汇市场上抛出该国货币的行为增多，最终导致该国货币贬值。箭头④体现的是利率平价说：如果一国名义利率提高，套利者为了规避国际费雪效应反映的该国货币可能贬值的风险，会在远期市场上，抛卖该国货币买入外币，导致远期市场该国货币贴水，他国货币升水，最终套利活动导致两国的利差与该国货币的贴（升）水率相等。箭头⑤体现预期理论：如果一国货币远期贴水，则该国货币的未来即期汇率也将贬值，即远期汇率是未来即期汇率的无偏估计值。

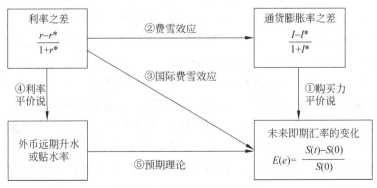

图 4.2 平价条件之间的关系

因此，可以看出，在购买力平价说、费雪效应、国际费雪效应、利率平价说及预期理论的共同作用下，外汇市场会达到一种长期稳定的均衡，在没有政府干预的情况下，该理论均衡模型将发挥最佳效果。

4.3 即期外汇交易与远期外汇交易

1997年，当亚洲货币相对美元急剧贬值时，许多亚洲公司都遭受巨大损失。1997年第三季度，泰国的化工巨头 Siam Cement PCI 公司意外损失51 700万美元。该公司持有42亿美元的外债，全都没有套期保值，汇率波动造成的损失使公司在1994—1996年累计的利润全部化为乌有。1997年前，大多数亚洲货币实行的是"钉住美元"的联系汇率制度，亚洲货币对美元的比价稳定在一定范围内，亚洲国家很少对外汇进行套期保值。然而，1997年的亚洲金融危机打破亚洲货币与美元的这种固定汇率制度，实行浮动汇率制，给亚洲经理人对汇率的管理敲响了警钟。自由市场中，由外汇市场供给和需求决定的均衡汇率是从某国外汇市场角度定义的。若其他条件不变，市场力量使所有货币的市场汇率保持一致，即同种货币在世界不同地方的价格一样。根本原因在于不同目的国际资金的流动，包括套汇、套利和投机资金，使外汇市场和金融市场实现均衡。

4.3.1 即期外汇投机交易与套汇交易

即期外汇交易是外汇市场上最常见、最普遍的交易方式，约占全部外汇市场交易量的2/3。一般来说，即期外汇交易主要用于银行同业拆放、国际贸易清算以及套汇交易。外汇银行是从事即期外汇交易的主体，主要从事业务包括：向进出口商和其他客户提供国际汇兑业务；满足自身资金调整和头寸平衡的需要；从事外汇投机。

1. 投机交易（speculation）

投机交易指投资者根据自己对未来汇率进行的预测，做出买卖外汇决策，从而赚取利润的行为。外汇投机者希望利用即期汇率未来变动的不确定性，寻求规避或转嫁汇率波动的金融工具，做出投资决策，从而驾驭外汇市场风险。投机行为可以分为稳定市场的投机（stabilizing speculation）和动荡市场的投机（destabilizing speculation）。前者指与市场力量反向而行，能够缓和或扭转汇率剧烈的上升与下降的波动。如外币汇率下降或贬值时，投机者期望以当前较低价格用本币吸纳外币，期望将来外币价格能上升以获得利润，这种购买造成对外汇需求的加大，可以减缓外币当前贬值的波动趋势，促进外汇市场的稳定；后者指作用方向与市场力量相同，从而会加剧汇率的波动。这种投机行为会扰乱国际贸易，妨碍国际投资行为。与投机略有不同的另一个常见概念是资本外逃。资本外逃指将资金转移到国外并不是为谋求预期利润，而是源于人们对资金风险的恐慌，包括货币突然大幅度贬值、政局更迭及政府管制加强等原因。这种资金常常属于短期流动资金，称作游资（hot money）。1971年和1973年，大量抛售币值高估的美元资金外逃行为，导致布雷顿森林体系的崩溃。外汇投机商在即期外汇市场根据自己对未来价格走势的判断将资金投在某一种货币上。

【例4.4】 某投机者认为欧元将由目前的 EUR/CNY 7.28 上升到3个月后的 EUR/CNY 7.38,他就按 EUR/CNY 7.28 买进1 000万欧元3个月的欧元期汇;如果3个月后果真如其所料,他可以按 EUR/CNY 7.38 的汇率卖出1 000万欧元现汇,从而获得100万元人民币(1 000×7.38-1 000×7.28)的收益。在这实际操作中,此种期汇投机并不进行真正的现汇买卖,而是直接进行这100万元人民币差价的收付。然而,当3个月后汇率出乎预料,变动到 EUR/CNY 7.28 以下,如 EUR/CNY 7.18,则该投机者将蒙受100万元人民币的损失。

虽然利用即期市场可以赚取投机利润,但这种方法有一重要缺陷,即投机商手头必须持有大量闲置资金,或能够借到资金,而二者都要付出利息成本。

2. 套汇交易(exchange arbitrage)

套汇交易是指利用不同外汇市场间的不同货币种类或不同交割期限的货币在汇率上的差异而进行贱买贵卖,套取价差利润的外汇交易。该套汇行为使同一种货币在不同地方的价格趋于一致,最终形成统一的市场。套汇分为时间套汇、地点套汇和套利三种。其中,地点套汇又分为两角套汇和三角套汇两种。

(1) 两角套汇(two-point arbitrage)

当同一货币在两个外汇市场上的汇率存在差异时,人们同时在这两个外汇市场上一边买进而另一边卖出这种货币,以获取外汇收益的行为,称为两角套汇,也称直接套汇。假定在纽约外汇市场上,美元对英镑的汇率为 \$1.4145/£,在伦敦外汇市场上 \$1.4155/£,不考虑银行转账费用和交易成本,外汇交易者可以利用这一价差,在纽约市场买进英镑,在伦敦市场卖出英镑,每单位英镑赚取10个百分点美元的汇差利润。如果投入1 000万英镑,将有10 000美元的利润。随着纽约外汇市场上英镑需求的增加,英镑的美元价格上涨;伦敦市场上,随着英镑供给的增加,英镑的美元价格会下跌。这种套汇过程将一直持续下去,直到两个市场上英镑的美元价格大体相当。两种货币间的套汇交易形成了统一的外汇市场。

(2) 三角(three-point)套汇

三角套汇又称为多边套汇,它指利用三个或多个不同地点的外汇市场中三种或多种货币之间汇率的差价,同时在这三个或多个外汇市场上进行套汇买卖,以赚取汇率差额的一种套汇交易。

【例4.5】 假定某日某一时刻,外汇市场行情如下:伦敦市场 GBP/CHF:1.643 5/85;苏黎世市场 SGD/CHF:0.282 7/56;新加坡市场 GBP/SGD:5.664 0/80,是否存在套汇的机会?如果存在,如何操作?

解:具体的套汇步骤如下。

(1) 判断是否存在套汇机会。一个实用的标准,就是将三种货币在三个不同外汇市场上的汇率换成统一标价方法(即同为直接标价法,或同为间接标价法),然后将各个汇率相乘,如果乘积为1,则不存在套汇机会;反之,如果乘积不等于1,则存在套汇机会。本例中,先求出三个市场的中间汇率,即伦敦市场(丙)GBP/CHF:1.646 0;苏黎世市场(甲)SGD/CHF:0.284 1;新加坡市场(乙)GBP/SGD:5.666 0。然后,将不同标价法均转换成统一标价法。此例中,只需将伦敦市场(丙)的汇率变成直接标价法,即 CHF/GBP:

0.607 5,将三个市场标价货币的数值相乘,得 0.607 5×0.284 1×5.666 0=0.997 9<1,因此,存在套汇机会。

(2) 确定套汇路线。基本思路是利用甲、乙两个外汇市场的中间汇率,计算出套算汇率,即 GBP/CHF=5.666 0×0.284 1=1.609 7;并与丙外汇市场中间汇率进行比较,小于丙市场的中间汇率 GBP/CHF=1.646 0。本着贱买贵卖的原则,确定套汇路线为:在丙市场(伦敦)出售 GBP1,换取 CHF1.643 5;在甲市场(苏黎世)出售 CHF1.643 5,换取 SGD5.754 6(1.643 5/0.285 6);再在乙市场(新加坡)卖出 SGD5.754 6,换取 GBP1.015 3(5.754 6/5.668 0)。

(3) 操作者获利为:通过三角套汇,套汇者每拿出 GBP1 可获得毛利 GBP0.015 3(1.015 3−1)(忽略其他交易费用)。

(3) 时间套汇(time arbitrage)

时间套汇又称掉期交易(swap transaction),指在买进或者卖出某种货币的同时卖出或买进同种但到期日不同的货币。具体细节将在下一节中详细阐述。

4.3.2 远期外汇交易

1. 远期外汇交易的目的

为什么会有远期外汇交易呢?主要有三个原因和目的。

第一,客户交易商规避外汇风险。拥有远期未结清权益的债权、债务或海外投资者,如进出口商、资金借贷者,预计今后收到或付出的货币可能会面临汇率贬值或升值的风险,通过签订远期外汇交易,按约定的远期汇率在未来进行实际交割,可以避免或减少未来结算时汇率波动的不确定性可能造成的损失。

第二,银行外汇管理的需要。银行外汇持有总额超买(多头)或超卖(空头)的外汇头寸时,银行通过卖出远期多头、买入远期空头,而使银行外汇头寸持有总额保持在设定的风险管理限额内,避免遭受汇率波动的风险。同时,还有助于调节银行外汇资金结构。

第三,可以满足外汇市场上投机商的需要。当投机者预测到某种外汇汇率下跌时,可以先售出远期外汇,待该外汇汇率真正下跌时再低价从市场买进该货币,以交割远期合约,从而获得两者买卖的价差利润,这种先卖后买被称为卖空或做空交易。反之,先买后卖称为买空或做多交易。

2. 远期外汇交易的类型

远期外汇交易按照外汇交割日的确定来划分,可以分为以下两种类型。

(1) 固定交割日的远期外汇交易

它具体指交易双方商定某一确定日期作为履行合约的交割日。例如1月15日,甲银行与乙银行通过电传签订一项3个月期固定交割日的远期外汇买卖合约,则双方必须在4月15日这一天,同时按对方的要求将卖出的货币放入对方指定的账户内。如果一方提前交割,另一方既不需提前交割,也不需要因对方提前交割而支付利息。但如果有一方延期交割,则另一方可向其收取滞付利息费。

（2）不固定交割日的远期择期交易(forward options)

它具体指交易双方商定由询价者来选择未来某个时间的区间段中的任何一天作为履行合约的交割日,而具体的交割汇率由报价行决定这一区间段内到期的某个远期汇率作为交割汇率,正因为交易双方有选择的权利,被称作外汇择期,主要适用于国际贸易中的货到付款的情形。因为,进口方的付款条件是货到付款,双方要规定一个交货期限,则出口商可以选择该交货期限作为远期择期交易的交割期限。具体的交割日,出口商可以选择货到对方之日为付款日,通知银行交割这笔远期外汇交易。银行相应会选择一个对自己有利的汇率成交。一般来说,如果出口商出售的货币在远期市场贴水的话,则银行会选择约定的择期期限中最晚一天到期的远期汇率成交;相反,若该货币升水的话,银行则会选择择期期限中最早一天到期的远期汇率成交。例如,1月15日,某外贸公司(询价者)与甲银行(报价行)通过电传签订一项3个月择期交易,外贸公司欲卖出美元,交割期限为4月5日至4月20日,美元远期贴水,则在4月5日起至4月20日止的任何一个营业日,外贸公司会选择国外进口商货到付款之后通知甲银行办理远期交割,甲银行则按约定的35天的远期贴水率计算,即4月20日到期的远期汇率进行交割,并按对方的要求将各自卖出的货币放入对方指定的账户。

3. 远期升贴水的决定因素及计算

持有或筹措一定期限的货币资金都是具有价格的,一般来说,资金的利率水平决定外汇的远期汇率。在国内资金市场上,利率的结构和水平受到政府政策与直接干预的影响。在欧洲资金市场,政府干预只能通过间接手段来达到目的,供求关系的作用尤为明显,欧洲资金市场的利率就代表该货币的真实利率。因此,欧洲资金市场的利率决定外汇的远期汇价。一般来说,利率较高的货币在远期外汇市场上表现为贴水,利率较低的货币在远期外汇市场上表现为升水。此外,期限的长短也是影响远期汇率升贴水的重要因素,国际政治、经济形势的变化、国际经济交易的消长以及国际收支的变化等,也都会影响升贴水率的大小。

在正常的市场条件下,远期汇率的升贴水大约等于两种货币的利率差,货币市场上的利率变化会直接影响到升水和贴水的大小,如果两种货币的相同期限利率水平无差异,升水和贴水就等于零,此时远期汇率等于即期汇率。远期汇率的升水或贴水幅度可以表示为

$$外币升贴水数值 = 即期汇率 \times 两国利差 \times 月数/12 \quad (4.22)$$

或

$$外币升贴水数值 = 即期汇率 \times 两国利差 \times 天数/360$$

若交割期为一年,式(4.22)实际为利率平价公式:$\rho=(F-S)/S=r-r*=i-i_f$, $F-S=$升贴水数,其中汇率用直接标价法表示。一种货币对另一种货币升水(或贴水)的具体数字不便于比较,不能直接指明其高于(或低于)即期汇率的幅度,折成年率则可方便地进行比较。

$$SFP_M = (F_M - S)/S \times 360/M \times 100\%$$

或

$$SFP_m = (F_m - S)/S \times 12/m \times 100\% \qquad (4.23)$$

式中，$SFP_M(SFP_m)$ 为标准货币 M 天（m 个月）远期汇率升/贴水年率，如果 $SFP_M(SFP_m)$ 为正表示标准货币升水，如果 $SFP_M(SFP_m)$ 为负表示标准货币贴水；$F_M(F_m)$ 为 M 天（m 个月）远期汇率；S 为即期汇率，用直接标价法表示。

【例 4.6】 伦敦外汇市场即期汇率 \$1.655 0/£，伦敦市场利率为 10%，纽约市场利率为 8%，求：3 个月后，美元远期汇率是升水还是贴水？3 个月后，美元远期汇率的升/贴水值是多少？

解：方法一：将美元视为外币。
(1) 因为 $i_\$ < i_£$，所以美元远期升水。
(2) 美元升水值 = $1/1.655\ 0 \times (10\% - 8\%) \times 100\% \times 3/12 = £0.003\ 0$
(3) 3 个月美元远期汇率为：\$1 = $1/1.655\ 0 + 0.003\ 0 = £0.607\ 2$ 或 £1 = \$1.646 9

方法二：
(1) 因为 $i_\$ < i_£$，所以美元远期升水。
(2) 英镑贴水率 = $1.655\ 0 \times (10\% - 8\%) \times 100\% \times 3/12 = \$0.008\ 3$
(3) 三个月美元远期汇率为：£1 = $1.655\ 0 - 0.008\ 3 = \$1.646\ 7$

【例 4.7】 美国一公司因进口用汇，从远期外汇市场购入一个月远期瑞士法郎。已知即期汇率 \$1 = SF1.543 2，一个月后美元贴水 30 点，问该公司因进口用汇（瑞士法郎）升值而遭受的损失折成年率是多少？

解：美元贴水 30 点，即瑞士法郎升水 30 点（0.003 0SF），则瑞士法郎升水值折成年率为：$0.003\ 0/1.543\ 2 \times 12 \times 100\% = 2.33\%$。

【例 4.8】 假设即期美元/日元汇率为 98.30/40，银行报出 3 个月远期的升贴水为 42-39，假设美元 3 个月定期同业拆息年率为 5.312 5%，日元 3 个月定期同业拆息年率为 0.25%，为了计算方便，不考虑资金拆入价和拆出价的差别，问：
(1) 某贸易公司要购买 3 个月远期日元，汇率应当是多少？
(2) 试根据利率平价原理，计算美元兑 3 个月远期日元的汇率（中间价）。

解：(1) 根据远期汇率的报价，远期美元应当贴水，所以汇率是 $98.30 - 0.42 = 97.88$；
(2) 根据利率平价公式 $i - i_f = (F - S)/S$，可得

$$\frac{F - 98.35}{98.35} \times \frac{12}{3} \times 100\% = (0.25\% - 5.312\ 5\%)$$

因此，3 个月远期日元汇率 $F = 97.10$。

专栏 4-3

银行远期结售汇呈现逆差

由于我国一直没有外汇交易市场，而人民币又不断升值，许多出口企业不得不蒙受外汇贬值带来的损失。我国有关部门从 1997 年开始试行经常项目和某些资本项目下的外汇远期结售汇。外汇远期结售汇是指客户与银行签订远期外汇结售汇协议，约定未来结

汇或售汇的外汇币种、金额、期限与汇率,到期时按照该协议定明的币种、金额、汇率办理结售汇业务。该业务实际上就是我国的远期外汇交易。该制度于2005年进一步扩大,许多银行都开展此项业务。

中国银行的远期结售汇业务规定,客户可以办理7天以上的任意期限远期结售汇业务(包括标准期限和非标准期限),同时还可以办理择期业务。标准期限的远期交易分为7天、20天、1个月、2个月、3个月、4个月、5个月、6个月、7个月、8个月、9个月、10个月、11个月、12个月等,非标准期限的远期交易可以根据客户需求任意选择。选择交易的最长期限为1年。

国家外汇管理局统计数据显示,2012年7月我国银行代客结汇1 275亿美元,售汇1 270亿美元,结售汇顺差5亿美元。在6月份年内二度出现逆差后,再度转为顺差。国家外汇管理局副局长王小奕通报2015年前三季度外汇收支数据表明:2015年前三季度,银行累计结汇8.26万亿元人民币(折合1.34万亿美元),售汇10.15万亿元人民币(折合1.64万亿美元),结售汇逆差1.88万亿元人民币(折合3 015亿美元)。从银行代客涉外收付款数据看,2015年前三季度,累计涉外收入15.28万亿元人民币(折合2.48万亿美元),对外付款15.70万亿元人民币(折合2.54万亿美元),涉外收付款逆差4 139亿元人民币(折合636亿美元)。

前三季度我国外汇收支状况主要呈现以下特点。

第一,银行结售汇和代客涉外收付款总体均呈现逆差。2015年前三季度,按美元计价(下同),银行结汇同比下降6%,售汇增长31%,结售汇逆差3 015亿美元,月均335亿美元。前三季度,银行代客涉外收入同比增长1%,支出增长6%,涉外收付款逆差636亿美元,月均71亿美元。涉外收付款逆差明显低于结售汇逆差,主要体现了我国市场主体在境内的本外币资产负债结构调整,包括收汇不结汇而选择存款方式保留外汇的情况,以及购汇增加外汇存款、偿还境内外汇贷款等。

第二,跨境资金流动波动加大。从银行结售汇数据看,2015年一季度,结售汇逆差914亿美元,月均305亿美元;二季度结售汇逆差大幅收窄至139亿美元,月均46亿美元,其中,五六月为小幅顺差;三季度结售汇逆差扩大至1 961亿美元,月均654亿美元。银行代客涉外收付款数据也呈现了同样的波动趋势。

第三,市场主体结汇意愿先升后降,藏汇于民进程稳步推进。衡量企业和个人结汇意愿的结汇率,即企业、个人结汇额与涉外外汇收入之比,一季度为69%,二季度上升至74%,三季度回落到67%。从2007年到2011年人民币升值期间的情况看,结汇率一直保持70%以上,说明现在企业的结汇意愿不强。前三季度,非金融企业境内外汇存款余额累计增加461亿美元,个人外汇存款余额累计增加119亿美元。

第四,市场主体购汇动机先弱后强,有序调减借债规模。衡量购汇动机的售汇率,也就是企业、个人购汇额与涉外外汇支出之比,一季度为79%,二季度下降到75%,三季度上升至91%。在2007年到2011年人民币升值期间,售汇率只有50%至60%,说明当前企业、个人购汇意愿较强。与此对应的是,前三季度,企业借用的境内外汇贷款余额累计下降418亿美元,较上年同期增加396亿美元;海外代付、远期信用证等进口跨境融资余额累计下降728亿美元,较上年同期增加63亿美元,这也表明企业去杠杆化的进程加快。

第五,银行远期结售汇呈现逆差,但已明显收窄。2015 年前三季度,银行对客户远期结汇签约同比下降 50%,远期售汇签约增长 52%,远期结售汇签约逆差 1679 亿美元,去年同期为顺差 508 亿美元。其中,一季度逆差 470 亿美元,二季度逆差收窄至 215 亿美元,三季度逆差扩大至 993 亿美元。从近期看,9 月远期结售汇签约逆差为 154 亿美元,比 8 月大幅下降 77%。

资料来源:中国证券网,2015 年 10 月 22 日。

4. 远期外汇交易的应用

(1) 套期保值(hedge)

套期保值也叫对冲(set-off),是以某种货币为中介货币,同时买卖另两种货币,由于买卖的损益互相对冲(冲销),从而达到规避外汇风险的投资行为。例如,某贸易商将在未来收到或支付外汇,可能担心一旦将来即期汇率波动较大,收到的外汇只能兑换到较少的本币,或者支出的外汇要用更多的本币兑换,这会降低预期财务利润,带来汇兑损失,于是可以考虑利用外汇市场套期保值的操作。

【例 4.9】 某年 5 月中旬,一美国出口商向英国出口价值 1 000 万英镑的机器设备,预计 3 个月后收到货款,到时需把英镑兑换成美元核算盈亏。当时纽约外汇市场即期汇率水平为 GBP/USD 1.673 2/37,3 个月远期英镑贴水 20 点。3 个月后即期汇率为 GBP/USD1.669 0/95,则该美国出口商如果不采取保值措施,3 个月后会收回多少美元?如果采取保值措施,会避免多少损失?

① 如果不采取保值措施,3 个月后收到 1 000 万英镑,换得 1 669 万美元。

② 如果采取保值措施,在签订了进出口合同的同时,与银行做一笔卖出 3 个月英镑的远期外汇交易,3 个月后,可以换得 1 671.2 万美元,不但避免了 2.2 万美元的损失,而且在签订贸易合同时就可以确定该笔交易的收入。

(2) 投机

远期外汇投机不涉及现金和外汇的即期收付,仅需少量保证金,进行杠杆投资,无须付现,而且大多数远期外汇投机在到期前已经平仓。若某外汇投机商判断某货币在未来某一时刻即期价格与当前该时刻的远期汇价存在差别,他可以利用远期市场,在付给银行一定保证金的基础上,与银行签订买进(多头)或卖出(空头)某种货币的远期合约。当预期某种货币未来的即期汇率将上涨时,先买入即期的该货币,未来再卖出即期的该货币;反之,预期某货币将贬值时,可以先在银行借入该货币,存入银行赚取利息,未来即期贬值时,再从市场低价买入该货币偿还借款,获得利润。

【例 4.10】 自 2010 年以来,人民币存在升值压力,某家外资银行上海分行 3 个月人民币远期汇价报价美元 90 天远期卖价贴水 3%。然而,某投机商觉得自己的信息比市场更灵通,相信 90 天后美元的即期价格会比现在¥6.854 5/$ 低 1%(或可能高 1%),于是他按照人民币远期汇价¥6.648 8/$ 卖出美元买入人民币(或买入美元卖出人民币)的远期。3 个月后,若预测正确,按照市场即期汇率¥6.786 0/$ 买入美元(或以¥6.923 0/$ 卖出美元)交割远期合约,获利 2%(或 4%)。当然,若预测失误,3 个月后即期汇率可能会不利于其投资,他将遭受损失。

【例 4.11】 根据 2004 年经济的状况分析,人民币存在升值压力,某家外资银行上海分行 3 个月人民币远期汇价报价美元 90 天远期卖价贴水 3%。然而,某投机商觉得自己的信息比市场更灵通,相信 90 天后美元的即期价格会比现在¥8.272 5/$ 低 1%(或可能高 1%),于是他按照人民币远期汇价¥8.024 3/$ 卖出美元买入人民币(或买入美元卖出人民币)的远期。3 个月后,若预测正确,按照市场即期汇率¥8.189 8/$ 买入美元(或以¥8.355 2/$ 卖出美元)交割远期合约,获利 2%(或 4%)。当然,若预测失误,3 个月后即期汇率可能会不利于其投资,他将遭受损失。

除了利用即期市场和远期市场进行投机以外,投机者还可以通过其他方式获取汇率波动的收益。例如,购买以外币计价的债券或股票,此时投机者不但要预测汇率的变化,还要预测债券和股票的价格走向。因此,他们必须非常熟悉且善于分析各国诸多金融和经济因素,做出准确的投资判断。

(3) 套利(interest arbitrage)

套利指利用不同国家或地区的短期投资利率的差异,将货币由利率较低的地区或国家调往利率较高的地区或国家,以赚取利差收益的外汇交易行为。在套利的过程中,为了避免高利率货币在投资期间利率下跌而蒙受损失,将套利交易与远期交易结合进行,称之为抛补套利(covered interest arbitrage),即套利者买进即期高利率货币,卖出即期低利率货币,同时为了避免汇率的风险,卖出远期高利率货币,买进远期低利率货币。这样会导致高利率货币远期贴水,低利率货币远期升水,并且升(贴)水幅度不断增大,直到升(贴)水幅度与两地利差相等,达到均衡状态,套利行为自行终止。这也是利率平价理论的具体运用。还有一种套利行为被称作未抵补套利,即交易者将资金从利率低的国家转移到利率高的国家进行投资时,为了赚取利差,而不采取远期的套期保值措施的套利交易。未抵补的套利交易仅涉及即期外汇交易,套利者的盈亏取决于对未来汇率预测的正确与否,也是未抵补套利平价说的具体运用,更具有极强的投机性。详细操作可参见本书 4.2 节中的利率平价说。

4.3.3 远期择期交易

远期择期外汇交易,不规定具体的交割日期,只规定交割的期限范围,即客户对交割日在约定期限内有选择权。银行在交易时处于被动地位,受到汇率变动损失的可能性大,因而,在交易时,银行可以选择对银行有利的汇率,作为对银行承担风险的补偿。具体交易规则为:银行将选择从择期开始到结束期间最有利于银行而最不利于顾客的汇率作为择期交易汇率,而顾客拥有选择具体交割日期的主动权。由于远期汇率=即期汇率+(一)升(贴)水率,因此,对客户最不利的汇率是选择期第一天或者最后一天的汇率。银行关于择期交易的定价原则是:银行买入基准货币、卖出标价货币时,如果基准货币升水,按择期第一天的远期汇率计算;如果基准货币贴水,按最后一天的远期汇率计算。银行卖出基准货币、买入标价货币时,如果基准货币升水,按择期最后一天的远期汇率计算;如果基准货币贴水,按择期第一天的远期汇率计算。

择期交易有完全择期交易和部分择期交易两种类型,前者指从成交之日起 3 个营业日至到期日的任何一个营业日,客户都可选择某一日期要求交割;后者指客户可以将交割定于有效期内某两个具体日期之间或某个具体月份。

【例 4.12】 某日市场汇率见表 4.7。

表 4.7 某日市场汇率

汇率期限 \ 汇率种类	GBP/USD	USD/JPY	起算日
即期汇率	1.497 0/80	136.50/60	4 月 6 日
1 个月	27/25	80/77	5 月 6 日
2 个月	117/110	183/178	6 月 6 日

(1) 客户用英镑向银行购买期限为 4 月 6 日—5 月 6 日的择期远期美元,银行应用哪个汇率?

(2) 客户用美元向银行购买期限为 5 月 6 日—6 月 6 日的择期远期英镑,银行应采取哪个价格?

(3) 如果该客户向银行出售期限为 5 月 6 日—6 月 6 日的择期远期日元、买入远期美元,银行应采取哪个价格?

解：为了便于识别,首先计算出具体的远期汇率值,见表 4.8。

表 4.8 计算出具体的远期汇率值

	GBP/USD	USD/JPY	起算日
即期汇率	1.497 0/80	136.50/60	4 月 6 日
1 个月	1.494 3/55	135.70/83	5 月 6 日
2 个月	1.485 3/70	134.67/82	6 月 6 日

(1) 客户用英镑向银行购买期限为 4 月 6 日—5 月 6 日的择期远期美元,则银行买入择期英镑,英镑贴水,银行应选用择期最后一天的英镑买入价:1GBP=1.494 3USD。

(2) 客户用美元向银行购买期限为 5 月 6 日—6 月 6 日的择期远期英镑,则银行出售择期英镑,英镑贴水,美元升水,银行应采用择期第一天的英镑卖出价:1 GBP=1.495 5USD。

(3) 客户向银行出售期限为 5 月 6 日—6 月 6 日的择期远期日元、买入远期美元,则银行卖出远期美元,美元贴水,银行应采用择期第一天的美元卖出价:1USD=134.82JPY。

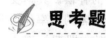

思考题

1. 外汇市场的特征有哪些?
2. 如何理解外汇市场的分类?
3. 简述不同货币制度下的汇率决定基础。
4. 浮动汇率制度下均衡汇率是如何确定的?
5. 外汇市场的即期汇率为:GBP/USD=1.222 0/50,3 个月远期差价为 80/60,6 个月远期差价为 50/80,则计算 3 个月和 6 个月的远期汇率分别为多少?
6. 某银行就美元兑瑞士法郎和澳大利亚元报价为:CHF/USD:1.596 0/70;

USD/AUD：1.722 5/35。试问某澳大利亚公司请该银行报 CHF/AUD 的价格应该是多少？

7. 外汇市场的即期汇率为：东京市场上，USD/JPY＝110.50/110.70，伦敦市场上，GBP/USD＝1.214 0/1.216 0，计算下列问题：
   (1) 英镑兑日元汇率的美元买价和卖价是多少？
   (2) 如果客户要求将 20 万英镑兑换为日元，能够得到多少美元？

8. 伦敦外汇市场即期汇率£1＝\$1.215 0，伦敦市场利率为 8％，纽约市场利率为 6％，3 个月后，美元远期汇率是多少？

9. Douge 专门从事汇率套利，已知汇率报价为：CHF/USD＝ SFr1.597 1/\$；USD/AUD；CHF/AUD＝ A\$1.144 0/SFr。如果不考虑交易成本，那么 Douge 有套利机会吗？如果他拥有 100 万美元可供套利，如何操作？获取多少利润？

10. 简述传统的汇率决定理论内涵。在什么条件下，该预测理论体系能发挥最佳功能？

第 5 章 外汇衍生市场

2008年1月24日,法国第二大银行法国兴业银行披露,该银行一名31岁的不端交易员未经授权买入总额高达730亿美元的欧洲股票指数期货合约,股票市场走势不利于其持有的头寸,该交易员通过侵入旨在监控交易情况的电脑系统,避开正常的风险管理措施,从而将交易头寸掩盖数月,导致法国兴业银行损失72亿美元,迫使法国兴业银行紧急筹资80亿美元。1995年,另一不端交易员因建立270亿美元交易头寸未做套期保值而导致巴林银行损失13亿美元并破产,当市场变化对交易商的投机头寸不利时,将产生巨大损失,最后,巴林银行被荷兰银行和保险财团ING集团所接管,因欺诈交易而入狱的交易员则在新加坡监狱服刑3年。这些例子表明,如果出于投机目的,期货和期权合约将是高风险投资。然而,它们也是重要的风险管理工具。本章将介绍外汇交易的外汇期货交易、期权交易和外汇掉期交易,它们是对规避汇率变动风险很有用的衍生工具。

5.1 外汇期货交易

期货可以分为三类期货:一是软商品期货,指农产品和畜产品,如棉花、咖啡、橡胶、冻鸡、牛肉、木材等;二是硬商品期货,指各种金属期货,如黄金、白银、锡、钢、锌等;三是金融商品期货(financial futures),指其他金融市场上的金融工具,主要包括三种类型:利率期货(interest futures)、外汇期货(currency futures)和股票指数期货(index futures),如货币市场的国库券、外汇市场上的外汇、股票市场上的股票指数。

1571年,英国创建的伦敦皇家交易所,是期货交易的雏形。1848年,芝加哥期货交易所(CBT)成立并正式开始商品期货交易。1972年,全球第一个金融期货产品外汇期货推出,金融业发达的国家相继成立各自的期货交易所,期货交易所大量涌现,交易量快速增加,至今已形成诸如国际货币市场(international monetary market,IMM)、伦敦国际金融期货交易所(London international financial futures exchange,LIFFE)和纽约商品交易所(COMME)等著名的国际型期货市场。20世纪70年代以前,期货交易仅限于农矿产品。这100多年中,期货交易从提供延期付款以避免价格波动风险的机制,发展成为主要以套期保值避免价格波动风险而进行投机的场所。以美国为例,其年期货交易额已超过美国国内总产值的10倍,特别是金融期货占期货市场76%以上。

5.1.1 外汇期货概述

外汇期货是交易双方约定在未来某一时间,依据现在约定的比例,以一种货币交换另一种货币的标准化合约交易。外汇期货是以汇率为标的物的期货合约,主要用来回避汇率风险,是金融期货中最早出现的品种。

1. 外汇期货的货币品种

从1972年芝加哥商业交易所国际货币市场首先推出外汇期货产品之后,全球的外汇期货交易由3.2万亿美元下降到2.5万亿美元,主要是受到全球宏观经济等因素的影响。20世纪80年代,随着计算机等科学技术的飞速发展,亚洲、欧洲和美洲跨国界的资本流动更加迅速。根据国际清算银行调查显示,全球2007年4月外汇日均成交金额高达3.98万亿美元,比2007年同期的3.32万亿元上升了64.2%。2008年来市场跌宕起伏,但整体呈增长趋势,目前,交易所交易的外汇衍生品包括外汇期货和外汇期权,近年来交易量增长迅猛。期货业协会(FIA)的统计数据显示:全球交易所外汇期货和外汇期权交易量从2000年的0.47亿份合约持续增加至2010年的24.02亿份,增长率也呈逐年扩大趋势,由2001年的17.02%不断攀升至2007的91.67%。2008年受金融危机影响虽有所回落,但随后出现井喷式增长,飙升至2010年的142.00%,成为众多期货品种中增速最快的品种。同时,从整个外汇衍生品市场来看,场内衍生品交易量占比也从1998年的1.13%增长至2010年的6.32%。

> **专栏 5-1**

人民币期货登陆港交所

2012年9月17日,人民币货币期货正式登陆港交所,成为港交所唯一的货币期货产品,也是全球首只人民币可交收货币期货。港交所共推出7种可供交易的人民币期货合约,合约月份包括2012年10月、11月、12月及2013年1月、3月、6月和9月。合约的变价调整、保证金、交易和结算费用以人民币结算,于最后结算日,短仓持有人(即卖方)缴付美元结算,而长仓持有人(即买方)则按最后结算价缴付人民币结算。首日挂牌总成交415张合约,共24个交易所参与者参与买卖,3个交投最活跃的合约月份为2012年12月、2013年6月及3月到期的季度合约月份。

与DF竞争:港交所推出人民币货币期货之前,不交收远期合约(NDF)和可交收外汇远期合约(DF)是常用的对冲人民币汇率风险的工具。与NDF相比,人民币货币期货是一个完全不同的市场。NDF在场外交易且不交收,而人民币货币期货,不论投资者是个人、银行、基金还是公司,均按同一买卖价格在港交所平台上交易,可以交收。对从事进出口贸易的企业而言,手上切实拿着人民币,更需要做交收。此前,很多企业会选择银行提供的DF。而人民币货币期货推出后,意味着港交所与银行的DF业务将产生直接竞争。DF和人民币货币期货都可以交收,前者在银行同业市场交易。与DF产品100万美元的下限相比,人民币货币期货的入场费更低,每张合约基本按金仅人民币7 930元。张志威认为,低门槛的设计也能让更多一般投资者参与到人民币货币期货的交易中来,满足他们日后对于其他人民币产品投资的对冲需求。

券商价格战:尽管多数市场人士认为,人民币货币期货短期内难以火爆,但香港券商依旧打起价格战。信诚证券称,年底前免收首张合约500元的佣金,之后每张合约收取24元佣金。耀才证券则提供第一个月佣金全免等优惠,之后佣金预计约每张合约20元。海通国际表示,9月17日至10月底,不论是否网上交易,均可获豁免首10张单边人民币期货交易佣金,其后每张佣金单边10元及特惠实物结算手续费每张10元,优惠期至今年(2012年)年底。芝加哥商品交易所集团(CME)也宣布将于今年(2012年)第四季度推出离岸人民币期货业务,开发国际市场对人民币不断增长的需求。

与港交所的1年期相比,CME提供的人民币期货合约最长达3年。CME将人民币期货分为10万美元标准合约和1万美元电子合约两种,合约同样在香港地区进行实物交收。

资料来源:21世纪经济报道,2012年9月18日。

2. 外汇期货价格的变动规则

外汇期货一般采用美元报价,即报出一个单位外国货币折合多少美元,标价货币是美元,而且用小数形式表示,小数点后一般是4位数。例如,1英镑=1.203 0美元,1瑞郎=0.988 2美元,100日元=0.868 1美元,表5.1是芝加哥商品交易所外汇期货合约币种规格表。交易所规定每一种期货合约的最低价格变动额与每天最大价格变动。

期货交易所实行"逐日盯市制"的原则(marked to the market)。成交后,在没有交割或了结之前,期货市场根据每天价格的变动对账户按结算价格计算盈亏。所谓结算价格(settlement price)就是每天收市前最后半分钟或一分钟的价格平均数。盈亏都体现在保证金账户上,对交易所来说是实行"不负债"政策。

表 5.1 芝加哥商品交易所外汇期货合约币种规格表

币种	交易单位	最小变动价位	每日价格波动限制
欧元	125 000 欧元	0.000 1 每合约 12.50 美元	200 点 每合约 2 500 美元
日元	12 500 000 日元	0.000 001 每合约 12.50 美元	150 点 每合约 1 875 美元
加拿大元	100 000 加元	0.000 1 每合约 10 美元	100 点 每合约 1 000 美元
瑞士法郎	125 000 法郎	0.000 1 每合约 12.50 美元	150 点 每合约 1 875 美元
英镑	62 500 英镑	0.000 2 每合约 12.50 美元	400 点 每合约 2 500 美元
墨西哥比索	500 000 比索	0.000 025 每合约 12.50 美元	200 点 每合约 1 000 美元
澳大利亚元	100 000 澳元	0.000 1 每合约 10 美元	150 点 每合约 1 500 美元

3. 外汇期货的交割月份

参加外汇期货交易的人在期货到期时应按照合约规定的数量和币种进行交割,交割的方式有两种。

(1) 到期日交割。实际上只有很少合约在到期日实际交割(仅占1‰~2‰)。

(2) 到期前对冲。随时做一笔方向相反合约数量和交割月份相同的期货交易,退出原来买方或卖方头寸。当交割月份临近时,大多数外汇交易者就开始平仓,而后退出市场。

因为套期保值者在现货市场上已了结持仓头寸,将来不再需要套期保值;而外汇交易者一旦获得预期利润,或决定减少他们的损失,通常也会提前了结持仓头寸。外汇期货中规定合约的到期日为1年中交割月份中的第三个星期的星期三,不同品种的交割月不完全相同,外币期货一般规定每年3月、6月、9月和12月为交割月份。外汇期货合约都是标准化的合约,表5.2是芝加哥交易所英镑期货合约的内容。

表5.2 芝加哥商业交易所(CME)英镑期货交易合约的内容

交易单位	62 500英镑
最小变动价位	0.000 1英镑(每张合约12.50英镑)
每日价格最大波动限制	开市(上午7:20—7:35)限价为150点,7:35以后无限价
合约月份	1月、3月、4月、6月、7月、9月、10月、12月和现货月份
交易时间	上午7:20至下午2:00(芝加哥时间),到期合约最后交易日交易截止时间为上午9:16,市场在假日或假日之前将提前收盘
最后交易日	从合约月份第三个星期三往回数的第二个工作日上午
交割日期	合约月份的第三个星期三
交易场所	芝加哥商业交易所(CME)

4. 保证金

外汇期货交易所不同,保证金的规定也不一样。

(1) 芝加哥商品交易所(CME)

它的结算机构就是交易所的一个内部机构。它的优点在于结算部门作为业务部门直接受控于交易所,便于交易所全面掌握市场参与者的资金状况,在风险控制中可以根据交易者的资金和头寸状况及时处理。但这种形式阶段性的缺点也较为明显,在分割的区域市场环境下尚能适应市场发展。但当市场发展到一定阶段后,这种结算形式不利于提高市场效率,市场公平性也得不到保证。CME的保证金可以分为两类:初始保证金(initial margin)和维持保证金(maintenance margin)。

(2) 英国伦敦结算公司(LCH)

保证金可以分为两类:初始保证金(initial margin)和可变保证金(variation margin)。可变保证金是结算中心根据结算会员的未平仓合约和每天合约收盘价(或交易日任何时间合约的价格),计算出需要结算会员追加(或可以支付给结算会员)的保证金数额。结算会员可以通过保障支付系统(protected payments system,PPS)向LCH支付追加的可变保证金。同样,也可以通过PPS获取由交易部门盈利结算中心向结算会员支付的可变保证金。

(3) 新加坡交易所(Singapore Exchange)

1973年6月4日,其前身新加坡证券交易所(Stock Exchange Of Singapore)成立,1999年12月1日,与新加坡国际金融交易所(Singapore International Monetary Exchange)合并,更名新加坡交易所,并作为股份公司于2000年11月23日公开上市。在新加坡交易所交易的产品包括股票、债券、购股权证、利率期货及期权、股指期货及期权以及单一股票期货等,其中股票市场全部通过电子交易系统进行交易,期货及期权可同时通过电子或公开喊价系统进行交易。

一般来说,买进期货,称为做多或长仓(long position);卖出期货,称为做空或短仓(short position)。与商品期货一样,外汇期货也实行保证金制度。被占用的保证金因交易货币不同,保证金不同,按照收盘价来确定交易者账面的浮动亏损或收益。

表5.3以投资者在IMM购买1份澳元期货合约为例,说明保证金制度的运作机制。初始保证金为每份合约1 200美元,维持保证金为每份合约900美元。第一次钉市是在购买期货合约的当天,即8月31日的收盘时刻。逐日钉市一直维持到合约平仓日,即9月4日。(表5.3中第二栏的期货价格除第一行和最后一行外,均为当日的收盘价。)可以看出,这个投资者在9月1日因保证金余额不足900美元而被催促补交保证金;9月2日,保证金余额超过初始保证金,投资者可以提走超额部分。

表5.3 期货价格变化与保证金制度运作

日期	期货价格	当日损益	累计损益	保证金金额	补交保证金
8月31日	0.654 5			1 200	
8月31日	0.652 5	−200	−200	1 000	
9月1日	0.651 0	−150	−350	850	350
9月2日	0.654 8	30	−320	1 230	
9月3日	0.654 0	−50	−370	1 180	
9月4日	0.655 5	100	−270	1 280	

5. 佣金

佣金是经纪人代客户进行期货买卖所收取的报酬。从事期货交易时,保证金并非真实的成本,所以才有佣金制度的产生。收取佣金在一回合交易完成后进行,一买一卖的过程的佣金大约为期货合约的百分之零点几。较低的成本和较高的收益极大地刺激了投机者参与此市场,其他参与者还包括进出口商、拥有外币资产、债权债务的公司及银行家。

5.1.2 外汇期货与外汇远期的比较

1. 相同点

外汇期货与外汇远期业务极其相似,它们的相同点包括:首先,外汇期货交易与外汇远期都是外汇市场的重要组成部分;其次,外汇期货交易与外汇远期交易的对象相同,都是外汇,交易的原理相同,都是约定在一个确定的未来时间内,按照一定的条件,交收一定金额的外汇;最后,外汇期货交易与外汇远期交易的目的相同,两种交易的主体都是为了防止和转移汇率风险,达到保值与投机获利的目的。

2. 不同点

外汇期货和外汇远期交易在具体操作和特点方面有一定的区别,主要表现在以下几方面。

(1) 交易主体不同。按规定缴纳保证金,任何投资者均可通过外汇期货经纪商从事外汇期货交易;外汇远期交易参与者大多为专业证券交易商或与银行有良好业务关系的大厂商,没有从银行取得信用额度的个人投资者和中小企业极难有机会参与远期交易。

(2) 保证金制度不同。外汇期货交易双方均需缴纳保证金,并通过期货交易所逐日清算,逐日计算盈亏,而补交不足或退回多余的保证金;外汇远期交易视银行与客户的关系亲疏来决定是否缴纳保证金,通常不需要缴纳保证金,外汇远期交易盈亏要到合约到期日才结清。

(3) 交易方式不同。外汇期货交易是在期货交易所通过公开拍卖的方式进行,交易双方互不接触,而各自以清算所作为结算中间人,承担信用风险,是一种有组织、有场所、有规则的有形市场;而外汇远期交易是在场外交易,以电话或传真方式,双方各自报出买卖两种价格,对于交易金额和到期日,均由买卖双方自由决定,是一种抽象的无形市场。

(4) 合约标准化不同。外汇期货合约是标准化合约,每份期货合约中交易货币品种、交割期、交易单位及价位变动都是固定的,不同货币有不同的标准金额,合同金额通常较小,流动性较好;外汇远期合约一般是非标准化合约,合约金额、交割日期、交易币种等都由交易双方自由确定。

(5) 结算方式不同。外汇期货交易由于以清算所为交易中介,金额、期限均有规定,故不实施现货交割,对于未结算的金额,逐日计算,并通过保证金的增减进行结算,期货合约上虽标明了交割日,但在此交割日前可以转让,实行套期保值,减少和分散汇率风险;而外汇远期交易要在交割日进行现货结算或履约。

(6) 承担风险不同。外汇期货交易双方无须了解对方资信情况,只要交足保证金,信用风险由期货交易所的清算所承担;外汇远期交易双方(尤其是银行对一般客户),在开始交易前需作资信调查,自行承担信用风险。

> 专栏 5-2

全球已有 8 地上市人民币外汇期货

目前,全球范围内已经有 8 个国家或地区上市人民币外汇期货。包括美国芝加哥商品交易所(CME)、CME 欧洲交易所、新加坡交易所、香港交易所、台湾期货交易所、南非约翰内斯堡证券交易所、巴西商品期货交易所和莫斯科交易所。具体品种既有人民币兑美元汇率期货,也有人民币兑本地币种汇率期货。

2006 年 8 月,CME 率先推出人民币兑美元、欧元和日元的期货及期权合约。2011 年 10 月,又推出美元/人民币标准与电子微型期货产品。2013 年 2 月,推出美元/离岸人民币(USD/CNH)标准与电子微型期货产品。2010年11月,南非约翰内斯堡证券交易所推出人民币/兰特期货,后撤牌。2013年5月,又推出离岸人民币/兰特期货。2011年8月,巴西商品期货交易所推出人民币/雷亚尔外汇期货。2012年9月,香港交易所推出全球首只可交收的美元兑人民币期货产品。2014年4月7日收市后交易时段,推出人民币货币期货交易。2014年10月20日,新加坡交易所推出人民币期货合约交易,USD/CNH期货和CNY/USD期货合约正式挂牌,合约规模分别为10万美元和50万元人民币。2015年3月17日,莫斯科交易所发布公告称,从当天起该交易所启动人民币/卢布期货交易。2015年7月20日,台湾期货交易所挂牌两档人民币汇率期货商品,分别为契约规模2万美元小型和10万美元的USD/CNY汇率期货,交易时间为台湾当地时间上午8时45分至下午4时15分。

据中国金融期货交易所数据显示,2015年6月,境外人民币外汇期货市场成交21 211手,环比减少2.5%。其中,香港交易所USD/CNH期货成交9 142手,交易量占全市场43.1%;新加坡交易所USD/CNH期货环比大幅增长,成交8 460手,交易量占比39.9%;莫斯科交易所CNY/RUB期货成交3 268手,占比15.4%;CME的USD/CNH和CNY/USD期货占据剩余的交易量;新加坡交易所CNY/USD期货6月仅成交33手。持仓方面,尽管香港交易所持仓量连续下降,但市场占比仍为64.2%;新加坡交易所USD/CNH期货持仓2 477手,在岸人民币兑美元(CNY/USD)期货持仓651手;CME两个人民币外汇期货产品持仓分别为301手和524手;莫斯科交易所CNY/RUB期货持仓272手。巴西交易所和南非约翰内斯堡证券交易所仍然没有人民币外汇期货的交易和持仓。

资料来源:《中国证券报》,2015年8月27日。

5.1.3 外汇期货的功能及其应用

外汇期货市场不同于一般商品市场的一个很重要原因是,它具有三个特殊的功能:价格发现功能、套期保值功能和投机功能。

1. 价格发现功能

期货价格是现货价格的预期。期货价格是最不稳定的,是现货价格变动的放大甚至夸张。任何可能引起现货价格波动的因素都足以引起期货价格的波动。所谓价格发现是指形成竞争性价格的过程。外汇期货市场由于透明度高和流动性强,因而形成更有效的价格发现机制。外汇期货市场通过参与者各方有序的公开竞争和讨价还价,形成的汇率能够比较真实地反映外汇市场的供求状况,有助于从事外汇交易的主体对未来的价格走势做出判断。

2. 套期保值功能

在市场条件下,某一商品市场价格突然大幅度上升或下降,会给厂商带来很大风险或不确定性。一些经营稳健的厂商力求放弃可能的"铤而走险"带来的"外快",而锁定成本或收益。对于进出口商而言,由于未来会支付或收取一笔外汇,所以它可能面临外汇升值或贬值而引起的本币支出的增加(减少)。如果企业在外汇市场上买进(卖出)外汇期货合约,其数量等于结算日将要买进(卖出)现汇的数量,价格与结算日相同或者相近,然后在现汇市场买入(卖出)外汇的同时,再在外汇期货市场上卖出(买进)原来的外汇期货合约,冲销原来外汇期货多头(空头),同样也可防范汇率风险。

(1) 多头套期保值

【例5.1】 美国某进口商与法国出口商签订一笔价值50万欧元的货物进口合同,约定1个月后支付货款。为了防范汇率风险,进口商买入1个月后到期欧元期货合约4份。当时即期汇率为1欧元＝1.1230美元,买入欧元期货合约的协议汇率为1欧元＝1.1240美元,1个月后即期汇率升至1欧元＝1.1310美元,欧元期货价格为1欧元＝1.1330美元。进口商套期保值的过程如下:

① 在现货市场上,进口商按1欧元＝1.1230美元购入欧元,需要56.15万美元,如果在下个月按1欧元＝1.1310美元购入欧元,则需要56.55万美元,欧元升值带来的损失为0.4万美元。

② 在期货市场上,进口商按期货价格1欧元＝1.1240美元买入1个月后到期欧元期货合约4份,需要花费56.2万美元。到期时按照期货价格1欧元＝1.1330美元卖出合约,获得56.65万美元。带来盈利0.45万美元。进口商净盈利为0.05万美元。通过买入期货合约,进口商锁定货款成本,并从中获得一定收益。即使1个月后欧元汇率下跌,现货市场的盈利会弥补期货市场损失。

(2) 空头套期保值

当进口商身份变为出口商时,为了防止汇率波动带来的货款额外损失,进口商通过卖出外汇期货合约达到套期保值目标,即空头套期保值。

【例5.2】 美国某公司在3月1日从英国进口一批机械设备,当时价格5 000 000英镑。合同规定这笔货款的结算日期为6月15日,结算货币为英镑。目前外汇市场上现汇价格为1.5120美元/英镑,6个月英镑期货合同标价为1.5020美元/英镑。该公司预测英镑汇率将在3个月内大幅度上扬,决定利用期货合同进行外汇风险管理。该公司委托期货经纪商在期货市场购进80份英镑合约,价格为1.5020美元/英镑,每份合约金额为62 500英镑,80份合约总额恰好为5 000 000英镑。到了6月支付进口货款时,英镑现汇价格变到1.5876美元/英镑。表5.4为该公司不进行外汇风险管理的交易成本。

表5.4 不进行外汇风险管理的交易成本

时　　间	应付货款	即期汇价	折算成美元数
3月1日	5 000 000英镑	1.5120美元/英镑	7 560 000美元
6月15日	5 000 000英镑	1.5876美元/英镑	7 938 000美元

该公司如果不利用期货合约规避风险,根据6月15日的现汇汇率将支付7 938 000美元,付汇成本比3月1日时预计的成本多出378 000美元,其换汇成本是1.5876美元/英镑。如果该公司利用期货合约进行外汇风险管理,情况将有所改善,分两种情况讨论。

(1) 期货和现货市场的波动幅度一致达到完全规避风险。其收益情况见表5.5。

表 5.5　期货和现货波动一致时期货市场收益情况

3月1日	6月15日	价格收益	总收益
购入80份6月英镑期货合约,价格1.502 0美元/英镑	抛出80份6月英镑期货合约,价格1.577 6美元/英镑	0.075 6美元/英镑	378 000美元

从表 5.5 可以看出,期货市场和现货市场外汇汇价波动幅度完全一致,均为 0.075 6 美元/英镑,该公司在期货市场上的盈利能够恰好弥补其在现汇市场上的亏损,因此采用期货合约可以完全规避外汇交易风险,使得换汇成本保持在(7 938 000－378 000)/5 000 000＝1.512 0 美元/英镑的较低水平。现实生活中,现货市场和期货市场的波动幅度可能不一致,两个市场的损益不能完全抵补,但是采用外汇期货仍然能够起到一定的风险管理作用。

(2) 期货市场和现货市场的波动幅度不一致时并不能完全规避风险。如表 5.6 所示:期货市场的盈利基本弥补现货市场的亏损,两个市场的综合亏损是 20 000 美元,换汇成本是(7 938 000－358 000)/5 000 000＝1.516 0 美元/英镑,比不用期货合同管理外汇风险时要低,但是高于期货市场和现货市场波动一致时的换汇成本。

表 5.6　期货与现货波动不一致时期货市场收益情况

3月1日	6月15日	价格收益	总收益
购入80份6月英镑期货合约,价格1.506 0美元/英镑	抛出80份6月英镑期货合约,价格1.577 6美元/英镑	0.071 6美元/英镑	358 000美元

3. 投机功能

一些期货交易者手中并没有需要保值的现货商品,也绝不想最终获得期货合同所代表的商品。他们开立多头(或空头)仓位,只是希望在期货价格上升后抛出(买进)期货以获得价差。他们的交易直接建立在对期货价格的预期上,一旦预期正确,则大赚其钱,万一预测失误,便大亏其本。这样的交易者被称为"投机者"(speculators),有时在期货市场也被称作"剥皮商"(scalpers)。

(1) 买空(buy long)

【例5.3】 法兰克福外汇市场,某德国外汇投机商预测英镑对美元的汇率将会大幅度上升,他就可以做买空投机交易,先以当时的1英镑＝1.555 0美元的3月期远期汇率买进100万3个月英镑远期;在3个月后,当英镑对美元的即期汇率猛涨到1英镑＝1.755 0美元时,他就在即期市场上卖出100万英镑。轧差后他就会获得100万美元×(1.755 0－1.555 0)＝20万美元的投机利润。当然,若交割日市场即期汇率的变动与投机者相反,投机者将会遭受损失。若3个月后市场即期汇率不升反跌为1英镑＝1.455 0美元,则该投机者将遭受10万美元的损失。

(2) 卖空(sell short)

【例5.4】 东京外汇市场,某年3月1日,某日本投机者判断美元在1个月后将贬值,于是他立即在远期外汇市场上以1美元＝110.03日元的价格抛售1月期1 000万美元,交割日是4月1日。到4月1日时,即期美元的汇率不跌反升,为1美元＝115.03日元。该日本投机者在即期外汇市场购买1 000万美元现汇实现远期合约交割,要遭受1 000×(115.03－110.03)＝5 000万日元的损失。所以,外汇期货市场上的投机者要对汇率进行准确的预测,才有可能获利。但是,预测一般是十分困难的,投机者往往需要对各种经济、政治因素进行宏观分析,并结合各种技术指标和图形来进行分析和预测。

> **专栏 5-3**
>
> ### 境内人民币汇率期货空白待填补
>
> 人民币汇率波动加剧是市场上最火热的焦点,近期汇率的波动让境内外投资机构兴奋不已,但汇率波动对境内企业有更直接的影响。一家期货公司高管指出:"确实,近1个月时间大量客户要到中国香港、新加坡开户,找我们要通道。但是,遗憾的是服务企业汇率避险的通道还不够通畅,客户来找我们,但我们没有这个通道,2016年我们的重点就是布局国际,打通通道。"在需求井喷之下,境外人民币衍生品市场发展如火如荼。中国香港、中国台湾、新加坡交易所的人民币衍生品成交屡创新高。目前台湾期货交易所正研究2016年6月推出人民币汇率选择权,成为亚洲首个推出相关服务的交易所。香港交易及结算所有限公司行政总裁李小加提出,今年(2016年)将陆续推出一系列人民币汇率类产品,包括与多币种货币配对产品和双币计价的贵金属系列产品,满足更多投资者对人民币汇率的风险管理需求。令人担忧的是,境内这块市场发展滞后,企业能选择的汇率避险工具较少,对此,业内人士呼吁尽快推出境内人民币期货等衍生品工具。
>
> 人民币汇率波动加剧需求攀升。虽然人民币国际化进程加快,人民币汇率波动更加市场化已成为市场的共识。2015年12月11日,中国外汇交易中心发布CFETS人民币汇率指数,包括13种货币,其中美元权重26.4%,欧元权重21.4%,日元权重14.7%。该指数主要用来综合计算人民币对一揽子外国货币加权平均汇率的变动,旨在更全面地反映人民币的价值变化。通过指数的设计可以发现,人民币汇率从盯紧美元转向更灵活的定价方式。
>
> 香港交易及结算所有限公司行政总裁李小加认为,随着人民币国际地位的提升,人民币汇率形成机制更加市场化,双向波动将成新常态,所有人民币使用者和投资者都需系好"安全带",做足汇率风险管理。他还强调,如果你是一位进出口贸易商或者经常借外币的中国企业家,你必须加强汇率风险管理,系好"安全带";如果你是一位QFII(合格的境外机构投资者)或QDII(合格的境内机构投资者)基金经理,不系"安全带"的时代已经结束;如果你是一家通过沪港通进行双向投资的资产管理机构,你恐怕也得时常问问自己:系好"安全带"了吗?
>
> 新湖期货董事长马文胜指出,近期人民币汇率八连跌后,多数产业链损失严重,虽然有些产业链凭借其外汇资产实现增值。不可否认,境内当下缺乏外汇期货工具以应对汇率风险逐渐加大的情况。目前,市场上可以对冲人民币汇率的工具有银行间和交易所交易的期货产品。不过,境内企业能选择的工具非常有限。马文胜指出,企业去银行避险,银行可能给一些远期人民币看涨看跌的期权,但是价格非常高。同时,使用银行间市场衍生品工具来规避风险,银行对客户的资格要审核,流程比较烦琐,且门槛较高,此外,银行

间市场透明度不高,企业操作并不方便。交易所场内衍生品具有自动撮合以及中央清算功能,价格透明,对客户来说较为实用和便捷,场内产品更适合企业进行外汇套期保值。此外,利用人民币期货可以进行方向性操作,在汇率波动中赢得交易回报。不过,遗憾的是目前境内市场还没有人民币期货场内衍生品。

境外产品一派火热。近期,由于人民币汇率波动加大,中国香港、中国台湾、新加坡等地的人民币货币期货成交量和持仓量均不断攀升。1月5日,港交所美元兑人民币(香港)期货未平仓合约创下25 250张(名义价值24亿美元)的历史新高,但很快被刷新,1月11日未平仓合约成交量高达29 352张。该期货合约去年(2015年)12月的平均日成交量增加至2 071张(名义价值2.07亿美元),较前一个月增加98%。港交所对人民币期货的推行力度在加大。此前,港交所决定将2015年年初推出的活跃交易者计划延长一年至2016年年底,符合最低成交量要求的交易者,将通过"活跃交易者计划"获得人民币期货交易所费用回赠优惠,很多客户对此较感兴趣。据了解,香港交易所早在2012年就推出人民币货币期货,这一产品目前已成为全球交易所市场交投最活跃的人民币期货。

人民币期货带动中国台湾和新加坡市场。新加坡证交所的美元/离岸人民币期货未平仓合约在2015年12月31日达到创纪录的10 495手,新加坡证券交易所美元/离岸人民币期货的交易量创出纪录新高的51 702手合约(价值接近51亿美元),对比去年增幅更为强劲,2014年12月的成交量为9 549手。2014年10月20日,新加坡交易所人民币期货合约交易,包括美元/离岸人民币期货和人民币/美元期货合约正式挂牌,合约规模分别为10万美元和50万元人民币。台湾期交所推出人民币期货更晚一些,在2015年7月20日上市了两个以"美元兑人民币汇率"为标的之人民币汇率期货,包括:小型美元兑人民币汇率期货,契约规模为2万美元,以台湾离岸人民币定盘汇率(CNT定盘价)作为最后结算价;美元兑人民币汇率期货,契约规模为10万美元,以美元兑人民币(香港)即期汇率定盘价(CNH定盘价)作为最后结算价。台湾人民币汇率期货自2015年7月20日上市以来,日均交易量已经突破1万手。据不完全统计,全球已有10家交易所推出人民币汇率期货品种,分别是芝加哥商品交易所、巴西商品期货交易所、香港交易所、南非约翰内斯堡证券交易所、芝加哥商品交易所欧洲分所、新加坡交易所、莫斯科交易所、台湾期货交易所、ICE新加坡交易所、迪拜商品与黄金交易所。

呼吁出台境内产品。监管层已经将外汇期货列入工作时间表。证监会主席肖钢在2016年1月16日全国证券期货监管工作会议上表示,今年(2016年)将稳妥推进期货及衍生品市场发展,包括加大对商品指数期货、利率及外汇期货研发力度。恒泰期货副总经理江明德认为:"与发展迅猛的国际外汇衍生品市场相比,国内外汇衍生品市场还是个空白。从宏观层面来说,中国经济'一带一路'走出去发展战略和人民币国际化都需要外汇衍生品工具配套。人民币国际化以及在国际外汇市场确立中国的话语权都需要这样一个管理工具和战略手段。从微观层面来看,企业外贸经营活动汇率风险的防范也离不开汇率避险工具。尽快推出外汇金融衍生产品具有重要的现实意义。"方正中期期货投资咨询部负责人王骏指出,在2015年10月底,中国金融交易所启动了欧元兑美元交叉汇率期货与澳元兑美元交叉汇率期货仿真交易,截至目前,仿真交易较为活跃,日均成交在30万手以上。自"8·11汇改"以来,人民币单向看涨的时代已成过去时,国内保值需求空前强烈。2015年第四季度以来人民币汇率波动加剧,人民币贬值幅度进一步扩大,相关交易所正在积极准备外汇期货。北京工商大学证券期货研究所所长胡俞越建言,交叉汇率期货和直接汇率期货也应择机推出,为我国外汇市场提供有效的避险工具,在人民币国际化过程中把握汇率定价权。同时,更多主体将自由参加外汇市场,有助于稳步推进汇率市场化改革,提高管理外汇风险能力。

资料来源:《国际金融报》,2016年1月25日。

5.2 外汇期权交易

5.2.1 外汇期权的概念与分类

1. 标准化外汇期权的出现

1973年4月26日,芝加哥期货交易所(CBOT)设立芝加哥期权交易所(CBOE或CBT)并推出股票期权,对其进行统一化和标准化的期权合约买卖,对期权交易发展具有划时代的意义。期权合约条款,包括合约量、到期日、敲定价等都逐渐标准化。最初,芝加哥期权交易所只推出16只在美国上市的最活跃股票看涨期权,几年后,数量成倍地增加,股票看跌期权也挂牌交易。迄今,全美所有交易所内有2 500多只股票和60余种股票指数开设相应的期权交易。之后,美国商品期货交易委员会放松对期权交易的限制,有意识地推出商品期权交易和金融期权交易。由于期权合约的标准化,期权合约可以在交易所里方便转让给第三人,交易过程也变得非常简单,履约也得到交易所的担保,这样不但提高了交易效率,也降低了交易成本。1983年1月,芝加哥商品交易所提出S&P500股票指数期权,纽约期货交易所也推出纽约股票交易所股票指数期货期权交易,随着股票指数期货期权交易的成功,各交易所将期权交易迅速扩展至其他金融期货上。目前,期权交易所已经遍布全世界,芝加哥期权交易所是世界上最大的期权交易所。

20世纪80年代至90年代,期权柜台交易市场(或称场外交易)也得到发展。柜台期权交易是指在交易所外进行的期权交易。期权柜台交易中的期权卖方一般是银行,期权买方一般是银行的客户。银行根据客户的需要,设计出相关品种,因而柜台交易的品种在到期期限、执行价格、合约数量等方面具有较大灵活性。1982年,费城股票交易所(PHLX)的外汇市场首次推出外汇期权,即以外汇汇率为标的资产的期权合约。当时提供澳大利亚元、英镑、加拿大元、日元、瑞士法郎等外汇现货期权合约,需要用相应的货币进行交割。21世纪以后,随着汇率波动性不断增大,市场上对于外汇期权的交易需求逐年增加。

2. 外汇期权的概念

外汇期权(currency options)指交易双方签订一笔外汇远期合约,约定期权买者(option buyer)支付一定金额的期权保险费(premium)后,从期权卖者(option writer)手中获得一项权利,即在约定时间内,按照约定汇率(协定汇率,exercise price or striking price),从期权卖者手中买进或卖出约定数量的某种货币的权利。这里合约的标的物是权利不是义务。当期权合约到期(期满日,expiration date)时,由于期权买者购买的是一项权利而不是义务,他可以按照自己的意愿决定按照合约行权,即执行合约交易,或放弃该合约。而对于期权卖者来说,是一项义务而不是权利,即必须服从对方的选择:如果对方要买就必须卖;如果对方要卖就必须买,只能被动听命于买者。期权买者由于事先支付期权费用后才获得此项权利,不管将来是否行权,都收不回该笔期权费。

> **专栏 5-4**

2014—2015 年芝加哥交易所期权交易概况

表 5.7 和表 5.8 展示 2014 年、2015 芝加哥交易所期权主要交易品种的情况。由表中数据可以看出电子化交易在期权交易中的份额进一步上升。此外,澳大利亚元、英镑、日元以及欧元期权是交易量最大的品种。2015 年期权交易量比 2014 年整体有所下降,其中新西兰元、卢布等交易量下降最大,而欧元和墨西哥比索期权交易则增幅较大。

表 5.7 2014—2015 年芝加哥交易所各品种外汇期权交易量

外汇期权种类	交易量(2015年到期)	交易量(2014年到期)	变动率(%)
澳大利亚元	1 534 672	1 563 533	−1.80
英镑	2 570 095	3 033 414	−15.30
巴西雷亚尔	0	10	−100.00
加元	1 407 539	1 400 169	0.50
欧元	12 366 261	7 630 825	62.10
日元	2 897 094	3 009 287	−3.70
墨西哥比索	17 624	9 809	79.70
新西兰元	13	753	−98.30
俄罗斯卢布	543	7 349	−92.60
瑞士法郎	171 038	296 944	−42.40
欧洲日元	4 515	11 667	−61.30
欧洲欧元	59 879	90 707	−34.00
欧洲瑞士法郎	0	1 798	−100.00
欧洲加元	1 588	6 303	−74.80
欧洲英镑	7 684	9 717	−20.90
欧洲澳大利亚元	1 291	3 292	−60.80

资料来源:芝加哥商品期货网站(www.cme.com)。

表 5.8 2014—2015 年芝加哥交易所外汇期权不同报价方式的交易量

外汇期权	公开竞价(2015 年)	公开竞价(2014 年)	变动率(%)	电子交易(2015 年)	电子交易(2014 年)	变动率(%)
澳大利亚元	28 124	102 368	−72.5	1 496 198	1 461 165	2.4
英镑	117 428	217 828	−46.1	2 444 717	2 815 586	−13.2
巴西雷亚尔	0	0	0.00	0	10	−100
加元	32 546	90 521	−64	1 374 993	1 309 648	5
欧元	320 455	641 848	−50.1	12 005 976	6 984 658	71.9
日元	130 902	333 061	−60.7	2 731 642	2 662 451	2.6

续表

外汇期权	公开竞价（2015年）	公开竞价（2014年）	变动率(%)	电子交易（2015年）	电子交易（2014年）	变动率(%)
墨西哥比索	3 460	2 911	18.9	14 164	6 898	105.3
新西兰元	0	0	0.00	13	753	−98.3
俄罗斯卢布	0	0	0.00	0	0	0.00
瑞士法郎	6 568	6 194	6.00	164 470	290 750	−43.4
欧洲日元	3	100	−97	4 512	11 567	−61
欧洲欧元	5	12	−58.3	57 874	90 695	−36.2
欧洲瑞士法郎	0	0	0.00	0	1 798	−100
欧洲加元	0	0	0.00	1 588	6 303	−74.8
欧洲英镑	2	1	100	7 682	9 716	−20.9
欧洲澳元	0	0	0.00	1 291	3 292	−60.8

资料来源：芝加哥商品期货网站(www.cme.com)。

3. 外汇期权的类型

按不同的分类方式，可将外汇期权分成以下几种类型。

(1) 按期权权利性质划分

期权合约大致有两类：一类是看涨期权或选买期权(call option)。当某人对某种货币预测上涨时，通常会预先约定购买价格，将来市场即期汇率越涨，该买者越愿意按照原先确定的协定汇率执行该期权，这一类期权被称作看涨期权。另一类是看跌期权或选卖期权(put option)。当某人对某种货币汇率预测下跌时，通常会预先约定出售价格，将来市场即期汇率越跌，该期权买者越愿意按照原来约定的协定汇率执行该期权，这一类期权被称作看跌期权。

(2) 按执行时间划分

期权可以划分为美式期权和欧式期权。在美国，期权可以在期满之前，包括期满日当天的任何一个营业日都可以执行，被称作美式期权(American options)。在欧洲国家，期权只能在期满日当天执行，被称作欧式期权(European options)。

(3) 按照交易场所不同划分

按照交易场所不同可分为场内期权和场外期权。

场内期权(exchange traded option)，又称为交易所期权，是指在集中性的金融期货市场或金融期权市场所进行的标准化的金融期权合约交易。期权的各项内容如到期日、协定价格、保证金制度、交割地点、合约各方头寸限制、交易时间等都由交易所制定，交易者只需考虑合约的价格和数量，遵守交易所的规定。有资格进入交易所的都是交易所的会员，非交易所会员要通过交易所会员进行交易。期权合同买卖成交后，由期权清算公司(OCC)来保证交易的执行。清算公司要对购买者期权费的支付和开立者履行合同最终责任。场内交易是外汇期权交易的主体。

场外期权(over the counter, OTC)称为柜台交易。其产生要早于交易所期权，是指在非集中性的交易场所进行的非标准化的金融期权合约的交易。它通过电子通信网络进行交易，交易比较灵活，不必像场内期权那样标准化，可以协商，根据客户要求对期权进行特制。合同金额一般百万美元以上,因而柜台交易只对大公司开放。目前场外交易也有向标准化发展的趋势,目的是节省时间、提高效率。

5.2.2 外汇期权的特征

外汇期权交易是在期货交易基础上发展起来的,期货又是在远期交易基础上发展起来的。因此,三者之间有着紧密的联系和区别。同时,期权交易中最重要的期权费价格,直接影响期权交易双方的利益。

1. 外汇期权与远期、期货的比较

外汇期权和外汇期货合约在概念上很相似,交易的金融工具也很相近,两者也都可以作为套期保值或投机的手段。但两者本质区别在于:期货合约赋予买方一种义务,到期无论市场行情对其是否有利,都必须履行合约,外汇远期交易也是如此。而期权合约成交后市场于合约买方不利时,买方可以不行使合约,让合约自然失效(collapse),损失的只是期权保险费。因此,当某人对某种货币看涨时,做期货多头者会在市场行情大涨时大赚,市场行情大跌时大赔,而若该投资者购买看涨期权的话,则在市场行情大涨时大赚,行情大跌时小赔(损失固定在期权保险费上);反之,当一个人对某种货币看跌时,做期货空头方在市场行情大跌时大赚,市场行情大涨时大赔,而购买看跌期权者,则会在行情看跌时大赚,行情看涨时小赔。另外,外汇期货只能在期货交易所进行交易,而外汇期权除了在交易所交易之外,也可以通过银行柜台交易。外汇期权、外汇期货与远期外汇交易的比较见表5.9。

表 5.9 外汇期权、外汇期货与远期外汇交易的比较

	外汇期权交易	外汇期货交易	远期外汇交易
交易目的	保值或投机 风险固定(买方最大损失是期权费)	保值或投机 风险与收益不固定	保值或投机 保值时,针对性更强,使风险全部对冲
成交价格	集合竞价产生	交易所以公开拍卖竞价方式确定,每一时点上只有一个价格或"电子交易系统"	通过电信工具报价(或报买卖价差)
结算方式	可以交割,也可以不交割	绝大部分合约在到期前通过方向相反的交易平仓,很少发生实际交割	到实际交割日通过找价差方式来清算
缴纳保证金	缴纳保证金(期权费)	支付保证金,则可以买卖数倍价值期货	通常预交一定履约保证金
组织化程度	分为场内交易和场外交易,前者组织化程度较高,后者较为灵活	交易大厅有严格的交易程序和规则,信息集中、公开、透明	组织较为松散,没有集中交易地点,交易方式不集中
合约特征	场内交易是标准化的;场外交易和远期交易类似	标准化合约	交易双方自行决定交易币种、数量、交割日期等

2. 影响外汇期权价格的因素

在期权交易中,期权买方为了获得权利,支付给卖方一定的期权费,卖方则要承担到期市场价格与协定价格不一致时可能产生的风险。市场价格与协定价格之间的不同,会使期权买卖双方分别处于获利、亏损或不亏不赢的状况。因此,期权费主要由两个方面组成,即它的内在价值和时间价值。期权的内在价值是期权本身所具有的价值,即期权的协定价格高于市场价格。一般来说,决定外汇期权价格有以下六个因素。

(1) 即期汇率

即期汇率是决定外汇期权价格的主要参数,因为即期汇率是期权到期时汇率变化的基础,同时也是决定期权虚实度的重要参数。对于看涨外汇期权来说,给定执行价格,即期汇率越高,看涨期权的价格越高,因为越高的汇率,看涨期权执行时的内在价值越高,期权价格自然越大。看跌期权正好与之相反。

(2) 协定价格

协定价格是期权重要的参数,因为不同的协定价格代表不同的期权。对于相同的当前汇率,执行价格越高,买方盈利的可能性越低,从而期权价格就越低;对于看跌期权来说,协定价格越高意味着买方盈利的可能性却越大,期权价格就越高。

> **专栏 5-5**
>
> ## CME 拟加紧推出人民币期权产品
>
> 美国芝加哥商业交易所(CME)高层接受记者专访时表示,随着人民币国际化进程稳健推进,人民币离岸市场正在迅速发展。2013 年 2 月,CME 率先推出离岸人民币期货。投资者对于离岸人民币期货产品的兴趣逐步上升,预计未来几年交易量将实现显著增长。由于市场兴趣较预期更高,CME 计划加速人民币期权产品的推出进程。
>
> **1. 市场对人民币产品兴趣浓厚**
>
> CME 外汇、金属和期权解决方案业务高级执行董事德里克·萨曼(Derek Sammann)表示,近年来,人民币离岸市场发展迅速,特别是离岸人民币期货和"点心债"(香港人把粤式点心的概念挪用到金融市场上,创造"点心债"专有名词用来指香港离岸人民币债券)引人注目,投资者对相关产品兴趣持续上升。迄今为止 CME 美元/离岸人民币外汇名义总成交额约为 14 亿美元。较整体现金市场而言,尽管这一规模非常小,但值得注意的是,大量客户选择在 9 个月甚至 12 个月较长周期内持有离岸人民币头寸,意味着有大量最终用户如商业企业等参与该产品交易,并长期看好合约,而不仅限于银行、对冲基金和其他一些有自营交易的基金公司。
>
> 据 CME 数据统计,2013 年所有外汇合约日均成交量为 1 100 亿美元,其中 40% 来自欧元/美元合约,20% 来自日元/美元合约,其余主要是 G7 其他国家货币的合约。相比之下,离岸人民币期货合约的交易量几乎微不足道。但是,萨曼指出"现在这只是我们业务中非常小的一部分,但以后会成为占比较大的部分"。中国政府推动人民币国际化将是一个长期的进程,CME 在设立离岸人民币期货产品之初就采取长期发展的策略。他强调,

期货交易非常依赖于现货市场的成熟,近年来人民币现金市场增长迅速,这有助于进一步推进期货市场的长远发展,CME非常看好人民币市场未来的增长潜力,预计未来几年人民币相关产品的交易量将有显著增长。

CME考虑推出美元/离岸人民币期货期权。萨曼表示,期权产品在CME外汇业务中占比非常大,也是增长最迅速业务之一。考虑到期权产品极度依赖于期货市场提供的流动性,CME最初考虑先设立离岸人民币期货产品,来建立相关业务的流动性。但是,现在观察到市场对人民币期权产品的兴趣已经超过预期,CME计划加速推进期权产品的推出,并对期权产品的未来表现抱有信心。

2. 纽约或跻身人民币离岸中心

随着人民币国际化进程推进,除中国香港外,新加坡、伦敦、巴黎等地纷纷加入人民币离岸中心队伍中,据环球银行金融电信协会(SWIFT)2014年发布的最新数据,在截至4月的过去一年内,美国的离岸人民币支付额增长327%,成为全球人民币交易规模第五大地区,仅次于中国香港、新加坡和伦敦,渣打银行首次将美国纽约列为第五个人民币离岸中心。对于人民币离岸中心的竞争和发展,萨曼认为人民币国际化进程中重要的一步,就是在诸如中国香港、新加坡、纽约这样的全球金融中心设立清算中心,以支持该地区能够辐射到的人民币结算业务,而纽约完全具备成为人民币离岸中心的能力。萨曼表示,人民币离岸中心之间关系更多的不是竞争,而是反映相关业务在当地的需求,即客户希望获得人民币结算的支持,这对于CME未来的产品发展也是至关重要。

资料来源:《中国证券报》,2014年6月9日。

(3) 本国利率

一个国家的利率是确定该国金融相对成本的决定性因素,利率越高,该国的货币相对外币升值空间越大。此外,本国利率越高,期权持有者在执行期权合约前因持有该货币可获得越多的利息收入,期权价格也就越高。

(4) 外国利率

除本国的利率之外,汇率相应的另外一个货币的利率也是影响外汇期权的重要因素,因为外国利率和本国利率差决定汇率未来水准,即外汇远期的价格水平。外汇远期的高低在很大程度上反映当前汇率在未来的高低,从而影响外汇期权的价格。

(5) 到期时间

在其他因素不变的情况下,当期权合约接近到期日时,其时间价值会递减;但由于欧式期权只能在到期日履约,因而也可能在买方履约欲望较强的情况下,出现剩余时间越短期权费越高的现象,因为有效期长的期权的执行机会并不一定多于包含有效期短的期权的所有执行机会。对于美式期权而言,距离到期时间越长,标的外汇变化的可能性也越大,期权价格也越高。时间是确定期权价格的重要参数,也是决定时间价值的最主要参数。

(6) 汇率的波动率

以上五个参数或者在期权合约中写明(执行价格和到期时间),或者可以直接从市场观察到(即期汇率、本国和外国利率),这些参数很容易确定。除了这些容易感知的因素以外,决定期权价格还有另外一个最主要参数,即标的汇率的波动率,这也是外汇期货没有涉及的一个重要参数。实际上,波动率是决定所有期权价格最重要的参数,因为波动率越低,汇率变化的幅度越小,期权出售者承担的风险越小,市场对期权的需求也越小,期权的价格越低;而波动率越高,汇率变化的幅度越大,期权出售者承担的风险越大,市场对期权的需求越高,期权的价格也越高。前五个参数可以直接或间接获得,而波动率却需要利用历史数据才能计算出来。

5.2.3 外汇期权交易的应用

外汇期权主要发生在国际贸易中,在国际贸易中,进口商与出口商至少一方或者两方同时面临外汇风险,为了规避这一风险,交易双方可以采取购买期权合约的方式达到规避外汇风险、锁定收益的目的。

1. 进口商外汇期权决策

【例5.5】 某英国进口商3个月后将向美国出口商支付USD1 000 000的货款,该进口商担心美元升值,所以,购买美元看涨期权,数量USD1 000 000,执行价格为GBP/USD=1.253 4,期权费报价为2.5%,即期汇率为GBP/USD=1.250 0。期权费为1 000 000×0.025=$25 000,相当于25 000÷1.250 0=GBP 20 000。3个月后,盈亏情况根据当时的即期汇率而定。

(1) 若3个月后,即期汇率为GBP/USD=1.220 0,如进口商所预测的美元价格上涨,则执行期权,购买USD1 000 000,需要支付1 000 000÷1.253 4=GBP797 830,加上期权费GBP20 000,共支付GBP817 830,利用期权保值收益为:

$$1\ 000\ 000 \div 1.220\ 0 - 817\ 830 = GBP1\ 842$$

(2) 若3个月后,即期汇率为协定汇率1.253 4,则进口商可以选择执行,也可以选择不执行期权,损失是期权费GBP20 000。

(3) 若3个月后,即期汇率为GBP/USD=1.256 0,则不执行期权,在市场上买美元需要支付1 000 000÷1.256 0=GBP796 178,损失期权费。但该出口商获得汇率波动对自己有利的好处。

进口商看涨期权风险和收益,如图5.1所示。

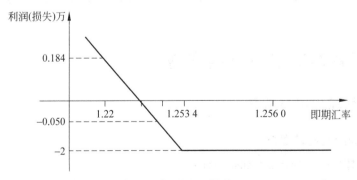

图5.1 看涨期权风险和收益

2. 出口商外汇期权决策

【例5.6】 假定10月中旬的外汇市场的行情如下:英镑兑换美元的即期汇率为

GBP1＝USD1.610 0,费城外汇期权交易所(PHLX:外汇期权交易所英镑期权合约的交易单位为每张期权合同 GBP31 250)12 月到期的执行价 $X＝1.600\ 0\$/£$,欧式英镑看跌期权费 $P＝0.018\ 4\$/£$。每张期权合同交易的佣金为 16$,那么,每一单位 GBP 的佣金成本 $16/31\ 250＝0.000\ 512\$/£$。期权费及佣金用美元支付,并在期权成交时即刻支付,此时两个月期美元利率 $i＝5\%$。

10 月中旬,美出口商签订向英国出口仪器合同,美出口商两个月后收到 GBP62 500,须将£兑换成$核算。假如预测两个月后英镑兑换美元即期汇率将贬值到 GBP1＝USD1.6。现在美出口商有外汇(英镑)应收款,若不采取保值措施,则美出口商两个月后收到 GBP62500 兑换成 USD 时,将少收 $(1.61-1.60)\times 62\ 500＝USD625$。美出口商可利用欧式期权,也可用美式期权进行保值。

解:本例采用欧式期权保值。在签订出口协议的同时购买两个12月到期执行价格 $X＝1.60\$/£$ 的 GBP 看跌期权。设购买有效期为 T 的看跌期权到期时的成本和机会成本总和为 P_T 美元,P_T 包括购买该期权时所付期权费、所付佣金以及期间利息。则:

$$P_T＝(0.018\ 4＋16/31\ 250)\times(1＋5.00\%\times 60/360)＝0.019\ 1\text{USD/GBP}$$

为了简单起见,只考虑一个英镑的情况,并假设 12 月中旬美出口商将实际收到英镑兑换成美元的时间与英镑期权失效日相同。12 月中旬,外汇应收款到期时,若英镑即期汇率 $\rho＜1.600\ 0\text{USD/GBP}$。期权卖方执行看跌期权,按照期权本身的定义,考虑期权费、佣金的成本和机会成本,由此可得出美出口商出口仪器的美元收益最少为 $1.600\ 0-P_T$ USD。$1.600\ 0-P_T$ 就是美出口商以美元衡量收益的汇率下限价,在 $\rho＜1.600\ 0\text{USD/GBP}$ 范围内美元收益"锁定"。

若英镑汇率 $\rho\geqslant 1.600\ 0\text{USD/GBP}$,此时,放弃执行看跌期权,仅损失期权费、佣金及其机会成本 P_T,直接在现货市场上卖英镑,即使考虑期权费等损失,总的美元收益至少为 $S-P_T$,可享受英镑汇率上升的好处。特别是若英镑汇率继续上升到 $\rho\geqslant 1.600\ 0＋P_T$,收到同样数额的英镑相对 10 月中旬还能换得较多的美元。

综上,10 月份美出口商购买 12 月份到期欧式英镑看跌期权后,美出口商就确定了 12 月中旬美元收益的汇率为 $\text{Max}(\rho,\$1.600\ 0)-\$0.019\ 1$(这里 ρ 是 12 月中旬到期时英镑的即期汇率)。

5.3 外汇掉期交易与互换交易

5.3.1 掉期交易及应用

1. 外汇掉期交易的概念

(1) 外汇掉期交易(swap transaction)

掉期交易与远期交易有着密切关系,又称时间套汇,即与银行约定在买进或卖出即期或某一期限远期外汇的同时,卖出或买进远期或另一不同期限远期的外汇,其目的并非为获利,而是轧平外汇头寸,防止由于汇率波动所带来的损失。例如,一家中国公司欲向银行借一笔 3 个月的人民币贷款,但由于当时国内银根吃紧,银行贷款人民币有困难,于是,银行贷款给该公司美元。则该公司需与该银行做一笔掉期交易,即该公司在即期卖出美元买入人民币的同时承诺3个月后将人民币兑回美元。

(2) 掉期报价

在掉期交易中,远期汇价与即期汇价存在一定的价差,即掉期报价。掉期报价是由即期汇率、掉期期限和有关两种货币的欧洲资金市场利率之差三个因素决定的。掉期报价的公式可以表示为:

$$掉期报价 = \frac{利差 \times 掉期天数 \times 即期汇价}{360 \times 100\%}$$

注意:该公式适用于计算天数为360天的欧洲资金市场货币,否则需将分母中的360天转换为365天运算。

2. 掉期交易的类型

掉期交易按照交易的方式不同,又可分成以下三种类型。

(1) 即期对远期掉期交易(spot-forward swaps)

即期对远期掉期交易指一笔交易为即期交易,另一笔交易为远期交易的掉期交易。例如某中国银行从国外借入一笔加拿大元,并准备将这笔加元转借给国内的一家企业,而这家企业不需加元而需美元,那么该企业卖给银行即期加元,买进美元,同时买进远期加元,用于归还银行加元贷款。

(2) 隔日掉期交易(tomorrow-next swaps 或 overnight swap)

隔日掉期交易指一笔交易是在成交后第二个营业日(次日)交割,而另一笔则于成交后两个营业日(次次日)交割的掉期交易,一般只在外汇银行之间对做。

(3) 远期对远期掉期交易(forward swaps)

远期对远期掉期交易指两笔交易均在超过两个营业日后才交割的掉期交易,即在买进(卖出)某货币较短的远期同时,卖出(买进)该货币较长的远期。

【例 5.7】 美国某银行在3个月后应向外支付100 000GBP,同时在1个月后又将收到另一笔100 000GBP的收入。此时,若市场上的汇率较为有利,它可以进行一笔远期对远期的掉期交易。假定此时市场上的即期汇率:1GBP=1.696 0/1.697 0USD,1个月远期汇率:1GBP=1.686 8/1.688 0USD,3个月远期汇率:1GBP=1.672 9/1.674 2USD。

解:公司有两种掉期方法可供选择。

(1) 进行两次"即期对远期"的掉期。将3个月应支付的英镑,先在远期市场买入(期限3个月,汇价为1.674 2USD),并在即期市场将其卖出(汇价为1.696 0USD)。由此,可得每英镑收益0.021 8USD。同时,将1个月后将要收到的英镑,先在远期市场卖出(期限1个月,汇价为1.686 8USD),并在即期市场买入(汇价为1.697 0USD)。由此,每英镑需贴出成本0.010 2USD。两笔交易总计,每英镑可获净收益0.011 6USD。

(2) 直接进行"远期对远期"的掉期,即买入3个月的远期(汇价为1.674 2USD),同时卖出1个月期的远期(汇价为USD1.686 8),则净收益为USD0.012 6/GBP。可见,"远期对远期"的掉期交易更为有利。

3. 掉期交易的应用

进口商、投资者、借贷者以及投机者等通过掉期交易实现不同目的。

（1）套期保值

进出口商等外汇保值者存在不同期限、数额相当的外汇应收款和应付款并存状况时，可以通过掉期交易进行套期保值。

【例 5.8】 新加坡进口商根据合同进口一批货物，一个月后须支付货款 10 万美元；他将这批货物转口外销，预计 3 个月后收回以美元计价的货款。已知新加坡外汇市场 1 个月期汇率：USD1＝SGD(1.791 3－1.795 3)；3 个月期汇率：USD1＝SGD(1.782 3－1.784 3)。如何操作才能避免风险？

解：为了避免美元汇率风险，该进口商掉期操作如下：首先，买进 1 个月远期 100 000USD，此时支付 179 530SGD。其次，卖出 3 个月远期 100 000USD，得到 178 230SGD。此操作后，该进口商付出的掉期成本为：179 530－178 230＝1 300SGD，此后无论汇率如何变动，该进口商均不会面临汇率风险。

【例 5.9】 某公司 2 个月后将收到 1 000 000GBP 的应收款，同时 4 个月后要向外支付 1 000 000GBP，已知市场 2 个月期汇率：GBP1＝USD(1.645 0－1.650 0)；4 个月期汇率：GBP1＝USD(1.601 0－1.605 5)。在这种情况下，如何进行套期保值呢？

解：卖出 2 个月期的 1 000 000GBP(用 2 个月后的应收款交割)，得到 1 645 000USD；买入 4 个月期的 1 000 000GBP(用来支付 4 个月后的应付款)，需支付 1 605 500USD。掉期操作后，该公司的盈利为：1 645 000－1 605 500＝39 500USD。

（2）投机——使远期外汇交易展期或提前到期

利用汇率变动进行掉期交易获取投机利润。例如，若预期某种货币将贬值，可先以较高的价格卖出较短期限的远期外汇，再以较低价格买进较长期限的外汇。利用不同期限的远期外汇的价格变动，买低卖高，从中获利。同时，也可以与套利相结合来盈利，即抵补套利。买进即期高利率货币，同时卖出远期高利率货币本利和。如：从低利率国家银行借入该国货币，在现汇市场上兑换为高利率国家货币，并存入高利率国家的银行；同时在期汇市场上将预期的高利率货币本利和卖出，换回低利率货币。只要高利率货币贴水率小于两国利差，投机者就可稳获利差收益。

【例 5.10】 某美国公司 4 个月后有一笔 500 万欧元的货款收入，为避免欧元下跌，该公司卖出 4 个月的远期欧元，但 4 个月到期时，该货款没有收到，预计货款将推迟 3 个月收到。这种情况下，如何操作？

解：买入即期欧元，了结原先远期合约，再卖出 3 个月远期欧元，该公司通过掉期交易对原远期欧元合约进行展期，达到保值的目的。保值效果只受掉期点的影响，若欧元贴水，该公司要付出掉期成本；若欧元升水，该公司在这笔交易中反而会获利。如果该公司提前 1 个月就收到货款，原签订的卖出远期合约还有 1 个月才到期。则具体操作：卖出即期欧元，买入 1 个月远期欧元。后者用于了结原远期合约，损益由掉期点决定。

5.3.2 货币互换和利率互换交易

20 世纪 70 年代中期，互换交易(swap transaction)作为兴起的国际金融创新之一，经过多年的演变与发展，已经流行于各大金融市场，备受金融家、投资者、筹资者和资产者、债务管理者的青睐。在金融市场上，英文"swap"有两种含义：一是前面外汇市场介绍的一种银行掉期业务交易;第二种含义即是互换,它为跨国公司提供了比较灵活的融资方式,也为市场的参与者实现了风险共担、套利,其本身的交易形式使金融市场得以完善,互换交易得到快速发展。所谓互换(swap),是指交易双方按市场行情通过预先约定,在一定时期内(一般1年以上的中长期)相互交换金融资产的交易。互换交易有两种类型:货币互换(currency swap)和利率互换(interest rate swap)。货币互换交易中,两个独立的借取不同货币信贷的借款人,同意在未来的时间内,按照约定的规则,互相负责对方到期应付的借款本金和利息。通过这种交换,借款的双方都可以既借到自己所需的货币贷款,又同时避免了还款付息时货币兑换引起的汇率风险,从而使双方或者至少其中一方获益。在利率互换交易中,两个单独的借款人从两个不同的贷款机构借取了同等数额、同样期限的贷款,双方商定互相为对方支付贷款利息。

自20世纪70年代以来汇率和利率变动,以及通货膨胀蔓延,成为国际经济和金融所面临的重大问题。石油危机曾使世界经济陷入前所未有的停滞性通货膨胀达十年之久。利率水平随同通货膨胀迅速上扬,使美国后来又改变货币供给额控制的政策,将利率交由市场决定。各国虽然表面上都有利率管理,以及资本移动和外汇汇率的管制措施,但由于国际金融环境的变化,银行操作水平得到提高,企业对风险回避的要求也更高了。加之计算机、通信技术的进步,使得各种逃避管制的新金融工具纷纷出现。西方工业国为本国金融业适应对外竞争的需要,也纷纷放弃管制,形成金融自由化的局面。这种金融自由化,主要表现为以价格机制取代人为管制。银行和金融机构在竞争中,争相开发和改进金融产品,满足客户需求。许多金融产品应运而生,从而逐步形成了80年代金融创新的格局。在技术创新方面,较为主要的就是互换业务。在动荡的国际背景下,金融互换是各国政府、中央银行、金融机构和公司用以回避货币汇率风险或利率风险,相互融资,以取得低风险、高效益的一种简便易行的金融工具。互换交易的基本要求是,存在两个或两个以上的经济实体,由中介机构负责沟通,在货币市场、资本市场或外汇市场上经过磋商达成交换或调换协议,并将它付诸实施,使交易的双方都能各取所需而受惠。

1. 货币互换的概念与作用

货币互换(currency swap)交易是从20世纪70年代平行贷款和背对背贷款中发展来的。这类贷款主要是指一国的公司把本国货币贷给另一国公司,同时又从对方取得所需贷款。公司(或金融机构)可以通过互换交易逃避外汇管制或达到中期或长期套期保值的目的。

(1) 货币互换的概念

货币互换指在一定期限内将债务/资产从原来的货币转换为另一种货币。根据客户的需求可选择期初或期末进行本金互换。货币互换交易的基本做法是:持有不同种货币的交易双方,以商定的筹资本金和利率为基础,进行货币本金互换并结算利息。货币互换一般包括三个基本步骤:①本金的期初本金互换(也可选择不交换),通常以即期汇价进行,其目的是确定交易双方各自本金的金额,以便将来计算应支付的利息和再换回本金。②期中互相交换指定货币的利息互换。可以是固定利率与固定利率间交换、固定利率与浮动利率间的交换,也可以是浮动利率与浮动利率间的交换,以偿还本金额为基础进行利息支付。③期末互相交换指定货币的本金。在合约到期日,以期初定下的汇价进行,方向与期初相反,双方再次互换交易开始时互换的本金。

货币互换与前面所讲到的外汇市场的掉期交易(swap operation,其中也有"swap"一词)是不同性质的交易,外汇市场的掉期是指双面性的外汇买卖交易,即买进某一日交割的甲货币,卖出乙货币的同时,卖出另一交割日的甲货币而买回乙货币,这两笔外汇买卖货币相同,买卖方向相反,交割日不同;在货币掉期这种双面交易中,不仅有期初交换本金,而且到期日还有反向交换本金,且期初和期末的汇价不同;在期初和期末之间不存在利息的交换。而货币互换是债务或资产的币种交换交易,不仅可以有期初和期末的本金交换,而且还有一连串的利息互换。在合约到期时都会以该货币原金额发生本金互换,并以原定的即期汇率结算。本金总额到期时总是要交换,其原因如下:假设一种标价货币的息票率为8%,另一种货币的息票率为5%,有什么理由使筹资者愿意支付8%的利率而不是5%的利率呢?答案就在于即期和长期远期汇率之间存在的差异,通过货币互换的调整使两者差异得以补偿。根据利率平价原理,远期汇率是两种货币利率之差的直接函数。由此,利率较低的货币其远期汇率价值就相应较高。因此,两种货币按现行即期汇率进行未来货币的交换将抵销两者利率的差异。

(2) 货币互换的作用

货币互换的作用,主要表现在以下三方面。

① 降低筹资成本。借款人可以通过举借另一种利率较低的货币,再利用货币互换,换成所需要资金的货币,来降低所需货币的借款成本。假设一个有美元收入的美国公司发行1笔欧洲英镑债券。该公司面临英国利率在上升、美国利率却在下降的情况,意味着美元相对于英镑正在贬值。为了避免不断增加的汇率损失,美国公司进行货币互换交易,按照伦敦同业拆借利率(LIBOR)支付美元,同时,按固定利率取得英镑,不仅避免货币头寸暴露的风险,而且在美元利率下降时,还可以获得浮动利率的好处。

② 调整资产和负债的货币结构。借款人可以根据外汇汇率和各种货币的利率变化情况,不断调整资产和负债的货币结构,使其更加合理,避免外汇汇率和利率变化带来的风险。若客户以500万欧元举债,每半年付欧元利息5%,该公司本身只有美元收入而没有欧元收入,欧元升值将大大增加企业的债务负担。因此,客户与银行需作货币互换交易,对冲欧元升值的风险,汇率定在 USD1 = EUR0.91。经过货币互换,期初客户将欧元本金支付给银行,银行根据约定的汇率水平向客户支付相应的美元;其中银行按欧元利率水平向客户支付欧元利息,同时,客户按约定的美元利率向银行支付美元利息。期末再次进行本金互换,银行向客户支付欧元本金,同时客户按约定的汇率水平向银行支付相应的美元。

③ 间接地进入优惠借款市场。如果借款人直接进入某些优惠市场有困难,或者受到资信等级方面的限制,又或者费用太昂贵,借款人可以通过借入某一种货币,取得较有利的利率,然后经过互换,调换成另一种货币。这种方法相当于借款人间接地进入某些优惠市场。例如,一家公司想发行瑞士法郎债券,却无法进入瑞士市场。那么,它可以与另一家拥有瑞士法郎负债的公司作互换交易,承担该公司支付瑞士法郎本息义务,而反过来该公司为其承担支付另一种货币表示的本息义务,由一家中介银行来安排并为双方担保这笔互换交易。

④ 实现套期保值和套利等目的。货币互换和利率互换类似,都能够满足短期套期保值和套利的需要。与利率互换不同的是,货币互换还可以对汇率波动的风险进行套期保值,下面举例说明货币互换的作用。

【例5.11】 假设A公司根据市场推断制订美元借款计划,筹集该公司扩大海外出口业务的资金。考虑到美元短期利率将呈下降趋势,A公司的筹资计划被确定为:以浮动利率借入5年期的美元资金。但按市场行情如果A公司直接以美元借入中长期浮动利率资金,其成本为"LIBOR+0.375%"左右。但该公司在日本国内的日元市场信誉颇佳,有能力以优惠的固定利率筹集到日元资金,5年期的利率水平为4.9%。此时,5年期固定利率的互换利率为5.2%。

A公司分析行情认为:(1)4.9%的日元固定利率确实属于优惠利率,它比同期日元互换利率低0.3%(5.2%-4.9%),从互换成本角度计算,相当于LIBOR-0.3%的水平。(2)根据当时货币互换市场的行情分析,美元6个月期LIBOR能够同日元固定利率5.2%平等交换。若进行该项互换业务,既可以避免汇率风险,又能以低于6个月期LIBOR-0.3%的优惠利率筹措到所需的美元资金。交易结果是:A公司的实际借款成本为"6个月LIBOR-0.3%",比直接在市场上借入美元的浮动利率成本"LIBOR+0.375%"节省0.675%。

2. 利率互换概述

在资金借贷市场中,信用级别较低的借款人在浮动利率市场上筹集资金比信用级别较高的借款人更具有优势。反之,在固定利率的市场上筹资时,高信用级别的借款人比低信用级别的筹款人具有比较优势。因此,如果各借款人在其具有比较优势的市场上筹资,然后再互相交换相应的利息支付,那么,双方都能降低融资成本。于是,利率互换这种创新金融工具便应运而生。资本市场债券发行中最著名的首次利率互换,发生在1982年8月。当时德意志银行(Deutsche Bank)发行3亿美元的7年期固定利率欧洲债券,安排与3家银行进行互换,换成以伦敦银行同业拆放利率(LIBOR)为基准的浮动利率。在该项互换交易中,德意志银行按低于伦敦同业拆放的利率支付浮动利息,得到优惠;而其他3家银行则通过德意志银行高资信级别换得优惠的固定利率美元债券。通过利率互换,双方能够互相利用各自在金融市场上的有利条件,获得利益。这次利率互换交易的成功,使利率互换市场有了很大的发展。

(1)利率互换的定义

利率互换指同种货币不同计息方法利息的互换,一般期初或到期日都没有实际本金的交换,而把本金作为名义本金。利率互换交易的基本做法是:持有同种货币的交易双方,以已商定的筹资本金为计算的基础,一方以筹措的固定利率资金换取另一方的浮动利率资金。在互换交易中双方实际上只计算互换的利息差异并作结算,而不会发生本金的实际转移。从根本上说,利用这种相对直接的交易机制,利率互换在不同类型、不同货币之间的交易结构的变化可转换为债务发行、资产、负债或任何现金流等的互换问题。

在利率互换交易中,双方交换的只是根据名义本金计算出来的利息支付,而本金自身并不参加交换;在利率互换中,更多的是通过中介机构,交易的一方支付浮动利息,另一方支付固定利息,中介机构对交易双方收取一定的费用。利率互换常用的浮动利率指数有

LIBOR、商业票据便利(commercial paper rate)、联邦基金利率(fed fund rate)、最优惠利率(prime rate)和短期财政债券利率(treasury bill rate)。大多数(约75%)的美元利率互换都采用6个月的 LIBOR。确定互换利率时,固定利率通常是在适当期限的财政债券利率基础上加一定点数的基差,而浮动利率则通常直接选用某一种指数利率,不加任何基差。

(2) 利率互换交易的前提

参与互换交易的许多人士认为,信用风险存在差异、贷款人信息和风险规避程度有差异,使互换市场得到急剧增长。互换交易不仅使借款人能够达到降低融资成本的目的,而且还可以达到其他目的,比如进入证券发行市场更具灵活性,吸引更多的各种不同投资者,降低企业外汇风险,等等。

利率互换交易能够发生存在三个前提条件:①筹资者的优势。如有权发行商业票据,在政策上有某种优惠待遇,是合格的举债人或金融机构等,这种优势会影响筹资成本,可以互相利用。②资信的差异。在不同的市场上,筹资者之间存在信用差异,导致其在筹资能力和筹资成本上也会存在差异。通过互换,双方互相承担信用风险,可以利用信用差异分享由成本差异带来的好处。③投资者的心态差异。筹资者利用投资者的心态差异,在最受欢迎的市场、以最受欢迎的方式筹资,然后相互交换债务,能够分享到由对方的优势所带来的好处。

(3) 利率互换的风险

利率互换中存以下三种风险。

① 信用风险(credit risk)。它指对手方或者中间人在互换中违约,终止协议规定的支付,由于利率与互换时的水平发生很大的变化,或者对手方破产,无能力继续执行互换协议。这种风险的大小取决于利率变化的程度和对手方的信誉。

② 基础风险(basis risk)。它指收到一种浮动利率同时支付另一种浮动利率,但两种浮动利率的性质和指数不一样。如收到的浮动利率是根据伦敦银行同业拆放利率(LIBOR),而支付的浮动利率是根据商业票据的利率。当这两种利率之间的差距变化时,就会产生风险。例如,有一家美国公司通过发行商业票据集资。这家公司进入互换市场,将其债务互换为固定利率,支付的是固定利率,收到的是伦敦银行同业拆借利率(LIBOR)。这家公司就存在基础风险。要规避这种基础风险,只能依赖两种不同性质的浮动利率不进行互换。

③ 期限风险(maturity risk)。它指利息收到和利息支付的时间不同,有可能一方面要支付利息,而另一方面利息还没有收到。为了保证支付利息,需要另外融资,才能解决期限不一致的问题。如前述例子中,美国公司的商业票据是30天的,而伦敦银行同业拆借利率是6个月,意味着美国公司到30天时,要支付商业票据利息,而应收6个月的伦敦银行同业利息还没有收到,则不仅存在基础风险,而且存在期限风险。

(4) 利率互换交易的应用

① 利用比较优势,通过利率互换交易降低筹资成本。

【例5.12】 设 A 银行在欧洲美元市场上具有固定利率的借款优势,相当于美国长期国库券收益率加上 0.25%,总成本是 12%;假若 A 银行借浮动利率债务,则是 6 个月

LIBOR 水平。如果 B 公司具有借浮动利率债务的优势,能获得 6 个月 LIBOR＋0.25％的利率水平,但是借固定利率需要 13％,比 A 银行高 1％。A 银行优于 B 公司,同时 B 公司本身也有借浮动利率的相对优势,这样就存在一个套利的机会。通过利率互换,双方都能得到好处。因此,A 银行可以在欧洲美元市场上借 5 年期的固定利率 12％的借款,然后通过一个中间人(C 银行)将其债务的固定利率转换为浮动利率,得到 LIBOR－0.25％。中间人对其支付 12％的固定利率。同样,B 公司借浮动利率的借款,利率为 LIBOR＋0.25％,通过同一个中间人(C 银行)进行交换,将其债务转换为 5 年期固定利率,得到固定利率 12.50％,同时由中间人对其支付 LIBOR 水平的浮动利息。

A 银行实际浮动利率的借款成本＝LIBOR－0.25％＋(12％－12％)＝LIBOR－0.25％

B 公司实际固定利率的借款成本＝12.50％＋(LIBOR＋0.25％－LIBOR)＝12.75％

C 银行收取的安排费＝12.5％－12％＋(LIBOR－0.25％)－LIBOR＝0.25％

通过互换,A 银行同期传统的浮动利率借款水平相比可以节约 0.25％的成本;同样,B 公司同期传统的固定利率借款水平相比也获得 0.25％的收益,中间人也获得 0.25％的好处,同时承担对于 A 银行和 B 公司的风险。使用利率互换,参加者成功地减少筹资成本,使资金来源多样化。这样,5 年中每半年一次资金流动,直至互换交易到期为止。一般来说,可由两个借款人之间的流向互相抵销后的净额计算出来,到期时只需要一方付款。当 LIBOR 低于 12％时,B 公司成为净付款人的一方;当 LIBOR 在 12％～12.5％时,A 银行和 B 公司需要同时支付给中间人;当 LIBOR 高于 12.5％时,A 银行将成为净付款人的一方。

② 锁定筹资成本,避免市场走势不利的风险。

【例 5.13】 有些公司希望通过利率互换市场锁定自己的筹资成本,保证预期收益的不变。假设:A 公司现有债务为 5 年期的浮动利率借款,利率为 6 个月期的 LIBOR＋0.5％。该公司预测利率将上升,因此,采用单纯的互换方法,将浮动利率债务转换为固定利率债务,以避免利率上升的风险。该交易的结果是:A 公司的债务由原来的浮动利率变为 5.30％的固定利率,固定了自己的债务成本,减少或避免风险。

专栏 5-6

人民币利率互换发展历程

2006 年 2 月 9 日,中国人民银行(以下简称人民银行)发布《关于开展人民币利率互换交易试点有关事宜的通知》,面向银行间债券市场投资者推行人民币利率互换交易试点,标志着人民币利率互换交易在国内诞生。根据该通知,人民币利率互换交易是指交易双方约定在未来的一定期限内,根据约定数量的人民币本金交换现金流的行为,其中一方的现金流根据浮动利率计算,另一方的现金流根据固定利率计算,即在两笔同种货币、金额相同、期限一样、但付息方法不同的资产或债务之间进行的相互交换利息的活动。

2006 年 2 月 9 日,国家开发银行与中国光大银行完成了首笔人民币利率互换交易,协议的名义本金为 50 亿元,期限为 10 年,标志着我国的人民币利率互换业务正式拉开了序幕。2008年1月25日,人民银行发布了《关于开展人民币利率互换业务有关事宜的通知》,在总结人民币利率互换试点经验的基础上,就开展人民币利率互换业务有关事宜进行了相关规定。此后,人民币利率互换业务交易量得以快速增长。2006年人民币利率互换成交103笔,名义本金额308.20亿元,2014年人民币利率互换成交43 019笔,名义本金额4.03万亿元,分别是2006年的417.7倍和130.9倍,名义本金额年均增长83.9%。截至2014年年末,人民币利率互换市场未偿合约名义本金额达3.85万亿元(单边计),较2013年年末增加47.70%。截至2014年年末,人民币利率互换业务制度备案机构118家,其中银行类金融机构68家,证券公司38家,保险类金融机构4家,农村信用合作社和合作银行4家,其他机构类型4家。利率互换交易确认功能使用承诺函签署机构90家,基本涵盖了利率互换交易活跃机构。

2014年1月,人民银行发布了《关于建立场外金融衍生产品集中清算机制及开展人民币利率互换集中清算业务有关事宜的通知》,推动建立人民币利率互换等场外金融衍生产品交易的集中清算机制。通知要求,自2014年7月1日起,金融机构之间新达成的,以FR007、Shibor_O/N和Shibor_3M为参考利率的,期限在5年以下(含5年)的人民币利率互换交易,凡参与主体、合约要素符合上海清算所有关规定的,均应提交上海清算所进行集中清算。截至2014年年末,由上海清算所进行集中清算的人民币利率互换业务共有24 106笔,名义本金额2.25万亿元(单边)。

2014年11月3日,我国银行间市场推出标准利率衍生产品。其中首批推出的涉及利率互换的交易品种包括1个月标准隔夜指数互换、3个月标准Shibor_1W利率互换和3个月标准7天回购利率互换。新产品上市首日成交踊跃,多家金融机构积极参与。截至2014年年末,三个标准利率互换产品共报价4 718笔,成交204笔,交易量405.5亿元。推出标准利率互换产品,有利于进一步提升我国场外衍生品市场的标准化程度,提高电子化交易水平和市场效率,增强金融机构的风险管理能力。

资料来源:《投融资与交易》,2015年第4期

5.3.3 利率互换期权交易

互换期权产生于1988年,它是随着利率和货币互换的迅猛发展而产生的创新工具之一。到1992年年底,互换期权市场的全部未偿债务已达6 650亿英镑。利率互换在1982年诞生,到1987—1988年已被保值者广泛地用于规避利率风险。然而,保值者(多为公司财务管理人员)面临两种选择:一是不进行保值;二是固定特定时期内的融资成本。但是,这样会导致其利率水平明显高于短期利率水平。因此,他们开始寻求新的替代工具。互换期权就是应这种需要而产生的。

1. 互换期权的内涵与定价

(1) 互换期权(swap option)的定义

互换期权是一种关于利率互换的期权,它给予持有者一个在未来某个时间进行某个确定的利率互换的权利(当然持有者可以不必执行这个权利)。例如,某公司将在未来6个月内签订一项5年期浮动利率贷款协议,它希望把这笔贷款转化为固定利率贷款。在

支付一定费用后,取得把支付浮动利息换成支付某个确定的固定利息的权利,比如换成6个月后开始的年息为12%的5年期贷款。如果6个月后,在常规互换市场上对这笔贷款进行互换的固定利率报价小于12%,则公司选择不执行期权,而按市场报价进行互换。但如果市场报价高于12%,则公司将选择执行互换期权,以比市场互换报价更有利的条件进行互换。

互换期权既可以通过实际交割,也可以通过现金结算。如果选择执行互换交易,那么,双方当事者就要进行实际交割,即进行实际的互换业务。如果不选择实际的互换交易,那么,就要清算互换期限内执行价格和市场价格之间的差额,并且立即支付。另外,互换期权是一种场外交易工具。因此,这种期权的执行价格、到期日、规模和结构都可以进行调整,以满足个别客户的特别需要。实际使用中,通常使用欧式期权。

(2) 互换期权的分类

现在,互换期权市场的交易活跃,利率互换市场的多数货币都有互换期权交易。以利率互换为基础的互换期权分为买方互换期权(payer swaption)和卖方互换期权(receiver swaption)。买方互换期权是指在互换交易中,持有者选择支付固定利率的权利,即当市场利率涨至高于这个执行价格以上时,购买方要求在执行价格上执行期权,支付该种货币的利率,从而把利率固定在市场利率以下;如果利率下跌,买方互换期权就没有执行的必要。卖方互换期权是指在互换交易中,持有者选择接受固定利率的权利,或赋予其持有者支付浮动利率实行互换的权利,即当市场利率下跌到互换期权执行价格以下,购买者可以执行期权,从而把利率固定在市场利率之上;如果市场利率上升,互换期权也没有执行的必要,因为购买者将接受市场更好的利率。

(3) 互换期权的定价

一般而言,典型的互换期权选择期限低于1年,而利率互换期限在3~10年,名义数额在5000万美元至1亿美元,利率差额通常在1%范围内浮动。

【例5.14】 A向B购买一个欧式买方互换期权,选择期限为3个月,互换期限为5年,名义金额为5000万美元,年利率为7.5%,采取现金结算方式。A购买这个期权的成本费用为70个基点(即35万美元)。如果3个月内,现行5年期互换市场利率为8%,那么,A的收益为500 745.25美元。

A的收益可以通过下面公式计算得出

$$P = (R_m - R_s) \times [N/(1+R_m)] \times A' - C$$

式中:P 为收益;R_m 为市场利率;R_s 为执行利率;N 为互换期限;A' 为名义金额;C 为购买期权的成本。

互换期权就像其他任何一种期权一样,其价值和价格都可以定义为到期时期权预期价值的现值。互换期权预期价值取决于现行的和远期的互换价格、执行价格、期限、运用期权的成本及市场的波动性。前四项是众所周知的,而且易于确定,然而,市场波动性却必须由进行互换交易的定价人员自己确定,难度较大。互换期权的价格和市场波动性成正比。市场波动性越大,项下资产的价格变动概率也越大(利率变动),执行互换期权的可能性也越大,互换期权价格就越高。有许多定量模型用于互换期权的定价,其中,Messrs模型以及布莱克—斯科尔斯模型是被大多数市场参与者普遍运用的。

2. 互换期权的套期保值策略

对于公司财务管理人员而言，互换期权是一种十分有用的工具，它可以用来对现存的或者预期的风险进行保值，同时，也可以从利率变动中带来收益。

【例 5.15】 一家建筑公司为一幢计划在 5 年之内完工的办公大楼进行竞争性投标。该公司计划按照 6 个月 LIBOR 浮动利率筹措所需资金，项目的收益状况取决于该公司固定其筹资成本的能力。在签订建筑施工合同之前 3 个月的时间内，公司决定审查一下这个投标，考虑用适当的工具以规避利率风险，一个比较恰当的处理办法是选用一个互换期限为 5 年、选择期限为 3 个月的支付方互换期权。

另有两种替代的办法：利率互换和利率封顶期权。利率互换的优点是在特定的时间内固定了利率，消除了利率风险，从而有助于项目计划的确定。但是，利率一旦被锁住，保值者也丧失了在市场利率下降到低于互换执行利率的情况下获取收益的机会。利率封顶期权虽然可以固定最高利率，然而，它比互换期权的成本更高。由于封顶利率期权的时间价值要多得多，其代价更为昂贵。因此，这两种替代的方法到了筹资期限的末期有可能显示出成本高昂、丧失收益的缺陷。

此外，由于互换期权比纯粹的利率互换有更高的风险收益比率，因此，它对于投机机构是一种十分有用的工具。互换期权的成本就是其购买者在交易过程中的全部可能损失，而它给购买者带来的潜在收益却没有限制。通常投资者采用"支付方基差"（payers Spread）策略。投资者可按照一个执行价格购买一个支付方互换期权，并以更高的执行价格卖出一个支付方互换期权。这种策略能减少佣金支出，并且增加潜在的收益。如果投资者对市场变动方向有正确的预测，而对其时间性缺乏明确看法，那么，采用这种策略就尤为适用。投资者常根据对短期利率的预期卖出一些互换期权，确保其在现有的利率互换中获取的利益，并且还要试图在期权的时滞中获利。

思考题

1. 如何理解外汇期货的功能？
2. 对比分析外汇远期、外汇期货和外汇期权的异同点。
3. 如何理解套期保值和投机的不同？
4. 简述外汇期货的功能。
5. 简述影响外汇期权价格的因素。
6. 某英国公司 3 个月后将收进 235 600USD，为防止美元下跌，公司决定预售这笔美元收入，该日伦敦市场外汇牌价 GBP/USD 即期汇率为：1.304 8/1.307 4，3 个月差价 130/124。请问：3 个月后该公司可确保得到多少英镑？
7. 一个投机者正在考虑是否购买 10 份 6 月期欧元看涨期权，其执行价格为 1.400 0 \$/€。期权费为 0.1 \$/€。即期价格为 1.343 3 \$/€，180 天的远期汇率为 1.389 0 \$/€。此投机者预测 6 个月以后，欧元会升值到 1.500 0 \$/€。请分析其未来的盈亏。
8. 银行外汇头寸如下：即期美元多头 300 万，2 个月远期美元空头 300 万。同时即期日元空头 10 410 万，2 个月远期日元多头 10 420 万；即期瑞士法郎空头 231 万，

2 个月瑞士法郎多头 232 万。汇率情况见下表,该银行如何进行套期保值?

	USD/JPY	USD/CHF
即期汇率	104.10/20	1.155 0/60
2 个月远期	30/20	10/20

9. 假设 IBM 想借入固定利率日元贷款,而韩国开发银行(KDB)想借入浮动汇率美元贷款。IBM 可以以 4.5% 的固定利率借日元或以 LIBOR+0.25% 的浮动利率借美元;KDB 能以 4.9% 的固定利率借日元或以 LIBOR+0.8% 的浮动利率借美元。求:

(1) 通过与韩国开发银行进行利率/货币互换,IBM 大约可节约多少成本?

(2) 设名义本金为 \$12 500 万,当前汇率为 ¥105/\$,则这些节约的成本以日元计算为多少?

10. 简述货币互换、利率互换和利率互换期权的内涵。

第 6 章 外汇风险管理

随着经济全球化程度的不断加深,越来越多的经济主体包括个人、企业及国家在从事与外汇有关的经济活动时,随时面临因汇率变动而带来的经济活动的不确定性,因此,有必要关注外汇风险并制订相应的应对措施。对于跨国公司而言,外汇风险管理显得尤为重要。外汇风险,也称外汇暴露,是指因汇率变动给公司的资金带来收益或损失的一种可能性的测度。这种损益只是一种可能性,并非必然,从可能到必然是有条件的。如果在可能性转换为现实前采取一些措施,消除损失的可能性,风险就可消失,或减少到最小程度。外汇风险的类型不同,管理方式也不同。外汇风险主要有会计风险、交易风险和经济风险三种。外汇风险管理的基本目标是对汇率和风险进行合理预测,实行有效管理,使跨国公司的盈利能力、净现金流量和企业价值达到最优标准。

6.1 会计风险及其管理

会计风险,又称折算风险。跨国公司的海外子公司,将以外币计值的资产、负债和收入、支出项目合并到母公司的财务报表时,必定要将其转换为以本币计值。由于汇率变化,在财务报表折算时所产生的汇兑损益,称为会计风险。

6.1.1 会计折算方法

跨国公司的各个子公司外币财务报表在换算过程中使用的汇率不同,所产生的报表结果是不同的。按照采用的汇率不同,有以下四种不同的折算方法。

1. 流动/非流动法

按照流动/非流动法,跨国公司子公司的资产负债表中,流动资产和流动负债按照现行汇率折算,对于非流动资产和非流动负债则按照历史汇率(即业务发生时的实际汇率)折算,收益表中各个项目、折旧费用和摊销费用按照历史汇率折算,其他收入和费用项目则按照会计期间内平均汇率折算。由于流动资产和流动负债采用现行汇率折算,保留原财务报表流动资产和流动负债的有关比率,有利于债权人评价公司的短期偿债能力,也有利于对公司流动资本进行分析。但是,长期负债受到外汇汇率变动的影响,也存在外汇风险。用外币借入的贷款按照母国货币来计量,计算出的货币量受汇率变化影响。

2. 货币/非货币法

按照货币/非货币法,现金与货币性资产和负债有着相似的属性,即它们的价值都表现为一个固定的货币金额,且随着汇率变化而变化,所以,这些项目应该按现行汇率换算。货币性资产和负债包括现金、应收账款、应付账款、长期借款等。非货币性资产和负债以及所有者权益用历史汇率换算,非货币性项目为存货、固定资产、股本等。与流动/非流动法相比,收益表项目折算方法两者是相同的,但是货币/非货币法对存货、长期应收账款和长期负债等项目的处理有着显著的不同之处,认为货币性项目具有相似性,它们的价值都能用货币衡量,而折算后的价值也会随着汇率的变动而变动。货币/非货币法不按照到期期限的相似性,而按照属性的相似性为基础对会计项目进行分类。

3. 时态法

时态法的原则是:货币性资产和负债,如现金、应收账款、应付账款都按照现行汇率折算,对于其他项目,则根据不同的情况采用不同的汇率。用过去的交换价格登记记录的资产和负债,则按照历史汇率折算。例如,用过去计算的价格购买并登记的固定资产就要按它购买时的实际汇率换算,而用现行的购买或交换价格或者未来交换价格登记的资产和负债就要用现行汇率来计算。收益表中的收入和费用中的折旧费与摊销费用按照取得相关资产时的历史汇率折算,其他收入和费用项目则均按照会计期内的平均汇率折算。可以说,时态法在某种程度上是针对货币/非货币的缺陷而提出的,折算后仍保持原来财务报表上各项资产和负债计价基础,理论上具有其较强的合理性。但是,由于对各项资产、负债所采用的汇率不同,折算后的各个财务比率会发生变化。

4. 现行汇率法

现行汇率是指折算日当天的实际汇率。现行汇率法是最容易实行的,几乎对所有的外汇资产和负债项目都采用现行汇率进行折算(股东权益除外)。现行汇率新标准提出所有的收益和费用支出,包括那些与固定资产有关的项目,都按当期的加权平均汇率进行换算。

不同折算方法使用的汇率比较见表6.1。其中,股东权益部分通常包括股本和留存收益,股本按它实际发行时的汇率换算,而留存收益则复杂些,期初留存收益数字只是上期期末余额,所以可以直接利用上期报告货币的数字,而期末留存收益就是用期初余额加上净收益,再减去股利。因此,这是一个用报告货币表示的差额数字。

表6.1 不同折算方法的汇率比较

项目	流动/非流动法	货币/非货币法	时态法	现行汇率法
现金	C	C	C	C
应收账款	C	C	C	C
存货(按成本)	C	H	H	C
(按市价)	C	H	H	C
投资(按成本)	H	H	H	C
(按市价)	H	H	C	C
固定资产	H	H	H	C

续表

项目	流动/非流动法	货币/非货币法	时态法	现行汇率法
其他资产	H	H	H	C
应付账款	C	C	C	C
长期借款	H	C	C	C
股本	H	H	H	H
留存收益	*	*	*	*
收益表中：				
销货成本	A	A	A	A
折旧费	H	H	H	A
其他项目	A	A	A	A

注：C：现行汇率；H：历史汇率；*：差额数字

6.1.2 会计风险的管理策略

现实中的市场并不是完全有效率的，存在明显的信息成本。而跨国公司账面上的折算损失会给公司带来负面影响，公司应采取相应措施来抵补折算损失。套期保值可以改善公司收益信息，提高会计收益质量，使投资者能更精确地评估公司的管理能力和投资质量。因此，在实践中，跨国公司都会对会计风险进行套期保值。

1. 利用远期合约的套期保值

跨国公司可以通过远期合约对折算风险进行套期保值。

（1）运用远期合约的具体操作

例如，一家美国公司仅在英国有一个子公司，该子公司年初预期收益为3 000万英镑，并打算将其所有利润全部再投资于英国，不上交给美国母公司。尽管还没有预测到未来利润的会计风险，而会计风险的确已经存在。同年，英国子公司的利润将按加权平均的英镑价值折算。如果英镑当前价值为1.60美元，并且该价值在一年间保持不变，那么预测的英国收益折算为4 800（3 000×1.60）万美元。当英镑加权价值在本年下降时，跨国公司担心子公司的收益会因会计风险而降低。为了对这一会计风险套期保值，它可对预期收益使用远期套期保值，即卖出一年远期3 000万英镑。假设当时远期汇率为1.60美元，同即期汇率一样。年末，跨国公司可以按照即期汇率买入3 000万英镑，履行卖出3 000万英镑的远期合约义务。如果本年英镑贬值，那么该跨国公司将能在年末买入英镑，而且买入汇率比卖出英镑履行远期合约的汇率便宜。这样，它将产生的收益可以抵销折算损失。远期合约带来的确定收益水平取决于年末英镑的即期汇率。在英镑贬值的情况下，折算损失将在一定程度上被远期合约头寸带来的收益抵销。

（2）会计风险套期保值的局限性

会计风险套期保值的局限性具体表现为以下四个方面。

① 收益预测不准确。子公司对年末收益的预测值并没有保障。在上例中，预计子公司收益为3 000万英镑。但如果实际收益要高得多的话，会计损失可能会超过远期合约策略产生的收益。

② 会计信息的扭曲。远期汇率获利或者损失反映了远期汇率和将来即期汇率的差异,而会计风险套期保值的远期合约收益需要纳税。

③ 某些货币无法使用远期合约。并不是所有的货币都可以使用远期合约。这样,在东道国为小国的子公司不可能得到东道国货币的远期合约。

④ 交易风险的增加。这是对会计风险套期保值的最大局限性。例如,子公司货币在会计年度升值的话,会产生会计收益,如果跨国公司在年初实施套期保值策略,产生的损失将在一定程度上也被会计收益抵销。一些跨国公司可能对这样的抵销效果并不安心。这种折算风险只不过是纸上的收益,也就是由于子公司货币升值,所报告的美元收益值较高。然而,如果子公司将收益再投资,升值并没有给母公司带来更多的收益。跨国公司母公司的净现金流量并没有受到影响。相反,套期保值策略产生的损失是真实的损失,也就是说,母公司的净现金量会因此而减少。

2. 外币资产与负债配比法

(1) 外币资产与负债配比法的具体做法

外币资产与负债配比法要求企业调整资产和负债,使以各种功能货币表示的资产和负债的数额相等,只计算折算风险头寸(即会计报表折算差额等于受限资产与受限负债之差)。这样,无论汇率将如何变动,也不会带来会计折算上的损失。具体做法是:首先计量资产负债表各账户、科目中各种货币的规模,确定净折算风险头寸的大小;然后确定调整的方向,例如,以某种外币表示的受限资产大于受限负债,则需要减少受限资产或增加受限负债,或同时进行;最后通过分析和权衡,明确调整的具体的账户科目,使调整的综合成本最小。

(2) 外币资产与负债配比法的局限性

对外币资产与负债进行配比以规避会计风险是有代价的。首先,减少外币的现金资产、紧缩信用政策、减少库存以及提前收回投资都可能对公司的业务经营产生不利影响;还有,如果市场预期某外币将要贬值,那么无论是用借款还是远期,对该币种的会计风险头寸保值都需要付出较高的成本。其次,发生会计信息的扭曲。远期套期保值的损益反映的是远期汇率与合约到期日即期汇率的差异,而会计净暴露头寸的折算损益反映的是入账时的历史汇率与合并报表时的折算汇率差异,而且,折算损失不能抵税,而远期合约的收益却需要纳税。最后,也是最重要的,用远期或增加借款来套期保值,可能会增加子公司的交易风险。特别是当子公司所在国的当地货币升值时,会计折算所得收益会被套期保值交易的损失所抵销,然而折算收益不过是账面上的,套期保值的损失却是实实在在的。因此,跨国公司在具体管理时,需要在外汇会计风险和外汇交易风险之间做出选择。

3. 会计风险管理的其他方法

鉴于前两种方法都有自身的缺陷,企业也可以从另外的角度处理会计风险。

(1) 递延处理

在某些国家会计制度和税法允许的情况下,例如中国现行的相关法规,企业可以将折算损益作为递延项目逐年累计,不计入企业当期损益,也不影响应纳所得税。因此,可以在很大程度上降低会计风险的不利影响。

(2) 解释会计折算损益的性质

企业还可以直接对股东、债权人等会计报表的重要使用者解释会计折算损益的性质，让使用者了解财务报表的真正意义，无须担心折算损益导致的账面盈余波动。

(3) 自动产生风险分散

大型跨国公司的经营活动通常涵盖了多种货币，自动产生风险分散的效果，降低汇率变动对股东权益的净影响。

6.2 交易风险及其管理

6.2.1 交易风险概述

1. 交易风险的内涵及表现形式

(1) 交易风险的定义

交易风险是指公司以外币表示的合同现金流转换为本币价值，对不可预期的汇率变化的敏感度。由于合同现金流的实现影响公司以本币表示的现金流，交易风险有时被视为一种短期经济风险。若一国汇率随机变动而合同价格固定，则交易风险就会产生。交易风险也反映汇率变化对现金流量的影响，只不过这种影响是对货币性资产和负债产生的影响，反映为达成交易时的货币数目与实际完成时的货币数目可能不一致。

(2) 外汇交易风险的四种情形

①在进出口交易中，应收账款和应付账款的收支。②在国际借贷中，以外币计价的借贷款的结算。③在生产经营活动中，执行以外币表示的加工合同。④在跨国兼并中，以外币表示的资产和债务的买进或卖出。

2. 交易风险管理的目标及原则

(1) 外汇交易风险管理的目标

①短期收益最大化。②外汇损失最小化。其着眼点在于尽量减少外汇损失。一般来说，这类经济主体的风险承受能力较小，宁愿维持较低的收益率，也不愿冒可能产生损失的风险。

(2) 外汇交易风险管理的基本原则

在管理成本一定的情况下，使汇率变动对本币造成的经济损失最小化。只有从减少外汇风险损失中得到的收益大于为减少风险所采取措施的成本费用时，防范风险的措施才是有意义的。

> **专栏 6-1**
>
> ### 波音公司的外汇交易风险
>
> 波音公司出售给印度尼西亚格鲁达航空公司 5 架波音 747 飞机，以印度尼西亚卢比

(Rp)计价,价格是 1 400 亿 Rp。为了减少这一交易对印尼国际收益的影响,波音公司同意从印尼购买 550 亿 Rp 的飞机零部件。这样,波音公司同时拥有 Rp 计价的应收款和应付款。那么,如果印尼卢比与美元的即期汇率为 \$0.004/Rp,波音公司的净卢比交易风险是多少?如果卢比贬值为 \$0.003 5/Rp,波音公司的交易损失是多少呢?

首先,波音公司的净卢比风险等于预计卢比流入减去预计卢比流出,即 1400-550=850 亿 Rp。将这一数值以即期汇率折算为美元,就是波音公司的卢比交易风险,等于\$3.4亿美元。其次,如果卢比贬值,波音公司损失的数额等于它的卢比风险与汇率变化的乘积,即 85 000 000×(0.004-0.003 5)=\$4 250 万。这一损失数额用波音公司以美元表示的风险与计价货币汇率的变化乘积计算,即 340 000 000×(0.005/0.004)=\$4 250 万。

资料来源:艾伦·C.夏皮罗.跨国公司管理财务[M].北京:中国人民大学出版社.2005

6.2.2 交易风险的三种金融市场管理策略

由于交易风险造成的损失非常复杂,作为经济主体的一项重要管理任务,外汇风险管理要当作一个整体来进行通盘考虑,不仅要分别研究各种风险管理工具,而且要研究如何对这些工具实行优化组合,以较少的费用支出实现外汇风险管理的总体目标。

1. 远期市场套期保值

对交易风险套期保值的最直接、最普遍方法是货币的远期合约。利用套期保值,即一个外币头寸多头的公司将卖出外币远期,而一个外币头寸空头的公司将买入外币远期。由此,公司就可以固定未来的外币流量的本币价值。远期套期保值涉及一个远期合约以及用收到的资金去履行合约。假如 GE 公司在 1 月销售涡轮机旋转桨,6 个月后将收到货款 £1 000 000。公司采用远期市场套期保值,具体做法是:在 1 月卖出一份 6 个月后到期的、价值为 £1 000 000 的远期合约,汇率为 \$1.7 450/£,这样 6 个月后,公司将从英国航空公司收到 £1 000 000 来履行远期合约,即收到 \$1 754 000。不管未来的即期汇率如何变动,远期合约使 GE 销售都将收到 \$1 754 000。表 6.2 中简单的 T 型账户列示的是 GE 公司在 6 月 30 日的头寸,从中可以看出这笔交易的结果。

如果不进行套期保值,GE 公司将有一笔 £1 000 000 的资产,其价值将随汇率的波动而变动。远期合约产生一笔等值的英镑债务,以英镑标价的资产和债务互相冲抵,GE 公司就剩下 \$1 754 000 的资产。

表 6.2 6 月 30 日 GE 公司的 T 型账户

应收账款:£1 000 000	远期合约付款:£1 000 000
远期合约收入:\$1 754 000	

【例 6.1】 IBM 公司向日本 NEC 电子公司购买电脑芯片,收到 3 个月到期的 2.5 亿日元,即 JPY250M 发票。目前即期汇率为 ¥105/\$,3 个月后的远期汇率是 ¥100/\$。美国 3 个月的存款年率为 8%,而日本 3 个月的存款年率为 7%。IBM 公司的管理者决定用货币市场套期保值来处理这笔支出。

(1) 解释货币市场的套期保值的步骤,并计算需要多少美元来兑换这笔日元支出。

(2) 对货币市场套期保值的现金流进行分析。

解：(1) 计算 2.5 亿日元的现值：$250M÷1.0175=JPY245.7M$；然后，买入日元需要支付美元为：$250M÷105=USD2.38M$

(2) 货币市场套期保值现金流见表 6.3。

表 6.3 货币市场套期保值现金流分析

交易	CF_0	CF_1
1. 用美元买日元	−USD 2 340 002.34 JPY245 700 245.70	
2. 投资日元	−JPY245 700 245.70	JPY250 000 000
3. 日元现金流净额	−USD2 340 002.34	−JPY250 000 000

2. 货币市场套期保值

货币市场套期保值与远期市场套期保值一样，只不过货币市场套期保值的成本是由两国利率之差决定的，远期套期保值的成本是由远期汇率决定的。货币市场套期保值是指用货币市场头寸抵补未来应付账款或应收账款头寸。

【例 6.2】 在上述案例中，对应收账款进行货币市场套期保值。现在借钱投资，然后用将来收到的货款偿还贷款。GE 公司立即借入英镑，然后将其转换成美元，6 个月后偿还英镑正好等于收到的货款，即 £1 000 000。设所借英镑金额为 A，则：$A[1+(6/12)×10\%]=1 000 000$；解得：$A=£952 380.95$。

GE 将借到的英镑在即期市场上按即期汇率 $1.764 0/£ 兑换成 $1 680 000，再将这 $1 680 000 投资半年，投资策略有三种选择：①在美国投资，年投资利率为 6%；②按英国投资利率贷出，年投资收益率为 8%；③按公司的资本成本 12% 投资于本公司。

【例 6.3】 如果未来有应付账款，同时企业有闲置现金，可以进行短期外币储蓄，准备将来用。例如，某家英国公司 30 天后需支付 CHF1 000 000，并能在此期间投资瑞士证券赚得年利率为 6%（30 天为 0.5%），购买 1 个月的瑞士证券所需金额为：

应付瑞士法郎（SF）套期保值的储蓄额 = $1 000 000/(1+0.005)$ = CHF995 025

假设即期汇率为 $0.65/SF，则需 USD646 766 = 995 025×0.65 买入瑞士证券。30 天后，证券到期，美国公司用收回的 CHF1 000 000 偿还应付账款。如果公司更愿意不使用现金余额对应付账款套期保值，货币市场套期保值同样适用：

第一步：从银行贷款 646 766USD，30 天到期利率为 0.7%；

第二步：以 $0.65/SF 的即期汇率将 USD646 766 兑换成 CHF995 025；

第三步：用 CHF 买入月利率 0.5% 的瑞士证券；

第四步：30 天后，偿还美元贷款本息 USD651 293 = (646 766×1.007)。

不管该期间瑞士法郎如何变化，该美国公司的瑞士投资都将能抵补应付账款头寸。因此，该美国公司仅关心 30 天后应归还的美元贷款金额。如果利率平价（IRP）存在，且不存在交易成本，则货币市场套期保值结果同远期套期保值一样。这是因为远期汇率升水体现两种货币间的利率差异。用远期买入对未来应付账款套期保值等同于以本国利率举债而以外国利率投资。即使远期升水通常反映国家间的利率差异,交易成本的存在仍可能导致远期套期保值的结果不同于货币市场套期保值。

3. 期权市场套期保值

对已知的外汇交易风险进行套期保值时,主要考虑汇率的变化朝某一方向变动时所采取的保值措施。但是,在许多情况下,公司对未来汇率的变化方向是无法确定的,或公司无法确定进行套期保值的外币流量是否会实现。这种不确定性对于选择适当的套期保值行为有重要的影响,此时,最好的办法是采用期权套期保值。不同于期货或远期合同,外汇看涨期权持有者没有以执行价购买外币的义务。

【例6.4】 中国武汉的一家美国某独资公司想从德国进口价值100万欧元的机器设备,3个月后用欧元支付货款。该武汉公司购买80份欧元看涨期权合同,约定价格为1€＝1.284 2＄,期权费总额为＄50 000,即＄0.05/€的期权费。买入该看涨期权后可能出现三种情况,同时与用远期交易进行套期保值来对比:

(1) 3个月后欧元升值到＄1.284 5/€,则在现汇市场上购买€100万需付＄128 450万。行使期权合同后,购买€100万只需支付＄128 420万,比现汇交易节省＄25万＝(128 450－128 420－5),其中5万美元为期权费支出,则履行远期合同比在现汇市场购买€100万节约＄30万;

(2) 3个月后美元汇率不变,仍为＄1.284 2/€,与现汇交易相比,该公司只是多付＄5万期权费。履行远期合同和现汇市场购买欧元付出的美元金额相等;

(3) 3个月后欧元贬值到＄1.283 9/€,则在现汇市场上购买€100万需付＄128 390万,而如果执行期权需支付＄128 450万,所以该公司决定放弃执行期权,比现汇交易多付出＄5万,这是规避外汇风险的成本。履行远期合同比在现汇市场购买多支付＄30万。

通过上述案例对远期合同法与期权合同法进行比较,得出如下结论:一是对于已确定的外汇金额,利用远期合同套期保值,在消除汇率不利变动造成的损失同时,也丧失汇率发生有利变动而获利的可能性;外汇期权合同则无论汇率朝哪个方向变动都给其持有者留有获利机会。二是当外汇市场投资者要在某种货币汇率的变化方向以及波动幅度上进行投机时,外汇期权合同应当是最优选择。但是,若投机者只对某种货币汇率的变动方向进行投机,则不一定需要期权合同,利用远期合同或期货合同也可以达到目的。

同外汇看涨期权一样,外汇选卖期权(看跌期权)也是一个有价值的套期保值工具。看跌期权指在一定期间内,按约定的价格(执行价格)卖出一定数量的某种货币的权利。企业可以使用选卖期权为外币应收账款套期保值,它能保证未来出售应收账款的价格(执行价),看跌期权的持有者没有以约定价卖出外币的义务。如果企业收到外汇时外汇即期汇率高于期权执行价,企业便可以以即期汇率抛出收到的外汇,让看跌期权失效。现在我们讨论看跌期权的套期保值应用。

【例6.5】 Knoxville公司将在约90天后收到€600 000。如果Knoxville担心欧元对美元贬值,便可购买看跌期权对应收账款套期保值。假设此时欧元看跌期权的执行价为＄1.286 0/€,每单位期权费为＄0.03/€;预计90天后即期汇率＄/€为:1.284 0、1.286 0或1.287 0。因持有货币看跌期权所收到的金额见表6.4:第(2)到第(5)栏是以每货币单位为基础编制,第(6)栏金额等于第(5)栏的每单位金额乘以600 000单位。

表 6.4　用货币期权对欧元应收账款套期保值

（执行价＝＄1.284 2，期权费＝＄0.03）

(1)	(2)	(3)	(4)	(5)＝(4)－(3)	(6)
情形	收到应收款时即期汇率	每货币单位选卖期权的期权费	持有卖出期权时每货币单位收到金额	每货币单位收到的净额（核算已付期权费后）	选卖期权套期保值欧元600 000应收款收到的美元
1	＄1.284 0	＄0.03	＄1.286 0	＄1.256 0	＄753 600
2	＄1.286 0	＄0.03	＄1.286 0	＄1.256 0	＄753 600
3	＄1.287 0	＄0.03	＄1.287 0	＄1.257 0	＄754 200

在实践中，期权的运用范围是较广的。比如，当一家公司以固定外币价格出价购买一项国外资产，但又不确定能否中标时，看涨期权是适用的。通过买进一份外币看涨期权，该公司就可以锁定其标价的最高本币价格，而一旦未中标，它的损失风险被限定在看涨期权费范围内。我们举出一个竞标时投标公司规避外汇风险的实例。

【例 6.6】 假设一家正在英国竞标的某美国公司，面对的未来结果无非有以下两种：一是竞标成功，它将有一笔外汇收入，即外汇风险头寸，该公司可以选择期货（或远期）或者期权来为这部分头寸保值；二是竞标失败也就无所谓保值的问题。因此，如果以期货或远期进行保值，一旦竞标失败，它所买入的期货或远期头寸会成为一种新的风险资产，运用期权可以避免这种不利情况的发生。

为了比较期权在这种情况下所具有的优势，我们将期货或远期策略的效果和采取期权保值策略的效果列表比较，见表 6.5。①如果该公司竞标成功且英镑又走强，则在揭标日可以取得较多的美元收益。公司如果采用卖空期货或远期策略进行保值时，其收益基本上会被其在期货或远期市场上的损失所抵消；当公司通过购买看跌期权进行保值时，由于英镑坚挺，该公司可以放弃执行该期权，现货收益被期权费部分抵消，但有可能保留部分收益。如果该公司竞标成功且英镑走软，则通过远期或期货所进行的套期保值可以作为减少它在货币兑换时所遭受的手段之一，此时与期权套期保值的效果相同。②如果该公司竞标失败而且英镑又走强，此时通过远期或期货进行套期保值将使公司承受很大的风险。因为公司竞标失利后将失去其预期的现金流入，而公司卖空的远期或期货合约将成为新的外汇风险头寸，当英镑走强时其损失将远远大于期权费的损失，此时选择期权策略是很明智的。而当公司竞标失败但英镑走软时，则通过远期或期货所进行的套期保值将为公司带来一大笔收益，这与运用期权套期保值的效果相同。

表 6.5　期权保值策略与期货或远期保值策略结果的比较

竞标结果	英镑走势	无套期保值	套期保值（卖空期货或远期）	套期保值（买入看跌期权）
成功	英镑走强	出现收益	现货的收益被套期保值完全抵消：无损益	现货收益被抵消一部分（抵消部分等于期权费）：保留部分收益
成功	英镑走软	出现损失	现货的损失被套期保值完全抵消：无损益	现货损失被期权交易弥补：可能有微小损失（等于期权费）
失败	英镑走强	无影响	很大损失	微小损失（等于期权费）
失败	英镑走软	无影响	很大收益	可通过执行获得很大期权收益

在另一种情况下,货币期权也是一种很有用的风险管理手段。大多数公司都有一项政策,为了避免使客户和销售人员产生混淆,一般并不因为汇率的变动而及时地修改价目表。那么一旦外币价格变化,未进行套期保值的公司利润率就会下降。然而由于预期销售收入或采购支出的不确定,远期合约并不是进行套期保值的理想工具。例如,一家公司承诺其外币价目表在3个月内有效,那么该公司就存在外汇风险,风险大小取决于在此期间内以外币价格标价的未知销售量。因此,公司不知应签订多少金额的远期合同才能保证销售收入的边际利润。然而,货币看跌期权就可以使该公司确保其利润率,从而免遭外币价格变动带来的损失,而且公司能保证对外国客户报价维持固定。若没有期权,该公司就可能被迫提高它的外币价格而不能继续保持这种更具竞争力的地位。

以上每种方法都是针对短期套期保值,使用不同套期保值方法的标准也不一样,但这些方法都有共同的假设前提,即财务经理的目标是降低风险而不是在汇率走势上进行投机,而且无论远期还是期权市场的定价都是合理的。在货币远期和期权之间进行选择的通用法则为:第一,如果一种外币的现金流出额已知,则买入外汇远期;如果该现金流出额不确定,则买入看涨期权;第二,如果一种外币的现金流量已知,则卖出外汇远期;如果该现金流入额不确定,则买入看跌期权;第三,如果一种外币现金流量一部分已知而另一部分不确定,则用远期合约对已知部分进行套期保值,而用期权对不确定部分套期保值,具体买入期权数额应相当于这部分现金流量的最大值。

【例 6.7】 假设波音公司出口一架波音 747 给英国航空公司,在一年后收回 1 000 英镑。货币市场的利息和外汇市场的汇率如下:美元利息 6.1%;英镑利息 9%;即期汇率和远期汇率(一年期)都为:\$1.5/£。分别计算波音公司远期市场套期保值策略、货币市场套期保值策略和期权市场套期保值策略。

解:套期保值策略见表 6.6。

表 6.6 波音公司的三种套期保值策略

策略	交易	结果
远期市场套期保值	1. 现在签订一份卖出 1 000 万英镑的远期合约; 2. 一年后,从英国客户收取 1 000 万英镑,将其交付给合约的另一方	能够确保一年后得到 1 460 美元;与未来的即期汇率无关
货币市场套期保值	1. 借入 9 174 312 英镑,并以即期汇率兑换成 13 761 468 美元; 2. 一年后,从英国客户收取 1 000 万英镑,用来还款	能够确保现在得到 13 761 468 美元,一年后得到 14 600 918 美元;与未来的即期汇率无关
期权市场套期保值	1. 事先为 1 000 万英镑收入买一份看跌期权 2. 一年后根据即期汇率决定是否执行期权	如果未来的即期汇率高于执行汇率,至少能得到 14 387 800 美元;波音公司损失有上限,而盈利美元无上限

虽然短期套期保值的方法对于一般的交易风险很有用,但它们的长期效果是非常有限的。例如,一家中国进口商每年从一个日本家电公司进口一次,进口量很大,然后出售给全国的零售商店。假设当前日元汇率为 1 日元=0.06 元人民币,家电的价值为 100 000 日元,

即为6 000元人民币,又假设日元远期汇率通常升水3%,随着即期汇率的变化,远期汇率常以同样的数量变化。即期汇率一年上升12%,远期汇率也会上升大约相同的百分比,进口商需为每年进口家电多付10%(假如日本出口商不改变日元标价的话)。在日元坚挺时,虽然该公司运用一年远期合约获得比不套期保值要好的效果,但仍然会导致价款日后上升,该进口商每年都需付出成本。如果套期保值方法能应用于更长时间,将能够有效地使企业长期免受汇率风险。例如,家电进口商可在零时点上为以后几年每年末运抵的家电套期保值。这里,每个套期保值的远期汇率依据现时即期汇率而定。在日元坚挺的时候,该策略会节省一大笔钱。然而,此策略的不足之处在于未来套期保值的日元金额由于货物运送量的不确定性而更加不确定。如果出现经济萧条,进口商可能会减少订购家电的数量,到时进口商收到的日元金额仍然受远期合约的限制。

4. 长期交易风险的套期保值

对需要准确估计几年后发生的外币应付账款或应收账款的企业而言,对长期汇率风险套期保值的方法通常有长期远期合约和货币互换。

(1) 长期远期合约

长期远期合约原来是很少使用的,但是随着跨国公司近年来对长期汇率风险的重视,这种方法也逐渐普遍起来。大多数跨国银行通常会标出5年的英镑、加拿大元、德国马克和瑞士法郎的远期汇率。长期远期合约对一些公司很有吸引力,特别是当它们已签订长期的固定价格出口或进口合同,并且想保护现金流量不受汇率波动的影响时。同短期远期合约一样,长期远期合约可以修订,以满足企业需要。一些主要货币,如美元、英镑、加拿大元等的期限可为10年或10年以上,但是为了确定企业能履行远期合约所规定的长期业务,银行往往只能考虑信用等级较高的公司。

(2) 货币互换

货币互换是规避长期交易风险的第二种方法,它的形式很多,其中一类形式能满足不同长期需要的两种企业。例如,一家美国公司被雇用在英国铺设石油管道。该公司预期5年后工程完工时会收到英镑。与此同时,一家美国银行聘请了一家英国公司进行长期咨询项目。假设以美元对该英国公司付款,付款大多在5年后发生。美国公司5年后会收到英镑而英国公司在5年后会收到美元。这样,这两家公司便可安排货币互换,以商定的汇率在5年后把英镑和美元互换。这样一来,美国公司锁定5年后英镑付款可兑换的美元数。同样,英国公司锁定5年后美元付款可兑换的英镑数。进行货币互换,企业一般依赖能满足其需要的金融机构。大银行和投资公司都有经纪人充当互换中介。打算消除未来某日某货币交易风险的公司可通知经纪人,经纪人依据所有的信息撮合需要货币的公司与想处置该货币的另一家公司(或者相反),经纪人提供服务要收取服务费。

6.2.3 其他套期保值策略

在某些情况下,通过三大市场(货币、期货和期权市场)套期保值,公司也不能够规避外汇交易风险。因为公司不能总是准确预测以外币标价的产品销售收入或物品采购付款,因而无法确定在每种货币上套期保值的确切数额;套期保值的交易成本高到无法补偿的地步;国外投资存在壁垒或本国借贷某种货币也存在壁垒;交易的货币不是广泛的交易货币,相应互换由于没有活跃的对应市场也无法进行,等等。在套期保值不能实现或是不能达到企业避险目的的情况下,企业可以根据自身情况和业务特点,采取其他避险方法,效果可能更为理想。

1. 提前与延后支付

提前与延后支付政策(leading and lagging)是指跨国公司为了降低外汇风险和提高营运资本管理效率,按照未来货币变动的预期调整收进应收账款的时间和支付应收账款的时间,减少外汇风险的技术。其一般原则是:在预测外汇汇率将要上升时,拥有外汇债权的主体延迟收汇,拥有外汇债务的主体提前付汇;相反,在预测外汇汇率将要下跌时,拥有外汇债务的主体要延期付汇。总之,运用这一方法来扩大软币的借方余额,增加硬币的贷方余额,处于软货币国家的跨国公司更愿意从当地借款,防止货币贬值的损失。

例如,中国于1994年7月1日实现汇率并轨,实行单一的有管理的浮动汇率制。在7月1日以前,人民币汇率为5.8¥/$,处于高估的状态;7月1日以后,人民币汇率回复到真实价值,即一般当时预测的8.3¥/$。国内的进出口企业将结算日在7月1日前后的原有贸易合同进行调整。进口商可将原定7月1日支付的货款提前到6月30日,按5.8¥/$的汇率对外支付美元。出口商可将原定于6月30日结算的贷款推延到7月1日,按照8.3¥/$收回美元外汇结算给外汇银行。这样进出口商就将外汇风险的损失转嫁给国内的金融机构或政府金融当局。因此,在有管理的浮动汇率制下,政府在对本币汇率作重大调整之前,必定保密信息,以防企业的防范风险措施给政府带来损失。

提前和延后支付的方法很简单,但实施起来有一定的困难。首先,它要受进出口合同中既定支付条件的限制,临时更改支付日期,会增加结算成本,并打乱资金安排,带来一定的风险;其次,要考虑资金的运用以及机会成本。例如,资金短缺的企业提早结汇可以早获周转资金,使企业不必向银行借款,但对资金充裕的企业来说,延迟结汇意味着损失一笔银行利息收入;最后,有些国家对提前和延期结汇的引用会加以限制。例如外汇短缺、外汇管制严的国家,鼓励迟付早收,严禁早付迟收。

提前和延后方法得到大多数跨国公司的应用,适合在各子公司之间调整信用条件,是加速或延缓应收账款收付的一种转移资金方法。与直接贷款相比有以下优点:首先,不需要签署正式的借贷文件,只需要调整信用期限即可。其次,当地政府对企业内部的借贷干涉较少。但是,也有些国家对企业内部信用条件的管制比较紧,而且政策多变。例如,日本虽然在理论上允许企业使用提前或延后的方法,但在实务中却规定要求有原始的贸易文件才可进行,往往很难操作。又如,瑞典禁止提前进口等。最后,美国税法规定,美国公司不必为期限在6个月以内的公司内部账款支付利息,但对于所有公司间贷款都必须支付利息。

2. 货币多样化

如果一家美国跨国公司主要从事进出口业务,所有外币的流入大于流出。该公司会因美元走强而受到损害,因为收到的美元外币收入贬值。如果所有收入以一种或少数几种外币标价,这些货币其中之一大幅贬值都会严重影响美元收入价值。然而,如果采用货币多样化方法,此货币只是该公司几种货币之一,那么一种外币的大幅贬值带来的危害就没有那么严重。因为单个货币仅是总流入量的一小部分,因而不会严重影响流入的美元价值总量。一些跨国公司,如可口可乐、菲利普·莫里斯等公司,宣称它们的汇率波动风险被大大降低,因为它们的业务分散在许多国家。若收到的外币不是高度相关,那么未来以外币形式流入的美元收入会更稳定,原因是较低的正相关值或负相关值,能够降低所有外币美元收入总价值的变化性;如果外币彼此相关性很高,分散不能很好地降低风险。因为所有货币变动趋势相同,或其中之一大幅度贬值,其他货币也会同样贬值。

3. 配对管理

配对管理包括自然配对和交叉配对。

(1) 自然配对

自然配对是指将某种特定的外币收入用于该种货币的支出。例如,不将某种币种的出口货款兑换成本币,而是将它全部存在外币账户上,作为从该国进口的贷款支付或在其他方面使用。这样就没有必要进行买卖两个方面的外汇交易,在节约银行手续费和买卖差价的同时,又可以抵销因为汇率变动所引起的外汇损益。

(2) 交叉配对

交叉配对又称为平行配对,就是用一种货币的风险敞口损益来冲抵另一种货币的风险敞口损益。这实际上是利用了分散组合降低非系统性风险的管理。尤其对于跨国公司而言,它们看重的是公司全部外汇风险敞口组合的净损益,而不是单独货币各自的头寸损益,所以它们更重视对交叉套期保值的使用。

例如,某英国公司有90天以后的应付货币X,但因为担心货币X对英镑升值,所以希望对这一头寸套期保值。如果用远期合约和其他套期保值的方法对该货币是不可行的,则公司可以考虑交叉套期保值。这时,公司需要首先找出一种可套期保值且同X货币高度相关的货币,并订立关于此货币的90天远期合约。如果两种货币同美元高度相关,那么这两种货币间的汇率应在一定程度上稳定,再买入一种货币的90天远期合约,该公司就可以以此货币换货币X。可以说,配对管理的运用大大减少了在外汇市场上买卖外汇的必要性,在节约费用的同时又避免了外汇风险。然而,配对必须以跨国公司内部子公司之间或者与第三方之间存在双向性的资金流动为前提。

4. 风险分摊法

风险分摊,是指交易双方按签订的协议分摊因汇率变化造成的风险。其主要过程是:确定产品的基价和基本汇率,确定调整基本汇率的方法和时间,确定以基本汇率为基数的汇率变化幅度,确定交易双方分摊汇率变化风险的比率,根据情况协商调整产品的基价。在风险分摊中包括一个价格调整条款,其中设定了一个基准汇率和中立区间以对应一定的汇率变化。在中立区间内,汇率波动风险不实行分摊;反之,当汇率变化超出中立区间时,双方将分摊汇率风险。

5. 增加经营网络的弹性

经营网络的弹性可以用于规避公共部门的限制,如各种行政机构的规则和要求,同时也可以用于避税或用于将生产要素,如生产、销售、研发在自身的全球网络中移动。增加经营网络的弹性指跨国公司可以在市场情况和需求发生改变时,在全球范围内扩张、收缩或改变经营范围、地点等。在世界不同地区设有工厂的跨国公司,可以根据不同国家的货币汇率变动情况,将生产任务在不同国家的工厂之间进行转移,增加在货币贬值国国内生产,减少在货币升值国生产。这样可以减少某些国家货币升值带来的风险,也可以在汇率发生变动后,根据生产要素价格的变动,在生产中尽量使用便宜的生产要素,如货币贬值国的原料、劳动等。

> **专栏 6-2**
>
> ### 外汇套期保值与亚洲金融危机
>
> 1997年爆发的亚洲金融危机中,国际资本第一个袭击的是泰国,以后又陆续成功袭击马来西亚、印度尼西亚等许多东南亚国家和地区。泰国、马来西亚、印度尼西亚等国长期实行钉住汇率制度,随美元的波动而波动。许多企业有外债,而许多外债又是以美元结算的。这些企业认为有钉住制度,就没有汇率风险,并没有对借入的外债进行避免外汇风险的操作。一旦外汇风暴骤起,许多企业担心钉住制度不保,本币会贬值,纷纷到外汇市场上抢购美元以备还债之需。这种抢购活动恰恰进一步导致外汇供给不足,加大政府稳住汇率的难度,实际上促进该国货币的贬值,加剧了金融危机。从微观角度看,企业意识到风险时紧急采取抢救措施并无不妥,只是,如果未能做到未雨绸缪,提前对外债进行保值,就会产生负面影响。由此可见,企业是否能够有效地避免外汇风险,不仅关系到企业的损益,甚至关系到整个金融市场的稳定与否。
>
> 我国也曾存在类似的问题。在我国的外债中曾经有相当一部分是日元借款。由于20世纪80年代以来日本兑美元的汇率从240:1逐步升值到100:1左右,而我国大部分出口商品是以美元结算的,即外汇收入大部分是美元。这就导致许多使用日元贷款的企业外债越还越多,不堪重负。由于我国外汇市场的发展以及有关政策方面的不适应,我国的企业很难进行合约保值。相信经过亚洲金融风暴的洗礼的亚洲各国和我国,都会从过去的遭遇中学习和提高,进一步发展和完善金融市场,建立必要的规避外汇风险的机制。

6.3 经济风险及其管理

6.3.1 经济风险概述

1. 经济风险的内涵及特点

(1) 经济风险的定义

经济风险，又称经营风险，指汇率不可预期的变化对企业价值的影响程度，即币值的变化对跨国公司未来非契约性的现金流量(未来销售、价格和成本)的影响。经济风险反映了汇率变化对预期税后净现值的影响。如果从公司长期利益的立场出发，经济风险的影响比交易风险和会计风险的影响更为重要。由于实物性资产产生的现金流又有很大的不确定性，因此，财务经理只能部分使用金融工具在金融市场上进行套期保值。而更有效的经济风险管理方法则是通过对企业的实物性资产，如企业的选址、生产、原材料来源、分销和市场决策等进行管理来分散风险和减少风险。当然，金融市场的套期保值容易建立和调整，而实物性资产的套期保值更困难，与之相伴的还有较高的进入和退出成本。任何可预期的汇率变化都已折现并体现于企业价值中。

经济风险在一定程度上取决于企业投入和产出的市场是分割的还是整体的。在一个整体的市场上，购买力平价成立，所以相同的资产在世界任何地方的交易成本是相同的。如果购买力平价不成立，那么市场至少是部分分割的。市场分割的共同原因是交易成本、运输成本、信息成本或障碍。若市场是完全分割的，价格就完全由当地市场来确定；反之，在全球一体化市场上，价格是由世界范围的供求关系来确定的。价格在一体化市场上只受汇率这一因素的影响，购买力平价能够得以维持。但是，在现实生活中，劳动力成本由当地供需来确定，而交易活跃的金融资产的价格则由全球竞争市场来决定。

(2) 经济风险产生的原因及特点

例如，一家美国公司在意大利建立子公司生产机器零部件，生产原料和劳动力均来自意大利，产品一半在意大利和欧元区内销售，另一半出口到其他国家。所有销售发票用欧元表示，应收账款是年销售收入的 1/4，即平均收账期为 90 天。存货是变动成本的 1/4，单位成本为€1.6。子公司在扩张或紧缩生产量时对单位变动成本和固定经营成本没有任何影响，固定经营成本为€190 000。意大利政府允许该子公司对厂房和设备每年提取折旧费用€38 000，意大利的所得税为 50%。美元投资的税后要求收益率为 20%。2006 年 1 月 1 日欧元突然贬值 20%，欧元价值从 \$1.002 5/€ 降到 \$0.802 0/€。2005 年 12 月 31 日意大利子公司资产负债表和现金流量见表 6.7。

经济风险取决于汇率的突然变化是否引起未预料到的销售量、销售价格或经营成本的变化。欧元贬值，进口商品的价格较高，为了保留竞争优势，意大利子公司选择维持它的国内(欧元区内)欧元销售价格不变或试图提高其价格；而公司在出口方面，可以选择维持外币出口价格或欧元价格不变，或二者中的一种价格不变。根据微观经济学价格和收益的需求弹性的定义，该战略的实施依赖于价格需求弹性的大小。关于成本方面，意大利子公司的成本可能提高。它的部分国内销售额和成本也由欧元贬值对收益需求弹性的作用来决定。

表 6.7 意大利子公司资产负债表和现金流量(2005 年 12 月 31 日)

现金	€256 000	应付账款	€128 080
应收账款	€525 000	短期银行贷款	€256 000
存货	€400 000	长期债务	€256 320
厂房和设备净值	€740 200	普通股	€288 180

续表

		留存收益	€992 620
资产总额	€1 921 200	负债和权益总额	€1 921 200

销售收入(1 000 000 单位,2.1/单位)：€2 100 000
变动成本(1 000 000 单位,6.1/单位)：€1 600 000
固定经营成本：€190 000；
折旧：€38 000；
税前收益：€272 000；
所得税(50%)：€136 000；
税后收益：€136 000；
加回折旧：€38 000；
净现金流量(用欧元表示)：€174 000
汇率€1＝$1.002 5；
净现金流量(用美元表示)：$174 435

预期现金流量——贬值

净现金流量(用欧元表示)：€174 000；汇率€1＝$0.802 0
净现金流量(用美元表示)：$139 548

在一定程度上，贬值不利于进口，从而刺激购买意大利商品，出口增加，因此，意大利国家的收入会增加，这是假设欧元贬值的作用还没有立即被较高的通货膨胀率所抵消。因此，由于价格和收益的作用以及国际价格的作用，意大利子公司可能在国内销售更多的产品。应该指出，一个公司即使没有任何跨国经营活动也会面临经济风险，即所谓间接经济风险。这是因为绝大多数国家的商品与金融市场是相互影响的。例如，一个只在国内销售、生产成本也只由本国货币引起的纯国内公司将会受到本国货币升值的不利影响。这是因为本国货币升值后，进口商品的价格变低了，来自国外竞争对手的竞争加强了。同时，那些从国外以外币采购原材料的国内竞争对手的地位也得到加强。与前两种风险偏重短期不同，经济风险是一个长期、动态、不确定的概念。

如图 6.1 所示，从概念上可以看出三种外汇风险之间的区别。

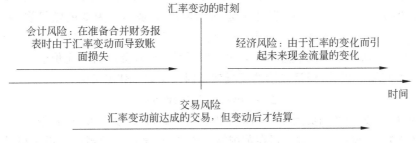

图 6.1　三种外汇风险比较

2. 经济风险的度量

经济风险用两个敏感度来精确衡量：①公司资产(和负债)的未来本币价值对汇率随

机变化的敏感度,资产包括有形资产和金融资产。②公司现金流对汇率随机变化的敏感度。

> **专栏 6-3**
>
> ### 美国跨国公司的经济风险
>
> 从事国际业务的跨国公司,承受汇率波动带来的经济风险的程度远远高于纯粹的国内企业。例如,凯特彼勒公司的销售收入严重依赖出口。美元走强将增加该公司的外国进口商支付的价款,因此,凯特彼勒公司特别容易受到美元价值波动的影响。在20世纪80年代前叶,美元出现了持续的强势,对其他主要货币的升值幅度超过40%,因其主要竞争对手——日本的小松公司的出口品以日元标价,在日元对美元贬值时,许多外国进口商放弃了凯特彼勒而选择了小松公司。
>
> 再如,在20世纪80年代早期,墨西哥比索对美元贬值了40%,美元升值大幅抬高墨西哥顾客的购买力,结果,美国通用公司向墨西哥出售软件的业务受到惨重打击,通用公司对墨西哥的销售大幅下降。美国杜邦公司与通用公司一样,因国外进口需求下降,出现了巨额的经济风险,据其财务总管估计,1983年因汇率影响造成的损失为1亿美元。当然,美元并非一直坚挺,1985—1988年和1990—1991年的美元疲软,也使通用公司、杜邦公司及其他许多美国跨国公司受益匪浅,它们的出口量急剧增加。
>
> 美元变动给美国跨国公司造成的经济风险并不一样,原因有三个:一是各家公司的经营特点不同;二是它们的外国竞争对手对美元变动的反应不同,在美元疲软期间,如果外国竞争对手自愿减少它们的边际利润,则美国跨国公司未必会受益于汇率变动;三是它们使用的货币不同,各货币对美元汇率变动的程度是有差异的。例如,1993年前半年,尽管日元对美元升值,但是一些欧洲货币却对美元贬值,这样,重点对欧洲出口的美国跨国公司受到了不利影响,而重点对日本出口的公司受到了有利影响。
>
> 资料来源:涂永红.外汇风险管理[M].北京:中国人民大学出版社,2005:260-261。

现在讨论资产的经济风险,一般假定美元通货膨胀是非随机的,对于在英国拥有资产的美国公司而言,其英国资产的价值(P)可以由系数(b)和美元对英镑的汇率(S)的乘积线性表示,即 $P=\alpha+\beta\times S+e$。其中 α 是回归常数,e 是均值为0的随机误差,$P=S\times P^*$,其中,P^* 是资产的当地货币(英镑)价格。从线性表达式子可以看出,回归系数 β 衡量资产的美元价值对汇率的敏感度。如果回归系数 $\beta=0$,资产的美元价值与汇率的变化无关,表示无风险。因此,经济风险的度量就是回归系数 β 被定义为

$$\beta = \mathrm{cov}(P,S)/\mathrm{var}(S)$$

式中:$\mathrm{cov}(P,S)$ 为资产的美元价值与汇率的协方差;$\mathrm{var}(S)$ 为汇率的方差。

【例 6.8】 假设一家美国公司在英国拥有资产,且该资产的当地货币价格是随机的。假定只有三种等概率发生的状态(表 6.8),该英国资产未来当地货币价格和未来汇率由实际情况确定。A 情况表示资产的当地价格(P^*)与英镑价格(S)正相关;B 情况表示资产的当地价格(P^*)与英镑价格(S)明显负相关,汇率变化的影响被资产当地货币价格的变化完全抵消,表现为资产的美元价格对汇率变化完全不敏感;C 情况表示情况表示资产

的当地价格(P^*)与英镑的价格(S)无关,即(P^*)不随 S 的变化而变化。

表6.8 经济风险的三种情形

	情况	概率	P^*	S	$P=S\times P^*$
A	1	1/3	980 英镑	1.40 美元	1 372 美元
	2	1/3	1 000 英镑	1.50 美元	1 500 美元
	3	1/3	1 070 英镑	1.60 美元	1 712 美元
B	1	1/3	1 000 英镑	1.40 美元	1 400 美元
	2	1/3	933 英镑	1.50 美元	1 400 美元
	3	1/3	875 英镑	1.60 美元	1 400 美元
C	1	1/3	1 000 英镑	1.40 美元	1 400 美元
	2	1/3	1 000 英镑	1.50 美元	1 500 美元
	3	1/3	1 000 英镑	1.60 美元	1 600 美元

计算三种情形下的方差、协方差和风险系数。

解：A 情形：$\bar{P} = \sum_i q_i P_i = (1\ 372 + 1\ 500 + 1\ 712)/3 = 1\ 528$

$\bar{S} = \sum_i q_i S_i = (1.4 + 1.5 + 1.6)/3 = 1.5$

$\text{var}(S) = \sum_i q_i (S_i - \bar{S})^2 = [(1.40 - 1.50)^2 + (1.50 - 1.50)^2 + (1.60 - 1.50)^2]/3$
$= 0.02/3$

$\text{cov}(P_i, S) = \sum_i q_i (P_i - \bar{P})(S_i - \bar{S})$
$= [(1\ 372 - 1\ 528)(1.40 - 1.50) + (1\ 500 - 1\ 528)(1.50 - 1.50) +$
$(1\ 712 - 1\ 528)(1.60 - 1.50)]/3$
$= 34/3$

$\beta = \text{cov}(P, S)/\text{var}(S) = (34/3)/(0.02/3) = 1\ 700$

同理,计算 B 情形和 C 情形下的 $\text{cov}(P,S)$、$\text{var}(S)$ 和 β 的值分别为 0,0.02/3,0 和 20/3,0.02/3,1 000。

【例6.9】 假设一个美国公民在伦敦有一块地并且想在一年后卖掉,他关心的是这块地以美元计量的价值。如果未来英国处于经济繁荣时期,这块地价值 2 000 英镑,1 英镑兑换 1.40 美元;如果英国经济萧条,这块地价值 1 500 英镑,汇率为 1.50 美元/英镑。他认为 60% 的可能英国经济繁荣,40% 的可能英国经济萧条。试：

(1) 计算汇率风险 β;

(2) 计算由汇率不确定性造成的资产美元价值的方差。

解：(1) 计算相关的参数值：
$E(P) = (0.6)(\$2\ 800) + (0.4)(\$2\ 250) = \$1\ 680 + \$900 = \$2\ 580$
$E(S) = (0.6)(1.40) + (0.4)(1.5) = 0.84 + 0.60 = 1.44$

$$\text{var}(S) = (0.6)(1.40-1.44)^2 + (0.4)(1.50-1.44)^2$$
$$= 0.000\,96 + 0.001\,44 = 0.002\,4$$
$$\text{cov}(P,S) = (0.6)(2\,800-2\,580)(1.4-1.44) + (0.4)(2\,250-2\,580)(1.5-1.44)$$
$$= -5.28 - 7.92 = -13.20$$
$$\beta = \text{cov}(P,S)/\text{var}(S) = -13.20/0.002\,4 = -5\,500$$

(2) $\beta^2 \text{var}(S) = (-5\,500)^2(0.002\,4) = 72.600$

6.3.2 经济风险的管理策略

经济风险管理的目标就是预测汇率的突然变化对企业将来现金流量的作用。为了达到这个目标，管理层不仅要认识到当情况发生时的不均衡条件，同时还要有应付这种突发事件的恰当方法。最好的方法就是公司在全球采用多元化经营和多元化融资。由于货币风险影响公司经营的各个方面，经济风险的管理并不应当只是财务经理的事情，尤其是经营管理者，应该有扩展市场营销和生产的主动性，从而保证公司长时期内持续获得利润。同时，为了在全球范围取得竞争优势，他们应当主动出击、提前计划，而不只是变通战略、被动迎战。

1. 经济风险管理的原则

虽然在理论上，经济风险也是企业面临的重要风险类型，但是对于在实践中是否管理经济风险却有很大的争议。图6.2列出美国(USA)、英国(UK)和亚洲地区(USIA)的企业拒绝管理经济风险的几个理由，主要集中在缺乏有效方法、管理成本与收益不能相抵两个方面。

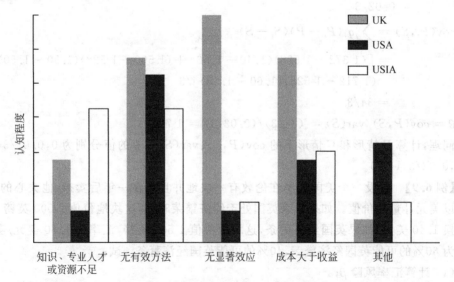

图6.2 对管理经济风险的不同态度

但是，大多数企业，尤其是跨国公司还是十分重视对经济风险的防范的，并将其作为企业运营中主要的风险来应付。相反，忽视经济风险的管理有时甚至会带来极其严重的后果。例如,英国 Laker Airways 航空公司的大部分收入为英镑,但同时把大部分开支以美元支付。由于美元在 1981 年走强,Laker 公司需要更多的英镑来支付美元标价的开支。同年 1 月,Laker 公司从美国及欧洲银行借入 1.3 亿美元,其债务以美元标价,也需要用美元偿还,使它的经济风险进一步加强。随着美元的持续走强,公司的收入不足以弥补美元差额费用,结果公司破产。该案例不仅指出经济风险对跨国公司的重要影响,也说明应该合理管理经济风险。

(1) 准确预测汇率的波动

如果汇率变动是暂时的,就没有必要采取进一步的措施,制定经营规模调整策略,因为对这种短暂汇率波动的调整成本是远远大于公司由此可能带来的收益的;如果这种变动是持久的,对企业的影响也将是持续的。例如,针对 1981 年美元持续走强对 Laker 公司的影响,就有必要制定出适合企业的管理政策。

(2) 尽可能地降低汇率变动对现金流量的影响

如何通过汇率风险的预测评估确定汇率的持久性、影响性的变化,制定合适的管理政策,取决于现金流量与其变动的性质,以及管理人员对风险的态度。对于风险喜好型的管理人员来说,出现有利的现金流向是进一步创建头寸的时候,采取进攻性的政策意在对汇率波动进行投机;而对于风险规避型的管理人员来说,他们对投机外汇市场的兴趣不大,只是希望尽量降低汇率变动对现金流量的影响。但是,对于一般的非金融性企业而言,它们的竞争优势在于实际产品与服务的生产和销售上,外汇市场投机、建立积极头寸并非它们的优势。

2. 经济风险的营销管理策略

经济风险的营销管理有以下策略。

(1) 市场选择和灵活的资源政策

市场选择是任何一个出口商都要考虑的主要战略问题之一。从防范经营风险的角度看,要根据企业经营风险受险状况,适时调整市场选择方向,保证企业未来销售收入的稳定增长。对于一个出口商来说,就是选择什么样的市场进行产品销售及可用于每一个市场的营销方法。即使公司仅在国内拥有生产基地,通过选择低成本的原料,公司同样可以明显减轻汇率变化造成的影响。20 世纪 80 年代初期,美元比大多数主要货币强盛,美跨国公司经常从外国供应商手中购入低成本的原材料和零部件,以避免因价格高而被挤出市场的厄运。

(2) 产品策略

公司经常通过改变产品策略来抵消外汇风险。产品策略涉及新产品的推出、产品系列决策以及产品革新等方面,改变推出新产品的时间。例如,由于竞争价格优势的存在,本国货币贬值后的一段时间可能是公司发展新品牌特许经营的最佳时期。

外汇汇率波动也影响到产品系列决策。例如,本国货币贬值,公司就可能扩大其产品系列从而更多地拥有国内外的消费者。反之,本国货币升值使得公司不得不重新定位其产品品种,把目标市场定位在那些收入高、重质量、对价格敏感度小的消费群体。

对于销售工业产品而非消费品的公司来说,面对本国货币的坚挺,有同样作用的一个策略是通过增加研究与开发预算进行产品创新。成功的研发成果能使公司降低成本,发展生产力。而且,研发成果可以引入独一无二的新产品,而竞争对手无力提供其替代产品。由于市场对新产品的需求是高度非弹性的（价格刚性），公司将会面临较小的汇率风险。同时，公司要竭尽全力使消费者相信，它们的产品的确是与众不同的。一旦公司的产品获得唯一认可，其需求量就不易受价格影响。

（3）定价策略

企业在面对汇率风险进行产品定价时要考虑两个关键性的问题：一是保持市场份额或是保持利润率的两难选择，二是价格调整以怎样的频率进行更合适。

保持市场份额方面。在本币升值时，本国出口企业以及与外国进口商竞争激烈的国内公司面临如下选择：保持本币价格不变来维持原来单位利润率，从而损失销售量、缩小市场份额；或者降低本币价格以保住市场份额，从而降低原有利润率。选择的结果要受到实现利润最大化原则的影响。如果企业以短期利润最大化为目的，企业根据边际收益等于边际成本原则定价，可能保持价格不变或小幅度下调；如果企业认为从长期看，保持市场份额的重要性大于短期的利润最大化，则会做出降价的选择。当然，在具体决策中，不仅仅要考虑货币的升值与贬值，还要考虑升贬值持续的时间、规模经济、扩大生产的成本结构、需求的价格弹性以及竞争的激烈程度等。

价格以何种频率调整方面。频繁的价格调整不仅增加企业自身的交易成本，更会使上游的供应商和下游的经销商感到无所适从，所以企业宁可承担一定的损失，也要保持价格的相对固定性，来维护企业的声誉。但是当汇率长期波动时，企业面临较大的风险，适时调整价格是保证利益、规避风险的有效方法。价格调整的尺度，需要企业在实施前权衡利弊、谨慎决策。

（4）促销策略

企业的促销需要考虑广告、零售和批发的成本预算，企业在做预算的时候应该对未来汇率走势有一个预期，据此将预算在各个国家和地区进行合理的分配。基本原则是在货币升值国家加大促销力度，扩大促销预算，因为出口企业可以在本币贬值时（即提高出口商利润的时候）提高它们在广告促销所花费成本的回报率，而减少在货币贬值国家的促销，因为本币升值不利于企业利润的增加。

3. 经济风险的生产管理策略

经济风险的生产管理有以下策略。

（1）要素组合策略

从世界不同地方，以不同的货币购买原料投入，可以减轻汇率冲击对成本的影响。当以某种外币定价的原料成本上升时，在贬值地区重新寻找新的原料供应来源，就可以避免损失。例如，日本厂商从韩国、中国台湾等新兴工业国家和地区购买零部件，这些国家或地区的进口成本下降，可在一定程度上减少本币升值对出口造成的损失。

（2）提高生产力

面对汇率变动的不利影响和国外竞争的剧烈冲击，企业的根本出路在于努力提高其生产力，关闭低效益的工厂，提高设备的自动化程度，与工会就降低工资和福利或者完善工作制度进行协商。许多公司制订措施以激励员工提高生产力，提高产品质量；提高生产力、降低成本的另一个途径是适当减少产品多样化。日本现在正使用此种方法。尽管日本吹嘘他们的超级节省生产力系统，但许多日本公司为了获得市场份额，发明了多种规格产品,提供给消费者过多的选择。其结果造成了零部件制造商和装配厂不得不经常应付非常小、非常罕见的订单。这种多样化要求过多的设计工作,过多的对小量零部件的资本投资,过多的零部件存货和经常性的组合与变化,削减多样化产品的20%或者占销售和利润80%的产品类型,将对新样品零部件的使用从50%减少到30%。日本公司发现它们的成本大幅度减少,却没有牺牲大量的市场份额。

(3) 经济风险的多元化融资管理

每个能采用充分有效的方式进行营销和生产调整的策略都需要时间来完成。财务管理在这一过程中扮演着特殊的角色:调节公司的债务结构,从而使得经营调整策略得以进行,使资产收益的降低与偿债成本下降相一致。多元化融资管理就是为能创造出口利润的那部分公司资产筹措资金,这样,因为汇率变动而产生的经营现金流的短缺可以与偿债支出的减少相抵消。例如,一家已拥有相当大的出口市场的公司,就应拥有一部分他国货币的债务。而这部分外币份额的大小可以由币值变动带来的利润损失的大小决定。这个值不可能精确,因为币值波动对公司的影响各不相同。

多元化策略确实能有效地规避经营风险,但是在增加资本的可得性、降低成本的同时,由于在多国经营,可能会增加国有化、战争、冻结资金或法律的不利变化而带来的风险。另外,特定的行业技术需要达到规模经济才能发挥作用,但多元化的生产选址导致不经济,企业在该行业可能愿意多元化销售和多元化融资,但该企业可能太小或不著名而难以吸引国际投资者。因此,多元化策略要根据具体公司的情况来实施。

(4) 海外建厂策略

从长远看,如果预计公司的销售有大幅增长,可以考虑在海外直接建立工厂。跨国公司承担的汇率风险往往比国内的出口商要小,因为跨国公司可以根据汇率走势在全球调整生产及销售活动,也就是说,将更多的生产转移到货币贬值的国家。这种做法并不仅限于在有直接贸易关系的国家,还包括在第三国建厂,而这取决于生产的劳动密集化程度和该国未来的实际汇率走势。

当然,海外建厂策略会受到许多因素的影响。首先,海外建厂可能造成生产能力的过剩和成本上升;其次,如果跨国公司的生产存在规模经济,例如只建立一两个生产基地以供应全球市场是最经济的,分散化建厂的成本代价就比较大;最后,这种海外建厂的策略究竟能带来多大的收益,还取决于当地的情况,如当地的社会稳定性、工会力量情况、汇率贬值效应由于持续的通货膨胀而被完全抵消,甚至实际汇率反而升值等因素,这些因素对跨国公司都是不利的。本田公司就利用海外建厂策略降低了公司面临的实际风险。本田公司在美国建厂生产销售,不仅回避了可能的贸易限制,而且降低了汇率的经济风险。假如该公司向美国出口汽车,那么日元升值时,因为用美元购车的成本上升,美国对本田车的需求便会下降,从而本田公司的现金流量会受到不利的影响。而在美国生产,以美元销售,本田公司可以确保美国对本田车的需求不会对日元那么敏感。然而,由于两个原因,本田公司不可能完全避免汇率风险:第一,位于美国的本田分厂从日本购买各种部件,这在日元升值时会使这些部件的美元成本增加;第二,在日元升值时,美国分厂上交给母公司的利润兑换的日元减少。但无论如何,生产地址转移到产品出售地降低了经济风险。

> 专栏 6-4

中国涉外企业外汇风险管理的实践

2007 年次贷危机引发的全球金融危机和经济萧条中,作为世界货币、在国际贸易结算中扮演主角的美元,让许多持有大量美元的国家蒙受巨大损失。在 G20 峰会上许多国家都呼吁建立新的国际货币体系,中国也正逐步推进人民币国际化。2009 年 4 月 10 日国务院常务会议决定,在上海、广州、深圳、东莞、珠海开展跨境贸易人民币结算试点,从一定程度上降低部分企业的经营成本和汇率风险。但是,人民币国际化是个漫长的征程,跨境贸易在很长时间内都是以外币结算为主。因此,如何保障跨境贸易企业生产经营成果,规避由汇率波动给企业带来的外汇风险,是企业必须重视的问题。

企业进行外汇风险管理,可以使用净头寸处理、预付款、提前支付和延期付款、长期结构调整、价格调整、资产和负债管理等内部管理工具和基于远期合约诸如外币远期合约、期货、掉期以及基于期权合约的外部套期保值。各种工具有其自身的特点,企业需要根据自身的情况加以选择。

1. 深发展银行的"池融资计划"

"池融资计划"就是将出口企业零散的多笔应收账款集合起来,纳入一个应收账款"池"中,然后,按"池"内余额提供一定比例的短期融资便利。这款金融创新产品专门针对那些相对固定地为国外多个买家出口货物,交易频繁、笔数多、单笔交易金额又很小、过往交易记录良好的出口企业,仅凭其贸易形成的零散应收账款集合成"池",并整体转让给深发展,即可从深发展获得贷款,而无须额外提供抵押和担保。

例如,某公司 2006 年 12 月 15 日,将 60~120 天(平均 90 天)后收回的 150 万美元的应收账款转让给深发展,经审查公司可融资额为 100 万美元,融资期限 90 天;12 月 15 日当天,美元现汇买入价为 7.814 3,由于采购需要,公司从深发展支取 100 万美元,并于当日将该笔融资款全部结为人民币,银行将结汇的 781.43 万元人民币当日转入该公司账户;2007 年 3 月 15 日左右,应收款项陆续收回,2007 年 3 月 15 日由于人民币继续升值,当日美元现汇买入价为 7.726 5,即公司的 100 万美元由于得到深发展的融资支持,成功地规避 100 万×(7.814 3－7.726 5)约 8.78 万元人民币的汇率损失。

2. 中国银行的远期外汇买卖业务

江苏省镇江市一家企业每个季度中期对外支付 60 万欧元,因为欧元兑美元价格波动非常频繁,导致欧元兑人民币的价格波动也较大。中行向该企业推荐在适当时候做远期外汇买卖业务,锁定欧元兑美元的价格。2006 年 2 月 17 日,欧元兑美元处于较低的价格,该企业认真分析后决定做 20 万欧元 3 个月期卖美元买欧元的远期外汇买卖业务,成交价为 1.196 7,到期日为 5 月 19 日。结果,5 月 19 日,卖美元买欧元的即期价格为 1.278 6,企业购买 20 万欧元节省 1.638 万美元,相当于节省 13 万元人民币。

3. 中国农业银行的掉期交易

2006 年 1 月初,中国农业银行浙江省分行与某客户做了一笔外汇人民币掉期交易。该客户需要人民币资金,使用期限为 3 个月,如果向银行申请短期人民币贷款,贷款基准利率为 5.22%,而该客户在银行有存款 1.2 亿日元。根据银行建议,该客户与农行办理外汇人民币掉期业务,通过签订日元对人民币掉期合同确定交易细节:在近期时点,客户卖出 1.2 亿日元,买入人民币,卖出汇率(日元对人民币)6.950 0,买入人民币 834 万元;在远期时点,客户买入 1.2 亿日元,卖出人民币,买入汇率 7.000 0,卖出人民币 840 万元。确定交易细节后,银行分别与客户在近期及远期时点办理日元和人民币交割。通过交易细节可测算出客户使用人民币成本(按年折算)约为 2.88%(由于日元存款利率基本为零,可基本忽略不计)。与 3 个月的贷款基准利率 5.22%相比,客户通过办理外汇人民币掉期降低融资成本 2.3 个百分点。

4. 浦发银行的"区间远期外汇买卖"操作方案

A 公司是浙江省某沿海城市的一家从事外贸服装生产加工的民营企业,平均每月收入欧元 100 万元,从签订合同至销售回款的周期约为 3 个月。2005 年年初以来欧元相对美元汇率逐步走低,客户收入的欧元折回人民币后,金额大大低于签订合同时的水平。客户为对抗面临的主要汇率风险,向银行提出欧元/美元汇率保值的需求。为此,浦发银行设计了"区间远期外汇买卖"的操作方案,就是将未来客户的行使汇率锁定在一个区间内的远期外汇买卖。区间远期外汇买卖实质是由买入、卖出一个期限相同、执行汇率不同的看涨、看跌期权构造而成的。当两期权费相互抵消时,客户在承做此交易时,无期初的费用发生,实现"零成本"避险。具体方案如下:

交易甲方:A 公司　　　　交易乙方:上海浦东发展银行
交易品种:区间远期外汇买卖(range forward)
交易币种:欧元/美元,甲方要求卖出欧元、买入美元
交易金额:名义本金 1:EUR 200 万　　名义本金 2:ERU 300 万
汇率区间上限:EUR/USD 1.235 0　　汇率区间下限:EUR/USD 1.205 0
交易日(trade day):待定　交割日(delivery day):到期日+2 个工作日
到期日(expiry day):交易日+3 个月(北京时间 14:00 截止)

区间远期外汇买卖形成的结构两期权见表 6.9。

表 6.9　区间远期外汇买卖形成的结构两期权

	交易方向	期权类型	名义金额	期限	执行价格
期权 1	客户买入	EUR 看跌	EUR 2 000 000	3 个月	1.205 0EUR/USD
期权 2	客户卖出	EUR 看涨	EUR 3 000 000	3 个月	1.235 0EUR/USD

期权 1:客户向浦发银行买入一个欧元的卖权,支出一笔期权费 F1。期权执行价格为 1.205 0EUR/USD,如到期日即期汇率(EUR/USD)低于(等于)1.205 0,客户可选择按 1.205 0EUR/USD 的价格向浦发银行卖出名义本金 1(EUR200),买入美元,同时浦发银行不会执行期权 2。

期权 2:客户在买入欧元卖权的同时,又向浦发银行卖出一个欧元买权,收到一笔期权费 F2,支出的期权费 F1 与收到的期权费 F2 相等,则达到"零成本"避险的目的。期权的执行价格为 1.235 0EUR/USD,如到期日相关即期汇率(EUR/USD)高于(等于)1.235 0,浦发银行将执行欧元的买权,以 1.235 0EUR/USD 的价格向客户买入名义本金 2(EUR300),卖

出美元,同时客户不会执行期权 1;如到期日相关即期汇率(EUR/USD)处于 1.205 0 与 1.235 0 之间,客户将不会执行欧元的卖权(期权 1),浦发银行也不会执行欧元的买权(期权 2),这时,客户将选择按相关即期汇率(EUR/USD)卖出欧元,买入美元。3 个月后合同顺利履行,客户如期获取了全部货款。在此期间欧元在小幅反弹后又进入下跌的趋势中,在交割日当天 EUR/USD 汇率跌至 1.195 0。根据交易中的相关条款,客户按 1.205 0 的汇率卖出 EUR200,直接收益高达 2 万美元,同时确保主营业务的应有收益,客户对此非常满意。

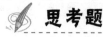 思考题

1. 外汇风险的三种类型是什么?各有什么特点?
2. 巴尔摩公司是一家美国跨国公司,10%原材料来源欧洲制造商,60%收入来自对欧洲的出口,产品的出口以欧洲货币标价。请问该公司会面临哪种外汇风险?如何防范?
3. 利达公司在美国的子公司有受险资产 $3 200 万,受险负债 $2 400 万。当年美元升值,由¥8.3/$升为¥8.8/$。请问:①公司的净折算风险是多少?②由于美元升值而引起的折算利得或损失是多少?③第二年年初,公司增加受险资产$600 万,受险负债$800 万。当年美元贬值,由¥8.8/$降为¥8.4/$。公司该年折算风险是多少?
4. 萨姆机床公司资金的机会成本为 8%,它正在考虑四海工业公司的一批机床订货。给订货以泰国泰铢(Ba)计价,总价值 4 800 000 泰铢,一年后付款。当前的即期汇率是 Ba20/$,一年期泰铢远期汇率有贴水 20%。萨姆机床公司预测泰铢一年后将降值 10%。萨姆公司面对如下选择:①一年之后得到的泰铢付款再兑换成美元;②把销售收入的泰铢现在卖出远期;③在泰国银行按 28%的年利借出相当于销售收入一半的泰铢。请问该公司应该如何决策?为什么?
5. 空中客车公司出售一架 A400 飞机给美国 Delta 航空公司,并开出 6 个月后支付 3 000 万美元的发票。空中客车公司关心这次国际贸易的欧元收入、希望规避汇率风险。目前的即期汇率$1.05/€,6 个月的远期汇率为$1.05/€。空中客车公司能够购买一个 6 个月期的美元看跌期权,执行价为€0.95/$,期权费为€0.02$。现在欧洲地区 6 个月期的存款利率为 2.5%,而美国 6 个月的存款利率为 3.0%。①如果空中客车公司决定用远期合约来套期保值,计算得到的欧元收入。②如果空中客车公司决定用货币市场工具来套期保值,空中客车应该怎么做?在该情况下,能保值得到的欧元收入是多少?③如果空中客车公司决定用美元的看跌期权来套期保值,期望得到的欧元收入是多少?假设空中客车公司认为现在的远期汇率是现在汇率的无偏估计。
6. 华盛顿州西雅图的幸福公司,以价格 SF2 000 000 向一家瑞士公司出售互联网协议系统。目前报价如下:3 个月美元(贷款或投资)利率:6.00%;3 个月瑞士法郎(贷款或投资)利率:8.00%;即期汇率:SF1.600 0/$;预测 3 个月后即期汇率:SF1.600 0/$;3 个月远期汇率:SF1.600 0/$;美国银行的 3 个月期权:SF2 000 000

的看涨期权,协定汇率 SF1.600 0/$,期权费 1%;同时,SF2 000 000 的看跌期权,协定汇率 SF1.6000/$,期权费 3%。对比如下方案的成本与收益:放任不顾、远期市场保值、货币市场保值与期权市场保值,其中最差方案是什么?

7. 一家美国公司在法国拥有资产,它面临以下情形:

	情况 1	情况 2	情况 3	情况 4
概率	0.25	0.25	0.25	0.25
即期汇率	$1.20/€	$1.10/€	$1.00/€	$0.90/€
P^*	€1 500	€1 400	€1 300	€1 200
P	$1 800	$1 540	$1 300	$1 080

注:P^* 是美国公司拥有的资产以欧元计量的价格,P 是资产以美元计的价格

(1) 计算美国公司面临的汇率风险。

(2) 如果美国公司不对风险进行套期保值,计算资产以美元计的价格的方差。

(3) 如果美国公司用远期合约进行套期保值,重新计算上面的方差。

8. 假设中国的通货膨胀率大约是 10%,而美国的通货膨胀率为 3%,同时,汇率从 ¥8.5/$ 变化到 ¥7.8/$。请问:

(1) 人民币的实际价值是多少?是上升还是下降?

(2) 人民币汇率变动对那些产品主要在当地市场销售,但收益以美元计算的公司,如宝洁公司,可能的影响是什么?公司怎样应对这些影响?

(3) 人民币汇率变动对那些主要产品出口到美国的纺织厂可能有什么影响?应如何应对这些影响?

第 7 章 国际融资管理

7.1 国际信贷融资和证券融资方式

国际融资是指企业为了扩大发展资金的可获取性,降低资金成本,在国际金融市场上,运用各种金融手段,通过各种金融机构进行的资金融通行为。一个高效的投资者一定是个能灵活运用国际资本的专家,所以投资人在做出决策之后,都会到国际金融市场上进行融资。国际信贷是国际融资中最基本的形式,20世纪70年代后,很多大型项目融资中,由几家中小银行组成银团进行联合贷款成为国际金融市场上的亮点,非银行金融机构的国际化经营,也使国际融资的方式日臻多样化。20世纪90年代以来,国际信贷地位相对下降,国际证券地位逐渐上升。由于经济全球化的加速,在一些大型建设项目的融资中,将国际债权融资与国际股权融资相结合是近年来国际融资发展的一种新趋势。与国内融资相比,国际融资的基本特点主要体现在:按照国际融资相关法律、国际惯例或国际通行的做法进行融资;受国内配套资金和本国外汇收支的制约,存在较大的外汇风险。

7.1.1 国际信贷融资及分类

1. 国际信贷概述

国际信贷即国际间以多种方式相互提供的信贷,通常是指一国的政府、银行、其他金融机构、公司企业以及国际金融机构在国际金融市场上向其他国家政府、银行、其他金融机构、公司企业以及国际机构提供的贷款。国际信贷最重要的资金来源是世界各国工商企业暂时闲置的货币资本,各国银行以吸收存款的形式将其集中起来,若该国资本过剩,银行通过国际金融市场贷放给资本不足国家的工商企业、银行、政府等。此外,各国银行也以存款形式吸收个人闲置的货币,作为国际信贷的补充资金来源。

国际信贷市场融资渠道包括政府贷款、国际金融机构贷款、国际商业银行贷款、出口信贷等。其中,政府贷款和国际金融机构贷款主要贷放对象是一国政府,对于跨国公司而言,主要是利用商业银行、出口信贷以及国际租赁取得资金。政府贷款是指一国政府利用财政资金向另一国政府提供的优惠性贷款。它一般发生在政治、外交关系良好的两国之间,所以会受到很多限制,但贷款期限较长。

2. 国际商业银行贷款

国际商业银行贷款,指一国借款人向外国商业银行按商业条件承接贷款的业务活动。

最早出现在19世纪,到20世纪50年代末,在西欧各国形成的欧洲货币市场,可分为欧洲信贷市场和欧洲债券市场。在欧洲信贷市场上,银行接受外币存款和用外币发放贷款,银行发放贷款所用的货币是银行所在国以外的货币,不受贷款货币所属国家的法律约束。20世纪60年代末和70年代初,欧洲贷款的90%由发达国家借用,1975年以后,发展中国家借用欧洲贷款的数额有很大的增长,占欧洲贷款总额的50%以上。20世纪70年代以来,欧洲信贷市场获得飞速发展,大多数跨国公司都与全球范围内多家银行保持着信贷关系,例如,西屋电气公司与100多家外国和本国银行有信贷关系。

(1) 国际商业银行贷款分类

在银行的所有业务活动中,国际贷款的形式有短期贷款、中期贷款、长期贷款及银团贷款。

① 短期银行贷款。短期银行贷款期限在1年之内,这种信贷分为同业拆借和银行对非银行客户信贷两种,风险较小。跨国银行的短期贷款的形式有:承兑和票据贴现,主要用于国际贸易融资,是国际贷款中使用得最多的一种形式;短期拆放,主要用于跨国银行间调节资金头寸,是跨国银行投放资金的场所和筹集资金的来源;透支,借主用来应付短期的现金流量波动;短期预支款额度。

② 跨国银行中期贷款。跨国银行中期贷款包括:固定利率贷款,即贷款期限是固定的,利率在借款时一次议定;浮动利率贷款,贷款期限也是固定的,但利率随市场供求情况进行调节;转期放款,即银行按一定的条件,用合同的形式承诺对客户发放一定数额的贷款,其期限是短期的,允许客户在贷款到期后转期,利率按当时短期借贷市场的利率予以调整,一般是3个月或6个月转期一次。这种转期贷款是跨国银行中期贷款最流行的形式。

③ 跨国银行长期贷款。跨国银行长期贷款主要是发行国际债券和浮动利率债券。浮动利率债券(floating rate note)是一种新的大规模的筹资方式,其利率是根据市场利率加上一定的利差,实际上是一种中、长期债券。这种浮动利率债券常以一定面值的借据出现,附有可转让条款,持券人随时可将它转让。由于它有期限较长、利率浮动、可以转让这样一些优点,20世纪80年代以来在国际金融市场上取得了引人瞩目的发展。

④ 银团贷款。银团贷款也称辛迪加贷款,指由一家或几家银行牵头,多家银行联合向借款人提供长期巨额贷款的一种国际贷款形式。期限一般在5~10年,也有超过10年的。由于它由多家银行参与,所以风险分散程度高,并且它不附带限制性条件,筹资时间和费用也较为合理,因而它已成为各国政府和跨国公司在国际信贷市场中最典型、最具代表性的贷款方式。

银团贷款的一般程序:首先,由借款人选定有业务来往且关系良好的牵头银行,也可以采用招标方式选定;其次,借款人提交贷款申请书以及相关文件,经牵头银行审阅后,同借款人商谈贷款条件;再次,牵头银行联系参加银行,组成银团,并将贷款初步协议寄给参加银行,征求意见;最后,借贷双方签订贷款协议,由牵头银行移交给参加银行,同时,牵头银行向代理银行移交有关文件,由代理银行代为办理贷款的日常工作。

银团贷款的主要特点包括:①金额较大、专款专用;②借款人大部分为各国政府或跨国公司;③大部分贷款使用欧洲美元、欧洲马克,近年来亚洲美元开始增加;④贷款期限短则两三年,长可达15年,一般为5～10年;⑤贷款利率按伦敦市场同业拆息率再加一个加息率来计算,这种利率可以调整;⑥除利息外,还要收取各种手续费,借款成本较高;⑦组织贷款有一定工作程序,贷款协议繁简各不相同;⑧贷款由许多银行参加并分担贷款额度,风险分散。银团贷款是20世纪60年代出现的新的国际借贷形式,其规模在20世纪70年代有较大发展,目前它已占国际资本市场借贷的50%以上,占发展中国家中长期借款的35%以上。

除以上的商业银行国际贷款形式外,20世纪70年代以来,国际上还出现一种联合贷款。它是由世界银行集团和跨国银行等金融机构共同筹集资金,向急需资金的发展中国家发放贷款的一种方式。其贷款的资金主要来自国际金融机构的官方援助或贷款、各国进出口银行和商业银行的出口信贷及跨国银行的商业贷款。这种贷款主要用于发展中国家计划优先发展的项目。这种贷款方式既可作为官方援助贷款,又具有私人银团贷款的特征。它将跨国银行吸引进来,向发展中国家提供贷款,对发展中国家发展民族经济来说是一个重要的外部资金来源。

(2) 国际商业银行贷款的特点

与其他国际信贷方式相比,国际商业银行贷款有以下特点。

① 不受贷款银行限制。政府贷款往往会附加许多条件,例如,借款国必须用全部或部分贷款采购贷款国的商品;出口信贷把提供贷款与必须购买贷款国的出口设备结合在一起;国际金融组织贷款与特定的建设项目相联系,而国际商业银行贷款不受贷款银行任何限制,借款人可以购买任何国家的货物。

② 借款货币没有限制。在国际金融市场上,只要借款人资信可靠,就可以向商业银行筹集自己所需的资金,而且可以自主选择货币的种类,避免外汇风险。

③ 贷款利率较高,期限较短。政府贷款具有经济援助性质,属于低息贷款。国际金融组织贷款有的是无息,有的是中息;出口信贷由于出口国政府对利息有补助,其利率比市场利率低。而国际商业银行贷款利息受市场供求关系等因素的影响,其利率相对来说比较高。另外,相对于政府贷款来说,银行贷款期限相对比较短。

④ 交易灵活。政府贷款是建立在两国友好关系和财政状况的基础上的,所以贷款手续比较麻烦而且金额有限。国际金融组织贷款和出口信贷手续也较为麻烦,而国际商业银行贷款相对来说,比较灵活,金额不限,手续简便。

3. 出口信贷

出口信贷是指出口国的官方金融机构或者商业银行向本国的出口商或进口国的银行提供的与出口项目(包括大型机械、成套设备、高新技术产品等)相关的中长期国际信贷融资方式。这种融资方式的主要目的是促进本国的大型机械、成套设备等资本货物的出口。它有两种基本形式:买方信贷和卖方信贷。另外还有福费廷、信用安排限额及签订存款协议等形式。

在许多工业发达的国家,大型机械制造业非常发达,国内市场基本上已经饱和,所以是否能很好地出口会影响这个国家的工业和就业的发展。在激烈的国际贸易环境下,为了扩大大型机械等的出口,加强其出口竞争力,这些国家的政府通过本国的银行向本国出口商或者外国进口商提供利率较低的中长期信贷,因此这种贷款金额会比较大,期限一般在 2～10 年,甚至更长的期限。但是,出口信贷具有很强的政府背景,所以,有很大的限制,必须专款专用。由于出口信贷的金额大、期限长、风险大,私人保险公司一般不会为这些贷款做担保,所以要由国家承担贷款不能按时收回的风险。只有把出口信贷与国际的信贷保险相结合,才能真正地加强本国出口商在国外市场的竞争能力,促进资本货物的出口。下面具体介绍几种出口信贷的方式。

(1) 买方信贷

买方信贷的基本流程如图 7.1 所示。买方信贷是指在大型机械或成套设备的贸易中,由出口国银行贷款给进口国的银行转贷给进口商或直接贷款给进口商,用以支付贷款。

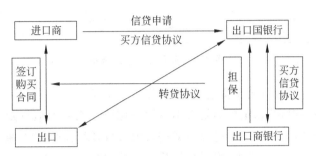

图 7.1 买方信贷的基本流程

目前,我国国内银行提供的买方信贷分为两种:进口买方信贷和出口买方信贷。进口买方信贷是用于支持本国企业从国外引进技术设备而提供的贷款;出口买方信贷是为支持本国船舶和机电设备等产品的出口而提供的贷款。买方信贷无论对进出口商还是中介银行都具有一定的优势。对进口商来说,其可以先取得并使用货物,价款在一段较长的时期内分期支付,同时能享受到低廉的利率。有关信贷问题由本国的银行出面与出口方面洽谈,其谈判能力要比自己强,而进口商则可以集中精力就贸易的商务、技术问题进行分析、谈判。对出口商来说,可使其快速回笼资金。而且也不会像卖方信贷那样在其会计报表中造成大额的"应收账款"。对银行来说,出口国银行把款项贷给进口国银行,进口国银行有还款义务,这样的贷款更加保险。而且进口国银行与进口商在同一国家或地域里,彼此容易沟通和接触,更加了解彼此的资信情况,减少了信息不对称引起的风险。

(2) 卖方信贷

卖方信贷是指在大型机械或成套设备的贸易中,出口商所在国的银行向出口商提供的信贷。其基本流程如图 7.2 所示。

对于进口商来说,卖方信贷做法比较简单,进出口双方只需签订一个买卖合同,进口所需的款项由出口商筹措,不利的是进口机器的成本和费用较高,因为出口商报价时,除机器设备的成本和利润外,还把从银行借款的利息和费用,以及货币风险的补偿加在货价内。因此,采用卖方信贷进口机器设备,同用现汇进口相比价格可能高出 3%～4%,个别情况还可能高出 8%～10%。

与买方信贷相比,使用卖方信贷,出口商是以赊销或延期付款方式出卖商品,由于资

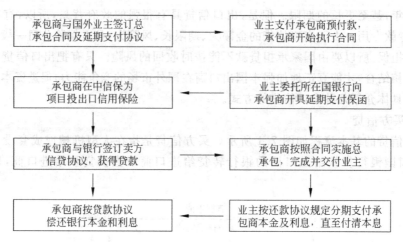

图 7.2 卖方信贷基本流程

金周转不开,才由本国银行给予资金支持,即先从商业银行开始,然后由银行信用加以补充,如果进口商不按时付款,出口商就会出现财务困难。而买方信贷则不同,它属于银行信用,银行资金雄厚,直接贷款给进口商或进口国银行,能及时向出口商支付贷款,对进出口商都有利。同时,卖方信贷中,银行是把款项贷给出口商的,所以向银行分期归还贷款的事也要由出口商承担,应还款项里包括各种费用如手续费、保险费等。因此,在定约之时,出口商要充分地考虑这些费用的转嫁问题。然而,在买方信贷中,贷款在名义上是贷给进口商或进口国银行的,还款也是由他们向出口国银行归还。出口商卖出货物,收回现汇即可,对出口商来说省去了转嫁相关的程序。因此,国际上使用买方信贷远多于卖方信贷。

改革开放以来,为了充分利用国外银行提供的出口信贷,中国银行开办了进口买方信贷业务,先后与法国、意大利、挪威等 10 多个国家签订 130 亿美元的买方信贷总协议。1983 年,中国银行开始办理出口信贷业务,根据国外进口商的申请,两国银行签订贷款协议,由中国银行直接将外汇贷给进口国银行或进口商,用以支付中国出口商的贷款。1984年 10 月,中国银行制订《中国银行出口信贷暂行办法》,旨在支持成套设备及船舶的出口,增强其在国际市场的竞争力。该办法规定凡是出口成套设备和船舶,采用 3 年以上延期收汇方式,或须向生产企业预付出口商工程进度款,均可以申请这种贷款。1994 年,成立中国进出口银行,专门从事出口信贷业务。2001 年,成立中国出口信用保险公司,专门从事出口信贷信用保险业务。

(3) 福费廷

福费廷(forfaiting)是一种无追索权形式的信贷融资方式,它是指出口国银行为出口商贴现远期票据的金融服务项目,也称包买票据。福费廷流程如图 7.3 所示。相对于其他信贷融资,福费廷能给其当事人带来更多的利益。对出口商而言,福费廷无追索权的贴现方式,不仅帮助其避免出现财务问题和风险,而且也提升了出口商的出口竞争力;对进口商而言,可以获得贸易项下的全部延期付款融资,并且这种融资可以对不同国家的货物使用。对包买银行而言,以福费廷方式融资金额比一般贸易融资大,且流动性强,风险小,银行可以有稳定的现金流入,同时也是贷款证券化的较好形式。

20世纪90年代,一些海外银行在对中国的银行从业人员进行培训的过程中将福费廷业务引入中国。1994年成立中国进出口银行,在积极办理出口卖方信贷及买方信贷业务的同时,也积极探索新的融资方式。2001年年初,中国银行江苏省分行为某轻工进出口公司出口到法国的价值为111 631.33美元的酒具办理国内首笔福费廷业务。中国银行上海分行成功办理上海中资银行首笔福费廷业务,使上海市一家国有企业提前取得原先要等3个月才能收妥入账的应收货款。在2001年4月召开的广交会上,中国银行向广大出口企业介绍保理和福费廷业务,引起出口企业的极大关注。这些都在一定程度上对福费廷业务进行了探索和实践。目前,福费廷成为解决中小企业融资困境的有效方式之一,并且不断创新业务模式,满足企业的融资需求。

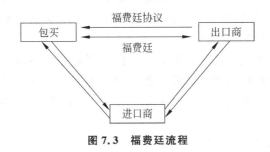

图7.3 福费廷流程

7.1.2 国际信贷融资风险

1. 国际信贷融资风险来源

企业利用国际信贷筹借资金,在一定条件下,可以给其带来杠杆利益,但也存在一定的财务风险。其风险来源主要有以下几种。

(1) 利率风险。利率的高低会影响企业借款成本的高低,在浮动利率情况下,利率上升会使企业的利息支出增加,借款成本增高。

(2) 汇率风险。如果企业借款、用款和还款的币种不同,汇率稍微发生变动,就有可能发生汇兑损失,使借款成本增加。

(3) 生产技术风险。如果利用外汇贷款的企业引进的设备本身在技术上、工艺流程和国内设备配套等方面存在较大问题,从而影响进口设备的正常运转,或者利用这些进口设备生产的产品达不到所要产品的标准,存在严重的质量问题,没办法投入市场,就会导致了贷款无法正常归还的风险。

(4) 市场风险。市场风险主要指由贷款项目所生产的产品在市场容量和市场价格方面的变换引起的商品滞销或价格下跌,从而影响还贷的风险。

(5) 经营风险。经营风险指使用外汇贷款的企业在经营管理方面存在严重问题,造成企业竞争力大大削弱,各项经济活动不能正常进行,从而影响还贷的风险。

(6) 政治风险。政治风险是指由于一国遭到外国军事入侵、发生内战或严重的社会动乱、特大自然灾害,经济遭受严重损失,使企业和国家无力偿还外债。

2. 国际信贷融资风险的规避

(1) 国际信贷融资风险管理方法

为了防范上述外汇借款带来的风险,可以在借、用、还三个阶段采用不同的方法对国际信贷融资进行风险管理。

第一,借款阶段。可以在签订贷款协议之前对贷款项目在经济、财务等方面进行可行性研究,对项目的效益和风险进行预测和分析,正确地选择借款的货币、利率和还本付息方式,合理安排借款的期限和还贷计划,在签订贷款协议时,尽量争取对自己有利的条款,例如,在协议中规定货币可转、延期还款和利率安排等条款,为资金的使用和偿还打下良好的基础。

第二,用款阶段。切实做好贷款项目的建设管理和投资后的生产经营管理,保证按期或提前投产,提高产品质量,扩大出口销售,增加外汇收入,降低成本费用,增加利润,这样就能按期偿还外汇贷款本息。

第三,还款阶段。要按还款计划提前做好准备,及时办好还款手续。外债较多的企业按债务余额的比例提存外汇,建立偿债基金,在外汇指定银行开立现汇账户存储。国家批准的专项还贷出口收汇,可以直接计入该账户。专户资金只能用于对外支付利息,不得转移或用于其他支付。

(2) 运用金融工具防范利率风险和外汇风险

为了防范外汇借款的利率风险和汇率风险,在国际金融市场上常采用货币选择、货币互换、利率互换、利率期货和期权等方法。因此,本章着重介绍利率期货和利率期权。

① 利率期货。利率期货是指以债券类证券为标的物的期货合约,它可以回避银行利率波动所引起的证券价格变动的风险。企业从国外借款,实行浮动利率,如果担心利率上浮,通过利率期货就可以使利率保持在目前的水平。

【例 7.1】 A 公司 6 月 1 日借入 1 000 万美元,期限 3 个月,借款时的利息率(年率)为 10.22%。该公司担心利息率将上升,于 6 月 1 日出售 10 份 9 月 1 日到期的 3 个月到期的利率期货合约(每份合约 100 万美元)。按照惯例,利率期货合约的定价为 $(1-当期利率) \times 100$,本例利率期货合约的卖价为 $(1-10.22\%) \times 100 = 89.78$(万美元)。按照交易所的规定,每份利率合约变动一个点的价值为 25 美元。假设 9 月 1 日利息率上升至 13%,这时,每份利率期货合约的价格下降为 $(1-13\%) \times 100 = 87$(万美元)。A 公司买入 10 份利率期货合约,买卖所获得利润为:$(89.78-87) \times 100 \times 25 \times 10 = 6.95$(万美元)。

按利息率 13% 计算应支付的利息为:$1\,000 \times 13\% \times 90/360 = 32.5$,用此利润抵补利息率上升至 13% 多支付的利息为 $32.5 - 6.95 = 25.55$(万美元),则真正的利息率为:$25.55 \times 12 \div 3 \div 1000 = 10.22\%$。因此运用利率期货把利息率固定在了 10.22% 的水平上。

② 利率期权。利率期权是一项关于利率变化的权利,买方支付一定金额的期权费后,获得一项权利,即在到期日按预先约定的利率,按一定的期限借入或贷出一定金额货币。当市场利率向不利方向变化时,买方可固定其利率水平;当市场利率向有利方向变化时,买方可获得利率变化的好处。利率期权的卖方向买方收取期权费,同时承担相应的责任。利率期权有多种形式,常见的主要有利率上限、利率下限和利率上下限。

利率上限是客户与银行达成一项协议,双方确定一个利率上限水平,在此基础上,利率上限的卖方向买方承诺：在规定的期限内，如果市场参考利率高于协定的利率上限，则卖方向买方支付市场利率高于协定利率上限的差额部分；如果市场利率低于或等于协定的利率上限，卖方无任何支付义务，同时，买方由于获得了上述权利，必须向卖方支付一定数额的期权手续费。

【例7.2】 某公司现有金额为美元1 000万，期限6个月，以LIBOR计息的浮动债务，公司既希望在市场利率降低时能享有低利率的好处，又想避免市场利率上涨时利息成本增加的风险。这时，公司支付一定的期权费，向银行买入6个月、协定利率为5%的利率封顶。6个月后，如果LIBOR上升为6%（利率大于等于5%），公司选择行使该期权，即银行向公司支付市场利率和协议利率的差价（6%−5%＝1%），公司有效地固定了其债务利息；如果LIBOR利率低于5%，公司可选择不实施该权利，而以较低的市场利率支付债务利息。这样，对于买方，有效地控制了利率上升的风险，而卖方则收取一笔期权费。

利率下限是指客户与银行达成一个协议，双方规定一个利率下限，卖方向买方承诺：在规定的有效期内，如果市场参考利率低于协定的利率下限，则卖方向买方支付市场参考利率低于协定的率下限的差额部分，若市场参考利率高于或等于协定的利率下限，则卖方没有任何支付义务。作为补偿，卖方向买方收取一定数额的手续费。

利率上下限，是指将利率上限和利率下限两种金融工具结合使用。具体地说，购买一个利率上下限，是指在买进一个利率上限的同时，卖出一个利率下限，以收入的手续费来部分抵消需要支出的手续费，从而达到既防范利率风险又降低费用成本的目的。而卖出一个利率上下限，则是指在卖出一个利率上限的同时，买入一个利率下限。

7.1.3　国际证券融资

国际证券融资（international security financing）是指一国的借款人在国际金融市场上通过发行债券或股票的方式进行的融资活动，以此促进公司规模的快速增长。发行证券的目的在于筹措长期资本，是一种长期融资方式。国际证券融资包括国际债券融资和国际股票融资两种形式。

1. 国际债券融资的特征

由于国际债券是一种跨国发行的债券，涉及两个或两个以上的国家，同国内债券相比，具有以下特殊性。

（1）资金来源广

国际债券是在国际证券市场上筹资，发行对象为众多国家的投资者，因此，其资金来源比国内债券要广泛得多，通过发行国际债券，可以使发行人灵活和充分地为其建设项目和其他需要提供资金。

（2）发行规模大

国际债券发行规模一般都较大，因为举借这种债务的目的之一就是要利用国际证券市场资金来源的广泛性和充足性。同时，由于发行人进入国际债券市场必须由国际性的资信评估机构进行债券信用级别评定，只有高信誉的发行人才能顺利地进行筹资，因此，在发行人债信状况得到充分肯定的情况下，巨额借债才有可能实现。

(3) 存在汇率风险

发行国内债券,筹集和还本付息的资金都是本国货币,不存在汇率风险。发行国际债券,筹集的资金是外国货币,汇率一旦发生波动,发行人和投资者都有可能蒙受意外损失或获取意外收益。因此,汇率风险是国际债券很重要的风险。

(4) 有国家主权保障

在国际债券市场上筹集资金,有时可以得到一个主权国家政府最终付款的承诺保证,若得到这样的承诺保证,各个国际债券市场都愿意向该主权国家开放,这也使得国际债券市场具有较高的安全性。当然,代表国家主权的政府也要对本国发行人在国际债券市场上借债进行检查和控制。

(5) 以自由兑换货币作为计量货币

国际债券在国际市场上发行,因此其计价货币往往是国际通用货币,一般以美元、英镑、德国马克、日元和瑞士法郎为主,这样,发行人筹集到的资金是一种可以通用的自由外汇资金。

2. 国际股票融资的方式

国际股票融资的核心内容是国际股票发行,它是指符合发行条件的公司组织以筹集资金为直接目的,依照法律和公司章程的规定向外国投资人要约出售代表一定股东权利的股票的行为。根据多数国家证券法的规定,股票发行应当符合公开、公平与公正的基本原则,某些国家的法律甚至对于股票发行方式也设有概括性规定。但总的来说,多数国家的法律对于国际股票公开发行和私募发行设有不同的规则。

(1) 股票公开发行(public offer)

股票公开发行是指发行人根据法律规定,以招股章程(prospectus)形式向社会公众投资人公开进行募股的行为,其发行程序、信息披露和有效认股之确认均受到特别法规则、要式行为规则的规制。

(2) 股票私募发行(placement)

股票私募发行又称为"配售",是指发行人根据法律的许可,以招股信息备忘录(information memorandum)或类似形式向特定范围和特定数量的专业性机构投资人以直接要约承诺方式进行售股的行为,其发售程序、信息披露和有效认股之确定仅受到较为宽松的法律控制。

股票公募与私募的主要区别在于:①发行申请规则不同。股票公募需向证券市场所在国的证券监管部门履行股票发行申请注册、备案和审核;而股票私募通常不需向证券市场所在国证券监管部门履行发行注册申请或审核程序,或者仅需履行较为简单的注册备案程序。②信息披露要求不同。股票公募依多数国家的法律需使用正式的招股章程(prospectus),在必要条款内容、验证标准和披露程序上受到较严格的法律控制;而股票私募则仅需使用法律要求较为宽松甚至没有要求的信息备忘录,许多国家的法律对其必要内容和验证标准不设要求而交由惯例控制,其披露可以采取分别派送的方式,对其披露时间的要求也较为宽松,这使得发行准备工作大为减省。③售股对象不同。股票公募是发行人向不特定公众发出的售股要约,其要约和有效认股之确认需遵循严格的公开性规则;而股票私募则是发行人向特定范围和特定数量的机构投资人发出的售股要约,其要约承诺原则上遵循合同法规则。④上市审核规则不同。股票公募通常谋求在境外的正式证券交易所上市股票之目的,故发行人除需履行发行申请程序外,还需接受证券交易所的上市条件审核,接受上市规则的约束;而单纯的私募股票不能在正式的证券交易所上市,通常仅可在证券商交易系统或店头市场交易,其上市审核问题较为简单,一般受到惯例的支配。

为了充分利用证券市场所在国的法律条件,典型的国际股票融资(特别是在筹资规模较大的情况下)通常采取股票公募与私募相结合的方式,保障所公开发售和私募的股票共同上市,实践中称之为"公开发售与全球配售"。依此方式,发行人通过承销人在股票上市地进行一定比例的公募,又通过承销团在世界其他地区进行一定比例的私募。在此类募股中,发行人和承销人根据法律的要求需准备公募使用的招股章程和在不同地区私募使用的信息备忘录,需根据上市地法律的要求协调公募与私募的比例,需使股票公募与私募所遵循的申请审核程序和信息披露程序相衔接。按照英美等国的证券法规则,在采取公开发售与全球配售的情况下,公开发售的比例原则上不得低于同次发行总额的25%,我国香港原则上也遵循这一比例,但在实践中通常可酌情降低这一要求。

7.2 国际租赁融资和项目融资

7.2.1 国际租赁融资

租赁融资是指资本货物的出租人在一定期限内将财产租给承租人使用,由承租人分期支付一定租赁费的一种融物与融资相结合的融资活动。

20世纪60年代以后,国际租赁开始快速地发展,欧洲、日本等国相继出现国际租赁公司。20世纪70年代,银行加入租赁业,租赁业在西方各国得到急剧发展,并扩大到一些发展中国家和地区。日本、韩国、新加坡、中国香港和中国台湾等的发展都受益于租赁业。80年代以来,发达国家的租赁业开始成熟,发展中国家的租赁业也有了较大发展。至今,美国是世界最大的租赁市场,在美国有80%以上的公司租赁部分甚至是全部设备。我国租赁业从80年代初才开始起步,1980年中国民航总局第一次成功地从美国租赁一架波音747客机,标志着融资租赁正式进入中国。1981年,成立第一家租赁公司——中国东方租赁公司。到1994年,已成立中资租赁公司30家,中外合资公司33家。

1. 国际租赁融资的基本形式

国际租赁融资有以下基本形式。

(1) 直接租赁

直接租赁是指出租方根据承租方选定的供货商和特定规格与数量的设备,利用自有资金或金融市场贷款购得设备,并根据租赁合同将设备出租给承租方使用。直接租赁一般涉及三方当事人和两个商务合同。目前,国际租赁市场大多采用此种租赁形式。

(2) 杠杆租赁

杠杆租赁又称平衡租赁或借贷式租赁,是指出租方利用企业财务杠杆原理,根据承租人所选定的设备和承租方承诺支付租金的收款权作为向银行贷款的抵押担保品,取得购买此种设备的60%~80%的资金,并将所购设备出租给承租方。在杠杆租赁中,出租方只要自筹少量的资金(一般20%~40%)就可以购得设备,由于出租方向金融机构取得的贷款是一种无追索权的抵押贷款,因此,出租方只需承担其自筹资金部分的风险。杠杆租赁一般要涉及四个当事人,即出租方、承租方、供货方和贷款方。涉及的商务合同一般至少有三个,即租赁合同、购买合同和融资合同,有时贷款方尚需承租方出具保证支付租金的不可撤销保证书。杠杆租赁由于操作比较复杂,一般只适用于大型设备租赁项目,如飞机和大型成套设备等。

(3) 回租

回租是指承租方将已有的部分设备或其他动产或不动产出售给租赁公司,然而再将其租赁回来使用的一种租赁方式。这种租赁一般是在承租方资金较为紧缺的情况下,承租方通过向租赁公司让度已有资产的所有权取得所需的资金,同时通过向租赁公司支付租金取得这部分资产的使用权以保证自身正常生产经营所需的设备。回租一般包括两个当事人,即出租方和承租方,其中承租方同时也是供货商,这种租赁对于资金短缺的承租方来说意义较大。

(4) 转租赁

转租赁是接受承租方委托的出租方根据承租方所选定的设备,通过向制造商或其他的租赁公司租赁此项设备,并转租给承租方。这种租赁一般发生在租赁方自身实力较弱、缺乏融资能力的情况下。在转租赁中,一般涉及三个当事人,其中有一方既是承租方,也是出租方。

2. 国际租赁融资的基本特征

国际租赁融资作为租赁融资的一个分支,除了具有租赁融资的基本特征外,还具有其独特的特点。

(1) 涉及的三方当事人一般属于不同的国家或地区。在国际租赁融资中,出租方、承租方、供货方可以同时分属于三个不同的国家和地区,也可以出租方和承租方同属于一个国家或地区,而供货方属于第二国,也可以出租方和供货方同属于一个国家或地区,而承租方属于第二国。但一般不会出现承租方和供货方同属于一个国家或地区。

(2) 涉及的商务合同至少有一个是涉外合同。由于国际租赁融资的三方当事人分属于不同的国家或地区,因此这三者之间所签订的合同也就具有涉外性。涉外的合同可以是一个,也可以是全部合同。

(3) 国际租赁融资的最终资金往往来源于国际金融市场。资金的顺利融通是国际租赁融资得以顺利进行的前提条件。国际租赁融资的资金来源主要包括国际金融市场的短期贷款、中长期贷款和发行债券筹资等。

(4) 国际租赁融资的风险涉及的范围较一般的国内租赁融资的风险要广。在国际融资的风险中,除了一般的由承租方或出租方引起的经营风险、信用风险、政治风险、利率风险等外,还有一个更重要的风险,即汇率风险。由于国际租赁融资的当事人处于不同的国家或地区,以不同的货币作为本身记账的依据,在租金的支付、租赁物件购货款项的支付等方面都会面临不同货币的转换,因此这种风险就客观存在了。

3. 国际租赁融资的租金构成

国际租赁融资的租金是指出租方通过让渡设备的使用权而取得的向承租方按照约定

的条件收取的"报酬",或者说是承租方因取得设备的使用权而向出租方支付的费用。从实质上讲,租金是出租方抵扣其购买设备的成本及其实现利润的主要来源。

(1) 国际租金的直接影响因素

直接影响国际租金多少的因素有以下几种。

① 租赁物原价和租赁期满后设备的残值。租赁物原价和租赁期满后设备的残值之差,正是出租人实际向承租者提供的信贷总额。租金与这个差额成正比关系,即这个差额越大,租金越多,反之,则相反。

② 市场利息率的高低及对租赁业务给予的税收、信贷的优惠程度。设备出租者根据市场利息率收取利息,市场利息率较高,则收取利息也较多。在设备出租国对租赁业务提供税收及信贷优惠时,会使租赁公司或其他出租人以较优惠的条件出租设备。

③ 租赁公司或其他出租人的预期利润率。出租者除要求在租期结束后收回设备投资及相应的利息外,还要求取得经营利润。因为它投资于设备租赁业务不是简单地提供融资信贷,而且还在融资过程中提供一系列经营性服务。

④ 租赁期限的长短及租赁方式。在租赁业务过程中发生的手续费的多少及租金支付方式的不同也会对租金有一定影响。

(2) 租金的计算及支付方式

按照前面租金的构成要素,得到租金的计算公式为

$$租金 = \frac{(租赁物原价 - 估计残值) + 利息 + 利润 + 手续费}{租期}$$

其中,残值是指租赁合同期满时租赁物的价值,一般由租赁物原价依据设备折旧率加以扣除。租金的支付根据合同的期限,一般按每月、每季、每半年或每年支付一次。如租期少于一个月,一般要求承租人在合同签署时支付全部租金。有些还采用预付租金的方式,即要求预先支付全部或部分租金。在不要求预付租金的租赁交易中,通常是在使用租赁设备取得利润后开始支付。

7.2.2 国际项目融资

项目融资始于20世纪30年代美国油田开发项目,后来逐渐扩大范围,广泛应用于石油、天然气、煤炭、铜、铝等矿产资源的开发。随着经济全球化的发展,项目融资迅速发展、应用领域不断扩大,逐渐发展成为现阶段国际融资的主要手段之一。

1. 项目融资的概念和特点

(1) 项目融资(project finance)的概念

从广义来说,项目融资是为建设一个新项目或者收购一个现有项目,或者对已有项目进行债务重组所进行的融资活动。从狭义来说,项目融资是指以项目的资产、预期收益或权益做抵押取得的一种无追索权或有限追索权的融资或贷款活动。项目融资与传统国际融资最大的区别在于:项目融资用来保证贷款偿还的首要来源被限制在融资项目本身的经济强度之中,而传统的国际融资是以一个公司的资信能力来安排贷款偿还,不仅包括项目本身的经济强度,还包括公司拥有的资产。一个融资项目的经济强度可以用项目未来

现金流量的现值和项目本身的资产价值较高者衡量。项目融资中,项目借款人对项目所承担的责任与其本身所拥有的其他资产和所承担的其他义务在一定程度上是分离的。为防止在项目本身的经济强度不足以偿还其款项的情况下发生损失的可能,贷款人通常会要求项目借款人提供直接担保、间接担保等形式的信用支持。因此,一个项目本身的经济强度和其他项目有关各方对项目做出的承诺,就构成了项目融资的基础。

(2) 项目融资的特点

项目融资具有以下特点。

① 项目导向。项目导向是项目融资最大的特点。项目融资主要依赖项目自身未来现金流量及形成的资产,而不是依赖项目的投资者或发起人的资信及项目以外的资产。项目融资并不过多关心融资主体的资信状况,对于一些有前景的项目但是由于自身规模太小而很难得到贷款或者信用担保的公司可以应用项目融资进行融资。项目融资款项的偿还主要由项目本身的经济强度所保证。对于一些能源、交通、运输等资金需求数额巨大的项目,通过项目融资可以实现债务比例在 70%~80% 的融资需求,甚至可以做到100%。因此,项目发起人投入较少的资本金就可以启动项目,而且较高的资产负债比也可享受到利息节税的好处。最后,项目借款人可以根据融资项目现金流回收的时间期限结构特点灵活安排融资的期限结构。

② 有限追索。追索权延伸到融资活动中是指借款人未按期偿还债务时,贷款人要求借款人用抵押的其他资产偿还的权利。有限追索权是项目融资相对于传统融资方式的创新之处,项目融资的贷款人在项目的特定阶段(一般为风险较大的建设期),可以行使对借款人的追索权,或者在某个规定的范围内(表现为借款人一定数额的担保)对项目借款人行使追索权,除此之外项目的贷款偿还都限于融资项目的经济强度。

③ 风险分担。项目融资在设计时,项目发起人可以通过融资安排在包括贷款人在内的所有参与者之间分配风险,这种风险分担通常是通过各种形式的担保或承诺实现的。项目发起人通过设定有限追索等方式将项目的风险与自己隔离起来,尤其是一些规模较小的公司,其本身并不能完全承担一个项目失败的全部风险。一个项目风险的分配情况往往影响到项目成功的可能性。

④ 表外融资。传统的债务融资会体现到借款人的资产负债表中,提高其资产负债率,恶化借款人的财务状况,项目发起人一般不愿意将项目债务直接反映到自己的财务报表中。所以项目融资通常成立一个独立于项目发起人的项目公司,由项目公司为主体进行融资,只要项目发起人所持有项目公司的股份没有超过会计政策规定的相关比例,该债务就不会合并到项目发起人的财务报表中。

⑤ 信用结构多样化和融资成本高。在项目融资中,项目借款人除了向商业银行、世界银行申请贷款外,还可以向外国政府、国际财团与项目有关的其他方进行融资,实现信用结构多样化和提高融资结构的灵活性。同时,由于项目融资中的有限追索权,项目贷款人承担更多的风险,就必然会要求更高的利息作为风险溢价补偿。另外,项目融资复杂的投资结构、融资结构和风险分担必然要求签订更多的文件以及耗费更多的时间从而发生更多的融资费用。

因此,项目融资的特点决定了项目融资主要运用于资金需求巨大、建设周期长但是项目营运期间现金流量稳定的大型基建项目。主要包括：①基础建设项目，如高速公路、桥梁、水厂等；②能源、矿产开发项目，如原油开采、运输管道、发电厂、铜矿石开采等；③大型制造业，如大型机器设备的建造。

2. 项目融资的参与者

由于项目融资的结构复杂，参与融资的主体也较传统的融资方式要多。一般来说包括项目投资者、项目公司、项目贷款人、项目产品购买者或设施的使用者、项目承包工程公司、材料或者设备供应商、融资顾问、项目管理公司、有关政府等。

（1）项目投资者

项目投资者是项目的发起人，是取得经营项目所必需的许可和协议，并将各当事人联系在一起的项目实际投资者和主办者，是项目公司的股本投资者和特殊债务（无担保贷款）的提供者和担保者，是项目的实际借款者。项目投资者可以是一个单一的公司，也可以是由多个投资者组成的联合体，如项目承包商、产品的买主和项目间接利益接受者组成的企业集团。为了降低政治风险，项目投资者一般会至少包含一个项目所在国的公司。项目投资者的资信状况和管理运作水平直接影响到项目的融资状况和成功的概率，因此一些有实力和经验的大公司加入项目投资者是非常重要的。

（2）项目公司

在项目融资中，项目投资者通常会成立一个独立的项目公司，由该实体作为直接贷款人并且具体负责项目的开发、建设和融资。当然，在项目融资结构中，除了成立独立的项目公司外，还可以采用契约式合资、合伙制等不具有法律实体资格的资本构成方式。

（3）项目贷款人

项目贷款人是商业银行、国际金融组织（金融公司、地区性开发银行等）、保险公司等金融机构和一些国家政府的出口信贷机构。由于项目融资一般贷款数额巨大、风险较高，通常采用辛迪加贷款的形式。银团成员最好包括东道国的银行以防止项目建设、营运过程中发生的政策风险。

辛迪加贷款中各个参与银行发挥着不同的作用：①牵头行。牵头行是最初和项目公司签订贷款协议并承购全部或部分贷款的银行。它们先与项目公司签订贷款协议，然后在辛迪加成员之间销售贷款。②代理行。代理行与银团签订服务协议，代理银团对项目贷款进行安排、管理，它本身并不提供贷款只是收取一定的管理费用。③参与行。参与行根据自己的资金实力从牵头行认购贷款份额。辛迪加贷款银团中的参与行的数量视项目融资额度大小而定，一般为3～5家，但是一些大的项目参与行可以达到十几家。

（4）项目建设的工程公司或承包公司

项目建设的工程公司或承包公司一般和项目公司签订一个交钥匙合同，承诺向项目公司交售整个项目，这实际上是以固定价格合同的方式支持项目融资。由于工程公司或承包公司在同贷款银行、项目投资者和各级政府打交道方面有十分丰富的经验，因此它们可以就如何进行项目融资向业主提出十分宝贵的意见。一个信用卓越、拥有先进工程技术的工程公司是项目的成功保证之一。

（5）项目设备、能源、原材料供应者

项目设备、能源以及原材料的供应在保证项目按时竣工方面起着十分重要的作用。

设备出口方将设备供应与出口信贷捆绑在一起,这样一方面贷款方可以拓宽产品市场,项目公司也可以享受出口信贷的好处。项目公司与能源、原材料供应商签订长期稳定的供应合同可以减小项目营运期间现金流不稳定性,为项目融资提供了条件。

(6) 项目产品的购买者或项目设施的使用者

项目产品购买者或项目设施使用者和项目公司签订长期的购买协议(该协议可以是项目的整个营运期间的协议),保证了项目建成之后的市场和现金流量,是投资者对项目贷款的重要还款保证。项目产品的购买者或者设施使用者可以是项目的发起人、项目其他有利益关系的参与者,也可以是东道国政府。项目产品的购买者或项目设施的使用者通过长期购买协议的方式参与到项目中为项目融资提供信用保证,降低项目融资成本,对项目融资的成功起到十分重要的作用。

(7) 项目管理公司

在大多数工程项目中,项目公司并不直接负责项目的经营与管理,而是通过一家独立的项目管理公司负责项目完工后的管理经营工作。项目的后续经营和管理对项目成功十分重要,项目贷款人也十分重视项目管理公司的背景。一般项目贷款人倾向于一些资金雄厚并且有过相关项目成功管理经验的管理公司加入到项目中。

(8) 保险机构

在对项目借款人行使有限追索权的情况下,项目的一个重要保证措施就是用保险权益来做担保。项目融资的巨大资金规模以及未来许多不确定性因素,要求项目参与各方准确评估风险,并及时为它们投保。英国的出口信贷担保局、德国的赫尔默斯信贷保险公司等,是国际上著名的为项目融资提供保险服务的保险机构。

(9) 东道国政府

在具体的项目融资中,东道国政府的作用不尽相同。微观方面,政府可以为项目提供某种形式的经营特许权、长期稳定的能源供应和市场环境等。宏观方面,政府可以改善相关项目的投资环境、减少项目的政治风险。另外,政府的积极参与对项目本身来说,就是一个十分重要的信用保证。在实践中,由于对项目融资的需求不同,发展中国家或欠发达国家政府比发达国家政府表现出更大的参与积极性和发挥更大的作用。

(10) 其他项目参与人

在项目融资中还有很多其他的参与者发挥了独特的作用,如法律顾问、金融顾问、信用评估机构等。

项目融资当事人基本关系如图7.4所示。

项目融资,其特殊的融资方式和众多的参与者决定了融资程序的复杂性。融资过程中大量的法律文件需要有丰富经验的律师把关,设计项目融资的融资结构和实现有限追索都需要专门的金融顾问给予专业的意见,融资过程中每一个参与方的信用资信状况和融资过程中的风险认定也需要专门的机构进行评估。

3. 项目融资框架结构

项目融资程序一般分为投资决策分析、融资决策分析、融资机构分析、可行性研究、融资谈判和项目融资执行决策六个阶段。虽然各种具体的项目融资项目各不相同,但是其基本运作程序大致相同。从项目的投资决策到最后完成项目融资的筹资,基本上可以分为以下三个框架结构。

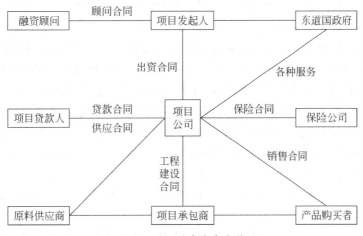

图 7.4 项目融资当事人关系

(1) 项目投资结构

项目投资结构及项目的资产所有权结构,是指项目的投资者对项目资产权益的法律拥有形式和项目投资者直接的法律合伙关系,一般在投资决策分析阶段确定项目融资采用的投资结构。项目投资结构对项目的组织和运行起着决定性作用,法律上结构严谨的投资结构更是项目融资得以成功的前提。目前国际上通行的投资结构有单一项目公司、合伙制或有限合伙制、非公司型合资结构等。

(2) 项目融资结构

项目融资结构又称项目融资模式,是项目融资的核心。一般要根据项目未来的经济强度、项目资金时间、数量上的要求、风险分担和融资费用等条件设计出和融资项目最合适的项目融资结构。一个有相关经验的融资顾问对融资结构设计的意见是十分重要的。现阶段通常采用的融资结构有产品支付融资、BOT 融资、ABS 融资等。

(3) 项目资本结构

项目的资金结构指项目中股本资金、准股本资金和债务资金的形式,相互之间的比例和来源。在项目融资中,公司的负债率一般比较高,通过对项目的全面风险分析和对整体的资本结构的综合设计,可以减少和排除许多风险因素。一般来说影响项目资本结构的因素有项目融资成本、利息预提税和项目资金的适用期限。

4. 项目融资模式

项目融资模式是对项目融资要素的具体组合和构造,是项目融资整体结构组成中的核心部分。基本融资模式有:投资者直接安排的融资模式、投资者通过项目公司安排的融资模式、以"产品支付"为基础的融资模式、以"杠杆租赁"为基础的融资模式、BOT 融资模式、ABS 融资模式。

(1) 投资者直接安排的融资模式

由项目投资者直接安排项目融资,并且直接承担相应的责任和义务,是结构上最简单的一种融资模式,一般在投资者自身财务结构不是很复杂的情况下采用。这种模式在实际操作中又有以下两种形式。

第一种是由项目投资者直接安排融资。项目投资者面对的是同一个贷款银行和市场安排。根据合伙协议组成契约性投资结构,成立一个项目管理公司代表项目投资者负责管理项目的建设和销售。项目投资者根据协议在项目中投入相应比例的资金,每个项目投资者单独与贷款人签订融资协议。项目的建设期间由项目管理公司代表投资者与项目承包公司签订承包合同并监督工程进度,在经营期间项目管理公司负责产品的生产和销售。产品的销售收入在扣除项目利润留存和偿还项目贷款本息后才能支付给投资者。这种融资形式最大的好处是给予投资者在融资结构安排上的灵活性和较大的税务策划空间,它的不足之处在于在实现项目风险和投资者本身资产的风险隔离上十分复杂。

第二种是项目投资者完全独立地安排融资,管理产品销售,承担项目风险。这种形式与上一种形式最大的区别在于,项目产品的销售并不是由项目管理公司负责而是由项目公司将项目产品按比例分配给项目投资者,然后项目投资者根据自己的融资安排计划产品销售和贷款偿还。这种融资形式给予同一个项目中的不同投资者更大的自主性。

(2) 投资者通过项目公司安排的融资模式

项目投资者通过建立一个单一目的的项目公司来安排融资,主要有以下两种基本形式。

一是由项目投资者首先建立一个特别目的的子公司,再以该子公司名义与其他投资者组成契约性投资结构进行融资。在这种形式中,该子公司将承担该项目中的主要或者全部责任,从而实现与母公司的风险隔离。另外,新成立的项目子公司,缺乏信用和经营历史,因此大多需要母公司对其进行各种形式的信用支持。

二是所有项目投资者共同成立一个项目公司,再由该公司对项目进行融资、经营和管理。在这种模式中,贷款偿还的信用基础主要是该项目的经济强度和项目投资人以其他形式提供的信用保证或承诺。

投资者通过项目公司安排融资的模式好处在于:项目风险限制在该公司内,从而实现有限追索;项目公司之间拥有该项目的资产,统一对项目的融资、建设、营运进行管理,降低管理成本;通过成立一个独立的项目公司实现表外融资,并不会因为项目融资而恶化投资人的财务状况。同时,通过项目公司安排融资也有一些不足之处,比如该模式中投资者不能利用项目营运前期的亏损抵减自己的盈利从而缺乏税务策划空间。

(3) 以"产品支付"为基础的融资模式

以"产品支付"为基础的融资模式是建立在贷款人购买某一特定份额的项目产品的基础之上,完全以项目的产品或产品收益作为还款担保而进行的融资。以该模式进行融资时,一般会成立一个"融资中介机构",即所谓的专设公司,贷款人用该公司从项目公司中购买一定量的产品以偿还贷款。这种模式广泛应用于原油开发、天然气开发、有色金属开采等融资项目中。其特点有:第一,独特的信用担保结构。第二,产品支付的还款期限一般短于项目的经济寿命。第三,适用于项目产品数量基本确定的情形。第四,项目贷款人又是项目产品购买人,从而减少了项目产品的市场风险。

(4) 以"杠杆租赁"为基础的项目融资模式

该融资模式的特点是:第一,资产的承租人即项目的投资人是项目的真正投资人和主办者,他和资产出租人签订项目资产租赁协议,以项目未来的经济强度作为信用保证向出租人租赁资产并负责项目产品的销售和支付租金。第二,资产出租人根据资产租赁协议与设备供应商签订相关的设备供应协议并支付小部分设备购买价款。第三,资产出租人以该设备为信用保证向银行或者金融公司融资(银行或项目公司才是该项目融资中的真正贷款人)支付设备价款。第四,资产出租人收取租金并偿还所借资金本息后还有一定的利润。该融资模式优越性在于:项目的投资者仍然具有对项目的实际控制权;实现百分之百的融资比例,降低融资成本;可以享受租金抵税的好处,是促进租赁融资发展最有利的条件。

(5) BOT项目融资方式

BOT是build(建设)、operate(经营)和transfer(转让)三个英文字母的缩写,代表着一个完整的融资模式。BOT最早产生于20世纪80年代初期的国际工程承包市场,后来广泛应用于一些发展中国家的大型资本、技术密集型项目,如道路、交通、电力和水厂建设等。BOT项目融资一般的程序是:第一,某国政府准备开发某个项目由于缺乏相关资金和技术通过投标方式引入投资者。第二,项目投资人成立一个项目公司,以项目公司的名义参与项目竞标,获得政府批准的特许经营权,并且一般要求东道国政府在使用土地、能源供应等方面给予便利条件。第三,在获得竞标后,投资者通过项目公司向国际上的大财团或者银行获得融资。第四,项目公司与工程承包公司签订合同,并且监督工程的建设。第五,在工程建设完成后,项目公司通过获得的特许经营权在一定年限内经营该项目,向项目使用者或者产品购买者收取一定的费用。第六,在项目特许经营期结束时,项目公司有义务无偿将该项目转让给东道国政府。

(6) ABS融资模式

ABS(asset backed securitization)即以资产支持的证券化,ABS融资模式是指以目标项目所拥有的资产为基础、以该项目资产的未来收益为保证在国际资本市场上发行债券的一种融资方式。ABS融资的主要当事人有:①发起人。发起人也称原始权益人,是证券化基础资产的原始所有者。②特定目的机构或特定目的受托人(SPV)。这是指接受发起人转让的资产,或受发起人委托持有资产,并以该资产为基础发行证券化产品的机构。选择特定目的机构或受托人时,通常要求满足所谓破产隔离条件,即发起人破产对其不产生影响。③资金和资产存管机构。为保证资金和基础资产的安全,特定目的机构通常聘请信誉良好的金融机构进行资金和资产的托管,这样做有利于减少融资风险。④信用增级机构。信用增级机构的作用在于提高发行的债券的信用等级,使资产证券化债券以更低的成本发行。⑤信用评级机构。信用评级机构对资产证券化债券进行评级,信用等级高的债券可以更容易地融资。⑥证券化产品投资者,即证券化产品发行后的持有人,也就是该融资项目的真正贷款人。

ABS项目融资的一般过程为:第一,项目发起人将具有相同现金流特点的项目打包成资产池出售给特定目的机构。第二,特定目的机构根据资产池里的资产设计出具有不同现金流特点的债券,然后聘请信用增级机构对债券进行信用增级。第三,在专业的信用评级机构对债券进行评级后出售该债券进行融资。第四,项目公司取得收入,向债券投资者支付本息。ABS融资模式最大的特点就是可以让一些信用风险较高的项目进行信用增级后进入国际债券市场,大幅度降低融资成本。

专栏 7-1

英法海底隧道的 BOT 融资

英法海底隧道是一条把英伦三岛连接到法国的铁路隧道。隧道长 50 千米，仅次于日本青函隧道。实际上，它是由三条长 51 千米的平行隧道组成，全长 153 千米，其中海底段的隧段长 114 千米，是目前世界上最长的海底隧道。一条主隧道供巴黎至伦敦的火车通行，另一条是专门载运乘汽车穿越海峡的人员及其车辆的列车专线。从 1986 年 2 月 12 日签订隧道连接的《坎特布利条约》到 1994 年 5 月 7 日正式通车，历时 8 年多，耗资约 100 亿英镑，是世界上规模最大的利用私人资本建造的工程项目，也是世界最大、历时最长的 BOT 融资项目。

BOT 项目发起人是由英国的海峡隧道工程集团和法国的法西兰—曼彻联合组成的欧洲隧道公司，此项目也是目前世界上特许期最长的一个 BOT 项目，特许权为 55 年。建设工期为 1986 年开工到 1994 年竣工，风险在于施工工期加长会使经营期相对缩短，并且将会直接影响到该项目的收益和债务的偿还。

融资情况：英国具有较大的国内投资市场，包括较大的股票市场和资本市场。依靠项目公司在英国股市发行股票，或者筹集私营投资者资金的办法，可以从国内投资者手中为 BOT 项目筹集到足够的资金，提供高的报偿收益，以补偿该项目的风险和投资期过长的损失。在海峡隧道工程投资的过程中，欧洲隧道公司坚持政府提出的三个条件：①政府对贷款的工作担保；②该项目按有限的追偿权，100% 地由私营集团筹资，交付发起人使用，债务由完成的项目收益来偿还；③该团体必须筹资 20% 的股票投资，即 17.2 亿美元的现金。此外，将从 209 个国家银行筹措 74 亿美元贷款。筹款之初，14 家初期项目的承包商和银行首先赞助 8 000 万美元。同时，在 4 个发行地点成功地筹集到大批以英国英镑和法国法郎计算的股票投资。

政府担保情况：与其他 BOT 项目相比，欧洲隧道公司从英法两国政府获得的担保是最小的。因为英国政府要求建设、筹款或经营的一切风险均由私营部门承担。除特长期外，政府没有向该公司提供支持贷款、最低经营收入担保、经营现有设施特许权、外汇及利率担保，仅仅提供商务自主、"无二次设施"的担保，包括自主地确定税率。因而，欧洲隧道公司一半收入来自它的铁路协议，即利用隧道的国家铁路将伦敦与目前尚未充分开发的欧洲高速铁路网连接起来。其他收入将来自对过往隧道铁路商业车辆的收费。此外，要求 33 年内不设横跨海峡的二次连接设施。

这个 20 世纪欧洲最雄伟的建筑工程于 1987 年 2 月开始动工，历时 7 年才得以完成。英法海底隧道不仅是欧洲最伟大的工程，也是世界上耗资最多的工程之一，由于工程难度大、施工过程中缺乏监督且随意修改工艺等原因，工程造价不断增加，工期一拖再拖，隧道正式竣工比预定完工时间晚了一年，到完工时总造价达 520 亿法郎，比预算高出近一倍。由于英法隧道建造成本惊人，再加上本身经营不善，从 1994 年隧道开始运营以来，欧洲隧道公司就处于债务缠身的境地而负债经营。1996 年 11 月，隧道内发生一起严重火灾，也使欧洲隧道公司经济损失达几百万法郎。该海底隧道本应成为欧洲人引以为荣的标志，但它似乎已成为一个噩梦。原因是英法海底隧道的减少投资将近90%来自小股民,负责其修建、管理和运营的欧洲隧道公司却负债累累。小股民们不但没有任何收益,反而持有的欧洲隧道公司股票贬值80%,多年积蓄付诸东流。

此外,由于航空和海运的竞争,英法隧道的客货运量近几年均呈下降趋势。欧洲隧道公司每年的收益难以弥补债务和利息,导致债台高筑。特别是后来,由于伊拉克战争爆发和国际恐怖主义的威胁,很多欧洲人减少出游计划,使欧洲隧道公司一直无法翻身。截至2004年,其债务总额更是高达90亿欧元。

根据数据显示,除非得到政府或私人大量注资,否则欧洲隧道公司的债务到2050年也还不清。然而,根据协议,隧道将于2086年被英法两国无偿收归国有。因此,在2004年的股东大会上,经股民投票决定,以法国人为主的管理班子代替了原本以英国人为主的管理层,股民希望在撤换公司的管理层后,英法海底隧道可以摆脱债务的困扰,真正成为欧洲人的骄傲。

7.3 汇率波动对跨国公司融资决策的影响

跨国公司一般都拥有非本币金融资产和债务,因此,汇率变动会使公司的收入与成本结构发生改变,使利润丰厚的市场变得无利可图,从而对跨国公司的经营及融资活动产生不利的影响。同样,汇率变动也会使外汇支付的价值发生变化,使有吸引力的融资来源变得毫无吸引力,从而扰乱公司财务状况的稳定性。因此,跨国公司必须了解汇率变动如何影响其融资决策,如何把预计的汇率变动融合到筹资决策中。

7.3.1 贷款币种的选择——贷款成本法分析

在国际市场融资时,选择适当的计价货币十分重要,它也是国际财务管理的主要决策之一。当公司筹措以外币计价的资金时,汇率变动会对借款计价货币的选择造成影响,从而使公司面临汇率变动带来的风险。

1. 汇率变动对贷款成本的影响

例如,一家总部设在美国的跨国公司考虑一项融资决策。公司需要筹借1 000万美元贷款用于其设在澳大利亚的子公司下一年度的经营,美元是其参考货币。正常情况下,公司可与美国商业银行商讨筹借为期一年的1 000万美元贷款,利率为13%,假定这笔美元贷款下年度初即可得到,本金加利息在年底偿还。此时,一家澳大利亚银行提出可向公司以8%利率贷款2 500万澳元。因为目前的即期汇率为\$0.40/A\$,公司可以先借澳元,再换成美元,也能得到所需的美元资金。年底公司可拨出美元购买2 500万澳元偿还本金和200万利息。那么,公司应该选择哪一种借款方案呢?这就是跨国公司需要进行的国际融资决策。

如果美元与澳元的汇率保持在\$0.40/A\$这个水平不变,利率8%的贷款比利率为13%的贷款更有吸引力。到期只需要用1 080万美元买进2 700万澳元就能够偿清债务。若用美元贷款,到期则需1 130万美元还本付息。利用澳元贷款可以节省50万美元。然而,如果澳元相对美元贬值,买进 2 700 万澳元就需要较少的美元。如果澳元升值,则需较多的美元购买同样多的澳元。

表 7.1 列出了贷款到期时,可能的几种即期汇率水平:0.35、0.4、0.45 及 0.5,以及它们对贷款成本的影响。可以看出,不管汇率如何变动,到期连本带利都需要偿还 2 700 万澳元,第四栏说明在不同的汇率水平上,公司为偿还澳元贷款应准备不同数额的美元。表明,外币相对贬值时,以该外币贷款的借款者受益,而外币相对升值时,借款者受损;第六栏是计算出在不同汇率水平上澳元贷款的净成本(以美元表示的还本付息额减去以美元表示的借款额)。净成本随着澳元相对美元升值而上升。当即期汇率下跌至 0.35 美元时,公司净赚 55 万美元。显然,公司若能预测到澳元会贬值到如此程度,它会毫不犹豫地选择澳元贷款。遗憾的是,预测不可能完全准确。如果到期澳元升值,例如达到 0.50 美元/澳元,那么贷款净成本将高达 350 万美元。此外,外币贷款的净成本不能简单地用外币借款的利息乘以期末即期汇率计算。因为汇率变动不仅会影响外币贷款的利息,而且还会使本金偿还额发生变化。事实上,汇率变动对外币贷款成本的影响往往主要是通过本金体现的,对以本币表示的利息只产生较小的影响。表 7.2 分别列出汇率变动对外币贷款本金、利息和净成本的影响。

表 7.1 澳元贷款成本

可能情形	期末即期汇率 ($/A$)	期末还本付息额 (万澳元)	期末还本付息额 (万美元)	借款额 (万美元)	净成本 (万美元)
1	0.35	2 700	945	1 000	−55
2	0.40	2 700	1 080	1 000	80
3	0.45	2 700	1 215	1 000	215
4	0.50	2 700	1 350	1 000	350

表 7.2 汇率变动对外币贷款本金、利息和净成本的影响

到期汇率 ($/A$)	贷款利息 (万美元)	贷款本金 (万澳元)	澳元升值 ($/A$)	本金损失 (万美元)	净成本 (万美元)
0.35	70	2 500	−0.05	−125	−55
0.40	80	2 500	0.00	0	80
0.45	90	2 500	0.05	125	215
0.50	100	2 500	0.10	250	350

可以看出,在所有情况下支付利息都没有超过 100 万美元;第四栏是澳元在贷款期间的升值幅度,简单地以期末汇率与期初汇率之差表示。例如,若澳元上升到 0.50 美元,则升值幅度为 0.1 美元,因为期初汇率为 0.40 美元。以美元表示的澳元贷款本金损失额可用澳元贷款本金乘以澳元升值幅度来求取;结果在第五栏中表示。把利息的美元成本(第二栏)与本金损失(第五栏)相加即得到澳元贷款的净成本(第六栏)。例如,当澳元升值到 $0.50/A$ 时,贷款净成本为 350 万美元,其中利息为 100 万美元,本金损失为 250 万美元。

2. 对两种贷款方案的分析

(1) 预期成本分析法

如果公司管理人员能够预知贷款到期时的外汇市场汇率,那么,选择货币贷款方案就可以参照表 7.2 做出决定。若预测汇率上升至 ＄0.50/A＄，公司应该利用美元贷款。因为美元贷款的净成本只有 130 万美元(按 13％的利率)，远小于澳元贷款的净成本(350 万美元)。但是，事实上借款者不可能事先知道未来的确切汇率，只能在充分分析汇率未来走势的基础上，对汇率的不确定性进行量化。假定公司管理人员认为，澳元贬值到 0.35 美元的可能性为 20％；保持在 0.40 美元的可能性为 30％；澳元上升至 0.45 美元的可能性为 40％；上升至 0.50 美元的可能性只有 10％。

我们对两种贷款方案进行比较，分析在不确定情况下，比较每种方案的期望值。对美国公司来说，就是要比较每种贷款方案的成本期望值或预期成本。

成本的期望值计算公式为：$\bar{X} = \sum_{i=1}^{n} X_i P_i$

式中：X_i 为第 i 种可能发生的结果；P_i 为第 i 种可能发生的概率；n 为出现结果的总个数（$n=4$）。

澳元贷款的预期成本为：$0.2 \times (-55) + 0.3 \times 80 + 0.4 \times 215 + 0.1 \times 350 = 134$（万美元）

同样，计算美元贷款的预期成本为 130 万美元，比澳元贷款的预期成本稍低。预期成本的计算过程见表 7.3。如果以预期成本为决策依据的话，公司应该选择美元贷款方案，即以美元为贷款计价货币。在做筹措资金决策时，必须考虑汇率变动的不确定性。只依据每种贷款的名义利率而做出的选择是不科学的。事实上，任何国际财务决策分析都必须考虑汇率变动的影响。这已成为国际财务管理的一条重要原则。

表 7.3　每种贷款方案的预期成本

到期汇率（＄/A＄）	出现概率	澳元贷款成本(万美元)	美元贷款成本(万美元)
0.35	0.20	－55	130
0.40	0.30	80	130
0.45	0.40	215	130
0.50	0.10	350	130

(2) 贷款成本的预期汇率法

另一种计算贷款预期成本的简单方法是先求出汇率期望值或预期汇率，然后比较在预期汇率下两种贷款方案的成本。计算预期汇率 X_i 为

$$X_i = 0.35 \times 0.20 + 0.40 \times 0.30 + 0.45 \times 0.40 + 0.50 \times 0.1 = \$0.42/A\$$$

当期末汇率为 ＄0.42/A＄时，澳元贷款利息成本为 $200 \times 0.42 = 84$；本金损失额为 $2\,500 \times (0.42 - 0.4) = 50$。因此，澳元贷款的预期成本为两项之和，即 134 万美元。在表 7.3 中，美元贷款的成本在任何汇率水平皆为 130 万美元。为了更清楚地看清汇率与贷款成本之间的关系，用公式表达澳元贷款的成本 C（单位：万美元）：

$$C = 200 X_i + 2\,500(X_i - 0.40) = 2\,700 X_i - 1\,000$$

其中：X_i 为期末汇率。

把预期汇率 $X_i = 0.42$ 代入，可得澳元贷款的预期成本：$C = 2\,700 \times 0.42 - 1\,000 = 134$（万美元）。则美元贷款的成本为常数，即 $C = 130$ 万美元。

(3) 盈亏平衡点汇率法

我们也可以采用盈亏平衡点原理来分析贷款成本(图 7.5)，即找到一个能使美元贷

款与澳元贷款成本相等的汇率,即盈亏平衡点汇率,记为 X_b,其含义是:汇率为多少时才能使澳元贷款成本等于130万美元。

令 $2\ 700X_b - 1\ 000 = 130$,那么 $X_b = 0.418\ 5$。

如果期末汇率低于0.418 5,澳元贷款成本较低;如果期末汇率高于0.418 5,美元贷款成本较低。因此,在选择贷款方案时只要比较预期汇率 X_1 和盈亏平衡点汇率 X_b 即可。如果 $X_1 > X_b$,公司应选择美元贷款。否则应选择澳元贷款。

值得注意的是,必须计算预期汇率的数值,而不应该简单说期末汇率可能低于或可能高于盈亏平衡点汇率。在本例中,期末汇率高于和低于盈亏平衡点汇率的概率是相同的,即 $0.40 + 0.10 = 0.2 + 0.3$。因此,只看期末汇率高于或低于盈亏平衡点汇率的概率有可能导致错误的决策。

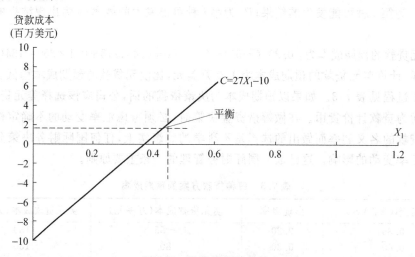

图7.5 盈亏平衡点分析

(4) 贷款成本的标准差法

到目前为止,我们只分析了贷款成本的期望值,而没有考虑公司管理决策人员对待风险的态度。在财务管理学中,风险可用方差(variance)或标准差(standard deviation)表示。在本例中,成本的方差或标准差越大,表示成本围绕预期成本的波动越大,即风险越大。对待风险的态度因人而异。在正常情况下,借款人愿意在贷款预期成本较低的情况下承担一定风险;当贷款预期成本较高时则希望承担较低的风险。方差和标准差的计算公式为

$$\sigma^2 = \sum_{i=1}^{n}(X_i - \overline{X})^2 P_i \qquad \sigma = \sqrt{\sum_{i=1}^{n}(X_i - \overline{X})^2 P_i}$$

式中:σ^2 为方差;σ 为标准差。

回到前述公司所面临的贷款方案选择问题。从计算澳元贷款成本的公式看出,汇率不确定是造成澳元贷款成本变动的根本原因。为了计算澳元贷款成本的标准差,首先求出期末汇率的标准差 $\sigma = 0.045\ 8$。计算过程见表7.4。根据统计学原理,澳元贷款成本的标准差为:$\sigma(C) = \sigma(2\ 700X_1 - 1\ 000) = 2\ 700\sigma(X_1)$

把 $\sigma(X_1)=0.0458$ 代入，即可得 $\sigma(C)=2700\times0.0458=123.66$。

因为汇率变动对美元贷款成本无任何影响，根据定义美元贷款成本的标准差 $\sigma(C_\$)=0$。由此看来，不但美元贷款的预期成本小于澳元贷款，而且美元贷款成本的标准差也明显小于澳元贷款。显然，美元贷款明显优于澳元贷款。

表 7.4 汇率标准差的计算过程

X_1	$P(X_1)$	$X_1-\overline{X}$	$(X_1-\overline{X})^2$	$P(X_1)(X_1-\overline{X})$
0.35	0.20	−0.07	0.0049	0.00098
0.40	0.30	−0.02	0.0004	0.00012
0.45	0.40	0.03	0.0009	0.00036
0.50	0.10	0.08	0.0064	0.00064

注：$\sigma^2(X_1)=0.0021$；$\sigma(X_1)=0.0458$

7.3.2 贷款币种的选择——外币现金流入的影响

前述分析都表明，澳元贷款方案不可取。然而，在某些场合下，即使澳元贷款预期成本较高，并且成本的可变性也较大，公司仍愿意选择澳元贷款方案。例如，假定公司向澳大利亚出口一批货物，合同金额为 3 000 万澳元，这笔货款恰好在贷款偿还日收到。下面我们来考察在有澳元现金流入的情况下，公司是否会改变其贷款币种选择。以下分析不仅考虑贷款成本，而且还要考察借款对公司整体资金状况的影响。

公司将在贷款期末收进 3 000 万澳元货款，以美元(公司的参考货币)计算的价值最终取决于届时澳元对美元的汇率 X_1。如果汇率保持在最初水平($X_1=\$0.40/A\$$)不变的话，那么在外汇市场上出口收入可兑换成 1 200 万美元。如果 $X_1=\$0.50/A\$$，公司将得到 1 500 万美元。因此，出口收入的美元价值为 $3000X_1$ 万美元。

如果公司选择美元贷款，那么期末资金状况的价值是：$V_\$=3000X_1-130$

其中，第一项代表 3 000 万澳元收入的美元价值，第二项为美元贷款的净成本。

如果选择澳元贷款，公司期末资金价值为：

$$V=3000X_1-(2700X_1-1000)=300X_1+1000$$

同样，$3000X_1$ 是出口收入的美元价值，另一项 $(2700X_1-1000)$ 为澳元贷款的净成本。

1. 外币现金流入对贷款期末资金期望值的影响

按照期望值法计算，大笔澳元现金流入的出现并不影响美元贷款的可取性。把期末汇率期望值 $X_1=\$0.42/A\$$ 代入计算 V 的公式，即得

$$V=300X_1+1000=1126(万美元)$$

同样可得

$$V_\$=3000X_1-130=1130(万美元)$$

美元贷款的期末资金状况期望值大于澳元贷款的期末资金状况期望值，所以，美元贷款仍是可取的。按期望值计算，大笔澳元现金流入没有影响两种贷款方案的相对可取性，因为不管选择澳元贷款还是美元贷款，澳元现金流入的美元价值相差无几。

2. 外币现金流入对贷款标准差的影响

从标准差的角度看,澳元现金流入是否会影响两种贷款方案的比较结果呢?当 $\sigma(X_1)=0.045\,826$ 时,可得:

$$\sigma(V)=300\sigma(X_1)=137\,480(美元);\sigma(V_\$)=3\,000\sigma(X_1)=1\,374\,800(美元)$$

如表 7.5 所示,美元贷款的标准差是澳元贷款标准差的 10 倍。

表 7.5 两种贷款方案的比较

统计参数 贷款币种	期望值 $\bar{V}$	标准差 σ	$\bar{V}-2\sigma$	$\bar{V}+2\sigma$
澳元贷款	1 126	13.75	1 098.5	1 153.5
美元贷款	1 130	137.5	855	1 405

注:单位为万。

现在,选择哪种货币贷款就不那么简单了。美元贷款的期望值较高,但其标准差却为澳元贷款的 10 倍,如何决策取决于公司决策人员对待风险的态度。在权衡收益与风险时,有些人宁愿冒较大的风险,求得较高的收益,有些人则不愿意冒风险,宁可收益低,也选择风险较小的方案。不过,正常情况下,决策者希望达到收益与风险的平衡。为此,引进一个衡量相对风险大小的系数,即标准差系数(CV)。

$$标准差系数=\frac{标准差}{期望值}$$

标准差系数 CV 越大,说明相对期望值来讲风险越大。计算两种贷款方案的标准差系数分别为

$$澳元标准差系数=\frac{\sigma(V)}{\bar{V}}=\frac{13.75}{1\,126}\approx 0.012;美元标准差系数=\frac{\sigma(V_\$)}{\bar{V}_\$}=\frac{137.5}{1\,130}\approx 0.12$$

可见,公司宁可选择澳元贷款,因为相对期末资金状况期望值来讲,澳元贷款的风险较小。偿还贷款日出现大笔澳元现金流入很可能改变公司对贷款币种的选择。如果澳元升值,预期的澳元现金流入可兑换更多的美元,因此而获取的收益足以抵消澳元贷款带来的损失;如果澳元贬值,公司只需用较少的美元购买澳元偿还债务,3 000 万澳元收入也只能兑换较少的美元,且前者的收益比后者的损失要小。然而,澳元现金流入面临的外汇风险抵消了澳元贷款还本付息时的汇率风险。如果选择美元贷款,就没有外币贷款的还本付息额来与外币收入抵消外汇风险。

因此,在选择贷款的标价货币时,公司应该弄清楚是否有有关货币的现金流入,以及其金额和日期。除非公司仅仅依据期望值分析融资决策,否则应该注意融资活动对汇率变动引起的资金状况可变性的影响。用外币借款可以加剧这种可变性,不过如果外币借款能抵消预期的外汇收入,也能减轻甚至全部抵消这种可变性。在实际中,跨国公司面临多层次、多货币种类的现金流入与流出。利用外币贷款常常是为了减少或抵消汇率变动对这些现金流量的影响,达到公司希望的风险与收益的平衡。

7.3.3 融资决策与金融衍生市场的应用

1. 远期交易的应用

外汇市场的应用会影响跨国公司融资决策,公司可以利用远期(或期货)市场来抵补

外币借款所面临的外汇风险。

前述13%的1 000万美元贷款和8%的2 500万澳元贷款融资案例中,由于期末汇率不确定而造成偿清债务所需的美元数目不确定,即澳元贷款引起显著的外汇风险。公司可以利用远期外汇合约完全抵补这种外汇风险。

公司1 000万美元贷款,净成本为130万美元;如果澳元贷款,净成本为$2 700X_1-1 000$(万美元)。X_1是贷款期末的汇率。从总收益(按万美元计)比较分析两种贷款方案时,美元贷款的收益为$G_\$=-130$。澳元贷款在没有采取抵补措施时收益为:$G=1 000-2 700X_1$。$G$与期末汇率$X_1$存在线性关系。采取汇率远期抵补交易规避外汇风险,即在远期市场上买进2 700万澳元,12个月远期汇率为\$0.41/A\$。买进远期澳元的获益为$2 700(X_1-0.41)$。把这一获益加进G中即可得到采取抵补措施后的澳元贷款收益$CG=(1 000-2 700X_1)+2 700(X_1-0.41)=-107$。负号表示成本,即选择澳元贷款并采取抵补措施成本为107万美元,公司不仅确定偿还澳元贷款所需的美元资金,而且还使澳元贷款的净成本固定为107万美元(偿还债务额与借入美元资金额之差)。这个净成本可与美元贷款的净成本即130万美元相比较。公司发现按8%的名义利率借澳元并在远期市场买进偿清债务所需的澳元要比直接按13%的利率筹借美元贷款便宜。

2. 互换交易的应用

(1) 对已发债券进行套期保值的货币互换

【例7.3】 M公司于1986年2月发行了瑞士法郎普通公司债,期限为7年,金额为2 000万,票面利率为5.25%;每年支付利息和期满偿还本金时,M公司都以日元在汇兑市场上换成瑞士法郎后支付。在该项协议执行的3年过程中,M公司发现,日元兑瑞士法郎的汇率呈坚挺趋势,由首次付息日1瑞士法郎兑99.3日元,逐步发展为1∶93和1∶82。为了对用于还本付息的日元进行套期保值,同时也为利率比较低的日元资金锁定成本,M公司同B银行协商后,决定对后4年的瑞士法郎和日元资金进行货币互换,以达到保值的目的。另外,此时(1989年3月)互换市场行情是:日元固定利率5.3%可以同美元LIBOR相交换;瑞士法郎对日元的货币互换水平,1990年2月至1993年2月为1∶80.5,1993年偿还本金时为1∶81。

(2) 以套利为目的的货币互换

货币互换最初是作为套利工具使用的。由于借款人在不同市场上各有筹资的优势,他们互相交换这一优势,以取得自己所需要的低成本外币资金。不同货币的供求关系也为套利提供机会。

【例7.4】 假设英国某公司需要浮动利率的美元资金,但却只能以10.5%的固定利率筹集到英镑,或以伦敦银行同业间拆借利率(LIBOR)加1%筹集到美元。美国某公司需要固定利率的英镑,它能以11%的利率取得英镑,但却能以LIBOR加50个基点筹集到美元。于是,两个公司决定利用各自的比较优势,筹措对方所需的货币,然后再通过货币互换的方式,不仅满足了各自的需要,而且还达到了套利的目的,节约了各自的筹资成本。英国公司在国内发行了1亿英镑的利率为10.5%的5年期债券,同时美国公司通过在国内市场发行利率为LIBOR+0.5%的5年期债券筹集到1.8亿美元的资金,两公司分别把自己所筹集的资金按现行汇率£1=\$1.8换给对方(本金的交换)。在互换的5

年里,英国公司支付美国公司 LIBOR＋0.5%的美元利息成本,美国公司支付英国公司 10.5%的英镑利息成本。在互换交易到期时,两公司把本金再交换回来。这样它们都可以偿还所发行债券的本息。当然,本金的初始交换与最后交换也可以省略,双方只要在即期市场上先卖出后再买回所要求的货币,并向对方支付一定的升水或贴水即可。

7.3.4 投机行为对贷款方案选择的影响

抵补只是远期外汇市场的两个主要用途之一。远期的第二个主要用途是投机,即故意在外汇市场上建立外汇头寸,希望从汇率变动中获取额外利润。现在,假定那家美国公司在澳元上做投机。那么,这种投机愿望是否影响贷款货币种类的选择呢?回答是否定的。

假定公司决定为投机而买进的澳元数量为 P。那么,美元贷款的总收益为:$G_\$ = -130 + P(X_1 - 0.41)$;采取抵补措施时澳元贷款的收益为 $CG = -107$ 万美元,再加上投机获利 $P(X_1 - 0.41)$ 后澳元贷款的总收益为:$G = -107 + P(X_1 - 0.41)$。

两者相比较,不管 P 为多大,$G - G_\$ = 23$(万美元)。也就是说,不管公司是否做澳元投机,澳元贷款总比美元贷款多得到 23 万美元的好处。因此,投机行为对贷款币种选择没有影响。公司应该依据抵补后的澳元贷款成本与美元贷款成本的比较做出选择,结论是澳元贷款是最佳融资方案。

考虑到汇率变动的影响后,跨国公司决策人员就不能仅仅依据名义利率做出融资选择。有没有远期或期货市场对评价融资方案的影响是不一样的。如果没有远期市场,在做融资决策时,只能以期望值为基础,比较本币贷款和外币贷款的预期成本,并考虑汇率变动对贷款本金与利息的影响。外币贷款可以增加,也可以减少公司的外汇风险程度。如果公司厌恶风险,它就必须考虑外汇风险以便做出最终选择。当存在远期市场时,在做融资决策时就应该以抵补后的贷款成本为基础。一般来讲,投机行为并不会改变已做出的选择。

专栏 7-2

中国短期外债占比高

2013 年外债余额中,中长期外债(剩余期限)余额为 11 373 亿元人民币(等值 1 865.42 亿美元),短期外债(剩余期限)余额为 41 252 亿元人民币(等值 6 766.25 亿美元),短期外债占全部外债的比重达到 78%。短期外债中,企业间贸易信贷占 49.73%,银行贸易融资占 21.08%,二者共占短期外债(剩余期限)余额的 70.81%。

一般来说,国际上认为短期外债占全部外债的比重应控制在 25%警戒线以内。当前我国短期外债占比如此之高,是否会对经济安全构成影响?

外汇管理局资本项目管理司司长郭松认为,我国短期外债比重虽高,但并不存在什么风险。"一是因为短期外债占外汇储备的比重只有 17.7%;二是因为短期外债大部分与贸易有关。"郭松认为,市场应该更看重短期外债和外汇储备的比例,2001 年这一比重是

39%,而截至 2013 年年末,已经下降到 17.7%,理论上说没有风险。国际上认为,短期外债与外汇储备的比重安全线是 100%。而我国短期外债大部分与贸易有关,从经验来看,贸易引起的债权债务,一般不会构成债务风险。据统计,在短期外债中,企业间贸易信贷占 49.73%,银行贸易融资占 21.08%,二者合计占短期外债(剩余期限)余额的 70.81%,这部分外债具有真实的进出口贸易背景。

资料来源:《人民日报海外版》,2014 年 4 月 7 日。

思考题

1. 国际融资都有哪些常见的形式?
2. 简述国际信贷融资的风险。
3. 简述国际商业银行贷款的特点。
4. 简述国际债券融资的特征
5. 公募融资和私募融资有何区别?
6. 简述国际租赁融资模式的种类。
7. 项目融资有哪些特点?
8. 如何理解项目融资的复杂性?
9. 什么是 BOT 和 ABS 项目融资模式?
10. 设在澳大利亚的中澳合资企业,参照货币为澳元。该公司需要筹借 2 500 万澳元,为期一年。它可以按 8% 的利率借澳元贷款,也可以按 13% 的利率借美元贷款。公司对一年后汇率的预测见下表,假定没有远期外汇市场,公司应该选择哪种贷款方案?盈亏平衡点汇率是否变化?如果结论与把美元当成本币时的结论不同,请解释原因。

汇率(AUD$/$)	概率	汇率(AUD$/$)	概率
0.35	0.2	0.454	0.3
0.40	0.4	0.50	0.1

第 8 章 对外直接投资和跨国并购

8.1 国际直接投资概述

8.1.1 对外直接投资的定义及资金来源

1. 对外直接投资的内涵

对外直接投资(foreign direct investment, FDI)是指一国投资者为取得国外企业经营管理上的控制权而输出资本、技术、管理技能以及其他有形资产或无形资产的经济行为。与之对应的是对外间接投资(foreign indirect investment, FII),也称证券投资,指一国投资者购买其他国家企业和政府机构发行的股票、债券或其他金融资产的经济行为。对外直接投资与对外间接投资的区别见表 8.1。

表 8.1 对外直接投资与对外间接投资的区别

区别	对外直接投资	对外间接投资
包括内容	货币资本、技术、设备、管理技能和企业家声誉	货币资本
所有权	不涉及资产的所有权变更	资产所有权可交易
目的	获得对外投资企业经营管理的控制权	获取金融资产权益资产
负债表位置	属于厂房设备或其他有形资产、无形资产投资	属于企业持有的有价证券项目

实践中,跨国公司的对外投资中既包括对外直接投资也包括对外间接投资。例如,美国杜邦公司拥有大量的金融资产,包括其他国家企业的股票,同时又直接参与许多国外子公司的管理。显然,如果一国企业通过在证券市场上收购其他国家企业的股票获得对这些企业的部分或全部所有权,但是却不参与管理和经营决策,这种投资只能算对外间接投资。投资者对国外企业的控制权是对外直接投资的最重要标志,而控制权的大小则取决于国外企业的所有权。

对外直接投资流量表示现有对外直接投资的增量。在 2008—2014 年这七年中,平均每年的世界对外直接投资流量大约有 14 484.6 亿美元。发达国家是对外直接投资的主要流出国,主要发展中国家是对外直接投资的主要流入国。2008 年世界经济危机以来,各国对外直接投资额显著下降,英美等国家对外直接投资下降较大。值得注意的是,受金融危机影响,2009 年中国对外直接投资流入量下降,但是中国的对外直接投资流出量却并未受到影响,持续增长,尽管数额并不是很大。具体数据见表 8.2。

表 8.2　对外直接投资流入量(流出量)　　　　　　　　单位:10 亿美元

国家	对外直接投资流入量(流出量)							
	2008 年	2009 年	2010 年	2011 年	2012 年	2013 年	2014 年	年平均额
澳大利亚	47.0 (33.6)	26.7 (16.2)	35.2 (27.3)	65.3 (14.3)	57.0 (16.1)	54.24 (−3.06)	51.85 (−0.35)	48.18 (14.87)
美国	306.4 (308.3)	143.6 (267.0)	197.9 (304.4)	226.9 (396.7)	167.6 (328.9)	230.77 (328.34)	92.4 (336.94)	195.08 (321.03)
加拿大	61.6 (79.3)	22.7 (39.6)	29.1 (34.7)	41.4 (49.8)	45.4 (53.9)	70.57 (50.5)	53.86 (52.6)	46.38 (51.49)
日本	24.4 (128.0)	11.9 (74.7)	−1.3 (56.3)	−1.8 (107.6)	1.7 (122.6)	2.3 (135.75)	2.09 (113.63)	5.64 (105.51)
中国	108.3 (55.9)	95.0 (56.5)	114.7 (68.8)	124.0 (74.5)	121.1 (84.2)	123.9 (101)	128.5 (116)	116.5 (80.07)
意大利	−10.8 (67.0)	20.0 (21.3)	9.2 (32.7)	34.3 (53.6)	9.6 (30.4)	25 (30.76)	11.45 (23.45)	14.11 (37.03)
印度	47.1 (21.1)	35.7 (16.0)	21.1 (15.9)	36.2 (12.5)	25.5 (8.6)	28.2 (1.68)	34.42 (9.85)	32.42 (12.23)
德国	8.1 (72.8)	22.5 (69.6)	57.4 (121.5)	48.9 (52.2)	6.6 (66.9)	18.19 (30.11)	1.83 (112.23)	23.36 (75.05)
法国	64.2 (155.0)	24.2 (107.1)	33.6 (64.6)	38.5 (59.6)	25.1 (37.2)	42.89 (25)	15.19 (42.87)	34.81 (70.20)
英国	89.0 (183.2)	76.3 (39.3)	50.1 (39.5)	51.1 (106.7)	62.4 (71.4)	47.68 (−14.97)	72.24 (−59.63)	64.12 (52.21)
世界	1 816.4 (2 005.3)	1 216.5 (1 149.8)	1 408.5 (1 504.9)	1 651.5 (1 678.0)	1 350.9 (1 390.9)	1 467.15 (1 305.86)	1 228.28 (1 354.34)	1 448.46 (1 484.16)

注:表中中国数据仅为中国大陆 FDI 流量,不包括港澳台地区。
资料来源:UNCTADSTAT

2. 对外直接投资的资金来源

一般而言,跨国公司进行对外直接投资,所需的资金来源主要有以下几种。

(1) 跨国公司的内部资金。包括母公司通过参股形式向国外子公司注入资本,从其他国外子公司调集的资金以及国外子公司盈利的再投资。

(2) 在母国筹集的资金。包括跨国公司的母公司从母国银行或其他金融机构获取的贷款,在母国证券市场上发行债券,从母国政府或其他组织获取的贸易信贷及各种专项资金。

(3) 在东道国当地筹集的资金。包括以母公司名义从东道国金融机构贷款,在东道国证券市场发行债券。

(4) 国际资金来源。包括以母公司名义在第三国筹集资金,向国际金融机构申请贷款,在国际主要资本市场发行债券。

8.1.2　对外直接投资的动因及条件

企业为什么要进行对外直接投资呢? 回答这个问题就涉及企业进行跨国经营的动

因。传统上,这些动因包括获取生产资源、开拓新市场的需要、提高效率以及逃避母国政府管制等,总的来说,跨国公司对外直接投资的动机源于企业为了自身的利益和发展而进行的对外扩张。

1. 对外直接投资的动因

企业对外直接投资的原因很多,主要包括以下类型。

(1) 追求高额利润型投资动机

追求高额利润,或以追求利润最大化为目标,这是对外直接投资最根本的决定性动机。追求高额利润是资本的天然属性,在国外投资比在国内投资更有利可图时,资本必然流向国外。美国跨国公司对外直接投资,特别是在发展中国家的直接投资所获利润要远远高于在国内投资的利润。

(2) 资源导向型投资动机

以比母国更低的成本在国外获取生产资源,是企业进行对外直接投资的最初动因之一,目的是保证原材料供应,并增强企业在现有市场中的竞争优势,从而获得更多利润。企业期望在国外获取的生产资源大体上分为三类:寻求自然资源;寻求人力资源;寻求技术和管理技能。

自然资源导向型投资,企业对外直接投资是以取得自然资源为目的,如开发和利用国外石油、矿产品以及林业、水产等资源。这类投资的企业一般来自发达国家或者资源贫乏的发展中国家。

以获取廉价劳动力资源为目的的跨国公司,基本是劳动力成本较高的发达国家企业。这类企业在劳动力成本低的发展中国家或新兴工业化国家投资,建立劳动密集型生产基地,生产的中间产品或最终产品出口到母国或其他国家。东道国通常设有自由贸易区或免税区,以吸引这类投资。例如,美国耐克公司于20世纪60年代在日本投资生产运动鞋,到70年代日本工人工资大幅度提高之后,该公司把生产向韩国和中国台湾地区转移,到了80年代,韩国和中国台湾地区的劳动力成本失去了竞争力,该公司又转向中国大陆投资建厂。只要东道国经济发展较快,这种以廉价劳动力为目的的对外直接投资,是不可能长期在一国维持下去的。

以获取技术和管理技能为目的的跨国公司,主要是发展中国家或新兴工业化国家的企业,直接投资主要流向美国和欧洲经济发达国家的高新技术产业。例如,韩国、印度和中国台湾地区的一些企业通过合作联盟的形式在经济发达的国家设立分公司,提高自己的技术能力和管理水平。

(3) 市场导向型投资动机

这类投资可分为以下四种情况。

①开辟新市场。企业通过对外直接投资在过去没有出口市场的东道国占有一定的市场。在东道国设立生产性子公司,为当地市场或邻近国家市场提供产品或服务。多数情况下,企业通过出口的形式将产品打入东道国市场,只是因为东道国关税或者运输成本提高,企业才放弃出口转向当地生产。②在东道国投资建厂。更好地了解当地消费者的喜好、商业惯例和市场需求变化,对产品进行必要的改变,使之更适应当地市场需求,还有助于跨国公司在当地建立广泛的商业联系,在与当地企业的竞争中处于更有利的地位。

③克服贸易限制和障碍。企业可通过向进口国或第三国直接投资,在进口国当地生产或在第三国生产再出口到进口国,以避开进口国的贸易限制和其他进口障碍。④跟随竞争者。跨国公司通过对外直接投资进入主要竞争对手所在的国外市场,是其全球性生产和营销战略的一项重要内容。随着一些产业发展成国际性或全球性产业,产业中的寡头垄断企业趋于在世界上所有主要区域市场中竞争。例如,快餐行业中的肯德基和麦当劳,饮料行业中的可口可乐和百事可乐,汽车行业中的美国通用汽车、德国大众汽车、日本丰田汽车等。这种战略目的的对外直接投资分为主动和被动两种类型。主动投资者制定全球发展战略,积极向具有较大增长潜力的市场扩张。被动投资者则采取跟进策略,即主要竞争对手进入一国市场,他们也跟着进入该国市场。

(4) 效率导向型投资动机

企业进行对外直接投资的目的在于降低成本,提高生产效率。通过对外直接投资方式在国外设厂生产,以降低生产成本以及运输成本等,提高生产效率;同时,当企业发展受到国内市场容量的限制而难以达到规模经济效益时,企业通过对外直接投资,将其相对闲置的生产力转移到国外,提高生产效率,实现规模经济效益。

(5) 分散风险型投资动机

对外直接投资过程中,企业面临种种风险,主要有经济风险(如汇率风险、利率风险、通货膨胀等)和政治风险(如政治动荡风险、国有化风险、政策变动风险等)。对于政治风险,企业通常采用谨慎的方式对待,尽可能避免在政治风险大的国家投资;对于经济风险,企业主要采用多样化投资方式来分散或减少风险,通过对外直接投资在世界各地建立子公司,将投资分散于不同的国家和产业,以便安全稳妥地获得较高的利润。

(6) 技术导向型投资动机

企业通过对外直接投资来获取东道国的先进技术和管理经验,通常集中投资在发达国家和地区的资本技术密集型产业。20世纪90年代以来,这种趋势更为突出,国际直接投资的80%左右集中在"大三角"国家之间,欧共体和日本不断扩大对美国的直接投资,而美国也在不断增加在欧共体和日本的直接投资,出现这种情况的一个重要原因就是各国为了获得对方的先进技术。

(7) 其他动机

其他动机包括:①追求优惠政策型投资动机。这类投资一般集中在发展中国家和地区。企业被发展中国家东道国政府的优惠政策所吸引而进行直接投资,减少投资风险,降低投资成本,获得高额利润。②环境污染转移型投资动机。转移环境污染是一些国家的跨国公司进行对外直接投资的重要动机之一。一些发达国家迫于日益严重的环境污染问题,严格限制企业在国内从事易造成污染的产品生产,从而促使企业通过对外直接投资,将污染产业向国外转移,尤其是在制造业对外直接投资中,化工产品、石油和煤炭产品、冶金、纸浆造纸这四大高污染行业所占比重是相当高的。③全球战略性投资动机。全球战略是跨国公司的对外直接投资发展到全球化阶段的一种投资动机。跨国公司在进行对外直接投资决策时,所考虑的并不是某一子公司在某一时期或某一地区的盈亏得失,它所关心的是跨国公司长期的、全局的最大的利益,将其所属各机构、各部门看作一个整体,有时不惜牺牲某地区某部门的局部利益,以保证全球战略目标和整体利益的实现。

对外直接投资的各种投资动机可以单独存在，也可以同时并存，其中追求高额利润型投资动机是最基本的投资动机，而其他各种类型的投资动机都是它的派生形式。总的来说，跨国公司作为对外直接投资者，关注的是如何把可用的资源配置到不同的经济体中而获得总体利益，除了因资金使用而获得的利息收益之外，直接投资者往往还可以获得管理费及其他各种收入，而这些额外的收益往往与企业的长期经营相联系。

国际金融公司和联合国的经济学家对国际直接投资的决定因素进行了一些实证研究，发现：第一，跨国公司在寻找投资场所时，比较注重生产成本的分析，并非仅仅注重普通劳动力的成本。在许多行业中，直接劳动成本只占生产成本的10%～15%，有些行业的比例甚至更低。相比之下，由于工业化国家中技术工人、白领工人和管理人员的成本迅速上升，跨国公司在对外直接投资中，特别关注东道国中熟练技术工人和高素质管理人才的供给状况。第二，东道国的市场规模是吸引跨国公司进行直接投资的重要因素。市场规模较大，意味着跨国投资可以扩大自己的产品销售市场，同时，又可以获得更为分散的原材料供给来源。第三，国际直接投资中，"跟风行为"也起到很大的作用。另外，随着更多的企业投资于某一东道国，关联产业也会紧随其后进行直接投资。此外，东道国基础设施的质量及工业化程度等都是跨国公司进行国际直接投资的决定因素。吸引国际直接投资的主要是东道国一些长期结构性因素，这与跨国公司的长期利益相一致。

2. 对外直接投资的前提条件

跨国公司进行对外直接投资只有动因是不够的，还需要具备一些前提条件。

（1）跨国公司要具备能够与东道国当地的竞争对手抗衡的竞争优势。进入东道国市场，跨国公司置身于相对陌生的经营环境，相对于竞争对手具有很多劣势。例如，东道国文化、产业结构、法规、政府政策不熟悉，存在语言障碍，没有与客户、供货商以及各种有关社会组织和机构建立良好业务关系。跨国公司的优势主要表现在资本、技术、专业知识、管理技能、市场营销技巧及生产、广告或新产品研制达到规模经济等方面。

（2）跨国公司必须具备能够有效协调国外子公司生产经营活动的组织能力。显然，一个企业拥有专业知识、技术或者规模经济优势，并不能保证对外直接投资成功。企业可以通过出售技术许可证或出口商品来利用这些优势。如果通过对外直接投资发挥这些优势的作用，则必须建立有效的组织系统作为保证。

（3）东道国能够提供一些有利条件，吸引跨国公司的直接投资。例如，发展中国家政府为了吸引国外直接投资，制定优惠政策，改善投资环境，建立保税区和经济特区等。

8.1.3 对外直接投资的类型

由于不同类型的FDI的成因有着一些差异，将FDI分为水平对外直接投资和垂直对外直接两种类型，分别讨论其形成原因。

1. 水平对外直接投资

水平对外直接投资，是指企业在海外国家生产与其在本国同样的产品或提供同样的服务。如图8.1所示。

专栏8-1描述海尔集团的对外投资过程，可以看出，运输成本是促进海尔公司进行水

图 8.1 水平对外直接投资

平跨国投资的主要原因,具体影响水平对外投资的主要因素有以下几种。

(1) 运输成本的存在

对于质量很大、低单位价格的产品,如果运输距离比较远,运输费用比较高的话,采取直接出口的方式是不合适的。例如,大体积家用电器、家具、水泥、快速消费品(饮料)等。

(2) 市场存在缺陷

完善的市场的特征是商品能够自由地流动。因此,所谓市场不完善包含两种情况:一是商品的流动存在很多限制;二是企业真正值钱的东西很难定价,因而不能通过市场机制来买卖。如果企业不能通过出售的方式获得应得的回报,那么,通过 FDI 则成为可行的选择。而且,进口国的政府可能通过配额、高关税、行政手段等方式来限制进口,从而使企业向别的国家出口产品的成本越来越高,在这一条件下,企业往往会直接在该国设厂,从而绕过贸易壁垒。

专栏 8-1

海尔集团的水平对外投资

海尔是中国最大、世界第五大家电制造商。从 20 世纪 90 年代初以来,海尔启动了"走出去"的计划。尽管海尔在国内有 250 条产品线,它在 1994 年刚进入美国市场时,却通过选择一个非常狭窄的细分市场——小容量电冰箱(180 公升以内)来避免和市场领先者,如通用和沃普正面交锋,这种冰箱主要用于旅馆和大学宿舍。由于该市场过于边缘化且利润率太低,许多家电商都已将其放弃。海尔却凭其成功地渗透到了美国最大的 10 家零售链中的 9 家,包括沃尔玛和塔吉特。

海尔通过在印度、印尼和伊朗建厂而成为一个对外直接投资商。2000 年以来,海尔在美国南卡罗来纳州的卡姆登投资 3 000 多万美元建立了一家工厂。为什么一家可以在本国享受低劳动力成本优势的中国跨国企业,却要在工资水平很高的美国开设一家工厂?海尔的管理者指出,将电冰箱跨越太平洋运输到美国成本很高,而且需要 40 天时间,这些足以抵消在中国生产的优势。因此在靠近消费者的地方建厂并在产品商贴上"美国制造"的标签是明智之举,这是吸引美国消费者的重要纽带。这个工厂还能带来其他无形的利益。它体现了海尔公司对美国市场的一种投入,这会增加零售商销售这一品牌产品的信心。而且,从政治上讲,这一举措在中国产品被认为会减少美国就业而被批评的时刻也是明智的。

(3) 专有技术出售障碍

从企业资源的观点来看，为企业带来竞争优势的，是企业内部所谓的关键资源。有价值、难以模仿、难以替代是关键资源的三个基本特征。随着世界经济的发展，关键资源从过去的规模、设备等转向知识和技能。知识资产难以定价，而且一个企业的知识资产往往是深植于特定的组织环境当中的，很难将其单独地从企业当中分离出来。因而存在出售障碍。同时，知识资产的传递涉及一个安全的问题。一旦核心技能被复制，公司就会在竞争中处于劣势。

专栏8-2

专有技术的重要性

美国无线电公司（Radio Corporation of America, RCA），于1919年由美国联邦政府创建，1985年由美国通用电气公司并购，1988年转至汤姆逊麾下。历史上曾生产电视机、显像管、录放影机、音响及通信产品，分布全球45个国家，产品广销100多个国家。美国联邦政府的支持注定RCA在技术上的遥遥领先，凭着顶尖的技术成为全球无线电的泰斗；率先发明第一台黑白电视机，带领全球进入影像时代，成功地展示出1只全电子彩色电视显像管。在美国的电器商店，液晶等平板显示器几乎完全取代传统显像管和计算机显示器。1968年，公司技术人员海尔梅尔意识到，液晶显示器将是未来电视机的主流，然而，为了防止被竞争对手抢先，美国无线电公司立即将该研究列为秘密计划，固守自己的阵地沾沾自喜，对未来市场缺乏远见，不肯加大对液晶显示器研发的投资力度，从而失去一次利用重大创新去占领新市场的绝好机会。在20世纪60年代初期，RCA公司将其具有技术领先优势的彩电技术以许可证的方式出售给日本公司，认为这种方式既可能扩大其掌握专有技术的回报，又有可能避免FDI所导致的风险。松下和索尼很快吸收和消化RCA的技术，集中大量人力和财力研发液晶显示器新技术，导致今天日本和韩国等国家牢牢控制着390亿美元液晶显示器市场的局面，使RCA在彩电领域一败涂地。

此外，还有一些专有技术的例子。必胜客公司发现其在泰国专利使用权转让导致其产品诀窍泄露，并产生一个名为皮萨公司的直接竞争对手，近年来占领泰国70%左右的市场。1999年，星巴克通过将其经营模式许可给ESCO公司而进入韩国市场。但是，星巴克的管理者还是认为ESCO未能实现公司雄心勃勃的增长目标，最后，星巴克将专利使用权转让变为FDI，结果在短短4年的时间里，星巴克迅速扩张到75家店铺，并且保持着每年30%~40%的发展速度。

资料来源：网络资料整理

(4) 战略竞争行为

当一个行业由几个企业形成垄断的时候，这个行业中企业型竞争行为有很强的依赖性和模仿性，即当一个厂商采取某种行动的时候，会对其他的寡头厂商产生很大的影响，进而采取跟进策略。另外，当一个企业对外直接投资，另一个企业会担心这个企业一旦在另一个地区获得绝对优势，就会通过那里获得高额利润与自己进行竞争，因此，该企业也跟随同时进入这一地区阻止其获得绝对优势。

(5) 区位优势

从不同的企业看来,不同的地区具有不同的区位优势,而这种区位优势正是取决于企业自身的特点与当地的"禀赋"之间是否有一个互补关系。当这种互补关系存在时,外国企业就有可能直接投资于这个地区。

(6) 产业集群

相同行业或者是相关行业的企业在地理上紧密地集中,成为产业集群。例如,美国的硅谷及汽车生产商集聚地斯洛伐克。集群能够给很多企业提供所谓的"区位优势",在这样的一个集群当中,相关配套非常完备,相关的知识也比较充足,相关的需要也比较集中,从而吸引外来投资。

2. 垂直对外投资

与水平对外投资相对应的是垂直对外投资,垂直对外投资按照投资方向又分为前向对外投资和后向对外投资。如图 8.2 所示。

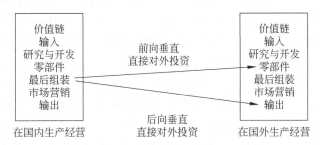

图 8.2 垂直对外直接投资

如图 8.2 所示,前向对外投资是指企业向自身在产业链位置的下游进行投资,例如,大众汽车到美国自建销售网络。后向对外投资是指企业向自身在产业链中位置的上游投资,如宝钢投资澳洲第三大铁矿业公司 FMG。

影响垂直对外直接投资的因素有以下几种。

(1) 战略目的。企业可以通过前向 FDI,控制相关的资源,从而实现更高的收益并建立竞争优势。例如,汽车制造行业可以通过控制上游的矿产,使别的汽车厂、制造公司不能获得相关资源。

(2) 市场缺陷。市场缺陷的重要根源在于商品的自由流动受到了限制,某些商品生产过程中需要专有技术,这些专有技术的转移障碍就会导致市场不完善。

(3) 专用性资产。专用性投资是为了特定的生产目标而发生的投资,这种投资一旦用于其他用途,其价值就会大大下降。在存在专用性投资的前提下,投机行为就会威胁到企业的投资价值,因此为了保障专用性投资的价值,企业可能会进行前向 FDI。

8.2 国际直接投资的风险与规避

企业在经营过程中不可避免地会面临风险,在进行国际投资过程中风险更是无处不在。因此,国际投资必须明确可能面临的风险,对风险进行评估,并采取应对措施,寻找降低风险的方法。具体包括政治风险、汇率风险和经营风险。汇率风险主要包括交易风险、会计风险和经济风险,前面第 6 章已经详细阐述,这里就不再赘述,仅仅介绍政治风险和特殊的经济风险——经营风险及其规避策略。

8.2.1 政治风险及其规避

1. 政治风险概述

政治风险是指由于政府行为而可能对跨国企业经营产生的潜在损失。其中,政府行为是指由于难以预料的力量所造成的政治变化。

政治风险有多种形式,可以是直接没收国外资产,也可以是影响国外项目获利能力的意外的税法变动。例如,1992 年休斯敦能源公司旗下的安然发展公司与印度政府签订合同,决定投资 29 亿美元建设印度史上最大的电力公司。当时电力的缺乏是制约印度经济发展的重要因素。但是,当安然已经投入 3 亿美元之后,这个项目被新选举上任的人民党取消。当地政府主张与安然公司重新商定该电力站的建设合同。如果安然公司接受协商,这意味着它需要接受一个相对较低的回报率,经过几个月的诉讼和协商,安然和当地政府达成新协议,安然将项目成本从 29 亿美元削减到 25 亿美元,降低电价,国家拥有该项目 30% 的份额。新协议使安然公司在该项目中承受了 5 亿美元的损失。从中可以看出,东道国合同有效执行力的欠缺是 FDI 政治风险的一个重要方面。政治风险并不容易测量,专家们一般从五个方面来衡量国家的政治风险:①东道国政府的政治体系;②政党的功绩及相对实力;③东道国经济与世界经济的融合程度;④东道国的宗教和民族稳定性;⑤东道国的主要经济指标。

跨国公司通过内部专家进行分析,但是常常使用外部专家来对不同国家的政治风险进行专业评估。《欧洲货币》每年都会根据政治风险、信用等级等因素来评估国家等级。2002 年《欧洲货币》指出瑞士、挪威、卢森堡和丹麦这些国家几乎不存在政治风险。相反,以色列、印度、墨西哥和巴西被评为存在较大政治风险的国家,阿根廷、印度尼西亚、俄罗斯等为政治风险最大的国家。表 8.3 为 2015 年 12 月《欧洲货币》给出的部分国家风险指数。

表 8.3 部分国家或地区风险指数

国家或地区	中国香港	法国	美国	加拿大	德国	英国	澳大利亚	新加坡	挪威
风险指数	82.18	78.34	83.99	88.37	85.04	82.53	85.59	87.94	92.36

资料来源:http://www.euromoneycountryrisk.com/。

政治风险的发生不局限于经济不发达国家曾经实行的国有化、没收和征收,它也发生在经济发达国家。目前政治风险主要包括以下五种风险。

(1)国有化风险

国有化风险是指东道国对外国资本实行国有化、征用或没收政策而给外国投资者造成的经济损失。国有化(aationalization)是东道国政府依据本国法律将原属于外国直接投资者所有的财产全部或部分采取征用或类似的措施,使其转移到本国政府手中的强制性行为;征用(expropriation)是东道国政府对某个行业中的个别外国企业实行接管;没收(con-fiscation)是在没有任何补偿条件下东道国政府占有外国企业全部资产。国有化风险主要发生在政治不稳定和政策易变的国家与地区。对于投资国来说,国有化风险直接关系到跨国公司海外投资的安全性和投资利益的保护;对于东道国来说,国有化风险关系到东道国对自然资源的主权;对于跨国公司来说,国有化风险直接关系到跨国公司对外直接投资的资金流向、发展趋势以及全球性战略的实施等重大问题;对于发展中国家来说,采取国有化措施是行使其对自然资源永久主权的必然结果,是民族独立和解放的一种重要手段。

跨国公司在对外直接投资中要保证投资的安全,必须对国有化风险进行有效防范,具体包括:①母国方面。建立跨国公司对外直接投资的保证制度,保护和鼓励本国的跨国公司进行对外直接投资;通过国内立法保证,如美国的《对外援助法》,日本的《输出保险法》等;母国与东道国建立保护投资的双边条约,通过参加多边条约和多边投资保险机构为对外直接投资提供国有化风险保证。跨国公司成为该公约或机构的成员之后,国有化风险在一定程度上就可以得到控制。②东道国方面。防范东道国的国有化风险对跨国公司和东道国双方都有好处。对于跨国公司来说,可以获得更多的机会向利润丰厚的发展中国家投资,占领更大的市场,推行全球性战略;而对于东道国来说,可以从大量的跨国公司的对外直接投资中,选择吸收高质量符合本国发展要求的投资,更好地利用和掌握外国资本中的先进技术,并且可以消除跨国公司和东道国之间的不信任感,有利于双方的友好合作,推动国际经济向前发展。③跨国公司方面。跨国公司在进行对外直接投资的前期阶段,主要是进行对外直接投资的可行性研究,对东道国的投资环境进行分析,尽可能避免风险,防患于未然。投资经营过程中最主要的是建立一套富有弹性的调整手段,在风险来临之际可以迅速地调整投资的主体、投资对象、投资方式或投资战略,将损失降低。此外投资企业应更多地承担社会责任,尊重当地文化、融入当地社会、引领当地的经济发展。海外投资企业要注重与当地政府和社区建立并保持建设性、广泛性和经常性的接触交流,要树立良好的社会责任感、不带任何条件地回馈当地社区,同时,积极地承担社会责任能为其境外投资带来更多便利和效益。

(2) 战争风险

战争风险是指东道国国内由于政府领导层变动、社会各阶层利益冲突、民族纠纷、宗教矛盾等情况,使东道国境内发生战争而给外国投资者造成的经济损失。在一些国家,政府领导层的变动、国内各派尖锐争斗、各阶层集团不同的利益要求、不同民族间的矛盾纠纷、复杂的宗教派别冲突等都有可能引起局势动荡,甚至造成动乱和内战,从而严重影响国际投资者的经济利益。

(3) 政策变动风险

政策变动风险是指由于东道国有意或无意变更政策而可能给外国投资者造成的经济损失。投资者进行对外投资活动必须遵循东道国的各项经济政策。东道国的土地、税收、市场、产业规划等方面具体政策的变化将影响投资者的决策。如土地政策中涉及土地的购买、拥有使用权的长短、土地税的内容等,这些均会影响投资者的利益。税收政策中计税基数、税率和征税方法关系到投资者的收益。东道国市场的开放程度以及在投资区域和行业等方面实行的限制或鼓励政策也是投资者所关注的问题。

(4) 转移风险

转移风险是指在跨国经济往来中所获得的经济收益,由于受东道国政府的外汇管制政策或歧视行为而无法汇回投资国而可能给外国投资者造成的经济损失。如外国投资者在进行投资活动中所得的经营收入,包括正常营业收入、出售专利和商标收入、股权转让收入等,一般应转移回投资国,但这与东道国引进外资的目的有一定的矛盾,这样有的东道国对跨国企业的收入在政策上规定一个在东道国再投资的比例。这个比例的变化则被看作对外投资的一种风险。

(5) 政府违约风险

政府违约风险是指东道国政府非法解除与投资项目相关的协议,或者非法违反或不履行与投资者签订的合同而给外国投资者造成的经济损失。亚洲金融危机期间,印度尼西亚政府取消了十几个外商电站项目的特许权协议,投资者损失惨重。

2. 政治风险的防范

采取有效措施防范和规避政治风险,最大限度地降低损失,这对国际投资者来说尤为重要。投资前期,跨国公司应该预测到可能遇到的政治风险,并采取积极措施将风险降低,可以采取以下措施来规避风险。

(1) 办理海外投资保险

在许多工业化国家,如美国、英国、日本、德国、法国等,都设有专门的官方机构对私人的海外投资提供政治风险的保险,如美国海外私人投资公司(OPIC)、英国的出口信贷保证部(ECGD)、日本通商产业省的海外投资保险班等。海外投资保险承保的政治风险包括国有化风险、战争风险和转移风险三类。一般做法是:投资者向保险机构提出保险申请,保险机构经调查认可后接受申请并与之签订保险单。投资者有义务不断报告其投资的变更情况、损失发生状况,且每年定期支付费用。当风险发生并给投资者造成经济损失后,保险机构按合同支付保险赔偿金。

(2) 与东道国政府进行谈判

投资者在投资前要与东道国政府谈判,并达成协议,以尽量减少政治风险发生的可能性。这类协议要明确:①子公司可以自由地将股息、红利、专利权费等汇回母国。②公司缴纳所得税和财产税参照的法律和法规。③发生争议时采用的仲裁法和仲裁地点等。

(3) 防范东道国腐败行为

腐败行为是跨国公司和投资者可能面临的一种典型的政治风险,比如政府官员滥用公权牟取私利。为了能顺利地签订合同和完成其他行政程序,投资者可能会遇到政客和政府官员的索贿。如果公司拒绝支付好处费,它们就可能失去很多商业机会,或是面对来自官方的种种阻力。相反,如果公司贿赂官员,它们又将触犯法律,如果贿赂被揭发并被媒体曝光,那么公司的处境将更为尴尬。世界上任何地方都有腐败行为,在很多处于经济发展过渡期的国家尤为严重,因为这些国家的政府部门庞大,民主力量薄弱,而且舆论受到压制。《反海外贿赂法》从法律上禁止了美国公司向国外官员行贿。1997年,经济合作与发展组织也通过了一个决议,将公司向国外官员的行贿行为定为犯罪。因此,对大多数发达国家的公司来说,无论从道德上还是法律上讲,行贿都是错误的。为了解决这个问题,公司有必要雇用一些熟悉当地经营环境的员工,加强地方对公司的支持,并提高保安措施。

(4) 正确安排各方面的利益

为避免政治风险可采取以下措施:①设法将子公司的原料、零部件供应、生产技术和销售与母公司及其他子公司连在一起,形成无法避免的依赖性。例如,美国一家汽车公司紧紧地控制着秘鲁子公司的零部件供应商,只把一半的汽车零部件放在秘鲁子公司生产,其余一半,如发动机、变速器等大部分零件放在其他国家的子公司生产,并将一些特有技术集中在母公司,秘鲁子公司生产的零部件销售给母公司和其他子公司,使该子公司依赖母公司的技术、零部件供应和销售渠道,东道国政府往往不愿意没收一个对外国依赖性很大的公司,这样,就可以降低被没收或国有化的风险。②公司设法在国际上寻找利益相关者,主要是利用筹资的机会把风险分散到东道国,其他第三、第四国和国际金融机构,当发生风险时,公司既不会蒙受过多的损失,还可得到国际性保护。比如,让国际金融公司(IFC)、国际开发协会(IDA)、亚洲开发银行(ADB)、泛美开发银行(IADB)和非洲开发银行(AFDB)等机构投资入股或提供债权资金,显然,东道国政府在征收与世界银行存在财务利益的项目时会三思而后行。此外,跨国公司还可以通过在东道国市场进行融资或向当地投资者出售一部分股权来降低政治风险。尽管在东道国融资的成本较高,但东道国政府要对公司进行经营限制或实行歧视性政策时,会考虑东道国本身金融机构或投资者的利益,进而谨慎行动。

8.2.2 经营风险及其防范

1. 经营风险概述

经营风险是指企业在进行跨国经营时市场条件和生产技术等条件的变化而给企业可能带来损失的风险,是汇率风险中经济风险的一种特殊形式。经营风险一般由下列风险组成。

(1) 价格风险

价格风险是指由于国际市场上行情变动引起的价格波动,而使企业蒙受损失的可能性。因为引起价格变动的因素很多,所以价格风险是经常性和普遍性的。

(2) 销售风险

销售风险是指由于产品销售发生困难而给企业带来的风险。销售风险产生的原因主要有:市场预测失误,预测量与实际需求量差距过大;生产的产品品种、式样、质量无法满足消费者需要;产品价格不合理或竞争对手低价倾销;广告宣传不好,影响购销双方的信息沟通;销售渠道不适应或不通畅,从而影响产品销售。

(3) 财务风险

财务风险是指整个企业经营中遇到入不敷出、现金周转不灵、债台高筑而不能按期偿还的风险。

(4) 人事风险

人事风险是指企业在员工招聘、经理任命过程中存在的风险。它产生的原因有:任人唯亲,排挤贤良;提拔过头,难以胜任;环境变化,原有工作人员不能胜任。

(5) 技术风险

技术风险是指开发新技术的高昂费用,新技术与企业原有技术的相容性及新技术的实用性如何都可能给企业带来一定的风险。

2. 经营风险的防范

经营风险的防范包括风险规避、风险抑制、风险自留和风险转移。

(1) 风险规避

风险规避是指事先预料风险产生的可能性程度,判断导致其产生的条件和因素,在国际投资活动中尽可能地避免它或改变投资的流向。风险规避是控制风险最彻底的方法,采取有效的风险规避措施可以完全消除某一特定风险,而其他控制风险手段仅在于通过减少风险概率和损失程度,来削减风险的潜在影响力。风险规避牵涉到放弃某种投资机会,从而相应失去与该投资相联系的利益,因此,风险规避手段的实际运用要受到一定的限制。常见的规避风险的方式有四种。

① 改变生产流程或产品。如开发某项新产品,若花费的成本很高且成功的把握性较小,则可通过放弃新产品的研制或购买该产品技术专利来规避风险。

② 改变生产经营地点。如将企业由一国转移到另一国,或由一国内某一地区转移到另一地区,以规避地理位置缺陷的风险。

③ 放弃对风险较大项目的投资。

④ 闭关自守。坚持生产经营自成体系,不受任何国家政治、经济因素的干扰。

(2) 风险抑制

风险抑制是指采取某种措施减少风险实现的概率及经济损失的程度。风险抑制不同于风险规避。风险抑制是国际投资者在分析风险基础上,力图维持原有决策,减少风险所造成的损失而采取的积极措施;而风险规避虽可以完全消除风险,但企业要终止拟订的投资活动,放弃可能获得收益。风险抑制的措施包括:投资决策时做好灵敏度分析;开发新产品系列前做好充分的市场调查和预测;通过设备预防检修制度,减少设备事故所造成的生产中断;搞好安全教育,执行操作规程和提供各种安全设施,减少安全事故。

(3) 风险自留

风险自留是指投资者对一些无法避免和转移的风险采取现实的态度,在不影响投资根本利益的前提下自行承担下来。风险自留是一种积极的风险控制手段。它会使投资者为承担风险损失而事先做好种种准备,修正自己的行为方式,努力将风险损失降到最小程度。投资者自身承受风险能力取决于它的经济实力。经济实力雄厚的大企业,可以承担几十万或上百万美元的意外损失,经济实力薄弱的小企业,则难以自己承担较大风险损失。企业采用自我保险的方式将风险自留,要定期提取一笔资金作为专项基金,以供将来发生意外灾害或事故时抵偿损失之用。

(4) 风险转移

风险转移是指风险的承担者通过若干经济和技术手段将风险转移给他人承担。风险转移可分为保险转移或非保险转移两种。保险转移是指投资者向保险公司投保,以缴纳保险费为代价,将风险转移给保险公司承担。在承保风险发生后,其损失由保险公司按合同进行补偿。非保险转移则是投资者不是向保险公司投保而是利用其他途径将风险转移给别人,如签订合同或保证书等。例如,某承包者如果担心承包工程中基建项目所需的劳动力和原材料成本可能会提高,他可以通过招标分包商承包基建项目,以转移这部分的风险。又如,在风险较大的国家投资时,投资者应该要求当地信誉较高的银行、公司或政府为之担保,一旦损失发生,可以从担保者那里获得一定的补偿。

8.3 跨国并购

跨国公司(multinational corporation,MNC)通过对外直接投资进入东道国有两种基本的形式:一是绿地投资(greenfield investment),即在东道国创建一个全新的企业;二是收购或跨国并购(cross-border mergers and acquisitions)。创建新企业会促进东道国生产能力和就业水平的提高,而跨国并购只是改变东道国已有企业的所有者。早期跨国公司海外拓展业务主要是绿地投资。近年来,以跨国并购形式产生的 FDI 份额逐渐上升,超过 FDI 总额的 50%。《2012 年世界投资报告》显示:2011 年跨国并购上涨 53%,达 5 260 亿美元。自金融危机以来,绿地投资额已连续两年下跌,全球对外直接投资流量增长大部分由跨国并购带动。表 8.4 列出 2009—2014 年部分跨国并购。通过并购交易,公司可以从另一公司购买特别资产或是在更大的范围内使用它们的自有资产,以便维持它们在世界市场竞争的地位。

表 8.4　2009—2014 年部分跨国并购

年份	并购方			被并购方			交易额(亿美元)
	公司	国家	行业	公司	国家	行业	
2009	中石化	中国	石化	Addax	瑞士	石化	72.4
2010	吉利	中国	汽车制造	沃尔沃	瑞典	汽车制造	18
2010	江森自控	美国	汽车零部件	Delkor	韩国	车用电池制造	0.9
2010	Ruia 集团	印度	汽车零部件	Gumasol-Werke	德国	汽车零部件	0.3
2011	中金岭南	中国	能源	全球星矿业公司	加拿大	能源	183
2011	默克集团	德国	医药	清大天一科技	中国	医药	—
2012	三一重工	中国	工程机械	普茨迈斯特	德国	混凝土机械制造	4.2
2012	雀巢	瑞士	食品制造	辉瑞营养品	美国	食品制造	118.5
2012	法国天然气	法国	能源	英国国际电力	英国	能源	110
2012	万达	中国	影视	AMC 影院公司	美国	影视	26
2012	软银	日本	通信	斯普林特	美国	通信	201
2012	中国财团	中国	投资	国际飞机租赁公司	美国	航空	52.8
2012	中海油	中国	石化	尼克森	加拿大	石化	151

续表

年份	并购方			被并购方			交易额（亿美元）
	公司	国家	行业	公司	国家	行业	
2013	中石油	中国	石化	埃尼东非天然气区块权益	意大利	石化	42
2013	国家电网	中国	能源	澳大利亚能源企业	澳大利亚	能源	60
2013	威瑞森电信	美国	网络/通信	沃达丰无线业务	英国	网络/通信	1 300
2013	嘉能可国际	瑞士	IT制造业	斯特拉塔	英国	矿业	350
2013	软银	日本	网络/通信	Sprint Nextel	美国	网络/通信	216
2013	Loblaw Cos Ltd	加拿大	零售	启康药房	加拿大	健康/医疗	119
2014	复星国际	中国	其他	ESS	美国	生物技术/医疗健康	5.81
2014	欣旺达	中国	电子及光电设备	PowerWise	美国	电子及光电设备	0.03
2014	惠而浦集团	美国	机械制造	荣事达	中国	机械制造	5.54

8.3.1 跨国并购考虑的因素

当跨国公司评估一个外国公司所能带来的未来现金流量时，它会考虑企业本身的影响因素以及其所在国的影响因素。

1. 企业具体因素

（1）目标公司以前的现金流量

由于外国目标公司处于持续经营中，存在有关过去现金流信息。在考虑了其他因素后，其最近的每期现金流可以被用来作为未来每期现金流的初始基数。因为目标公司已经在经营中，所以估计其现金流比估计一个新的国外子公司的现金流容易得多。公司以前的现金流并不能作为未来现金流的精确估计数，特别是当国外公司的现金流还需要被转换成本国货币汇回本国时。因此，跨国公司需要仔细考虑影响国外目标公司现金流的所有因素。

（2）目标公司管理层的能力

收购公司必须评估目标公司现有的管理以便决定并购后如何进行管理。收购方应对管理层能力的方式将影响目标公司未来的现金流量。收购方还可以在并购后缩小目标公司的规模。比如，收购公司引进先进技术到目标公司，就可以减少员工数目，以此来缩减公司规模。缩减规模减少了费用，也可能减少生产能力和收入，因此现金流将随着情况的不同而有所变化。另外，跨国公司可能在缩减规模、提高效率上遭遇严重的阻碍，国家政府可能会干预和阻止此类缩减规模的并购。

跨国公司可以采取的第三种方法是保存现有的员工规模，并且提高员工的效率。比如，引入自身的先进技术对企业业务流程重组，重新分配员工的任务。这可能会增加收购方的费用,但是会提高公司的长期现金流。

2. 国家具体因素

(1) 目标公司的当地经济环境

潜在目标公司所在国的经济环境较好时,其产品在未来会有较高需求并产生较高的现金流。然而,有些企业会比其他企业对经济环境更加敏感。另外,有些并购公司打算立足于从被购企业所在国进行出口,这样的话,当地的经济环境对这些企业的影响就不那么重要。经济条件从长期来讲是难以预计的,尤其是对新兴国家来说。

(2) 目标公司的当地政治环境

潜在目标公司所在国的政治环境较好时,其现金流不易遭受来自政治方面的负面影响。企业现金流受政治因素影响的敏感度是由企业类型决定的。长期来讲,政治环境也是难以预测的,尤其对新兴国家来说。如果一个跨国公司计划通过裁员来提高效率,它在决定并购前必须首先确保这样做是被政府允许的。有些国家有保护员工不被裁员的政策,这会导致许多公司的低效率。如果不允许裁员,跨国公司可能就不能提高效率。

(3) 目标公司的行业环境

一些国家的行业环境使一些目标公司更有价值。一个国家中的一些行业会特别有竞争力而另一些行业则不然。另外,有些国家会禁止一些行业的过度增长,而在另外的国家则很少禁止。当跨国公司评估不同国家的目标公司时,它会选择行业增长潜力大且竞争不那么激烈的国家。

(4) 目标公司的货币环境

如果美国的跨国公司想并购一个外国目标公司,它必须考虑未来的汇率变动会如何影响目标公司的货币现金流,也要考虑货币在转换为母国货币时汇率的影响。典型的例子是,在购并时跨国公司希望目标公司所在国的货币较疲软(初始支出会较少),而将来货币汇回本国时货币较坚挺。当然也有例外情况,但重点是跨国公司需要预测未来汇率并且预测汇率变动对未来现金流的影响。

(5) 目标公司当地股市环境

上市的潜在目标公司在市场中一直都是有价值的,所以股价也在不断变动。当目标公司股价变动时,其可以接受的收购价格也在变化。因此,目标公司的被收购价格也在摇摆不定中。特别是在亚洲、东欧和拉美新兴市场中的公开交易公司,这些市场中的股价每周变动可达5%以上。因此,跨国公司的并购应当选择股市价格相对较低时进行。

(6) 目标公司的税负

当跨国公司评估一个外国公司时,它必须考虑到税后能汇回本国的现金流数量。因此,必须考虑到目标公司的税负情况:第一,企业所得税被用来计算企业税后所得;第二,税后所得扣除代扣所得税后决定汇回本国资金的数量;第三,如果目标公司所在国对汇回收益进行征税,该税率必须被考虑在内。

8.3.2 跨国并购的利与弊

近年来,相比较绿地投资来说,并购这种投资方式更受欢迎。这些公司希望通过剥离那些脱离其核心竞争力的资产,并购买那些能提高它们核心竞争力的重要资产,来保护、巩固和提高其全球竞争地位。但是,跨国并购也不是十全十美,也存在一些缺点,限制其发展。

1. 跨国并购的优势

跨国并购具有以下优势。

(1) 进入市场快。跨国并购是跨国公司进入东道国市场的快捷方法,它可以省掉建厂时间,利用被并购企业的社会影响和各种关系尽快打开局面,发展企业。如果被并购企业在当地市场已建立了良好商誉、广泛的客户关系和完善的产品销售渠道,跨国公司就能够有效回避初入市场的困难,很快占有相应的市场份额。即使需要对被并购企业的生产过程或设备进行改造,所需时间也比新建企业短得多。

(2) 获取市场上不易得到的生产资源。被购并企业中的管理人员、技术人员,以及他们在长期管理实践中积累起来的技术、管理技能、业务联系、市场知识等资源,很难在市场上获得。一些跨国并购活动目标就是获得东道国企业中的技术、产品开发能力和管理人才。而且,如果被并购企业的管理制度和组织系统健全,跨国公司就不必另建立一套管理和组织系统,这样可以更快、更好地适应当地环境,减轻因跨文化冲突造成的管理上的压力。

(3) 降低经营风险。跨国并购除了用现金直接购买目标企业的资产外,还可以通过证券交易的形式实现。因此,在股市低落时期,以较低成本收购目标企业的股票。当目标企业因经营不善而陷入困境、缺乏讨价能力时,跨国公司就可以压低并购价格。跨国并购往往比创建新企业需要较少投资。而且,跨国并购以目标企业的各种有利条件为基础,预期经营结果的不确定性相对较小,较容易获得资金融通。

2. 跨国并购的局限性

跨国并购有以下局限性。

(1) 受到东道国政府及社会的限制。一般来说,东道国政府更希望外商创建新企业,以便提高国内的生产和就业水平。而且,他们担心外商并购当地企业不利于本国民族工业的发展,甚至会控制经济命脉。因此,跨国并购往往会受到东道国,尤其是发展中国家政府的限制。例如,被并购企业中的原有员工不能随意解聘;而新建企业中的员工则可以根据需要招聘,不存在剩余人员的安置问题。

(2) 较难缩小文化差距。被并购企业长期形成的企业文化通常与跨国公司的文化不一致。企业文化影响着员工的工作态度、价值取向、经营思想、管理方法,甚至人际关系。长期受企业固有文化价值观影响所产生的心理惯性,是不会因并购而很快改变的。跨国公司若急于在被并购企业中注入新的价值观念,建立新的企业文化,可能会产生管理上的冲突。

(3) 并购过程中价值评估困难。并购价格的高低取决于对并购企业价值的评估。由于不同国家的会计准则和财务报表制度不同,跨国收集信息较为困难,大大增加了价值评估的难度。尤其是在资本市场不完善的东道国并购当地企业,评估企业价值缺乏市场标准,双方会在讨价还价上浪费大量人力和时间。

专栏 8-3

联想收购摩托罗拉

联想集团成立于1984年,由中科院计算所投资20万元人民币、11名科技人员创办,是一家在信息产业内多元化发展的大型企业集团和富有创新性的国际化的科技公司。从1996年开始,联想电脑市场销量一直位居中国国内市场首位;2004年,联想集团收购IBM PC(personal computer,个人计算机)事业部;2013年,联想电脑销售量升居世界第一,成为全球最大的PC生产厂商。

2014年10月30日,联想集团与谷歌共同向外界公布,联想正式完成从谷歌收购摩托罗拉移动,成为仅次于三星和苹果的全球第三大智能手机厂商。联想集团董事长兼首席执行官杨元庆表示,在加强全球第三大智能手机厂商地位的同时,向前两名对手发起强有力的挑战。

联想将以全资子公司的形式运营摩托罗拉,其总部将继续设在美国芝加哥。收购完成后,将有近3 500名来自全球的员工加入联想,其中包括在美国的约2 800名员工,他们专责设计、策划、销售和支持摩托罗拉的卓越产品。

此次交易的收购总额约为29.1亿美元(可有若干在交割后的调整),其中包括约6.6亿美元现金,以及519 107 215股新发行的联想普通股股份(总值7.5亿美元,约占4.7%的联想股份)已在交易完成时交给谷歌。余下15亿美元将以三年期本票支付。此外,联想已向谷歌支付约2.28亿美元的额外现金补偿,这主要是摩托罗拉在交割时持有的现金和运营资金。

联想通过收购摩托罗拉获取企业急需的专利、品牌、市场等战略性资源,实现其国际价值链位次的跃升。联想在收购后拥有因收购带来的2 000个专利,同时联想将可以使用21 000个交叉授权的专利,解决了联想手机进入成熟市场的专利保护问题,为联想进军欧美市场获得了通行证,最大限度避免可能存在的专利壁垒。作为美国和拉美的第三大安卓智能手机厂商,摩托罗拉移动的品牌资产依然强大。美国和拉美等国人民倾向于苹果、三星、摩托罗拉和LG等品牌,而联想智能手机对北美市场是有企图的,收购摩托罗拉移动,借成熟品牌曲线进入北美市场是个很好的捷径。摩托罗拉在全球市场内的品牌影响力和品牌效应,将会大幅加快联想进军国际市场的步伐。研发、生产和销售当地化,产品得到当地消费者的真正认可,一方面,可以在发达国家真正扎根;另一方面,对开辟发展中国家市场也有高屋建瓴之效。摩托罗拉多年来与全球各地运营商、渠道商的紧密合作关系,而运营商渠道占据主要市场,这可以帮助联想集团移动业务进军欧美市场。

同时,此次收购也存在一些问题。第一,同之前收购IBM的PC业务一样,此次联想收购摩托罗拉也出现预设交易成功、信息不对称的问题,使跨国并购活动付出惨重代价。早在两年前谷歌宣布收购摩托罗拉后不久,杨元庆就和谷歌董事长施密特表达了联想接手的意愿,最终以29亿美元的价格买下被谷歌拿去黄金部分17 000项专利,剩下的2 000项专利和目前持续亏损的有形资产部分,这是很不划算的。第二,整合文化差异依旧是一个难题。联想并购摩托罗拉移动业务也是弱势文化企业对强势文化企业的并购,实施并购企业的文化可能存在难以得到被并购企业及社会的认可的问题。对于联想和摩托罗拉来说,文化差异是必然存在的,在人事、行政等方面的管理和调度也不尽相同,如何能在最短的时间内达到最佳的整合效果,这是联想亟待解决的。

8.3.3 跨国并购的成功要素

跨国并购是风险与收益并存的,并不是每个企业进行跨国并购都能获得成功。各跨国公司成功的经验不尽相同,但是,企业从事跨国经营必须考虑基本的成功要素。

1. 在所熟悉的行业寻求跨国并购目标

企业在进行跨国并购前,首先要对自身的管理能力有一个准确的估计,即是否能够通过改进被并购企业的经营管理显著增加被并购企业的价值,是否有能力充分实现跨国并购的互补优势和规模效益。只有当被并购企业的价值显著高于并购价格时,企业的跨国并购行为才可以说是成功的。如果跨国并购的目标是同行业企业,就可以在并购后的管理中通过派遣熟悉业务的管理人员,传授长期积累的业务经验、管理方法和技巧,改进被并购企业的经营管理。一些研究表明,西方国家的大型跨国公司跨国并购同行业企业的成功率较高,因为这些公司有丰富的经验和较强的管理能力进行成功的并购后管理。如果在与企业经营的业务,尤其是核心业务完全不相干的行业中寻找并购目标,由于被并购企业所经营的业务和所处的市场环境不熟悉,缺乏必要的管理经验,往往难以取得成功。

2. 寻求在当地有较强竞争地位和较好经营业绩的企业

企业进行跨国并购活动,必须面对在东道国陌生的环境中经营所可能遇到的各种挑战。不同的政策法规、文化背景、商业惯例和市场环境,都会在不同程度上削弱企业在东道国的竞争优势。因此,并购在东道国有较强的竞争优势的当地企业,可以借助被并购企业的良好形象、市场地位、商业联系,迅速在东道国市场上取得成功。如果并购的目标经营不善,负债累累,在市场上没有竞争力,企业完成并购交易后在努力克服自己面临的各种外部环境挑战的同时还要花大量时间和精力解决被并购企业的经营管理问题,往往会顾此失彼,导致跨国并购的失败。

3. 根据企业经营管理系统的优势或特点进行跨国并购

一个企业的经营系统包括从原材料采购、产品设计与开发、产品生产、市场营销、售后服务等不同环节。企业的竞争优势可以体现在它的经营系统的不同环节上,有些环节对企业形成长期竞争优势是十分关键的。成功的企业在完成跨国并购交易后,通常不把改进经营管理的工作放在被并购企业经营管理系统的各个环节上,而是侧重于经营系统中可以形成长期竞争优势的关键环节。例如,消费品生产企业通常首先侧重于改进被并购企业的产品分销和营销环节,传授销售技巧,提高销售人员的素质,在市场营销环节上形成优势,以便迅速打开产品销路,占领市场。竞争的特点和自身能力的确定应首先建立竞争优势的关键环节。因此,有的企业侧重市场营销环节的优势,有的企业侧重新产品开发方面的优势,还有的企业侧重大规模降低生产成本的优势。对于致力于实现全球战略目标的公司,跨国并购所侧重的竞争优势通常与公司业务的全球性职能紧密联系在一起。这种全球性职能主要包括全球性生产经营活动的有效协调与规模效益。全球性的广告宣传有助于被并购企业的产品出口;全球性的产品研究与开发可以提高并购企业的市场应变能力;全球性的资金调配和补贴则能够增强被并购企业的资本实力。

4. 注重通过管理技能的转移获得跨国并购计划的增值

在西方国家多数成功的跨国并购案例中,经营系统和管理技能的转移要比单纯扩大规模更有作用。管理技能的转移一般是通过由母公司派遣几名高级管理人员补充到被并购企业重要管理岗位上实现的,管理人员的国际间流动往往是短期的。首先,这种做法的成本较高,母公司派出的管理人员的工资收入要比当地管理人员的工资收入高得多。其次,由于语言和文化障碍,以及家庭等因素,大多数外派管理人员不愿意长期在东道国居住。因此,外派管理人员的主要目的是培训当地管理人员,传授必要的管理技能,以保证他们离开后被并购企业按照母公司要求的标准正常运转。母公司不会把所有技能转移到被并购的公司,一般首先转移的是经营系统中关键环节所需的管理技能。有的企业跨国并购的目的是获得管理技能,这时管理技能是从被并购企业转移到母公司。有的企业跨国并购的目的是获得当地优秀的管理人员,以便加强在东道国中其他子公司的经营管理。

5. 注重跨国经营特别是跨国并购经验的积累

企业的跨国并购经验可以增加未来跨国并购的成功率。因此,成功的企业一般不满足于完成一次跨国并购交易,而是策划多次跨国并购活动,通过每一次并购活动总结经验,改进方法,增强技能,达到在这类活动中驾轻就熟的目的。许多成功的企业采用阶段性跨国并购计划,以尽快占领东道国市场。例如,在东道国某个行业内先并购一家企业作为支撑点,控制产品经销渠道,然后有计划地并购同行业中其他企业,从而迅速扩大市场份额,在市场中取得主导地位。

专栏 8-4

中国企业跨国并购证途:文化融合是关键

根据中国与全球化智库(CCG)统计数据显示,2002年到2015年上半年,中国企业对外投资总案例2 018起,其中跨国并购案例占比90%。这些并购带动中国产业发展:87%中国企业通过横向并购形成规模经济,达到降低成本的目的;5%企业通过纵向并购完善上下游产业链,获得品牌或技术并进入高端市场;8%企业通过混合并购整合全球资源。

跨国并购已经成为企业实现快速发展的捷径。然而,并购之后团队的文化融合是决定并购能够最终成功的关键因素,需要企业付出耐心,经历漫长过程。"收购IBM之后,联想在很长的时间都经历着文化冲击(culture shock)。"三亚举行的中国企业全球化论坛上,联想集团高级副总裁乔健回顾道。中国与全球化智库(CCG)主任王辉耀称:"缺少复合型高管人才,是制约企业实现国际化的重要因素,高管团队应该聘请一些本土的人或者华裔,他们对市场有着更深入的了解。"

理解文化差异　提高并购成功率

在跨国并购中，企业之间的文化融合是一个很大的挑战。中国美国商会主席 Mark Duval 表示："从任何的伙伴关系角度来看，两个不同的组织架构试图互相理解、应对相互差别、进行更好的合并、进行计划的实施，这些本身就是非常复杂的。如果一个是中国公司、一个是美国公司，情况就更复杂。"

中国企业在"走出去"的过程中，往往面临文化和语言的障碍以及文化认同障碍，这些都能左右企业的兼并是否能够最终成功。普华永道战略合伙人 John Jullens 认为："文化的整合不成功会造成冲突，中国公司必须从思想上转变，了解当前的情况、市场地位，适应海外环境。"此外，企业本土化过程中也必须适应当地法律法规，了解当地的劳工法律。中英商业委员会首席执行官 Stephen Phillips 认为这些因素加起来甚至比文化更加重要。"有些中国企业在英国投资犯了一些错误。企业不知道英国投资的复杂环境，与当地银行以及法律机构进行接触，最好找了解相关体系的机构提供咨询。"

人才挑战

在全球化过程中，中国企业面临的首要挑战是人才的挑战。史宾沙管理顾问咨询公司大中华区董事张洋将人才挑战分为两个方面：企业走出去的时候，如何在企业内部选择和识别最适合国际化的人才，大量聘用的本地化的人才，尤其是高管人才；如何让他们在自有平台上充分发挥才能，并且能够有机会融入这个企业的文化。对于外派高管，张洋认为企业要有效管理，合理设计其未来的职业发展规划、通道。企业需要了解自身的企业文化和价值观，选择高管时要找共同点、文化结合点，才能使管理既符合个人领导风格，又有文化黏性。

从 NEC 到摩托罗拉，从 PC 端逐渐走向移动端，联想并购版图不断扩大，运用"跳板"一步步走向国际化。联想"国际化"模式是成功的，但也走过不少弯路。最初的联想团队 20 人高管对英语一窍不通，在最初收购 IBM 之后，与美国团队谈判中常常产生误解。交流不顺畅引起了双方的误解："最开始交流非常痛苦，美国人开会是'会前会'，达成共识才拿到会上讨论，而他们会觉得中国人是'会后会'，会上什么都不说，同意不同意都是会后再去说。"与 IBM 整合半年之后，联想高层做出决定，将公司官方语言定为英文。张洋认为："成功的国际化的高管，其至关重要的能力是跨文化的灵活性，而这是不可量化的，用适合的人，是联想对于人才的唯一标准。"

具备这种能力的高管通常具备几个特征：一是都具有强烈的好奇心和开放的心态，喜欢迎接新事物，学习能力比较强；二是勇于挑战新领域、挑战自己，勇于走出自己的束缚；三是自我认知意识强，文化适应性强；四是对不同文化知识的掌握会比较主动、深入和广泛。

资料来源：《第一财经日报》，2015 年 11 月 23 日。

思考题

1. 跨国公司的对外直接投资的资金来源都有哪些？
2. 对外直接投资是一项高风险与高收益并存的经济活动，企业进行跨国直接投资的动机何在？为尽量减少可能遇到的风险,跨国公司应该采取什么措施？
3. 什么是对外直接投资和对外间接投资,二者有什么区别？
4. 对外直接投资所的政治风险都包括哪些因素？如何进行规避？
5. 跨国公司对外直接投资时可能面临哪些经营风险？如何防范经营风险？
6. 为什么东道国更倾向于反对跨国收购而不是绿地投资？
7. 德国戴姆勒汽车公司于 1998 年按 405 亿美元的价格并购了美国第三大汽车生产商克莱斯勒公司。但随着利润的连年下跌和劳工问题的不断产生,戴姆勒于 2007 年 5 月将克莱斯勒公司出售给美国的私人资本投资公司 Cerberus,价格为 74 亿美元。分析导致戴姆勒—克莱斯勒这一经典并购案例失败的因素。

第 9 章 国际营运资金管理

营运资金主要有两种解释：一是指企业的流动资产总额，包括现金、应收账款、存货、金融资产管理等项目；二是指流动资产减去流动负债后的净额。国际营运资金管理是指跨国企业对营运资金的管理，由于其涉及不同的国家和不同的货币，亦称国际货币管理。它是跨国企业财务管理中的一个重要环节。跨国企业经营活动的全球化，决定跨国企业营运资金管理有别于国内企业。汇率的波动、外汇管制以及税收制度的差异，都是跨国企业营运资金管理需要考虑的因素。

9.1 跨国公司营运资金管理的内容

9.1.1 跨国公司营运资金管理概述

与国内企业不同的是，跨国公司在营运资金管理方面受到来自政治、税收、外汇和流动性等因素的限制，跨国公司必须面临这些挑战。

1. 跨国公司营运资金管理的限制因素

跨国公司营运资本管理所面临的限制因素具体表现在以下方面。

（1）政治因素。政治限制可分为显性和隐性两种阻碍资金转移的方式。显性的限制包括必须按某一规定的汇率兑换外汇或为外汇兑换设置许多附加条件。隐性的限制包括对股利等资金返回方式进行严格规定、加重税负或以其他方式管制。自身有国际收支平衡问题的国家可能倾向于限制跨国公司向国外支付股利，往往根据企业利润、股本或注册资本的一定比例来限制股利汇款。

（2）税收因素。税收限制是指各国政府在行使其税收管辖权时可能形成的重叠和冲突，增加了跨国公司资金转移的负担。

（3）交易成本因素。外汇交易成本的形成是由于跨国公司在外汇兑换过程中所发生的成本，这些成本表现为费率、买卖间差价等。虽然这一成本仅占所交易货币金额较少的比重，但对于经常交易的企业来说，绝对金额却相当可观。

（4）资产流动性因素。资产流动性的限制是指跨国公司各子公司为了与当地或全球银行维持良好的关系必须达到的要求，这对于跨国公司优化整体流动性可能会不利。

2. 跨国公司营运资金管理的优势

跨国公司营运资金管理具有以下优势。

(1) 转移资金的能力

与国内公司相比,跨国公司的主要特色之一,就是通过其内部资金转移机制在众多的子公司之间统筹调配资金的能力。跨国公司间财务交易依赖于商品、劳务、技术和资本等的内部实物交易。商品可以进一步细分为原材料、半成品、零部件和成品等,劳务可以分为科技、管理技巧、商标和专利等,资本由负债和股东权益构成。这些交易不会马上结算,信用销售形成应收账款的债权,资本投资产生了未来股利的支付、利息和本金偿还,专利权产生了权利费的现金流量。基于内部实物交易之上的财务交易构成了错综复杂的跨国公司内部资金转移途径。虽然这些资金转移途径也存在于非跨国公司中,但是跨国公司在资金转移的方式和时间上拥有更强的操作空间和能力。

跨国公司在选择资金和利润分配上有很大的灵活性。例如,跨国公司可以利用调整公司间商品、劳务的转移价格来转移各部门的利润和资金,也可以通过各种形式多样的债权与债务关系、股权关系,通过利率、币种、偿付时间安排、股利分配政策来配置资金,通过专利或商标买卖或使用合约来获取或支付权利费。同时,跨国公司也拥有时间灵活性。虽然内部债权和债务关系需要较固定的偿付计划,但在跨国公司内部各子公司之间应收或应付账款的往来可以采用提前或拖后的方法灵活调整,期限90～180天,创造了大量的流动性。股利的支付也可随机而定,即使考虑到法规或合约的限制,跨国公司仍然有大量的机会来选择资金转移。

(2) 资金的合理配置

跨国公司营运资金管理的另一个重要优势是在跨国公司内部进行营运资金的配置,以提高公司价值。在纯国内经营环境中,一家大的公司相比小公司而言,资金在各部门之间的流动和配置并没有优势,因为在同一个国家内税率和法规都是统一的。而对跨国公司来说就不同,在各子公司之间配置资金涉及所在国的选择和币种的选择,正是前述的政治、税收、外汇和流动性等障碍凸显出跨国公司资金合理配置的价值。

(3) 丰富的套利机会

在全球范围内重新配置营运资金的能力将为跨国公司提供三种套利机会:①税务套利。跨国公司可以通过将高税负国家的利润转移到低税负国家来降低其全球整体税负。②金融市场套利。内部资金转移机制将使跨国公司绕过外汇控制。③法规制度套利。如果跨国公司子公司的利润面临东道国政府监管或工会的压力,跨国公司可以利用转移价格或其他公司内部的价格转移机制来扭曲其真实利润。

3. 跨国公司营运资金流动的渠道

跨国公司母公司通过投资与子公司建立法律上隶属关系。母公司与子公司之间的资金移动通常通过以下渠道进行。

(1) 母公司向子公司提供初始资金。包括对子公司的股权投资和向子公司提供贷款。

(2) 子公司向母公司或子公司之间汇回资金。包括:①从母公司购得生产设备、原材料等,直接支付生产成本。②向母公司支付股息或偿还母公司贷款本金,支付母公司贷款利息。③技术转让提成费。在跨国公司不同部门之间,由于存在商品、服务或技术的交换而形成的资金转移渠道,使用母公司或子公司另一部门的专利、商标、技术或管理技巧专利或商标使用许可费管理费。④转移定价。在公司内部交易中因利用转移定价而引起的资金移动。⑤其他内部资金转移方式。包括：提前或延迟支付货款；在跨国公司内部，一个部门以内部贷款形式向另一个部门提供信贷也产生资金移动。内部贷款方式包括直接贷款、背对背贷款、平行贷款。

值得指出的是，跨国公司内部这些资金转移渠道，由于受到不同东道国的政治、税务、外汇、流动性等方面的限制，是不可能随便或毫无代价地使用的。这也是跨国公司内部资金管理的困难所在。

9.1.2 从母公司到子公司的资金流动

跨国公司经营要求从母公司到子公司、从子公司到母公司和子公司之间有稳定的资金流动，主要体现在股利、特许权使用费、管理费以及与出售商品和其他转让价格相关的支付等。

1. 股利支付

股利支付是子公司向母公司转移资金的最常用方法之一，占由外国子公司转移到母公司的国际现金流量的大部分。对于许多总部位于美国的母公司，股利通常超过所有汇款的50%。影响外国子公司的股利分配政策的主要因素包括子公司的盈利能力、投资机会、东道国和母国的税率、外汇风险和政治风险等。

（1）政治风险

鉴于政治风险的考虑，跨国公司通常要求国外子公司把超过营运资本正常需要和计划投资需要的多余资金全部返回给母公司。跨国公司的具体对策是维持稳定的股利支付率，即股利是每年都支付的，即使当时无法汇回，也一定要宣告股利发放，为汇回提供依据，因为东道国政府更容易接受按某一规定比率提取的常规股利，否则就可能被视为不正常股利或逃避外汇管制。总之，股利政策一定要使东道国政府相信是一种连续的政策，而不是针对东道国货币或税收政策的投机行为。

（2）外汇风险

如果预测外汇会贬值，子公司就会加速将资金通过股利的方式转移到母公司。这一提前支付方法体现了将疲软货币向坚挺货币转换的外汇风险防范策略。但在做出加速返回股利决策前，还必须综合考虑利率差异，以及对与东道国政府关系可能产生的负面影响。

（3）融资需求

股利支付是一种资金转移，要分析资金转移的机会成本。对于机会成本较低的公司，可以制定较高的股利发放比例，而对面临较高借款利率或拥有丰富投资机会的部门则制定较低的股利汇回比例。

（4）其他因素

子公司成立年份和规模也会对股利政策产生重要影响。成立年份较长的子公司可能已经进入成熟期，再投资机会在减少，通常会将大部分利润返回给母公司。公司的规模也会对股利政策有影响，如大公司有一套制定股利政策的严格规则。而小企业则是边做边看，没有明确的政策。中等规模的公司通常将股利政策作为其内部转移资金的一种手段。在合资企业中，当地股东和合资方的利益也是影响股利政策的因素之一。当跨国公司较当地股东或合资方有更长期的战略规划时,会坚持保留较高的留存利润进行再投资,而当地股东不能从跨国公司的全球化中获益时,将会倾向于更为稳定的股利支付。因此,跨国公司股利政策的制定必须尊重当地股东或合资方对股利的要求。

2. 特许权使用费、费用和母公司管理费

特许权使用费是指为取得使用专利、商标、设计、保密的配方或工序、工业研究设备等权利,由用户向技术拥有者缴纳的费用。特许权使用费主要以分期付款方式支付,例如,当东京迪士尼建立于1983年时,迪士尼公司将"迪士尼"这个名字授权给一家无关的日本公司,而日本公司同意支付给迪士尼公司与东京迪士尼收入相关的以日元计价的特许权使用费。有时特许权使用费也会采取一次付清的方式。

费用是指母公司或其他子公司向该子公司提供专业服务和专门知识所收取的支付。费用有时区别于一般的管理咨询费,通常是指子公司为那些提供可取得某些特定效益的专业服务而作的支付,而管理费是针对更为一般的效益而支付的。

母公司管理费用的分摊是用于补偿母公司因从事国际经营活动一般管理而产生的成本或需要由子公司负担的母公司其他管理费用的支出。母公司管理费用具体包括区域性现金管理、研究发展费用、公共关系费用、法律和会计成本、母公司总部管理人员工资等费用,按占整个公司销售收入某一百分比预提。

采用特许使用费、费用、母公司管理费需要考虑以下因素:

(1) 筹资因素

特许权使用费和费用的支付尤其适合于以多种形式投资入股的企业,例如,在合资企业中,某合伙人除了以一部分资金投入作为股份,主要以提供技术的方式作为资本,而其他合伙人则是主要的出资者。因此,该合伙人的投资回报一部分可以按特许权使用费和费用取酬,另一部分按出资额比例进行净利润的分成。鉴于东道国在对股利支付限制时仍会允许支付特许权使用费和费用,公司有必要考虑当股利不能作为自由流动的资金时,需要保留特许权使用费和费用作为安排资金的一种方案。

(2) 所得税因素

特许权使用费有助于税收减免,具有税收优势,因为大部分国家对股利征收税费,但不一定对特许权使用费征收税费。在美国税法下,母公司获得当地收入所得税以及其他扣缴税款的税收抵免。然而,如果外国子公司综合税率高于母公司,其中一部分税收抵免将会流失。相反,被支付的特许权使用费不计入税前利润,如果存在税款的扣缴,那么这个税率一定会低于在股利上所征收的税率。当然,被母公司所接收的特许权使用费是母公司的收入,因此,母公司需向母国缴纳收入所得税。

9.1.3 跨国公司内部的资金流动

1. 转移定价

转移定价(transfer pricing)是指跨国公司集团内部各子公司之间买卖商品和服务的定价。在跨国公司内部的各种交易包括有形财产(如产品、原材料、设备等)的出售、货币借款、劳务的提供、有形财产的使用(如租赁),以及无形资产的使用(如专利权、专有技术和商标权的使用)等,都需要制定转移价格。

如何在不同国家各子公司之间合理确定对货物、服务和技术的价格是跨国公司非常重视的问题之一。转移定价最初是作为跨国企业总部对下属单位业绩考评的一种手段。跨国企业需要在其内部进行产品和劳务等的转让,从而制定内部转移价格,作为内部结算和控制的依据。随着跨国企业的日益发展,其下属单位的自主权也日益扩大,从而需要运用内部转移价格来保证其资源在企业内部的最佳配置,实现企业整体利润的最大化,特别是在国际市场竞争激烈、生产与资本国际化的进程中,运用国际转移定价则成为跨国公司实现全球战略的一种重要策略。从理财角度看,运用转移价格的主要动机与作用是:调节跨国公司内部各单位的利润,便于资金移动;减轻整个公司的税负,增加税后利润;降低外汇风险和政治风险等。

如表 9.1 所示,以某服装公司为例说明转移定价可减轻税负、增加利润。该服装公司在低税国家 A(税率为 20%)生产裤子,然后运往高税国家 B(税率为 40%)进行销售。在已知税率的情况下,如果该公司把利润从高税国家转往低税国家,可以增加公司全球的总利润。表 9.1 的上半部分表示按公允定价各部门和整个公司的利润分布。在低税国家生产的裤子以每条 5 美元的价格销售到高税国家,税前利润为每条 4 美元,税后净利为每条 3.2 美元。高税国的销售子公司按每条 20 美元的价格售出。税前利润为每条 15 美元,税后净利为每条 9 美元。该公司在两国利润加和为 12.2 美元。现在,假设该公司采用扭曲的转移定价降低全球税负而增加总利润,目的是将高税国家利润转移至低税国家,调高生产国的销售价格至每条 10 美元,每条税后净利润为 7.2 美元。而销售公司以每条 20 美元销售,税前利润为 10 美元,税后净利润为每条 6 美元。两家子公司利润加和为 13.2 美元,比公允的转移定价高出每条 1 美元的税后净利。如果高税国家能够识别裤子真实的公允市场价格,税务当局不会允许该公司申报过高的价格。因此,税务当局经常要求跨国公司证实其内部转移价格的合理性。

表 9.1 裤子销售的转移定价

	生产国 A	销售国 B
公允定价		
销售价格	$5	$20
成本	$1	$5
税前利润	$4	$15
所得税	0.2×$4=$0.8	0.4×$15=$6
税后利润	$3.2	$9
全球利润	$12.2	
扭曲价格		
销售价格	$10	$20
成本	$1	$10
税前利润	$9	$10
所得税	0.2×$9=$1.8	0.4×$10=$4
税后利润	$7.2	$6
全球利润	$13.2	

2. 再开票中心

再开票中心(reinvoicing center)是指跨国公司为了实现其内部资金转移或获得税收效应而设在低税国家或地区专门处理公司内部贸易产生的全部交易风险的独立资金经营子公司。再开票中心是一家独立的子公司,它没有库存,而只是负责开具发票和集中实施避税与交易风险的管理。制造子公司向再开票中心出售货物,由再开票中心将货物转手出售给另一销售子公司或客户,虽然货物的买卖在名义上经过再开票中心,但货物是直接从制造工厂或仓库运给买方的。再开票中心只是负责为交易双方处理发票和结算,实际上处理的是纸上业务而非实物交割。

(1) 跨国公司设立再开票中心优缺点

设立再开票中心的优点:①出口子公司向再开票中心开票时,使用出口子公司所在国的货币,再开票中心向进口子公司开发票时,使用进口子公司所在国的货币。再开票中心承担了外汇风险,由具有丰富经验的专家及时选择运用最有利的套汇、保值等外汇或货币市场上的技术手段,对交易中的外汇风险进行有效管理。②利用再开票中心便于对各子公司之间的应收、应付账款实行双边冲销和多边净额冲销(结算)。③再开票中心能够及时了解各子公司的现金余额,利用提前付款或推迟付款办法间接实现资金转移,有利于融通资金。④再开票中心通常设在低税国家或避税港,所赚的利润按低税率纳税,使跨国公司可获得更多的税后利润。⑤再开票中心在集中处理资金的同时,还可以充分搜集世界各地的商业和金融情报,汇总财务数据,为跨国公司母公司制订经营计划和财务计划创造有利条件。

再开票中心的不利之处表现在:设立和运营的成本较高,如营销区域跨度大和通信成本的增加等,考虑到当地税务当局有关避税的怀疑和监管,也会相应增加税务和法律上的咨询费用。

(2) 通过再开票中心应收账款的业务流程

某跨国公司的四个子公司之间的业务关系是:子公司A(在A国)向子公司B(在B国)赊销商品,但A、B两公司都处于现金短缺状态;子公司C(在C国)向子公司D(在D国)赊销商品,C、D两公司都处于现金过剩状态。如果没有开设再开票中心,应收账款的支付流程如图9.1所示。

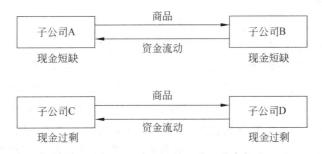

图9.1 无再开票中心时的应收账款支付流程

例如,跨国公司在中国内地的制造公司将货物出售给其设立在中国香港的再开票中心,由制造公司向该开票中心开具人民币发票,再将货物转售给位于美国的销售子公司,并开出美元发票。货物则直接由在中国内地的制造公司发往位于美国的某销售子公司。在本例中,各子公司都是以其所在地的本币进行交易,可以避免货币兑换时发生的交易成本,交易成本和风险主要集中在再开票中心。如果通过再开票中心支付应收账款,可以有意识地提前或推迟子公司的付款,从而使没有业务联系的企业的资金也能灵活调配,具体操作流程如图 9.2 所示:①子公司 A 向子公司 B 赊销商品;②子公司 C 向子公司 D 赊销商品;③由于子公司 D 现金有多余,再开票中心可能安排它提前付款;④由于子公司 A 现金短缺,再开票中心收到子公司 D 提前付款后,提前付给子公司 A;⑤由于子公司 B 现金短缺,再开票中心允许它推迟付款;⑥由于子公司 C 有多余现金,有可能在再开票中心收到子公司 B 推迟付款后,再付给子公司 C。

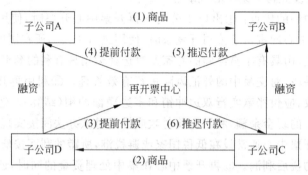

图 9.2 设有再开票中心时的应收账款支付流程

3. 其他资金转移方式

大型跨国公司非常重视在各子公司之间协调有关原材料、零部件、在产品和产成品的相互交易,这些交易将形成巨额的公司内部资金流动。这些跨国界的资金转移涉及外汇交易差价、浮游量的机会成本和网络费用等,这种资金转移成本对于那些主要依赖全球性相互联系网络的公司来说可能特别高。提前和推迟付款是指跨国公司为了降低外汇风险和提高营运资本管理效率,而在各子公司之间调整信用条件,以加速或延缓账款收付的一种转移资金方法。为了降低外汇风险,公司应该加快对坚挺货币的支付和延缓对疲软货币的支付,详细操作可参考 6.2.3 节的阐述。这里介绍其他资金转移方式。

(1) 多边净额支付

净额是通常用来作为降低子公司之间资金交易量的方法之一。双边净额(bilateral netting)是指参与交易的两家子公司通过应收账款和应付账款相互抵扣,减少交易次数的方式来降低交易成本的一种方法。例如,比利时子公司欠意大利子公司 300 万美元,与此同时,意大利子公司也欠比利时子公司 100 万美元,双边净额只要求比利时子公司向意大利子公司偿还 200 万美元的债务,余下的 100 万美元债务与其拥有的等额债权相抵销。

但是,在内部交易更为复杂的状态下,双边净额就难以发挥作用了。例如,子公司 A 从子公司 B 处购买了价值 100 万美元的零部件,而子公司 B 则向子公司 C 购买了价值 100 万美元的商品,子公司 C 又向子公司 A 购买了价值 100 万美元的商品。在此,需要引入多边净额来处理。多边净额(multilateral netting)是指在规定的期限内所有交易结算都必须通过跨国公司设立的跨国净额结算中心完成,由跨国净额结算中心对多个债权债务进行互相冲抵,各子公司只对跨国净额结算中心产生一个债权或债务的降低资金交易量的方法。

举个例子说明多边净额结算制。图9.3列示在1个月内未实行多边净额结算前的欧洲子公司之间的累计现金流。如果不采用净额结算制,每家子公司都面临着3笔现金支出和3笔现金收入。例如,西班牙子公司分别应付丹麦子公司400万欧元、英国子公司700万欧元、荷兰子公司300万欧元。反过来,西班牙子公司分别应收丹麦子公司200万欧元、英国子公司500万欧元、荷兰子公司600万欧元。如果西班牙子公司进行这6笔交易,会产生1 400万欧元的支出和1 300万欧元的收入。

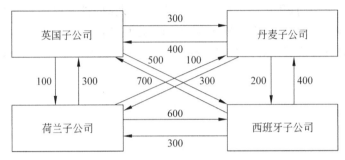

图9.3 欧洲子公司之间的双边现金流(单位:万欧元)

通过表9.2中的现金收支矩阵,可以看出英国子公司有现金净收入500万欧元,而其余3家欧洲子公司都是现金支出,分别为荷兰子公司应付现金净额为300万欧元,西班牙和丹麦子公司应付现金净额均为100万欧元。通过多边净额结算,使各子公司之间的多笔交易最后只转化为3家子公司对英国子公司的3笔交易。从而最小化了交易成本。

表9.2 现金收支矩阵 单位:万欧元

收入	支出				总收入	净额(收入－支出)
	英国	荷兰	西班牙	丹麦		
英国	—	300	700	400	1 400	500
荷兰	100	—	300	300	700	(300)
西班牙	500	600	—	200	1 300	(100)
丹麦	300	100	400	—	800	(100)
总支出	900	1 000	1 400	900	4 200	—

注:表中( )标注的数字为负值,即收入小于支出。

如果子公司之间逐一实现多笔交易,则现金交易额达4 200万欧元,当交易成本为0.4%时,在不采用多边净额结算制情形下,交易成本为:0.004×€42 000 000＝€168 000;然而,如表9.2所示,由于采用多边净额结算,在各子公司之间的现金交易额减少为500万欧元,交易成本为:0.004×€5 000 000＝€20 000。因此,为公司节省大量交易成本。此外,跨国公司通过设立一个国外的附属机构作为净额结算中心,能够提高结算效率,并且熟悉当地外汇交易市场情况。同样,将净额结算业务外包给银行或第三家公司也是可行的,基于信息系统的净额结算服务也会是创新的结算服务。

(2) 平行贷款

平行贷款是指甲国企业向乙国企业在甲国分公司提供甲国货币的贷款,同时乙国企业也向甲国企业在乙国分公司提供乙国货币贷款的融资形式。这是两笔相关但分开,两家公司彼此借入一定期限的对方货币贷款,并同时偿还本利和,故称为相互平行的贷款。

例如,某国的两家母公司都在境外同一国家有子公司,它们的资金有余缺,一家母公司的资金有多余,而它在国外的子公司的资金缺少;相反,另一家母公司资金缺少,而它在国外的子公司的资金有多余,但受东道国的限制不能汇回。经第三方介绍,国内的两家母公司商定,采用平行贷款方式,两个母公司之间、两个子公司之间分别贷款,解决资金余缺。两笔贷款期限相同,利息率由借贷双方商定,到期时,借方向各自的贷方还本付息。如图9.4所示,由于平行贷款不跨越国界,因而可避免外汇风险和转移风险。平行贷款双方需要通过金融机构或直接寻找对方,帮助促成平行贷款的金融中介向双方收取一定的佣金。

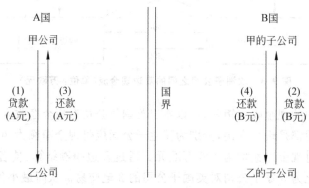

图 9.4 平行贷款

9.2 国际现金管理

现金管理是指在现金预算期间,公司在交易收支方面用于支付预期现金流出的投资,以及作为风险预备金而占用的资金。万一公司低估了交易所需的现金量,那么预防性现金储备就显得十分必要。良好的现金管理还包括当出现现金闲置时,应将其进行投资以获得最大收益,而当现金短缺时,应以最低的利率获得贷款。

9.2.1 国际现金管理的目标和内容

现金是指在生产过程中暂时停留在货币形态的资金,包括库存现金、银行存款、银行本票和银行汇票等,是公司流动资产的重要内容。现金流入的主要来源是现金股利、特许权使用费、费用、母公司办公管理费、现金销售款、应收账款、折旧、新发行证券筹资款、来自银行和非银行金融机构的贷款、合约的预付现金等。现金流出的主要途径包括利息支付、股利支付、债务和其他有价证券的偿还、所得税支付、应付账款支付、工资和薪酬、固定资产购置等。现金管理就是对现金流量和闲散资金投资的优化。

1. 国际现金管理的目标

与国内的资金管理目标相差无几,国际现金管理就是将这些目标资金从一个账户转移到另一个账户,以使公司拥有最优的经营资本额。具体包括:建立组织内的现金管理控制体系;为多余的短期资金选择一个最佳的投资方式;以最低的资金流动成本获得短期融资。建立组织内部的现金管理控制体系在客观上要求形成一个能够提供及时准确信息的报告体系。国际现金管理经理可以利用有效信息改善公司内部的现金支出以及对国外子公司的资金往来。通过同步流动的资金,资金管理经理可以降低两者之间的资金流动成本。然而,影响跨国公司现金管理目标的因素却要比国内公司更为复杂和多变,如包括有关税收、政府对资金转移的限制、不同的文化背景和外汇风险等。因此,跨国公司现金管理必须在全球基础上实现其目标。

2. 国际现金管理的内容

国际现金管理包括以下内容。

(1) 编制现金预算

跨国公司财务管理人员通过预测未来几天、几周和几个月的现金流量,来编制包含期望现金流入量、现金流出量和两者相抵后的净现金流量在内的现金预算。净流量预示着流动性增加或减少。现金预算还可以模拟在各种变量变化时流动性头寸。跨国公司需要关注的两个重要变量是销售量和汇率。销售量的变化会引起存货、应收账款和平均收账期发生变化。汇率的变化会引起需要支付外币的本币数量或能够收到外币的本币数量发生变化。跨国公司需要编制三种现金预算:第一,单个国家经营实体的现金预算;第二,每个币种的现金预算;第三,全球范围整个企业的现金预算。

(2) 现金回收管理

跨国公司应该尽可能地回笼现金。通常的做法是,缩短客户支付、银行结算和到达公司账户成为可立即运用的资金之间的时滞。跨国公司必须考虑资金支付到哪个国家和在全球银行体系中选择合适结算机构。

(3) 现金配置

为了从全球角度进行战略思考,合理配置资金,跨国公司在多边净额结算的基础上一般还建立多国现金调度系统,统一调度子公司的现金,调剂余缺。多国现金配置的程序是:①核定各子公司每日所需的最低现金余额。②每日终了汇总各子公司的现金日报与短期现金预算。③对比各子公司当日现金余额与核定的最低现金余额,确定现金余缺。④发出资金转移指令,资金溢余的或汇往现金管理中心,或直接汇往现金短缺子公司,或在当地进行短期投资。

(4) 现金支付

需要考虑一个支付现金的计划,避免不必要的早期支出和浮游量最大化,选择一家能提供广泛服务和信贷的银行进行支付等。跨国公司还应该考虑是在各子公司层面进行支付,还是通过某家银行集中化管理,通过协商确定支付的币种。

(5) 弥补现金短缺

每家子公司都会根据其自身的实际需求来确定现金预算。作为跨国公司还可以从整体的角度,在各子公司之间调剂余缺。跨国公司可以在全球范围内选择在低利率国家融资,将现金转贷给其他子公司,当然还需要考虑汇率的因素。

(6) 剩余现金投资

子公司现金可能出现盈余,那么就应该考虑是由母公司集中管理还是由各子公司自行管理。对于跨国公司集团而言,实现资金效率最大化,可以共享集团系统内的资金资源和充分利用流动性的优势进行现金管理。

专栏 9-1

国内外资金集中管理政策比较

大型跨国企业进行资金集中管理是国际惯例。根据国际知名财资媒体 Gtnews 在 2012 年 4—5 月对全球 135 家各类知名跨国企业进行的调查,有 75% 的企业通过内部银行(类似我国的财务公司形式)或财资中心进行全球或区域性的资金集中管理。常见的技术手段包括现金池(pooling)、净额结算(netting)、共享中心、支付代理、货币风险管理等。

差别之一:国内外监管政策不同。从国外来看,英国、法国等国家对跨国公司的资金集中管理行为没有专门监管政策,管理较为宽松,允许各种性质合法资金参与净额结算交易,实体现金池和虚拟现金池业务可以自由选择和运用。如英国对于非居民银行账户的监管与居民账户一致。英国、法国央行对资金集中业务(例如现金池、净额结算)没有专门数据报送要求,仅要求银行定期报送其资产负债表项目,包括存款、贷款规模和主要比率指标。法国央行仅对 1 500 万美元以上跨境资金要求逐笔申报,跨境数据采集以抽样调查为主。由于对各种资金流转的管制较少,英国格外关注账户开立时的审查及交易时的反洗钱、反恐怖主义融资筛查,基本上各主要国际银行的系统中均建立巨大的负面清单数据库,覆盖不同组织公布的制裁名单,银行有责任对经过其系统进行的交易加以有效审核。

从国内来看,我国对资金集中业务金融监管较为严格,尚未放开净额结算、名义(虚拟)现金池等业务。2005 年,放开跨国公司在委托贷款法律框架下以外汇头寸日内集中方式开展外币资金集中业务;2006 年,批准建立外币现金池;2009 年,颁布外币现金池管理规定。目前,对企业现金池业务的管理仍要求在委托贷款原则下开展,并定期报送现金池数据报表。政策限制主要包括:一是企业之间不得违反国家规定办理借贷或者变相借贷融资业务。名义现金池项下的存款和透支冲销的净额结算方式,导致集团内部法人实体之间,发生实际上的资金相互融通,违反《贷款通则》精神。二是存款利率仍然由央行规定,名义现金池中可能发生借方余额和贷方余额正负冲销后,银行不允许对参与成员的贷方余额发放存款利息。三是名义现金池业务开展后,资金不发生实际转移,也不形成委托贷款;税务部门不能向企业征缴委托贷款业务的印花税、所得税等税费。2013 年 4 月,我国首次在跨国公司外汇资金集中运营管理试点中运行开展外币净额结算业务,但仍仅限于货物贸易项下。部分外资公司率先办理净额结算,有的采取了在中国建立区域净额结算中心模式,还有的采取了各境内成员公司分别加入其全球净额结算系统的模式。

差别之二:我国银行以息差为主的盈利模式往往使现金池业务沦为免费赠送的副产品。国际大型银行全球分支机构众多,在跨国公司资金集中管理方面占有优势。在伦敦,现金池业务往往给当地银行带来较高中间业务收入。以某外资银行为例,其初期为企业搭建资金集中管理系统往往收取数千美元不等的费用,开展业务后,现金池账户每户每月收取500美元运营费用。而我国,由于息差仍是银行最主要的利润来源,因此,为大型企业集团提供资金集中管理服务的主要目的仍停留在留住客户、吸收存款、赚取利差等层面。尽管人民银行规定了可以对现金池委托贷款收取一定手续费(一般为结算资金的0.3%左右),但银行为了留住客户往往不收取。这不利于银行对现金管理产品开发的积极性和资源的投入,也不利于银行盈利模式的转变。

差别之三:我国现金池相关的税务成本较高,不利于资金集中业务的开展。英国界定如果离岸公司通过在英国的分支机构或代理机构从事交易,则需要按照其在英国商业活动的收益缴纳公司税。由于双重税务协定的影响,一小部分的退税抵免将支付给离岸投资者。对欧盟内成员国非居民的税收,英国亦有相应优惠规定。境外主要金融中心为吸引跨国企业在该处设立区域财资中心,往往给予一定税收优惠措施。例如,新加坡对普通公司的标准所得税率为17%,而对政府批准的财务及财资中心的优惠税率为10%。

我国尚无类似的税务优惠措施。境内本外币现金池基于委托贷款的法律框架设立。在此模式下,下属子账户将多余资金上划到母账户时,需对其利息收入缴纳一笔营业税;而在资金下拨时,还要缴纳一笔营业税。若集团企业规模庞大,通过现金池进行资金划拨会导致大额营业税的支付,加重企业财务费用负担。很多企业因为税负过重直接选择零利率和不缴纳任何税费的操作方式,埋下了违规隐患,也导致国家税收流失。对于外币现金池,因《境内企业内部成员外汇资金集中运营管理规定》《国家外汇管理局关于进一步改进和调整直接投资外汇管理政策的通知》严格限定其账户结构,银行很难进行创新,影响企业进行境内外汇资金集中管理的积极性。

资料来源:《中国外汇》,2014年第7期

9.2.2 国际现金池管理

现金池是指属于同一家跨国公司的一个或多个子公司的银行账户现金余额实际转移到一个真实的主账户中,主账户通常由跨国公司总部控制,子公司用款时需从主账户获取资金对外支付。现金池管理是以资金集中管理为主线,借助商业银行现金管理服务和网络通信技术,对企业集团各子、分公司的资金进行实时监控、统一调度和集中运作的一种管理模式。

1. 国际现金池作用

国际现金池有以下作用。

(1)控制跨国公司的现金流量,调剂各子公司之间的资金余缺。子公司分布面较广的企业都可从集中化现金管理中获益,保证各子公司生产经营活动对现金的需求。在国际经营中,集中化管理要求各子公司仅持有交易所需的最低现金余额。除非现金池发出特别指令,一般并不考虑预防动机的现金余额。所有多余现金都返回到一个现金池,公司总部有权将现金池的现金迅速向现金短缺的公司递补,这一递补得益于跨国银行所提供

的信贷额度和先进的传输网络。银行可以向位于特殊国家的分支机构发出指令优先向当地子公司提供急需资金。

(2) 统一调拨公司的全球资金,形成规模效应和降低融资成本。在全球范围选择成本最低的资金来源和为闲置资金获得最佳的用途,可以避免一个子公司有多余的现金却以较低利率投资而另一个子公司却按较高的利率借入资金的情况。

(3) 合理安排和选择不同币种和不同货币市场金融工具。从整个公司的利益出发,由总部作出币值强弱和利率趋势的判断。现金池管理中心设在信息量大的地方,如果需追加资金时,中心可以选择借款的地点。如果公司在全球各地都有现金盈余,中心可以从交易成本、外汇风险和税收效果等方面评价成本效益。理论上,各子公司层面也可以做出相应决策,但是,在实务中很难能达到较高的专业化程度。现金池管理通过将各预防性现金余额集中起来,降低达到预防要求的现金余额水平。

例如,以某跨国公司拥有欧洲子公司——英国、丹麦、荷兰和西班牙等子公司集中现金储备制为例。跨国公司在欧洲各国等各子公司目前的现金储备以及所期望的现金储备水平见表9.3,该期望现金储备额是各子公司用以维持正常经营运转所需的最低金额。表9.3同时计算出整个公司的现金盈余或不足。表9.4展示其欧洲各子公司的日常现金报告,报告将被传至公司在瑞士日内瓦的中央现金库。报告中均采用统一货币——欧元。该报告表明英国子公司目前可提供使用的资金额为 200 000 欧元,这个额度是英国子公司可以直接支出而不用向银行进行短期借款的数额。荷兰子公司目前的现金储备是 250 000 欧元,西班牙子公司的现金储备是 150 000 欧元。

表 9.3　跨国公司欧洲子公司的日常现金报告　　　　　　　单位:千欧元

日期:2014 年 10 月 21 日——5 天的预测

	日期	收入	支出	净额		日期	收入	支出	净额
英国子公司目前金额:+200	+1	200	100	100	丹麦子公司目前金额:-100	+1	300	200	100
	+2	150	500	-350		+2	400	400	0
	+3	100	150	-50		+3	600	250	350
	+4	200	100	100		+4	100	300	-200
	+5	150	100	50		+5	200	300	-100
	预期净额		-150			预期净额		150	
	日期	收入	支出	净额		日期	收入	支出	净额
荷兰子公司目前金额:+250	+1	200	100	100	西班牙子公司目前金额:+150	+1	300	200	100
	+2	150	500	-350		+2	400	400	0
	+3	100	150	-50		+3	600	250	350
	+4	200	100	100		+4	100	300	-200
	+5	150	100	50		+5	200	300	-100
	预期净额		-150			预期净额		150	

假设中央现金库管理者考虑到克朗(丹麦货币单位)对欧元即将发生贬值。如果目前的名义利率差异(克朗利率—欧元利率)不能准确反映预期的克朗贬值,则中央现金库可以指示丹麦子公司利用其信用额度借入额外的克朗。还有另一种可供选择的方法是,表9.4中的最低期望储备额应该根据利率以及预期贬值进行确定和调整。丹麦子公司借入的克朗可以用于投资,也可以用额外克朗买进欧元或其他更强势地位的货币。从表9.4可以看出:英国子公司200 000欧元的现金储备超过其最低期望储备额,储备盈余为100 000欧元。丹麦子公司期望储备额为200 000欧元,而其目前借入资金100 000欧元,储备不足为300 000欧元。虽然荷兰子公司目前的储备额为250 000欧元,然而其期望值为300 000欧元,产生50 000欧元的储备不足。最后,西班牙子公司150 000欧元的储备额,产生100 000欧元的储备不足。总体来说,综合四个欧洲子公司,欧洲地区总计有350 000欧元的储备不足。

表9.4　跨国公司欧洲子公司合并日常现金报告　　　　单位:千欧元

日常现金储备　2014年10月21日

	日前储备额	最低期望储备额	储备盈余(不足)
英国	200	100	100
丹麦	−100	200	−300
荷兰	250	300	−50
西班牙	150	250	−100
欧洲总计			−350

中央现金库的管理者在收集到表9.3和表9.4的信息后,将会从全球角度考虑跨国公司整体的现金配置和需求,对闲置资金进行投资,对现金短缺进行弥补。闲置资金可以被投资于各种各样的短期货币市场金融工具,还可以通过银行或商业合约进行短期借贷,在这种情况下,企业面临多种选择。最优选择取决于不同货币的利率,财务经理对于某种货币的升值或贬值的预期,企业可以承担的外汇风险程度,以及不同子公司的财务经理对未来短期现金需求的预测。

专栏9-2

西门子财务公司的现金管理

1. 公司背景

总部位于柏林和慕尼黑的西门子公司是世界上最大的电气工程和电子公司之一,也是成功的多元化经营企业之一,业务遍及全球190多个国家,在全世界拥有大约600家工厂、研发中心和销售办事处。公司的业务主要集中于六大领域:信息与通信、自动化与控制、电力、交通、医疗系统和照明。西门子的全球业务运营分别由13个业务集团负责。西门子公司财务管理分成三部分:中央财务部(CF)、会计服务(AS)和金融服务(SFS),CF负责制定公司的宏观会计政策;AS负责提供会计簿记与报告服务;SFS确立战略、金融风险管理、现金投资与筹资方案,维护国际资信评价机构的关系,合并与收购,是公司财务的执行者,保证公司整体的现金流动性,管理风险敞口和内外部融资,也是西门子效率化现金的运营者。SFS运作的资产平均在120亿欧元,占西门子集团总资产的15%。

SFS通过内外部业务调整,逐步深化公司的现金管理,整合客户信用管理、兼并租赁公司,把分散在全球子公司现金流量的93%掌管起来,使公司成为现金富有的跨国企业,成功的现金管理建立在专业化和产业化的SFS基础上。SFS业务涉及司库管理、销售信用管理和外部金融服务,是西门子现金管理的执行者和金融化的开拓者,SFS不仅承担西门子"内部银行"的职能,还承担着为西门子所有成员公司提供全方位咨询和财务金融方面的支持,进行资金管理、项目和贸易融资、财务控制等工作,办理西门子全球范围内的结算、信贷、票据清算、外汇买卖、融资、年金管理等业务。

2. 现金管理的集约管理模式

现金管理是一种银行和任何第三方都不能单独为企业开展的集约管理模式。公司要进行有效的现金管理需要三个重要条件:一是需要有效利用外部银行,并且银行的服务体系非常发达;二是需要成员单位在SFS开立内部账户;三是内部联网,因为现金管理对业务程序风险控制的要求非常高。SFS现金管理具体操作如下:

首先,每发生一笔业务,成员单位通过内部清算系统BCL传达给SFS,指定划汇账户,由SFS处理交易,并每日将流入和流出集中轧差(集团内部交易进行对冲,外部支付通过银行进行)。

其次,进行每种货币的现金集合管理。SFS对集团成员在银行账户的资金实现零余额管理(需要与银行签订相关协议)。按照协议银行每日自动通过SWIFT清算系统,将某一现金总库所辖的全球银行账户的余额清零,同一币种的不同现金池的总余额集中至地区资金中心,但其中并不发生实际现金转移,成员企业在SFS内部账户可支配的资金也没有发生改变,只是由地区资金中心进行管理、调剂外汇的买卖。

最后,每一币种都会产生一个全球净流量,如果为"+"值,SFS则将资金拆出或投放到资本市场;如果为"-"值,则通过风险管理部门到资本市场融资补充。

为避免时差带来的损失,SFS分别在亚洲香港(SFS)、美洲纽约(SCC)和欧洲慕尼黑(SFS总部内部)设立三个地区的总资金管理中心。当香港的资金中心每天临近下班时(约当地时间下午3点),通过清算系统将全球资金移交给慕尼黑的资金中心(当地上午9点左右,正值上班时间),由其进行管理、调配与外汇交易;当慕尼黑的资金中心下班时(当地下午3点左右)正值纽约资金中心上班(当地上午9点左右),资金又转移给纽约的资金中心。纽约的资金中心的运作至当地晚上9点(正值香港当地9点上班),再将资金移交给香港中心。通过这三个中心的循环运转,从而很好地实现全球24小时的资金调配和运作,称为资金"24小时不落地"。

目前,西门子集团通过SFS进行现金管理的银行账户有2 500个,70个现金集合,涉及25个币种。慕尼黑总掌管53个现金集合,15个币种;香港和纽约资金中心掌管17个现金集合,10个币种。每年进行900万次的支付交易,现金管理总量120亿欧元。

资料来源:根据网络资料整理

9.3 国际应收账款和国际存货管理

9.3.1 国际应收账款管理的主要内容

跨国公司之所以向其国内外客户提供应收账款,是为了通过对应收账款投资以维持现有销售市场份额和扩大销售。跨国公司应收账款主要是通过跨国公司内部有关子公司之间的销售和跨国公司及其子公司与外部客户之间的销售所形成的。为了提高竞争能力,跨国公司在海外尤其是为那些缺乏信贷途径国家的客户所提供的信用标准通常比其国内市场更为宽松。另外,许多公司的绩效考核也倾向于对部门增加销售额所作努力的奖励程度远超过对其在应收账款投资增加的处罚,这促使子公司经理非常乐意扩大销售额。事实上,信用标准越宽松,虽然可能促进更多的销售额,但过分的宽松,也放大了对方违约、增加应收账款占用资金的利息成本和外汇贬值或通货膨胀等的风险。这些风险或成本在一定程度上抵消了公司为增加销售额所作的努力。

加强应收账款的管理要求财务和市场部门的共同协调。在许多公司中,市场部门和财务部门的工作目标可能不同,市场部门更多关心销售额,而财务部门重视的是加速取得现金流量。加强沟通的一种方法是教育各职能部门了解提供信用和加速收款对公司利润的影响;另一种方法是对积极收款的销售人员进行奖赏或将绩效与应收账款的利息成本相关风险等挂钩。这些方法将促使公司管理层在信用销售、存货管理和其他营运资本管理方面的决策更为经济。应收账款的管理涉及两个主要问题:结算币种和信用期限。

1. 结算币种的选择

国内销售几乎总是以本国货币结算,然而出口销售却存在以销售方的货币结算还是以购买者的货币结算,甚至以某第三国的货币结算的问题。由于销售方将争取用硬货币结算而购买方会争取用软货币结算,通常谈判的结果是在双方的风险分担中进行权衡。销售方为了获得以硬货币结算将会在销售价格和付款期限上作出让步,而力求以软货币结算的购买方也许会在购买的数量和支付的时间上作出配合。只有当交易双方已经对外汇风险进行套期保值或有强大的财务能力来消化软货币的不良影响时,交易双方才会避开对以何种货币结算产生的争执。例如,有时销售方更愿意以软货币定价和结算,因为销售方已经拥有了这一货币的负债,销售取得的货币收入将用于偿还其负债,公司不存在明显的外汇风险。

2. 信用期限

信用期限也是很重要的一个方面。软货币应收账款应尽可能快地收账以将销售日至收款日之间的外汇损失降至最低,而硬货币的应收账款则应考虑尽可能延长收款期。对于正在经历高通货膨胀的国家来说,延长信用期限对于客户是非常有吸引力的,因为允许客户推迟付款将意味着客户可以在未来用购买力较低的钱进行付款。在通货膨胀的经济状况下,对银行信贷的需要通常超过了供给。可是,作为跨国的和当地规模较大的公司总是比规模较小的零售商、制造商有更多筹集稀缺廉价资金的机会。例如,大的跨国公司能获得年利率为30%的贷款,而对当地小的零售和制造企业贷款的年利率却高达50%。显然,作为跨国公司产品购买方的小零售和制造商们宁肯采用销售方提供的应收账款作为筹资方式,即使销售方把其30%的年利率成本全部转嫁到销售价格的提高上也比自己直接以50%的贷款年利率筹资购入存货来得合算。由此可见,跨国公司可以利用拥有比客户更低筹资成本的优势为应收账款促进销售提供强有力的财务支持。又如,当在信贷受到限制的情况下,跨国公司子公司可以利用其母公司的筹资渠道获得竞争对手所无法筹到的资金,这就使跨国公司有能力提供更具吸引力的信用期限。

在某些国家,制造商为了鼓励销售商购买其产品,也会提供较长的信用期限,因为只有吸引大量的销售商才能有效地建立起制造商与最终消费者之间的营销网络。例如,在日本,客户120天的信用期限是很常见的。如果制造商不向销售商提供有竞争力的财务资助,就将失去其已有或潜在的市场份额。

3. 其他因素

许多国家的政府采用扩大出口信贷、从银行获得为出口信贷提供的担保和取得优惠利率等手段,一方面是为自身应收账款进行筹资,另一方面也是为对方存货投资提供资金便利。当特定的出口信贷条件正好与外国购买方的支付条件相匹配,外国购买方就能利用出口方政府提供的资金进行存货投资。作为提供应收账款融资便利的跨国公司,需要进行资金预算和评估。主要通过以下五个步骤对国际信用条件的成本和效益进行比较:①计算现有商业信用的成本;②计算修改信用政策后商业信用的成本;③计算信用政策修改前后商业信用成本的增减;④计算修改信用政策前后效益的增减;⑤只有当信用政策修改导致效益的增加超过了成本的增加,才应采用新的信用政策。

9.3.2 国际存货管理的主要内容

存货包括原材料、半成品、在产品、产成品、包装物等。理论上,跨国公司所面临的存货管理问题与国内公司相比并没有什么特别之处,但跨国公司对海外存货控制和周转要比国内困难得多,主要是因为公司运作的环境发生了很大的变化,如周期长且变化多端、进口控制、高关税、供应环节增多、期望汇率变化等不确定因素大大增加。例如,如果预测当地货币可能贬值,跨国公司财务管理人员就要决定是否预先进口购入存货,以避免贬值后以更多的当地货币去购买。但货币贬值往往伴随着通货膨胀和利率水平的增加,提高存货水平也将增加企业的持有成本。甚至会出现东道国政府在货币贬值后进行价格管制,使原进口存货无法以现行较高的价格出售。更糟的是,预期的贬值没有发生,留下大量过剩的存货有待处理。

1. 存货控制和生产地点

许多跨国公司为了利用低廉的劳务成本、避税港、低利率贷款和东道国政府的优惠政策而致力于在海外生产,但是有些跨国公司现在已经意识到,低廉的制造成本仅仅是决策考虑的一个方面。海外生产还需考虑诸如国际海运的拖期、供应中断的可能性增加、需持有比国内制造更多的存货等因素。

2. 预先购入存货和存货的储存

在许多发展中国家，外汇的远期合约是不适用的或者根本不存在。另外，在资金自由返回和将货币转换成比较坚挺的货币等方面也存在许多限制。预先购入存货可以在当地货币贬值的情况下锁定其本币价值，并能使存货在当地货币价格上升中增值，这将不失为跨国公司进行套期保值的方法之一。

由于较长的在产品存货周转期（即原材料或半成品采购至产成品销售的期间）、船运的经济批量、外汇控制等因素都有可能引起的供应中断，使跨国公司对制定最佳的存货储存政策更为重视。从生产和销售角度看，对供应中断风险的对策一般采用以上提到的预先购买，但也会引起诸如筹资、保险、仓储、变质等储存成本的增加。如果忽视资金占用等储存成本，公司经理就可能片面地为预防缺货或供应不足而积压大量的存货。跨国公司最佳存货储存成本应建立在储存成本与缺货成本的权衡之上。显然，随着供应中断概率的增加或持有成本的下降，应预定更多存货；同理，当缺货成本上升或预计未来会涨价时，也将增加存货的储存。如果以上条件发生反向波动，尽量减少存货的储存。

处于通货膨胀和货币贬值的环境下，公司管理层应对存货管理的方法进行调整。在某些情况下，管理层可以选择维持存货和预定水平远远超出所谓经济订货批量模型的要求。在当地货币可能贬值的情况下，管理层必须决定是否应根据贬值的预测建立起进口项目的存货。因为当本币贬值后，从本币的意义上来看进口货物将变得更为昂贵。但是存货水平的上升和由贬值预期引起的当地利率上升都是建立存货的持有成本。

3. 防止价格冻结

建立存货的另一不太明显的成本是当地政府可能在贬值后冻结价格，冻结价格是为了防止已进口的存货获取暴利。为了防止可能的价格冻结，管理层可能把进口货物以高于当地价格水平计价，而实际销售价格将在公开定价上取一折扣而定。一旦贬值发生，销售继续以已宣布的价格进行，但折扣随之取消。这一围绕价格冻结制定的对策只有在冻结是针对已有价格而不是有效市场竞争价格的基础上才能奏效，也就是说，这一对策并不能保护企业免遭针对市场竞争性价格的冻结。如果进口存货是一种商品，另一种策略就是在商品远期市场上购入这种商品。即使当地价格被冻结，远期合约可以在海外以与商品标价货币相同的货币出售。另外，如果当地价格控制的依据是允许有超过成本以上一定的涨幅，那么在行使远期合约的同时以较高的当地货币价格进口该商品，因为进口价格将成为涨价的依据。如果有该种商品期权存在，也可以取得相同的效益。当然需要将期权的某些成本与远期合约的损益进行比较。

9.4 跨国公司资金转移方案设计

9.4.1 股利支付与纳税策划

东道国的税法会对跨国公司的股利决策产生影响。例如，德国对分配的利润按较低税率征税，而对留存利润则按较高税率征税。当然，母国的税法同样对决策产生影响。

【例 9.1】 一家英国跨国公司的产品销往全球,该公司有三家分别位于德国、爱尔兰和法国的子公司,今年各获得税前利润 200 万英镑,都有能力向母公司返还利润。母公司决定选择从这三家公司总共汇回 100 万英镑的股利,并使总体税负最小化。爱尔兰子公司所有收入都来自出口,爱尔兰政府为了鼓励出口,规定为出口商品所获利润提供 15 年免税期,爱尔兰子公司的利润可以免税,且从爱尔兰汇回的股利无预提税。德国子公司面临的是一种分离的公司所得税税率,留存利润为 50%,股利为 36%,再加上股利返回时征收的预提税税率 10%。法国子公司的所得税税率为 45%,股利汇出征收的预提税税率为 10%。请比较以下方案:

(1) 从德国子公司汇回 100 万英镑、其他公司全部不支付股利的税负情况;
(2) 从爱尔兰子公司汇回 100 万英镑、其他公司全部不支付股利的税负情况;
(3) 从法国子公司汇回 100 万英镑、其他公司全部不支付股利的税负情况。

解:
(1) 方案一:从德国子公司汇回 100 万英镑、其他公司全部不支付股利情况:

德国子公司的所得税 = 100 万英镑 × 50% + 100 万英镑 × 36% = 86 万英镑;预提税 = 100 万英镑 × 10% = 10 万英镑;总税款 = 96 万英镑;爱尔兰子公司的总税款为 0;法国子公司所得税 = 200 万英镑 × 45% = 90 万英镑;预提税 = 0;总税款 = 90 万英镑。因此,全球总税款 = 96 万英镑 + 0 + 90 万英镑 = 186 万英镑。

(2) 方案二:从爱尔兰子公司汇回 100 万英镑、其他公司全部不支付股利情况:

德国子公司所得税 = 200 万英镑 × 50% = 100 万英镑;预提税 = 0;总税款 = 100 万英镑;爱尔兰子公司的总税款为 0;法国子公司的所得税 = 200 万英镑 × 45% = 90 万英镑;预提税 = 0;总税款 = 90 万英镑。因此,全球总税款为 190 万英镑。

(3) 方案三:从法国子公司汇回 100 万英镑、其他公司全部不支付股利情况:

德国子公司的所得税 = 200 万英镑 × 50% = 100 万英镑;预提税 = 0;总税款 = 100 万英镑;爱尔兰子公司总税款为 0;法国子公司的所得税 = 200 万英镑 × 45% = 90 万英镑;预提税 = 100 万英镑 × 10% = 10 万英镑;总税款 = 100 万英镑。因此,全球总税款为 200 万英镑。

由于方案一的全球总税款最低,所以方案一为最佳。

9.4.2 被锁定资金的策略

当某些国家发生外汇短缺和无法借入或吸引新的外资时,一般会限制外汇从该国流出。理论上可能是针对所有企业的而不是仅针对跨国公司,但是,跨国公司受到的伤害会更大。根据外汇短缺的程度不同,东道国政府可能对所有汇往境外的资金进行评估。在非常特殊的情况下,政府可能不允许其货币自由地兑换成外汇,完全锁定资金流向国外的通道。介于两者之间的是限制股利、债务的分期偿还、专利权使用费和服务费等。

跨国公司针对被锁定资金的可能性,会作出两种选择:①在投资前,跨国公司分析被锁定资金对投资的期望收益、理想的当地筹资结构和与子公司最佳关系等的影响,得出预投资战略;②在经营期间,跨国公司必须再投资于当地国家避免损失。

1. 预投资战略

跨国公司预投资战略是指通过预先确定与子公司间的购销关系、增加当地借款、互换协议等方式，以提高被锁定资金的利用效果。虽然资金的临时性锁定降低了这些资金的获利机会，但如果合理制定预投资战略，被锁定资金的投资期望收益率还是有望超过同类资金的必要收益率。

2. 被锁定资金的相关措施

跨国公司在受到资金转移限制后，如何操作呢？我们前面已经讨论过常用方法：如支付股利、转移价格、提前和拖后支付、平行贷款等。这里讨论创造不相关的出口、特殊投资增加谈判筹码、被迫再投资等其他措施。

（1）创造不相关的出口

创造不相关的出口是使跨国公司子公司和东道国都能从被锁定资金中获益的一种方法。如果东道国是出于无法挣得紧缺外汇的原因而对外汇实施严格管制的话，当跨国公司有能力增加从东道国的出口以帮助当地改善这一状况时，同时也为自己提供转移资金的潜在机会。

一部分出口可以由现有生产能力来完成，而另一些出口任务则不得不要求增加投资。但是，再投资的资金往往原本就是被锁定的资金，被利用机会不多，资本成本也不高。例如，巴西政府对外汇进行管制，一家在巴西的跨国公司利用被锁定的资金在当地建立研究开发机构，并派往巴西研究人员，根据当地的利润来支付雇员的薪水和其他成本。该研究机构可能被用来向跨国公司在法国和日本的子公司，提供设计和技术服务。与出口效果相同的是只需利用较少投资，就能提供某些服务。例如，巴西的子公司可以在当地为其母公司举行会议或提供其他便利。跨国公司的雇员可被派往巴西度假，另外，在全球各地的子公司雇员尽可能乘坐巴西 Varig 航空公司的航班，由在巴西的子公司代购机票，并支付巴西货币雷亚尔。所有这些活动对巴西也是有利的，因为这些活动提供使用雷亚尔的机会并给当地创造收益。

易货贸易也是跨国公司利用被锁定资金的另一方法，或许巴西并不允许其咖啡等在世界市场上能挣得硬通货的商品进行易货贸易，它可能会允许原来并不易出口的商品进行易货贸易。例如，巴西纺织企业可以利用其纺织品交换跨国公司在巴西子公司的设备。通常，跨国公司本身并不从事纺织贸易，但可代理母国市场的纺织品销售。

（2）特殊投资增加谈判筹码

如果所有努力都失败了，但考虑到跨国公司所从事的行业对东道国经济发展非常重要时，公司可以此为讨价还价的筹码，要求抽回部分被锁定资金。显然，那些从事远程通信、半导体技术等高科技行业的公司比从事成熟行业的公司要有利得多。

（3）被迫再投资

为被锁定资金寻找出路或者试图通过特定方法和技术来调整资金的头寸，都可能使跨国公司增加其政治风险，甚至会导致资金从部分锁定的状态进入全部锁定。因为这些合法的行动却阻挠当地政府的控制，跨国公司必须评估由此产生严重后果的可能性。而且在东道国政府看来，跨国公司及其子公司始终是潜在的抽资对象。如果资金确实被锁定,进入被迫再投资的状态。

此时,公司必须寻找在风险一定条件下收益率最高的当地投资机会。如果预期资金的锁定是临时性,最直接选择是投资于当地的货币市场。不幸的是,在许多国家中当地的货币市场无论是交易质量还是流动性方面都不尽如人意。在某些国家,政府债券、银行存款等短期金融工具所产生的收益率相对于通货膨胀率或汇率的变化而言被人为地压低。因此,公司在资金被锁定期间的实际价值被降低。被迫再投资也可以采取直接贷款的方式,如平行贷款和福罗廷贷款等。如果债券、银行存款或与其他公司之间的直接贷款等方式也不可行,就要考虑增加生产设备方面的投资,这或许正是当地政府进行外汇控制的最终意图。如果扩大当地生产规模的机会都不存在,资金可以用于获取其他能使公司资产免遭通货膨胀影响的资产,如土地、办公楼等。

9.4.3 充分利用全球资金转移政策

跨国公司财务经理面临的任务是整合各种投融资的途径和方法,实现公司整体价值最大化。主要涉及四项决策:①应该转移多少资金;②何时转移;③转移到何处;④采用何种资金转移的途径和方法。

为了有效利用内部财务体系,跨国公司必须对资金转移进行系统的可行性研究,比较资金在各子公司之间和在母公司与子公司之间配置的价值高低。在实务中,许多跨国公司在决定其股利汇回方案时并没有考虑何种转移功能的组合对公司整体价值更为有利。跨国公司面临非常复杂的财务体系,如只有一家子公司的跨国公司有 10 个财务途径,有两家子公司的跨国公司就会产生 30 个财务途径,一家有 3 个子公司的跨国公司就会有 60 个财务途径,推论至一个有 n 个子公司的跨国公司即会有 $10n(n+1)/2$ 个财务途径。实际经营中,跨国公司子公司的数量要比前例多出几倍,关系更为复杂。有些跨国公司选择了回避矛盾的做法,比如,简单地允许子公司保留足够的现金以应付供求,剩余部分汇回母公司。但是,跨国公司内部组织的复杂性往往隐含了巨大的增值潜能和空间,因此,充分利用资金转移方式可以使跨国公司取得最大利益。

1. 筛选真正有用的财务途径

基于法规的限制和公司特殊的情况,许多财务途径是不起作用的。如两家分公司之间没有贸易往来,限制转移价格的运用,还有些财务途径也会因政府严格的控制而失效。此外,不同的财务途径有着不同的成本和效益,有些财务途径特别适合于回避外汇管制,另一些财务途径则适合于降低税收。如果财务途径适合于资金双向流动,则会给企业带来较大的灵活性。当然,资金通过财务途径的数额越高,对财务资源配置的价值就越高。

跨国公司内部交易随着市场扩展和制造过程调整而发生变化。当跨国公司国际化程度提高时,子公司之间贸易和资金流动也会增加,不同股权结构对资金流动也会产生不同的限制。100%拥有控股权的子公司受到限制较少,而对于合资企业来说,资金流动需要在合资各方相互认同的前提下进行。此外,产品或服务标准化程度越高,跨国公司对转移价格、管理费等掌控的自由度就越小。相反,一家具有科技创新、产品高度差异化和产品寿命周期较短的企业灵活利用资金转移的能力会越强。

2. 因地制宜做出决策

许多情况并不一定都要借助于数学模型来寻求合适的方案,而是要通过发现问题,就能及时做出判断,快速作出决策。比如,当资金受到冻结、投资机会缺乏或者当地税率极高时,对策就是尽可能地将资金和利润转移到别处;当存在融资的信用评级时,应尽可能改善当地的财务状况,保持低成本的融资途径。如果能投入一定的人力,优化管理信息系统,则可以构成更为完整的规划基础。为了及时作出判断和决策,要求跨国公司有很详尽的信息管理能力。如动态掌握子公司融资需求、外部信用贷款的来源和成本、当地投资的机会成本、适用的筹资途径、税务因素、政府对资金流动管制的法规和动向。

3. 妥善处理各方利益

资金转移机制的构建和实施会导致跨国公司内部的利益重分配。尽管跨国公司财务管理的目标是整体利益最大化,但如果没有兼顾各方利益,即使对公司整体有利的方案,也会遭到相关子公司的反对和各种形式的阻力。因此,跨国公司在构建资金转移机制的同时,也要配备相应的绩效评估机制和明确权责。

思考题

1. 跨国公司营运资金管理的优势体现在哪些方面?
2. 跨国公司采用特许使用费和母公司管理费时应该考虑哪些因素?
3. 跨国公司内部资金流动方式有哪些?
4. 简述国际现金池的作用。
5. 什么是净额支付?它是如何提高跨国公司的业绩的?
6. 简述跨国公司的应收账款管理的主要内容。
7. 简述跨国公司的存货管理的主要内容。
8. 讨论以下两种管理方式,并说明你支持和反对的理由:①跨国公司采用集中现金经理制来处理其子公司的所有投资和筹资事务;②每家子公司都设一名地区经理,负责当地子公司的现金管理。
9. 理解跨国公司资金转移政策。

第10章 国际税收管理

国际税收是国家税收体系一个重要的组成部分。特别是"二战"后,随着跨国公司的发展、经济区域化及税收一体化、国际双边税收协定网络的不断拓宽等一系列因素的促进,国际税收得到进一步的发展,成为跨国公司管理一个重要的研究对象。国际税收环境对跨国公司的税收计划制订等方面起到重要作用。本章主要介绍各国税收制度与跨国公司针对的税收管理和纳税策划。

10.1 国际税收概述

10.1.1 国际税收概念、目的和环境

1. 国际税收的概念

国际税收的概念有广义和狭义两种。狭义的国际税收仅涉及所得税,广义的税收还涉及商品税,是指两个或者两个以上国家与从事跨国经济活动的纳税人之间形成的征纳关系,以及国家间关于税收收益分配的关系。本书采用广义的国际税收概念。

广义的国际税收概念包含以下四层含义。

(1) 国际税收不能离开国家而独立存在。国际税收没有也不可能有自己的、独立于国家税收特定的征收者和缴纳者,国际税收只能依附于国家税收的征收者和缴纳者。

(2) 国际税收关系的发生不能离开跨国纳税人。跨国纳税人通常只分别承担某一国的纳税义务,从而这个国家也就不可能由此发生与其他国家之间的税收关系。只有同一主体的跨国纳税人,在同时承担几个国家的纳税义务条件下,才有可能引起几个国家之间的税收分配关系,即国际税收所依附的国家税收中的缴纳者必须是跨国纳税人。

(3) 课税对象具有跨国性。国际税收的课税对象是跨国纳税人取得的跨国所得和拥有的跨国财产,换言之,所得来源地或财产所在地与所得或财产所有者的居住国或国籍国不一致。这样,导致重复征税问题的产生。

(4) 国际税收是关于国家之间的税收利益分配关系。只有当一个国家对其管辖范围内的跨国纳税人课税对象课税,并涉及另一相关国家财权利益,需要协调国家间的税收利益分配关系时才属于国际税收,主要由有关国家政府通过签订税收协定来处理。

2. 国际税收的目的

国际税收的本质就是税收收益跨国间分配,促进国际贸易和投资正常发展。国际税

收基本目的就是税收中性和税收平等。对于这两个目的,不应该顾此失彼,否则会对国际贸易和投资活动产生消极影响。

(1) 税收中性

税收中性建立在经济效率和平等的理论基础上。税收中性由以下三个标准决定。

第一,资本输出中性。它指一个理想的税收应该有效地增加政府的收入,对纳税人的经济决策过程没有任何负面影响。也就是说,一个好的税收在提高政府收入方面是有效率的,并不阻碍资源的有效配置。显然,资本输出中性是基于全球经济效率的。

第二,国家中性。它指应税所得应该被税收机构以同样的方式征税,不论它是在世界上哪个国家获得。理论上,国家的税收中性建立在平等原则上,但是,它也是个难以应用的概念。例如,在美国,来源于外国的收入与在英国国内所得的收入以相同的税率课税,而且还可以利用外国税收抵免来进行抵扣,但抵免额不超过在美国国内收入所应付的税额。因此,如果美国税收当局不对外国税收抵免进行限制,美国的纳税人将不得不负担起一部分美国跨国公司的外国所得收入的税收负担。

第三,资本输入中性。它指一个东道国对于跨国公司的分公司税负应该对不同国籍的公司一视同仁,均与位于本国的企业相同。资本输入中性意味着如果美国跨国企业的境外所得,在美国的应缴税率高于其分支机构在东道国的应缴税率,对超出外国税务局征收部分的额外税收不应该在美国被征收。不过,履行资本输入中性意味着一个主权政府在其本国跨国公司的外国收入来源上听从外国税收当局的税收政策,并且国内的纳税人最终在整体税收负担上支付更大的比例。显然,税收中性的三个标准并不总是互相一致的。

(2) 税收平等

税收平等的基本原理是所有处于相似位置的纳税人应该依据相同规则分担政府运作的成本。操作上,这意味着不论跨国公司的分支机构在哪个国家取得应税所得,应适用相同税率和纳税日期。跨国公司的外国分支机构赚到的一美元与国内分支机构赚到的一美元按同样的规则纳税。税负平等的原则难以应用,跨国公司会同时面临两种情况:税负不足及税负过重。为此,跨国公司将采用不同的组织形式加以规避。

3. 国际税收环境

跨国公司或国际投资者面临的国家税收环境,指跨国公司开展经营或投资者拥有金融资产的所在国政府所行使的税收管辖权。有两种基本的税收管辖权:全球性税制和地区性税制。如果所有的国家都同时采用两种方式,除非建立某种机制来加以防止,否则将导致双重征税。

(1) 全球性税制

行使税收管理权的全球性税制,是对本国居民取自全球各地的收入进行征税。按照这一税制,该国的税务机构向居民和企业行使税收管辖权。拥有许多附属机构的跨国公司得在本国为其国外所得缴纳税收。显然,如果其国外附属机构的所在国也对在其境内取得的所得征税,那么除非建立了防范机制,否则就存在双重征税的可能性。

(2) 地区性税制

行使税收管辖权的地区性税制,是对在该国境内取得收入的所有国内外纳税人课税。

因此,不论纳税人的国籍如何,如果所得税是在一国国境内获得的,那么就由该国征税。依据这种方式,该国税收机构对发生在该国境内的交易行使税收管辖权。由此,本地企业和外国跨国公司的本地附属机构就得在收入来源国纳税。显然,如果外国附属机构的母国对全球性收入征税,除非建立了防范机制,否则就存在双重征税的可能性。

10.1.2 国际税收的种类

各国政府普遍采用四种基本的税收种类:公司所得税、预提税、增值税及资本利得税。

1. 公司所得税

公司所得税是以自然人和法人的收入所得为征税对象所征收的税。所得税并不是一个税种,而是一个综合的名称。所得税体系内包括各种所得税,诸如个人所得税、公司所得税等。许多国家通过对个人和企业所得征收所得税获得其税收收入的重要部分。所得税是一种直接税,也就是由纳税人或缴税者直接支付的一种税。该税对积极所得课征,即来源于企业或个人提供的产品或服务的所得。所得税在一些国家里成为税收制度的中心,在多数国家的税收来源中占有举足轻重的地位。例如,美国联邦税收入的主要来源是公司和个人所得税,此外,还有间接税。

(1) 根据课征的方式分类

根据课征的方法,可将所得税分为分类所得税、综合所得税和分类综合所得税。

① 分类所得税,即根据所得类型不同,按不同税率和方法进行课征,从而形成诸如工薪所得税、利息所得税等个人所得税制的子税种。其一般采用源泉课征法,课征简便,节省征收费用。现在采用纯粹分类所得税的国家很少,香港特别行政区现在采用的就是此类税收制度。

② 综合所得税,即对纳税人所得不加以区分,将其所得汇总以后按统一的税率和方式征税。其特点是课税范围广,能体现按纳税能力课税的原则。缺点是课税手续烦琐,征收费用较多,对征管的要求也较高。

③ 分类综合所得税,即按纳税人的全部应税所得分成若干部分,每部分可以包括一类或几类所得,各部分按不同的税率和方式征税,实际上是对分类法及综合法的综合使用。其优点是坚持一方面按纳税能力课税的原则;另一方面又实现不同性质的收入加以区别对待。因此,分类综合所得税制度已经成为广泛使用的一种所得税制度。

(2) 各个发展中国家间的公司所得税率差距较大。

一些国家公司所得税较高。一些国家和地区为刺激当地企业的发展或者吸引跨国公司在当地直接投资,实行极低公司所得税,甚至根本不征收公司所得税。

普华永道(Price Waterhouse Coopers)每年出版的《公司税收:世界范围的概要》(*Corporate Taxes: Worldwide Summaries*)详述大多数国家的税收规则。表 10.1 来自此书,它列出了 54 个国家和地区的正常标准或代表性的最高边际所得税税率。国家税率差别很大,从零税率的税收天堂如巴林、百慕大群岛、英属维尔京群岛以及开曼群岛到许多税率超过 40% 的国家。中国现行的边际税率为 30.9% 处于大多数国家征收的税率的平均水平。需要注意的是,在一些国家对公司的收入所得还附征一定的地方税,尽管计算向国家缴纳的应税收入时,地方征税的部分会被扣除。但是,实际上整个税率是有所提高的。

表10.1 世界54个国家和地区的企业所得税税率

国家和地区	企业所得税税率	国家和地区	企业所得税税率
阿根廷	35	墨西哥	35
澳大利亚	30	荷兰	34.5
奥地利	34	新西兰	33
巴哈马	0	挪威	28
巴林	0	巴基斯坦	45
比利时	40.17	巴拿马	30
百慕大	0	巴拉圭	30
巴西	15	秘鲁	27
加拿大	33.9	菲律宾	32
开曼群岛	0	波兰	28
智利	18	葡萄牙	33
中国	30.9	俄罗斯	35
捷克	31	新加坡	19.5
丹麦	30	南非	30
芬兰	29	西班牙	35
法国	35.43	斯里兰卡	39.88
德国	26.38	瑞士	26
中国香港	16	中国台湾	25
匈牙利	18	泰国	30
印度	35.7	土耳其	43.18
印度尼西亚	30	乌克兰	30
爱尔兰	16	英国	30
意大利	36	美国	35
日本	46.7	乌拉圭	30
韩国	30.8	委内瑞拉	34
卢森堡	22.88	越南	32
马来西亚	28	瑞典	28

资料来源:Price Waterhouse Cooper,Corporate Taxes:Worldwide Summarise,2002。

一些发展中国家为吸引投资而给予外国投资一定的免税期(tax holidays)。在免税期内(通常为外商投资企业成立后前几年),对外国投资企业免征所得税。给予外商投资企业的另一税收优惠是允许加速折旧。加速折旧可以使纳税企业在固定资产使用初期比后期缴纳较少的所得税款。这样,企业在此期间可以自由使用相当于缓缴税额那部分资金,这等于给纳税企业一笔无息贷款。例如,中国的中外合资企业所得税法规定,对新开办的合营企业,凡合营期在10年以上的,从开始获利年度起,第一年和第二年免税,第三年至第五年减半征税。这样前五年的所得税的平均税负率为9.9%,大大低于以低所得税率著称的香港。

各个发展中国家在涉外税收优惠方所做出的法律规定,虽然不尽相同,但是从本国利益出发则是各发展中国家的共同出发点。涉外税收优惠从本国利益出发有两方面的含义:一方面是避免不必要的税收损失;另一方面是税收优惠的幅度对国际投资者要有吸引力。因此,许多发展中国家在制定有关涉外税收优惠时都力求避免做全国性的统一规定,而是采取灵活处置的态度,根据不同的情况给予不同的税收优惠。概括来讲,发展中国家通常从下面五个方面实行税收优惠政策:①按不同行业与企业给予税收优惠;②按不同地区给予税收优惠;③按投资额大小给予税收优惠;④鼓励利润再投资的税收优惠;⑤按经济效益给予税收优惠。

2. 预提税

预提税是向在一国税收管辖权内的另一国个人或企业的消极所得课征税收。消极所得包括股票和利息收入以及特许权、专利权所得或版权所得。预提税是间接税,即一项由纳税人以消极所得产生的税,该税从企业支付的纳税款项中扣除并由当地税收局征收,即在企业的投资者支付回报时扣缴。预提税保证当地税收当局能取得在其税收管辖权内发生的消极所得的税额。预提税的设置原因很简单,即各国政府为最低的税收支付而设置。许多国家与其他国家有税收条约,确定适用于各种形式消极所得的具体税率。美国与部分签订条约的国家预提税的税率见表10.2。

表 10.2　美国与部分签订条约的国家预提税的税率

国家	股利		利息收入	特许权收入
	投资组合	直接投资		
非缔约国	30	30	30	30
澳大利亚	15	15	10	10
比利时	15	5	15	0
百慕大	30	30	30	30
加拿大	15	5	15	0
中国	10	10	10	10
捷克	15	5	0	0
丹麦	15	5	0	0
埃及	15	5	15	0
芬兰	15	5	0	5
法国	15	5	0	5
德国	15	5	0	0
匈牙利	15	5	0	0
印度	25	15	10	10
印度尼西亚	15	10	10	10
意大利	15	5	15	10
日本	15	10	10	10
韩国	15	10	12	10
卢森堡	15	5	0	0
墨西哥	15	5	15	10

续表

国家	股利		利息收入	特许权收入
	投资组合	直接投资		
摩洛哥	15	10	15	10
荷兰	15	5	0	0
新西兰	15	15	10	10
挪威	15	15	0	0
巴基斯坦	30	15	30	0
菲律宾	25	20	15	15
波兰	15	5	0	10
葡萄牙	15	10	0	10
俄罗斯	10	5	0	0
南非	15	10	0	0
西班牙	15	10	0	10
瑞士	15	5	0	0
瑞典	15	5	0	0
泰国	15	10	10	8
土耳其	20	15	10	5
乌克兰	15	5	0	10
英国	15	5	0	0
委内瑞拉	15	5	4.95	5

资料来源：Price Waterhouse Cooper, Corporate Taxes：Worldwide Summarise, 2002。

3. 增值税

增值税（VAT）是一项对商品（或劳务）在不同生产环节转移时价值增加部分课征的间接税。实行 VAT 有几种方式。"扣除法"是实践中常用的方式。欧洲各国大多对其境内非缔约国的跨国公司征收增值税。对非税收缔约国的增值税在欧洲各国盛行，主要具备以下几个优点。

（1）增值税可以出口退税

按照关税和贸易总协定（GATT）的规则，商品出口时，可以退回增值税，出口商品的有效税后成本比在国内销售的同样商品的成本降低了。这有助于促进出口，加强出口商品在国际市场的竞争能力。GATT 并不允许把直接税收，如公司所得税，在商品出口时回扣给出口商。

（2）增值税相比所得税具有的优势

所有的消费品都被征增值税，销账、加速折旧、损失结转和人为转移价格等，都不能逃避增值税。盈利与不盈利的公司，不管它们的资本结构如何，征税时被同样对待，迫使盈利状况不佳的企业努力改进经营，否则就会更快地破产。从国民经济的观点看，这有利于有限的经济资源以较优的方式分配。相比而言，增值税鼓励储蓄，减少不必要的消费，而个人所得税，则抑制储蓄，因为储蓄收入是要交所得税的。而且，增值税比所得税更容易征收，生产和销售过程的每一环节都有为了获得最大税收折扣而获得前一环节支付增值税证明的要求。

(3) 增值税相对容易理解、计算和征收

在欧洲各国，增值税在政治上比其他间接税更易被接受。当然，增值税也存在一些问题。首先，几乎每个引进增值税的国家都出现通货膨胀率上升的现象。例如，在1971年，比利时实行增值税后，头3个月的物价水平以年7％的速度上升。1969年，荷兰采纳增值税后，消费品价格水平上升8％。在斯堪的纳维亚国家也出现同样的趋势。德国通货膨胀率增长的程度稍小一些。增值税的另一问题在于，并不是所有的国家都采纳同样的增值税率。例如，在丹麦增值税率为25％，但在德国增值税率只有16％。结果，丹麦消费者发现到德国购物更省钱。丹麦消费者不断要求政府降低增值税税率。

【例10.1】 考虑对一种经过三个生产环节的消费品征收15％增值税的例子。假设环节一是按每单位生产成本100欧元的价格向制造商出售原材料。环节二是按300欧元的价格将产成品出售给零售商。环节三则是向最终消费者按380欧元的价格进行零售。在环节一中，价值增加100欧元，产生15欧元的增值税；在环节二中，增值税是300欧元的15％，即45欧元，再减去环节一所发生的15欧元增值税。在环节三中，零售商增值的80欧元的增值税为12欧元。由于最终消费者支付380欧元的价格，实际负担了总共57欧元(15＋30＋12)的增值税，即380欧元的15％。显然，增值税相当于课征了该国的销售税。表10.3总结了增值税的计算。

表10.3 增值税的计算

生产环节	销售价格	价值增加	增值税增量
一	100欧元	100欧元	15欧元
二	300欧元	200欧元	30欧元
三	380欧元	80欧元	12欧元
			增值税总额：57欧元

4. 资本利得税

资本利得税是针对出售资本项目所得收益征收的税款，出售资本项目所得收益是指出售房屋、机器设备、股票、专利权和商标等资本所得到的毛收入，减去原有配置原价(折旧、摊销后的账面净值等)剩下的部分。有些国家专门对资本利得税开设为一个单独的税种，例如，美国的资本利得税或称财产收益税，有些国家并不单独设立这一类税种，而是将公司资本利得归入公司的一般经营性收益或所得中，一起按所得税条例进行征收。还有一些国家(例如，英国)为了鼓励资本流入，对资本利得免税。

专栏10-1

安永：一带一路企业需要解决国际化税务问题

据国资委近日发布的《"一带一路"中国企业路线图》，80多家央企已在"一带一路"沿线国家设立分支机构。商务部8月19日披露，今年(2015年)前7个月，中国企业对"一带一路"沿线的48个国家进行了直接投资,投资额合计85.9亿美元,同比增长29.5%。

随着越来越多的中国企业走出国门,在拓展海外投资业务的同时,复杂的国际税收成为企业面临的一个重要问题,如何在全面了解投资目标国税务体系的基础上,设计出税务成本合理且风险可控的控股及融资架构,已经成为中国企业走出去过程中不可忽略的重要环节。

安永在《投资一带一路 安永税务手册》中提到,在"一带一路"的国际化过程中,公司管理层往往需要在机遇与风险中寻求平衡,而风险之一就是税务风险。当今的商业环境复杂多变,管理层需要适应变化并解决全球性的业务问题,这其中就包括需要制定与公司战略相吻合的税务策略,以及寻求既能够控制风险,又能让企业在全球范围内达到税务优化的税务策划方案。

随着我国国际税收体系的不断完善,以及我国企业在国际经济交往中的不断深入,税收协定的作用日趋显现。但与此同时,在阐释和应用税收协定时各国出现的分歧或争议也逐渐增多。为了更好地解决这些分歧和争议,保护我国纳税人的合法权益,国家税务总局制定了与对方国家税收主管当局进行互相协商的争议解决机制,为"走出去"企业带来了福音。

《手册》中介绍到,针对一些跨国税收的常见问题及风险,我国制定了越来越完善的境外投资所得税政策及税收征管政策,包括境外税收抵免、受控外国企业以及境外注册中资控股居民企业等,进一步加大国际反避税领域的监管力度。这也意味着,对外投资企业在"走出去"过程中需格外重视这些正在不断更新的政策、法规。

安永大中华区税务服务主管合伙人唐荣基表示:对于中国企业而言,"一带一路"战略是难得的发展机遇,它的开发与建设,必然会给沿线国家和我国各类国营和民营经济体带来更多发展机遇。

资料来源:中国经济网,2015年9月7日。

10.2 国际双重课税

10.2.1 国际双重课税产生的原因

国际上普遍采用的国际双重课税的定义是1963年经济合作与发展组织(OECD)在《关于所得和资本的双重征税协定草案的报告》中所作的定义,认为国际双重课税是指"两个(或两个以上)国家,对同一纳税人,就同一征税对象,在同一时期课征相同或类似税收"。在国际经济的交往中,国际双重课税是比较普遍的现象,它加重了跨国纳税人的税收负担,使得跨国纳税人的同额收益或同一财产的国际性税负高于仅在一国所应承担的税负,这一现象有悖于税负公平的原则,产生这一现象的主要原因如下。

(1)纳税主体和征税对象的国际化及各国所得税制的普遍化是国际双重征税产生的前提。随着国家间经济交往日益频繁,一个国家的企业或个人从其他国家取得收入的现象日益增多。当纳税人在其居住国以外的一国或数国获的所得或拥有财产时,就要对两个或两个以上的国家负有双重或多重的纳税义务,就产生了国际双重征税问题。可以说跨国纳税人和跨国征税对象的出现使国际双重征税的产生成为可能。而各国所得税制的建立又使国际双重征税的产生成为现实。目前已有130多个国家建立了所得税制。许多发达国家都建立了以所得税为核心税种的税法制度。

(2) 各国税收管辖权的重叠是国际双重征税产生的直接原因。即使跨国纳税人同时在居住国及其他国家获得所得，即使这些国家都建立了所得税制，如果这些国家的税收管辖权不存在重叠，也不会产生国际双重征税。不同的国家根据本国的经济、政策或者历史等原因往往实行不同的税收管辖权，难免会存在交叉重叠。根据行使税收管辖权的原则及税收管辖的范围、内容的不同，目前世界上主要存在三类税收管辖权：所得来源地税收管辖权、居民税收管辖权和公民税收管辖权。如果世界各国都行使单一的税收管辖权，也不会产生国际双重征税。但是税收管辖权是一国主权在税收领域的体现。因此各国都有权根据本国的情况选择一种或是几种来行使。目前，多数国家都同时行使所得来源地税收管辖权和居民税收管辖权。所以国际双重征税在很长一段时间内将继续存在。

当前世界各国处理双重（重复）征税问题时共同遵循的一条基本原则是属地优先原则(territoriality supremacy principle)，即当一国政府行使居民或公民税收管辖权对本国居民或公民纳税人在世界范围内的所得征税时，对其中来源于外国的部分，应优先考虑有关国家行使地域管辖权对此已征税的事实，允许这部分在国外已纳税的所得免征或减征本国税收。此外，贯彻属地优先原则实际上意味着将对居民或公民的课税范围限制在本国的地域管辖权实施范围内。因此，它不仅可以避免因居民或公民管辖权与地域管辖权的冲突而引发国际重复课税，还可以避免因居民或公民管辖权与居民管辖权的冲突而引起国际双重（重复）课税。

专栏 10-2

离岸还是在岸：关键在于程度大小

精确地讲，离岸金融中心是什么呢？广义而言，离岸金融中心是指汇聚了大量外国资金（几乎包括世界上任何资本）的金融中心。纽约、伦敦和中国香港等地接洽的许多业务都来自美国、英国或中国之外。

毫无疑问，英国是全球最大的个人避税天堂之一。那些所谓的"非本地居民"（生活在英国但自称居住海外的人）不需要为其海外收入纳税。美国之所以能够吸引大量海外资金是因为对外国人在银行的存款征收非常低的税。这样，外国人在美国的银行存款高达 2.5 万亿美元，是外国人在瑞士的银行存款的两倍多。

就像许多人所理解的那样，离岸金融中心就是一个小型的金融管辖区，其中的大部分机构都为非本地居民所控制，而且这些结构多隶属金融业或出于金融目的而设立。此外，这些金融机构所控制的业务量远远超出本地经济的需要。

以上所有的这些特征再加上低税或者免税使得离岸金融中心被视为"避税"天堂。尤其当它们拥有严格的银行保密制度以及对境内商业活动宽松的监督和管理时，离岸金融中心更是如此。例如，巴拿马一直允许匿名持有和交易无记名股票。

作为致力于监控全球金融市场所面临威胁的组织，金融稳定论坛(FSF)将 42 个金融管辖区列为离岸金融中心。经济合作与发展组织于 2000 年将 35 个金融管辖区列为"避税天堂"。许多金融管辖区既出现在经济合作与发展组织的名单上，也出现在 FSF 的名单上。

区分离岸和在岸金融中心是非常困难的。正如某位欧洲银行的管理者说:"这里的关键在于程度,而不在于数量问题。"例如,许多人认为百慕大是离岸金融中心,但百慕大有成群的专业精算师可提供再保险风险核算方面的专业服务。金融业税收占全部税收一半多的泽西岛拥有专业化的银行产业,在纳税方面与其他政府进行合作,而且还要求银行和其他注册机构以"真实身份"在该岛进行商业活动。

更让人吃惊的是,有些金融管辖区涉及多个领域。卢森堡就是一个例子。该国很小,位于比利时、法国与德国之间,但也是欧洲最重要金融中心之一。作为欧盟发起成员,卢森堡被公认为是一个管理良好、调控得当、服务专业的金融中心。这里有着2 200多家投资基金,所管理的资金达1.8万亿欧元。卢森堡也是欧盟地区最大的私人银行聚集地。金融服务业产值占卢森堡总产值的1/3。如果加上其他非直接贡献行业(会计、律师等)所缴纳的税收,来自金融服务业的税收占卢森堡全部税收的40%。

由于许多涉及丑闻的公司在当地有业务,如声名狼藉的国际商业信贷银行和2007年"声名鹊起"的明讯银行,卢森堡有时也被人们归入"避税天堂"的行列。虽然国际商业信贷银行的主要业务在伦敦本土之外,而明讯银行的业务主要在法国,但卢森堡却遭到了媒体的批评。

爱尔兰和新加坡的制造业实力颇丰,但其欣欣向荣的金融中心也适合于开展商业活动。新加坡拥有严格的银行保密法。此外,海外逃税在新加坡不属于犯罪。瑞士也被一些人视为避税天堂,因为瑞士有着很低的税率和闻名于世的银行保密制度。

不过,在岸经济体也有这方面的问题。美国政府机构2006年4月发布的一份报告表明,各州很少搜集在本州注册的公司的真实所有者信息。这方面,特拉华州和内华达州显得尤甚。

经济合作与发展组织的欧文先生关注的是金融中心管理的好坏而不是在岸还是离岸之间的差别。管理良好的金融中心在纳税问题上会与其他政府进行良好的合作,并且制定良好的监督体系。相反,那些管理不当的金融中心不仅不愿与别国合作,而且常常以"银行保密"为幌子而为所欲为。欧文说,低税或者免税本身并不具有危害性。

资料来源:The Economist, February 24, 2007, special section p.7。

10.2.2 国际双重课税的处理

由于国际双重课税,不仅影响了纳税人的利益,而且对涉及的国际活动也带来消极影响,因此大多数国家都采取积极的态度,寻求合理的处理途径、方式和方法,确立一种合理的税收分配关系,使税收负担公平合理,充分发展国际贸易和投资活动。处理方式有免税法、扣除法、抵免法、绕让法、国际税收协定等。

1. 免税法

免税法是指居住国政府对其居民来源于非居住国的所得,在一定条件下放弃行使居民税收管辖权,免予征税。免税法的实质是居住国政府承认收入来源地税收管辖权的独占地位,完全放弃其居民税收管辖权。根据各国实行的所得税制是采用比例税率还是累进税率,以及是否通过双边协定的途径来实现免税方法,免税法又分为全额免税和累进免税两种形式。在采用免税法的国家中大多使用累进免税法。

【例 10.2】 A 国某企业本国税前利润为 $100 万,从 B 国取得利润 $30 万,A 国国内税率 30%。

全额免税法,是指居住国政府对其居民来自国外的所得全部免予征税,只对其居民的国内所得征税,而且在决定其居民的国内所得适用的税率时,不考虑其居民已被免予征税的国外所得,对居住国来说,此法对财政损失较大。按全额免税,企业应纳税额为: $100 万×30%=$30 万。

累进免税法是指居住国政府对其居民来自国外的所得征税,但在决定对其居民的国内所得适用的税率时,将其居民的国外所得加以综合考虑。这种免税法主要适用于实行累进所得税制的国家,而且是通过签订双边税收协定的途径来实现。【例 10.2】中,假定 A 国使用超额累进所得税率,$0~$100 万,税率为 30%;$100 万以上~$150 万,税率为 40%;其他条件与上例相同。则该企业应向本国纳税为(130-100)×40%+(100-30)×30%=$33 万。

2. 扣除法

税收扣除是指居住国政府对居民纳税人因国外所得而向来源国缴纳的所得税税款,允许作为扣除项目从应税所得额中扣除,就其余额适用相应的税率计算应纳税额。采用税收扣除只能对国际双重征税起一定的缓解作用,不能彻底解决。采用扣除法的国家也不多,只有在美国、德国、荷兰、法国等少数国家的国内立法中允许在一定条件下采用扣除法。【例 10.2】中,假定 A 国税率为 30%,外国税率为 40%,其国外所得税已完税。本国应纳税额为($100 万+$30 万-$30 万×40%)×30%=$35.4 万。

3. 抵免法

抵免法和饶让法是实质性解决国际重复课税的有效方法。抵免法指一国政府在优先承认其他国家的地域税收管辖权前提下,在对本国纳税人来源于国外的所得征税时,以本国纳税人在国外缴纳税款冲抵本国税收的方法。它是目前世界各国普遍采用的一种方法。饶让法是抵免法的延伸或扩展,主要处理实行优惠税收政策时的抵免问题。

按照纳税人国内公司与支付其国外所得的外国公司之间的不同关系,以及不同的抵免方式,可分为外国税收的直接抵免和间接抵免。一般而言,总公司与分公司之间使用直接抵免,母公司与子公司之间使用间接抵免。

(1) 直接抵免

直接抵免适用于同一经济实体的跨国纳税人的税收抵免。它消除的是不同国家征税主体对同一纳税人同时征收同一税种而产生的法律性国际双重征税。其允许抵免的外国税款必须是该跨国纳税人直接向非居住国实际缴纳的所得税,而非实际缴纳的所得税,其是由他人代为承担的税款(如买方包税),或纳税后又得到补偿的(如取得贷款利息,由于纳税而减少的利息收入,由借款人按贷款协议所定的利率予以补足等),不能抵免。直接抵免分为全额抵免和限额抵免两种。

① 全额抵免即本国政府在居民国内外所得汇总征税时,允许居民将其向外国政府缴

纳的税款全额予以扣除。计算公式如下：

$$本国纳税额 =（国内所得＋国外所得）\times 国内税率 － 国外纳税额 \quad (10.1)$$

按照上述【例10.2】，A国国内税率为30%，国外税率40%，在国外纳税$12万，按全额抵免应该在国内纳税为：（$100万＋$30万）×30%－$12万＝$27万。

② 限额抵免是在扣除向外国缴纳税款时，不得高于国外所得额按本国税率计算的纳税额。按照限额抵免，该企业在国内纳税为：（$100万＋$30万）×30%－（$30万×30%）＝$30万。

限额抵免的计算有综合抵免限额、分国抵免限额和分项抵免限额三种方式。

综合抵免限额又称全面抵免限额，即在计算抵免限额时将来自国外的各项所得汇总计算。计算公式为：

$$抵免限额 = \frac{国内外所得之和 \times 国内税率 \times 国外所得}{国内外所得之和} \quad (10.2)$$

该计算公式适用于国内的所得税采用累进税率。当国内实行比例税率时，公式可以简化为：

$$抵免限额 = 国外所得 \times 国内税率 \quad (10.3)$$

当国内和国外税率相同时，实纳外国所得税等于抵免限额；国内税率低于国外税率时，实纳外国所得税大于抵免限额；国内税率高于国外税率时，实纳外国所得税小于抵免限额。

【例10.3】 假设A国某公司在中国设立分支机构，从事生产经营活动。该公司在A国所得为$100万，在中国的分支机构所得为$30万。假定中国和A国的税率均为30%，则A国政府征收所得税时，该公司的税收抵免限额为$9万（$30万×30%）。由于该公司在中国的实纳税额也是$9万（$30万×30%），恰好与抵免限额相等，这$9万就是允许抵免额。这样，A国政府可征得税款$30万[（$100万＋$30万）×30%－$9万]。

假定中国税率为33%，A国税率为30%，税收抵免限额为$9万（$30万×30%）。虽然该公司在中国的实纳税额是$9.99万（$30万×33%），大于抵免限额，但允许抵免额只能在中国实纳税额中与抵免税额相等的部分，即$9万，其余$0.99万不能得到抵免。A国政府对该公司可征的税款仍然是$30万[（$100万＋$30万）×30%－$9万]。

假定中国税率为30%，A国税率为40%，税收抵免限额为$12万（$30万×40%），由于该公司在中国实纳税额为$9万（$30万×30%），小于抵免限额，则可将其全部实纳税额作为允许抵免额。A国政府可征税收$43万[（$100万＋$30万）×40%－$9万]。

(2) 间接抵免

间接抵免是指居住国的纳税人用其间接缴纳的国外税款冲抵在本国应缴纳的税额。实践中，间接抵免主要是指母公司所在居住国政府允许母公司用其子公司已向所得来源国政府缴纳的所得税中，应由母公司分得股息所应承担的那部分税额来充抵母公司应纳税额。这是因为子公司具有独立法人地位，虽然母子公司多表现出一定的控制与被控制的关系，但二者却并非一个实体。所以子公司在国外取得的所得并不能视为母公司的国外所得,子公司向外国政府缴纳的所得税也只能视为由母公司间接缴纳而非直接缴纳。因而对该税款不能适用直接抵免而只能使用间接抵免。间接抵免消除的是不同国家征税主体对不同纳税人的同一税源所得同时征收同一或类似税种而产生的经济性国际双重征税。其主要特征是母公司所在居住国政府允许其抵免的税额并不是由母公司直接向非居住国政府缴纳的,而是由子公司直接缴纳,母公司间接缴纳。并且该抵免税额也并非子公司缴纳的全部税款,这个税额只能通过母公司收到的股息、红利间接推算出来。母子公司的间接抵免只适用于子公司所在国征收的公司所得税,而母公司用子公司所在国课征的股息预提税进行抵免属于直接抵免。

在母公司向本国政府缴纳所得税时,不能把外国子公司的所得全部并入计算,而是把来自外国子公司股息还原出来的外国子公司所得汇总纳税,如果子公司所在国为比例税率,计算公式为

$$母公司来自外国子公司的所得 = \frac{上缴母公司股息额}{1-子公司纳税额} \quad (10.4)$$

【例 10.4】 某母公司自有所得 $100 万,本国税率为 40%,其海外子公司缴来股息 $10 万,子公司所在国的所得税率为 33%,则母公司来自外国子公司的所得为:$\frac{\$10}{1-33\%}=\$14.9$ 万。

来自外国子公司所得的抵免限额为 $14.9 万×40% = $5.96 万

本例中子公司与母公司有关的所得在国外实际纳税 $4.917 万($14.9 万×33%),低于抵免限额,可以全部抵免。

(3) 直接抵免和间接抵免的比较分析

直接抵免和间接抵免在本质上都是将在外国已缴纳的税款从本国应纳税款中扣除以消除国际双重征税的方法,但二者又有诸多不同,具体如下:

① 适用对象不同。直接抵免适用于同一法律实体的总分支机构和同一自然人作为跨国纳税人时的抵免,而间接抵免只适用于跨国母公司与子公司之间的抵免。

② 适用范围不同。直接抵免适用于包括营业利润、劳务所得、租金、特许权使用费、自然人的工资、薪金所得在内的各项所得,间接抵免的适用范围仅为股息所得。

③ 可抵免税款的计算方法不同。在计算可获直接抵免的税款数额时,如果全额抵免则为直接在外国缴纳的税款数额,如果是限额抵免则应将该税款与相对于该国外所得应纳的本国税款相比较取较小者;而在计算可获间接抵免的税款数额时,无论是全额抵免还是限额抵免都须先以母公司来源于子公司的股息间接推算出母公司来自子公司的国外所得,然后再推算出其应分摊的子公司已纳所得税额。

④ 两种抵免在形式上和时间上存在差异。直接抵免针对的是纳税人当期直接缴纳的外国税,所解决的是当期的法律性国际双重征税问题;间接抵免所针对的是纳税人当期或以往间接缴纳的外国税,所解决的是当期或以往的经济性国际双重征税问题。

⑤ 外国税款数额的确定依据不同。直接抵免的外国税额是根据外国税法确定的,间接抵免的外国税额是根据外国税法和本国税法的相互作用确定的。

4. 饶让法

税收饶让,也称税收饶免(tax sparing credit),是居住地缔约国政府对跨国纳税人在

收入来源地缔约国政府得到减免税优惠的那一部分所得税,在本国计征纳税时,视同已缴纳,同样给予税收抵免待遇,不再按居住国税法规定予以补征。由于税收饶让抵免下居住国给予抵免的是居民纳税人并未实际缴纳的来源国税收,所以又称"虚拟抵免"或"影子税收抵免"。

税收饶让通常发生在发达国家与发展中国家之间。即通常是发达国家对其居民纳税人在发展中国家得到减免税优惠的那一部分所得税,视同已缴纳同样给予税收抵免待遇。当然前提是该发达国家与发展中国家已存在双边税收协定,且该协定中有税收饶让条款,并且该发达国家实行税收抵免制。这是因为,有许多发展中国家为了吸引外资和先进技术,鼓励发达国家居民来本国投资,以发展本国经济,常常给予外国投资者一定的所得税减免优惠。但是如果作为居住国和投资国的发达国家采用抵免法,那么其居民纳税人因在来源国享受减免税优惠而未实际缴纳的所得税款将在本国得不到抵免而由居住国征收。那么,作为来源国的发展中国家的这些减免税优惠就会成为作为居住国的发达国家的财政收入,而并未成为跨国纳税人的收益。不但起不到鼓励跨国纳税人来投资的作用,本国的应征税收还成为居住国的财政收入。

税收饶让是税收抵免的特例,原因是二者都是居住国将其居民纳税人在国外已缴所得税款从本国应纳税款中扣除,不过一个是已实际缴纳的税款,另一个是因外国减免税优惠而未实际缴纳的税款。二者本质是相同的。前文已经提到,税收抵免之所以能从众多消除国际双重征税的方法中脱颖而出,是因为它既可有效地消除国际双重征税,又能平衡居住国、所得来源国和纳税人三方的利益。但是若出现上述所得来源国给予减免税优惠却因税收抵免的"实际缴纳"方可抵免由居住国计征而进入居住国国库,这样居住国与所得来源国之间利益将严重失衡。而税收饶让的出现则使这种利益失衡重新归于平衡。从这种意义上说,税收饶让是对税收抵免的重要完善。

根据计算方法的不同,税收饶让抵免可分为差额饶让抵免和定率饶让抵免。

(1) 差额饶让抵免

差额饶让抵免指一国政府对其居民在国外实际缴纳的税额与按国外税法规定税率计算的应纳税额之间的差额,视同已纳外国税款而予以抵免。这种差额的产生通常有两种情形:一种是按税收协定限制税率缴纳的税额与按税法规定税率计算应纳税额之间的差额;另一种是享受减免税优惠后实际缴纳的税额与按税法规定税率计算的应纳税额之间的差额。

(2) 定率饶让抵免

定率饶让抵免指一国政府对其居民在国外享受的减免税或按税收协定限制税率享受的差额税款,也视同已缴纳,但只能按一固定税率计算的税额进行抵免。这一固定税率的确定,通常需由缔约国双方在税收协定中明确规定。当这一固定税率低于来源国税法规定税率时,纳税人享受减免税优惠或按协定限制税率纳税与按税法规定税率之间的差额并未全部得到饶让抵免,还有一部分仍然进入居住国的国库。只有在固定税率与外国税法规定税率一致的情况下,差额部分才可全部得到饶让抵免,减免税优惠才真正落实到纳税人。在国家间签订的税收协定中,多采用定率饶让抵免,这可以说是居住国与所得来源国的互相妥协。

(3) 税收饶让抵免的范围

从目前多数国家签订的双边税收协定条款来看,税收饶让抵免大致包括三种:①对投资所得预提税的减免税优惠予以饶让抵免。大多数国家只对其居民在国外取得的股息、利息、特许权使用费等投资所得享受的预提所得税的减免税优惠给予饶让抵免。②对营业利润所得税的减免税优惠,给予饶让抵免。如在中日和中英的税收协定中,日、英两国对我国政府按照合营企业和从事农林牧的外国企业的营业利润,所享受的减免税优惠,予以饶让抵免。③一些国家对双边税收协定签订之后非居住国政府所作出的新的税收减免优惠措施,若经缔约国各方一致同意,也认可给予税收饶让抵免待遇。

为了避免双重征税,大多数国家对已经向东道国缴纳的公司所得税给予一定税收抵免。例如,如果一家美国公司在日本的子公司获得$100万的税前利润;并已向日本政府缴纳$47万(47%的所得税率)的所得税,那么这家美国公司在把利润汇回美国时可以要求得到$47万的税收抵免。通常情况下,如果向母公司汇回的股息、特许权使用费、利息及其他收入已经向东道国缴纳预扣税,那么汇回的收入可以获得国外税收抵免。增值税及其他销售税则无资格要求国外税收抵免,但可以从税前利润中扣除。

5. 国际税收协定

由于国家之间的经济往来日益频繁,涉及的国际税收问题日益复杂,一些国家单方面解决双重征税问题已远远不能适应客观形势的需要,甚至会影响国家间税收分配的关系,阻碍相互间经济往来的进一步发展。因此,通过缔结税收协定来解决双重征税的问题已成为国际经济发展的迫切要求。国际税收协定就是解决国际双重课税的重要方法。第二次世界大战结束以来,以免除双重征税为目的的税收协定不断增加,到目前为止已达几百个。中国目前也与日本、美国等许多国家签订了国际税收协定。

国际税收协定指通过利用第三国与另一国签订的税收协定来享受协定所规定的优惠待遇,从而使纳税人从另一国获得了他本来无法享受的优惠待遇。目前国际税收协定大致可以分为如表10.4所示的类别。

表10.4 国际税收协定分类

分类标准	分类	定义	举例
国家多少	双边协定	两个国家参加缔结的税收协定	中美税收协定
	多边协定	两个以上国家参加缔结的税收协定	欧洲经济共同体税收协定
涉及范围	一般税收协定(综合协定)	缔约国各方所签订的广泛涉及处理相互间各种税收关系的协定	中美两国1984年4月30日缔约的国际税收协定
	特定税收协定(单项协定)	缔约国各方为处理相互间某一特定业务的税收关系或特定税种问题所签订的协定	1982年缔结的空运、海运免税协定

国际税收协定的核心内容是免除国家之间的双重征税,主要方法如下:

(1) 明确缔约国可对其行使居民管辖权的纳税人的范围。因为各国关于居民认定标准上的差异会引起有关国家行使居民管辖权时的冲突和重叠。例如,我国与日本签订的税收协定中规定:对同时成为两国的居民公司,应认为是总机构所在国的居民;而我国与美国签订的税收协定则规定:由双方主管当局根据其总机构和注册地,确定究竟为何方居民。

(2) 限定缔约国地域管辖权实施范围。采取这一方法的目的是将双方行使的地域管辖权限定在合理的范围内,以保证各自的合理权益;这一范围同时也成为划分一方居民纳税人境内征税对象和在另一方征税对象的依据,对于后者,双方均承担免除国际双重(重复)征税的义务。例如,美国对非居民来源于本国的股息、利息和特许权使用费的预提税税率为30%,但在其与50多个国家签订的双边税收协定中,一般将税率降为10%或15%。我国税法规定的投资所得预提税税率为20%,但与有关国家的双边税收协定中,一般将该税率均降为10%。

(3) 明确居住国免除国际双重(重复)征税的方法和适用的税种范围。在协定规定的税种范围内,缔约国一方应对另一方课征的税种承担税收抵免或实行免税的义务。

10.3 跨国公司的纳税策划与国际避税手段

10.3.1 不同组织形式与纳税策划

各国在如何对其本国的跨国公司征收外国来源所得税上的规定各不相同。跨国公司在某一国内的不同形式会导致企业的不同税收负担,为减少税收负担,管理部门有必要熟悉在跨国公司各阶段对其有用的不同组织形式。

1. 跨国公司的不同组织形式

无论何种类型的跨国公司,大多数都是采取股份有限公司的形式。具体组织,包括设在母国的母公司,设在东道国的子公司、分公司以及避税港公司。

(1) 母公司

母公司是跨国公司在母国登记注册的法人公司,也是跨国公司在母国的发源地和基地组织。母公司通过在各东道国参股和控股活动控制子公司,使它们成为母公司的附属公司。各国对母公司控制子公司有不同的法律规定。有些国家规定要达到50%以上股本,有的国家规定只要达到10%以上的股本;有的国家规定只要母公司是子公司在册股东并能实际控制其董事会。母公司管理机构通常是跨国公司的总部。

(2) 子公司

子公司是在东道国登记注册的法人公司。它受母公司管理和控制,按照母公司统一的全球战略进行自主经营、独立核算。作为一个独立的法人组织,子公司有自己的名称和章程,在产供销和人财物等方面具有一定的权限。母公司与子公司之间以及各子公司之间一般都有密切的联系和往来。

(3) 分公司

分公司是母公司的派出机构。一般是由于生产经营的需要或者是为了加强管理,而在母国母公司非注册地或东道国设立的组织。分公司没有自己的名称和章程,所以它并不是法人实体,仅仅是母公司的分支机构。

（4）避税港公司

避税港公司是指跨国公司通过操纵转移价格，使货物或者劳务的法律所有权归之于避税地公司，而实际上这些货物或者劳务根本不进入避税地，这样跨国公司是为了避税而在避税地成立的逃避税收的公司。全球的避税港和避税区的数目呈上升的趋势。

2. 分公司和子公司的所得之间的超额抵免

外国分公司不是与母公司分开的单独的公司，它是母公司的延伸。因此，分公司的积极或消极所得，无论其外国来源所得是否交付给母公司，都被并入母公司的国内来源所得来计算税收负担。外国子公司是跨国公司在外国独立的附属组织，美国跨国公司在其子公司至少占有 10% 的具有投票权的股权。一家跨国公司占有 10% 以上、50% 以下具有投票权的股权的外国子公司是参股外国子公司或非控股外国公司。从外国参股子公司获得积极或消极所得时，只有当其以股利的形式支付给美国母公司才在美国纳税。一家跨国公司持有 50% 以上的具有投票权的股权的外国子公司是控股外国子公司。控股外国子公司的积极所得只有在支付给母公司时才在母公司所在国纳税，但消极所得即使没有支付给母公司，也与所得一样纳税。

表 10.5 举例说明所在地为芬兰和比利时的美国跨国公司的外国分公司和外国全资子公司的外国税收抵免的计算，使用表 10.1 中列出的实际国内所得税边际税率和表 10.2 列出的预提税税率。芬兰和比利时都以与本国应税所得相同的税率向外国分公司征税。本例说明当任何超额外国税收抵免可使用或不可使用情况下 100 美元外国应税所得的总税负。通常，超额税收抵免可用于抵免两年以及未来五年内的应税所得。本例假设所有税后外国来源所得中的可支付部分马上被汇向美国母公司。

如表 10.5 所示，当美国跨国公司可以充分使用超额税收抵免时，总税负是每 100 美元的外国应税所得为 35 美元，或 35%，与 100 美元美国国内应税所得所征额相同。事实上，无论外国附属机构位于哪个国家；无论外国附属机构以分公司或子公司的形式建立；无论所得税和预提税的规模，一家总是产生超额税收抵免的跨国公司将永远不可能在允许的时间内使用它们。因此，超额外国税收抵免无法使用。

假设所有可汇回资金被确定为股利，当超额税收抵免无法使用时，如果外国所得税税率比美国的 35% 税率更高，则分公司的外国税收负担重于对应的美国税负。对于一个外国子公司，当[外国所得税税率＋预提税税率－（外国所得税税率×预提税税率）]高于美国的 35% 的所得税税率时，其外国税负比美国税负重。例如，一家在比利时的外国子公司，其超额外国税收抵免无法使用，它的总税收负担为：$0.4017+0.05-(0.4017\times0.05)=0.4316$ 或 43.16%，对应的美国税率为 35%。

表 10.5 计算美国分公司和子公司的外国税收抵免　　　　　　　　单位：%

	芬兰		比利时	
	分公司	子公司	分公司	子公司
外国所得税税率	29	29	40.17	40.17
预提税税率	0	5	0	5
应税所得额	100	100	100	100

续表

	芬兰		比利时	
	分公司	子公司	分公司	子公司
外国所得税	−29	−29	−40	−40
可支付净额	71	71	60	60
预提税	0	−4	0	−3
给美国母公司净现金流	71	67	60	57
加总：所得税	29	29	40	40
加总：预提税	0	4	0	3
美国应税所得额	100	100	100	100
美国所得税(35%)	35	35	35	35
减：外国税收抵免				
所得税	−29	−29	−40	−40
预提税	0	−4	0	−3
美国税收净额（超税抵免）	6	2	(5)	(8)
总税额：使用超额抵免	35	35	35	35
总税额：不使用超额抵免	35	35	40	43

注：假设有100%的资金可用于宣告股利。

该例说明跨国公司的管理部门应该在决定设立外国附属机构时，意识到不同东道国现在征收的税率。此外，表10.5还说明外国附属机构所选择的组织结构不同，外国来源的税收负担也会有所不同。因此，当决定是以分公司或子公司的形式组织外国经营时，跨国公司的管理层必须意识到特定东道国在所得税上的差别。例如，新的外国附属机构通常在运营的前几年要经历亏损。如果预料到这种情况，最初建立的海外机构为分公司可能对美国跨国公司有利，因为在征税时外国分公司的经营损失并入母公司的所得。相反，当外国来源所得被用于海外再投资以扩大外国经营时，如果外国所得税率低于美国所得税率，设立外国子公司更可取，因为美国的税收负担可以延期到子公司支付股利给美国母公司时才缴纳。

3. 外国分支机构之间的转移定价

转让定价(transfer pricing)，又称内部定价，在国际税法领域中，它通常指有关联企业之间对销售货物、租赁有形财产和转让无形资产所制订的不同于市场公平竞争的价格，或就成本费用的分摊所进行的不合理安排。转让定价是依附于关联企业之间的内部交易而产生的特殊经济现象。跨国公司利用转让定价在关联企业之间进行收入和费用的分配以及利润的转移，是国际避税中最常见的一种手段。实施转让定价避税必须有两个前提条件：①两个企业存在两个不同的税率；②两个企业必须同属于一个利益集团，互为关联方。

跨国公司利用不同国家或地区的税率差异，依据利往低处流、费往高处走、税往低处流的原则将高税率国的利润转移到低税国的关联企业，降低全球的总税负。具体做法如下：

（1）低税率国家向高税率国家的高价策略。由低税率国家的关联企业向高税率国家的关联企业销货、贷款、提供劳务、租赁、转让无形资产等,采取提价的办法,以增加高税率国关联企业的费用成本,减少其应税所得额和应交税金。

(2) 高税率国家向低税率国家的低价策略。高税率国家的关联企业向低税率国家的关联企业销货、贷款、提供劳务、租赁、转让无形资产等,采取低价办法,降低高税国关联企业的业务收入,将利润转移到低税率国的关联企业,达到总体降低公司集团税负的目的。

另外,关联企业的一方为了增加关联企业的另一方的盈利,也可以通过提供贷款,少收或不收利息,减少企业生产费用,以达到盈利的目的;相反为了造成关联方亏损或微利时,可以以较高的利率收取贷款利息,提高其产品成本。也有些企业资金比较宽裕或利润较多或贷款比较通畅,由于其税负较重,往往采用无偿提供贷款或采取预付款的方式给关联企业使用,这样,这部分资金所支付的利息全部由提供资金的企业来负担,增加了成本,减少了企业负担。

各国政府已经意识到跨国公司可使用转移定价策略来减轻整体税收负担,多数国家都有控制转移定价的管制。通常规定转移定价必须反映合理的价格,也就是附属机构向非关联消费者出售商品或劳务时索取的价格。但是,合理的价格常常难以建立和核定,所以,跨国公司尚有在一定限度内使用转移定价策略减少其整体税负的机会。

中国的外商投资企业也有转移定价行为,它不仅仅是一个国际避税行为,更是一个在与中方合作者合作经营过程中投资收益和贸易收益的博弈过程,这一过程不仅取决于外方股权比重、税收协定、两国所得税税率差异,也与中国对转移定价的防范和治理机制有十分密切的关系。

【例 10.5】 乐迪嘉跨国公司总部设在美国,并在英国、法国、中国分设怀德公司、赛尔公司、双喜公司三家子公司。怀德公司为在法国的赛尔公司提供布料,假设有 1 000 匹布料,按怀德公司所在国的正常市场价格,成本为每匹 2 600 元,布料应以每匹 3 000 元出售给赛尔公司;再由赛尔公司加工成服装后转售给中国的双喜公司,赛尔公司利润率 20%;各国税率水平分别为:英国 50%,法国 60%,中国 30%。乐迪嘉跨国公司为逃避一定税收,采取由怀德公司以每匹布 2 800 元价格卖给中国的双喜公司,再由双喜公司以每匹 3 400 元价格转售给法国的赛尔公司,再由法国赛尔公司按价格 3 600 元在该国市场出售。试分析由此对各国税负的影响。

(1) 在正常交易情况下的税负:怀德公司应纳所得税 $=(3\,000-2\,600)\times 1\,000\times 50\% = 200\,000$(元);赛尔公司应纳所得税 $=3\,000\times 20\%\times 1\,000\times 60\% = 360\,000$(元);则乐迪嘉跨国公司应纳所得税额合计 $= 200\,000+360\,000 = 560\,000$(元)。

(2) 在非正常交易情况下的税负:怀德公司应纳所得税 $=(2\,800-2\,600)\times 1\,000\times 50\% = 100\,000$(元);赛尔公司应纳所得税 $=(3\,600\,000-3\,400\,000)\times 60\% = 120\,000$(元);双喜公司应纳所得税 $=(3\,400-2\,800)\times 1\,000\times 30\% = 180\,000$ 元;则乐迪嘉跨国公司应纳所得税额合计 $= 100\,000+120\,000+180\,000 = 400\,000$ 元;比正常交易节约税收支付:$560\,000-400\,000 = 160\,000$(元)。当然,这种纳税策划行为的发生,主要是由于英法中三国税负差异的存在为前提。

> 专栏 10-3

苹果税案：跨国逃避税之冰山一角

美国苹果公司被指逃税引发了各界对国际打击跨国逃税的关注。苹果 CEO 蒂姆·库克罕见地出席了听证会，否认有逃税行为，竭力说明自己是美国最大的纳税大户，和其他跨国公司一样，只是一个普通的避税者而已。事实上，库克否认的逃税和承认的避税是两个有所区别的概念。因此，库克否认苹果逃税而称只是避税是有深意的。

合法避税始终存在

跨国公司为追求利益最大化，把营业收入、成本、借贷和盈利分配到对其最有利的税务辖区的做法，被称之为"合法避税"，这种现象存在至少已经几十年，早已不新鲜，在企业来看，也是一个不公开的秘密。路透社的报告显示，星巴克自 2009 年起连续三年在英国没有支付过企业税或所得税。这家全球最大的咖啡连锁店 13 年间在英国只支付了 860 万英镑的税收，而这期间，星巴克在英国的销售额达到了创纪录的 31 亿英镑。2011 年，亚马逊在英国支付的所得税仅为不到 100 万英镑；2012 年，亚马逊在英国实现 33 亿英镑（约合 52 亿美元）销售额，但却并未上缴任何公司税。

"转移定价"惯用手法

跨国避税目标简单——减少企业所需交纳的税收。然而，真正做到这一点，实际操作还是比较复杂。一个跨国公司通常会将更多的收入配置在所得税低的国家，因为这些国家税收抵扣较高，比如爱尔兰的税收抵扣水平，只有美国的 1/3。另外，将成本部署在高税负国家（如美国）。据披露，此次苹果的避税手法主要是：转移定价。这是一种跨国公司多年来普遍使用的避税手法。"转移定价"令苹果等公司能将利润转向税收避风港，同时将支出转移到高税收国家。

美参议院常设调查委员会 2013 年 5 月 20 日晚发布调查报告说，苹果公司利用一个"成本分担协议"，将其知识产权资产转移到税率较低的国家或地区，以便按照低税率缴纳所得税。报告称，苹果公司通过与爱尔兰政府协商，以 2％的特别税率纳税，而该国的法定税率是 12％，低于美国 35％的纳税水平。作为交换，苹果公司把爱尔兰作为建立海外子公司网络的基地。这一交易使苹果公司尝到了甜头。2009 年至 2012 年，该公司将 740 亿美元全球销售收入的纳税地点从美国转移到爱尔兰。亚马逊逃避在英国税收的方法是，通过在卢森堡的一家分支机构报告欧洲的销售，这一方法使 2011 年公司支付的国外税率只有 11％，不到其主要市场平均企业所得税率的一半。著名经济学教授金佰利·克劳辛指出，"转移定价"战略每年给美国带来的损失至少为 900 亿美元。

资料来源：《经济参考报》，2013 年 5 月 30 日。

10.3.2 国际税收策划与避税手段

1. 税收策划概念与特征

税收策划又称为节税，一般是指纳税人采用合法的手段达到不缴税或少缴税的目的。

税收策划不同于逃税(采用非法手段),也不同于避税(采用非违法的手段),具有以下几个特点。

(1) 税收策划是不违反税收政策法规的行为。税收策划是在合法的条件下进行的,是对政府制定的税法进行精细比较后进行的纳税优化选择。

(2) 税收策划是一种普遍存在的经济现象。从世界各国税收制度现状看,任何一个国家税收制度都不可能完全一致,倾斜政策为纳税人税收策划活动提供了广泛的机会。

(3) 税收策划符合政府的政策导向。从宏观经济调节看,税收是调节经营者、消费者行为的一种有效的经济杠杆,政府可以根据经营者和消费者谋取最大利润的心态,有意识地通过税收优惠政策来引导投资者和消费者采取符合政府导向的行为,以实现政府某些经济或社会的目的。

(4) 税收策划的合法性。节税是指纳税人采取合法手段谋取税收利益。所谓合法手段是指税法中明文规定可以做的事情,或者税法中虽没有明确规定可以做,但此事做起来与现行税法和规定没有冲突。节税、避税和逃税,它们分别对应的是采用"合法""非违法"和"违法"手段。

(5) 税收策划形式的多样性。由于各个国家的税法不同,会计制度也有一定差异,因而世界各国的税收策划行为也各有不同。总的来说,一个国家的税收政策在地区之间、行业之间的差别越大,税收策划的形式也就越多。

2. 国际税收策划技巧

国际税收策划可采用以下技巧。

(1) 提前折旧

折旧资产使用寿命大多数由国家财政局规定,任何企业不得变动。法定的折旧资产使用寿命主要根据折旧资产的技术、材料、使用地点、维修的一半情况确定。因此,由于所处环境与条件的不同,企业的折旧资产的实际使用寿命与法定使用寿命之间存在一定的差别。为使企业在特定情况下弥补这种差距,有些国家设立了缩短折旧资产使用寿命的制度。所谓缩短使用寿命制度,就是企业所拥有的折旧资产,在符合财政局规定的缩短寿命的某些条件下,按照一定的程度,可以缩短折旧资产的使用寿命。当企业的经营情况较好,发展速度较快,并且投资巨大,所使用的机械设备大多是新式的,技术上也最先进时,采用提前折旧的政策对企业是有利的。

(2) 固定资产有形淘汰

在税务上,固定资产的折旧,允许即使不是因该固定资产的破损、撤走、废弃等,只要符合一定条件,也可以从资产的账面价值中扣除其淘汰处理的估计值作为资产报废而列入费用之中。例如,当固定资产停止使用,此后也不存在继续使用的可能时,如为生产某种特定的产品而使用的固定资产,由于产品被中止,该固定资产也不能获得使用,此时,可允许进行"有形淘汰",即固定资产的残值,可作为资产报废而算入费用之中。这样处理,在税收策划方面较为有利。因为一般而言,固定资产价值较大,在生产被中止阶段上,残值还是可观的。如果不这样处理,每年将在账面上占有一笔不小的金额,对税收策划不利。

(3) 低价评价法

低价评价法是按期末库存资产的种类、品质等的不同而加以分类,对于同一种类,从该库存资产的各种评价中,或从按某一评价方法计算出的购置价格和库存资产的市场价格中,选择一个最低的值作为评价值。从期间损益计算观点看,低价评价法缺乏应用的合理性,但它很早就存在于各国的评价法之中,许多国家的税法也认可这一方法。这里的市场价格是指这样一个价格:①购进的库存资产,为期末库存资产的购进价格再加上购货的附加费;②在有批发价和一般市场行情之场合,如按批发价购置的,则是指批发价;如按一般市场行情确定的价格,则按市场价格再加上某些费用;③如果是进口原材料的场合,则是按照进口原材料的进口价格再加上附加费用来确定的价格;④如果是自己生产的库存资产,则是按照期末生产的生产成本再加上附加费用确定。

(4) 利用坏账进行税收策划

企业发生坏账取得税务机关认可后,可列为坏账损失,冲减应税所得额。但是,不是所有坏账都作为坏账损失处理。因此,必须进行税收策划的条件为:第一,因债务人破产,以其破产债务清偿后仍不能收回的;第二,因债务人死亡,以其遗产偿还后,仍不能收回的;第三,因债务人逾期未履行义务,已超过两年仍不能收回的。此外,企业已列入坏账损失的应收款项,在以后年度全部或者部分收回的,应计入收回年度的应纳税所得额。从事信贷、租赁等业务的企业,可以根据实际需要,报经税务机关批准,逐年按年末放款余额(不包括银行间拆借),或者年末应收账款、应收票据等应收款项的余额,计提不超过3%的坏账准备,从该年度应纳税所得额中扣除。

从事其他业务的企业,如果的确需要计提坏账准备的,也可以在报请税务机关审批核准之后实行。按年末应收账款、应收票据等应收款项的余额,计提坏账准备。应收账款应以到期为限。未到期的不计提坏账准备。企业实际发生的坏账损失超过上一年度计提的坏账准备部分,可列入当期损失,少于部分列入当年度应纳税所得额。

【例 10.6】 某企业 2005 年年末计提坏账准备为￥3 万,2006 年实际发生坏账损失￥2 万,2006 年年底应收账款余额￥200 万,则 2006 年年底应实际提取坏账准备为:

$$￥200 万 \times 3\% - (3 万 - 2 万) = ￥5 万$$

若 2006 年实际发生坏账损失为￥5 万,则 2006 年年底实提坏账准备为:

$$￥200 万 \times 3\% - (3 万 - 5 万) = ￥8 万$$

3. 国际避税手段

避税与重复征税不同之处在于:前者表现的是税收负担不足,后者表现的是税收负担超限。两者都不符合税收公平原则,都是税收征纳关系不正常的表现。一方面,各国税收管辖权的重叠和冲突,产生了国际重复课税的问题;另一方面,各国所行使的税收管辖权在实施范围和程度上的差异,也为国际逃税和避税活动预留了活动空间。对于前一方面问题,各国大多采用双边税收条约等方式进行消除,前文已经阐述;对于后一方面情况,跨国公司大多采用以下五种方式进行合理避税。

(1) 法人流动避税法

法人流动避税可采取居所转移的方式,即将一个公司的居所转移到低税国。一般来讲不到万不得已时不可采取这种方式。因为一个企业的实际迁移成本很高,如设备的拆卸、安装以及运输成本很高,还要变卖不能带走的土地、固定设施等资产须缴纳资本利得税等。法人流动避税更多地可采用信箱公司的方式。信箱公司是在避税地设立的"基地公司",即只是在一个选定的低税率国家中履行必要的法律手续和登记手续的公司,而其实际经营活动不在这个国家,其功能是转移资本和积累资本,保守经营秘密。信箱公司的形式有多种多样,包括控股公司、金融公司、贸易公司、专利公司、租赁公司等。如跨国公司可以在避税地设立一个金融公司,由于其贷款利息可以不缴税或少缴税,因此,金融公司可以以高息向设在高税国的总公司、分公司贷款,把一部分利润转移到金融公司,从而达到避税目的。

(2) 法人的非流动避税

法人的非流动避税主要是通过信托或其他受托协议来避税,法人公司并不实际迁移出境,而只是采取信托的方式转移一部分财产或所得。这些财产在法律形式上与原所有者分离,但实际上受控于原所有者,从而达到避税目的。例如,新西兰朗伊桥公司为躲避本国的所得税,将其年度利润的 70% 转移到巴哈马群岛的某一信托公司。由于巴哈马群岛是世界著名的自由港和避税港,税率比新西兰低 35%~50%,因此,朗伊桥公司每年可以有效地躲避 300 万美元到 470 万美元的税款。

(3) 资金、货物和劳务的流动避税

在国际避税中,资金、货物和劳务的重要性丝毫不亚于纳税人流动避税产生的效益。因为纳税人的流动避税相对而言过于显眼,而采用资金、货物、劳务避税则有其优势。这些物的流动避税主要有以下几种方法。

① 避免成为常设机构避税。在实际生活中,由于各国税法有许多大量减免税的规定,这样跨国公司只要将本公司在国外的常设机构变成符合成免税规定的机构即可避税。

② 收入、成本转移避税法。收入和成本的转移是跨国公司国际避税中常用的方法,被称为"避税的魔术"。财务主管可以根据整个跨国公司实体的收入、成本、财务与资本结构计算并分摊全部收入和成本,保持对自身有利的选择。

③ 转让定价避税法。转让定价同样也是跨国公司国际避税的重要方法之一。

④ 租赁避税法。这是当前国际避税活动中的一个新乐园。这种避税方法产生的根源在于经营租赁或融资中谁可以要求折旧、谁可以扣除成本,谁必须承担损失风险,这就为跨国公司国际避税提供用武之地。

⑤ 分支机构与子公司的选择。由于设立分支机构与设立子公司对跨国公司整体而言,各有利弊,因此跨国公司出于减轻税负的目的,对设置在国外的机构是选择分支机构还是子公司必须做出考虑,反复权衡利弊。通常可以这样选择:在营业初期以分支机构形式出现,当分支机构扭亏为盈后,则将其转变为子公司。

(4) 利用国际避税地避税

国际避税地,是指某地区为吸引外国资本流入本地区的经济,弥补自身资本不足和改善国际收支状况,或引进外国先进技术提高本国成本地区技术水平,吸引国际和民间投资,在本国或本地区划出一定区域或范围,允许并鼓励外国政府和民间在此投资及从事各种经济贸易活动。投资者和从事经营活动的企业享受不纳税或少纳税的优惠待遇。这种区域和范围被称为避税地。国际避税地可以是港口、岛屿、沿海地区交通方便的城市,因此,有时又称为"避税港"。

有两个与国际避税港有关的概念:一是离岸金融中心。离岸金融中心往往能够得到当地政府提供的一些特别优惠，从而使跨国公司借以得到更大经营自由。离岸中心与国际避税港经常是合一的，即离岸中心往往是国际避税港。二是自由港(free port)。所谓自由港是指不设海关管辖，在免征进口税、出口税、转口税的情况下，从事转口、进口、仓储、加工、组装、包装、出口等项经济活动的港口或地区，其实际税收负担远低于国际一般水平的地区。也就是说自由港主要以免征关税为特征，而避税港则主要以减免所得税为特征。自由港可能同时是避税港，如香港；而在有些情况下，自由港并不是避税港，如汉堡自由贸易区。

目前，国际上共有350多个避税港，遍及75个国家和地区。为国际避税港的公司所得税和消极所得预提税税率都很低。所得税税率较低的一些主要避税港(即税收天堂)国家及地区主要有巴哈马、巴林、百慕大、英属维尔京群岛、开曼群岛、海峡群岛(根西岛和泽西岛)、中国香港地区和曼岛。此外，在中国香港地区和巴拿马，外国来源所得是免税的。在爱尔兰和荷属安的列斯，赚取硬通货或发展出口市场的企业会享受特别税收激励或税收减免。在波多黎各，对于工业发展所得，某些企业享受7%的减税后所得税税率，某些区域甚至免税。在列支敦士登和瑞士的许多地方，对外国企业免征一定的所得税。

专栏10-4

国际主要避税地简介

目前世界上的避税地各有自己不同的特点，但归纳起来，可作以下分类：

第一类，纯粹的避税地，指那些完全不征收所得税、财产税、资本税、赠予税、遗产税的国家和地区。国际公认的、最有名的此类避税地包括巴哈马、百慕大、开曼群岛、瓦努阿图、瑙鲁、特克斯和凯科斯群岛、汤加、格陵兰等。

第二类，课征税负较轻的所得税、财产税等直接税种，同时实行涉外税特别优惠的国家和地区。如安圭拉岛、安提瓜、巴林、英属维尔京群岛、塞浦路斯、直布罗陀、根西岛、牙买加、中国澳门、新加坡、瑞士等。另外，还有一些国家和地区只实行来源地税收管辖权，只对来源于其境内的所得课税，此类避税地有哥斯达黎加、中国香港、马来西亚、利比里亚、巴拿马等。

第三类，总体上实行正常税制，只是提供较为灵活的税收优惠的国家和地区，如希腊、爱尔兰、加拿大、荷兰、卢森堡、菲律宾等。不过，这一类并不属于典型意义的避税地。

纵观世界上避税地的地理分布，主要在三个地区，即欧洲地区、大西洋和加勒比海地区、远东和澳大利亚地区。那些重要的或著名的避税地，几乎都靠近美国、西欧、东南亚等高税的发达国家和地区，有利于吸引资本输出国的跨国公司前来投资，也便于形成脱离高税管辖的庇护地。例如，美洲中部的开曼群岛，位置优越，岛上航空运输比较发达，每天有数次飞往美国迈阿密的班机，每周有数次飞往牙买加、哥斯达黎加的班机，与其他国家有着良好的电话电传联系，邮政服务效率很高，基础设施比较完善，可使来自欧美的上千家跨国公司在这里尽情享受避税的便利。

跨国公司利用避税港避税的主要方式有以下四种。

第10章 国际税收管理

（1）虚设机构。虚设机构指某国的国际投资者在避税港设置一个子公司,然后把其总公司制造直接推销给另一国的货物,在经过避税港子公司中转下,制造出一种经过子公司中转销售的假象,从而把母公司的所得转移到避税港子公司的账上,达到避税目的。

（2）虚设信托财产。虚设信托财产是指投资者在避税港设立一个个人持股信托公司,然后把它的财产虚设为避税港的信托财产,从而达到避税的目的。例如,加拿大摩尔公司在百慕大设立一个信托公司,并把远离百慕大的财产虚设给避税港的信托财产,随后把这笔财产的经营所得记在避税港信托公司的名下,从而避开纳税义务。摩尔公司通过虚设财产不仅可以规避这部分财产所得应缴纳的税额,而且还可以用这笔资金在百慕大从事投资获利,获取不纳所得税的好处。

（3）金融机构避税法。许多国际避税港都有繁多的金融机构。这些机构多为银行或信托公司。它们从事庇护外国消极投资收入的业务,为外国投资者掌握存款,并为各种公司及附属机构提供经营管理和便利条件。例如,设在中国香港的金融财务公司,实际上就是为某一大集团的利益提供内部贷款充当中间人,并有时为第三方提供资金的金融公司。该公司常常为其所服务的集团内诸成员转运贷款提供便利,它们的主要任务之一就是使该集团内部实际支付的借贷利息少纳税或不纳税。

（4）专利持有公司的避税功能。专利持有公司的业务活动常常是围绕专利商标、版权、工业产权等专有知识和技术的获得、利用及对专有知识和技术发放许可等事宜展开的。目的是减少或消除对特许权使用费或其他所承担的纳税义务。对公司来说,如何降低研究和发展成本十分重要,而这些成本发生在高税区的可能性最大。避税港提供的便利条件在很大程度上可以抵消造成这一成本的税收因素。避税港的有利条件主要是避税港多对特许权使用费不征或少征预提税;避税港中可拥有税种的税率也比非避税港低,这本身就具有抵消研究和发展成本增大的作用。

专栏 10-5

跨国公司在百慕大的盈利

联合国贸易和发展会议(UNCTAD)最新报告指出,外国跨国公司2014年在百慕大这个小地方呈报的盈利,比在中国这个大国还多,显示跨国企业似乎不成比例地在"低税、通常为岸外辖地"的地方呈报收入。

据新加坡《联合早报》网站(2016年)5月4日报道,法新社援引该报告说,26个发达国家的跨国企业,2014年在避税天堂百慕大登记了437亿美元盈利,为该英国自治海外领地国经济总产值的779%。报道称,相比之下,这类公司只在中国呈报了364亿美元收入,相当于中国国内生产总值的0.3%。联合国贸易和发展会议投资趋势部门负责人苏尔斯塔罗瓦说:"在百慕大呈报的盈利怎么可能比在中国的还多?这里面肯定有古怪。"该报告也显示,外国跨国公司在英国另一海外领地开曼群岛呈报的收入达300多亿美元,相等于其经济总产值的875%。

资料来源:参考消息网,2016年5月4日

(5) 有效选择公司出资方式

在出资方式中,应选择设备投资和无形资产投资,而不应选择货币资金投资方式,这样的话就可以有效地控制资本预算。原因是:第一,设备投资其折旧费可以作为税前扣除项目,缩小所得税税基;无形资产摊销费也可以作为管理费用税前扣除,减小所得税税基。第二,用设备投资,在投资资产计价中,可以通过资产评估提高设备价值。实物资产和无形资产于产权变动时,必须进行资产评估。评估的方法主要有重置成本法、现行市价法、收益现值法、清算价格法等。由于计价方法不同,资产评估的价值也将随之不同。在对外投资中,通过选择评估方法,高估资产价值,不仅可以节省投资资本,还可以通过多列折旧费和无形资产摊消费,缩小被投资企业所得税税基,达到税收策划目的。

【例 10.7】 某内资企业准备与某外国企业联合投资设立中外合资企业,投资总额为 8 000 万元,注册资本为 4 000 万元,中方 1 600 万元,占 40%;外方 2 400 万元,占 60%。中方准备用使用过的机器设备 1 600 万元和房屋、建筑物 1 600 万元投入,投入方式有两种方案。方案一:以机器设备作价 1 600 万元作为注册资本投入,房屋、建筑物作价 1 600 万元作为其他投入。方案二:以房屋、建筑物作价 1 600 万元作为注册资本投入,机器设备作价 1 600 万元作为其他投入。这两种方案看似仅字面上的交换,但事实上蕴含着丰富的税收内涵,最终结果大相径庭。

方案一,按照税法规定,企业以设备作为注册资本投入,参与合资企业利润分配,同时承担投资风险,不征增值税和相关税金及附加。但把房屋、建筑物直接作价给另一企业,作为新企业的负债,不共享利润、共担风险,应视同房产转让,需要缴纳营业税、城建税、教育费附加及契税。

方案二,房屋、建筑物作为注册资本投资入股,参与利润分配,承担投资风险,按国家税收政策规定,不征营业税、城建税及教育费附加,但需征契税(由受让方缴纳)。同时,税法又规定企业出售自己使用过的固定资产,其售价不超过原值的,不征增值税。方案二中,企业把自己使用过的机器设备直接作价给另一企业,视同转让固定资产,且其售价一般达不到设备原价,因此,按政策规定可以不征增值税。

通过两个方案的对比可以看出:中方企业在投资过程中,虽然只改变了几个字,但由于改变了出资方式,最终使税收负担相差 88 万元。这只是投资筹划链条中的小小一环,对企业来说,投资是一项有计划、有目的的行动,纳税又是投资过程中必须履行的义务,企业越早把投资与纳税结合起来规划,就越容易综合考虑税收负担。因此,我们建议所有企业从投资开始,就把税收筹划纳入企业总体规划范畴,以达到创造最佳经济效益的目的。

思考题

1. 简要论述国际税收的目的。
2. 国际双重纳税的原因有哪些?
3. 国际避税的手段有哪些?
4. 国际税收策划有哪些技巧?
5. 某纳税公司 A 在 B 国和 C 国分别取得所得 200 亿美元及 100 亿美元,B 国与 C 国对 A 公司的应税收入课征税款,并以抵免法消除国际重复课税,B 国与 C 国的所得税平均税率分别为 30% 和 40%。那么,如果 A 公司可以在 B 国与 C 国间选择公司所在,为了达到避税的目的,A 公司应该怎样选择公司所在。

6. 跨国公司 A 公司在 C 国拥有子公司 D 公司,D 公司当年盈利 5 000 万美元,按 5% 的固定股收益,年终向母公司支付股息。对这部分股息支付,C 国按 20% 的税率向其征税。为了逃避这部分税收,子公司采用向母公司转移销售实物(如产品等)的方式避税,子公司采用这一方法避税有哪些好处?

7. 某跨国纳税人总公司在甲国,甲国所得税率为 25%,在乙国设一常设机构,乙国所得税率为 50%,在某一纳税年度内,该公司从甲国获得收入 $2 000 万,来自乙国的收入 $1 000 万,总公司发生了 $200 万的销货贷款利息费用,原应由分公司承担 50%,实际由分公司承担 100% 的利息费用。计算该公司纳税额并指出其避税方法。

8. A 公司是美国一家跨国公司在奥地利的子公司。奥地利和美国的公司所得税分别为 50% 和 34%。目前的汇率为 1.2 美元=1.00 欧元。该子公司没有债务,其付息纳税前利润为 1 100 000 欧元。这笔收入按以下方式分配:

税收及利息利润	1 100 000 欧元
减奥地利税收(50%)	−550 000
税后净利润	550 000
减股息(80%分红)	−440 000
在奥地利的保留盈余	110 000

如果 A 决定把向母公司支付的股息减少一半,并把减少的这一半股息以提成费的方式汇向母公司,那么分别对各方面的影响如何:①子公司支付股息后的留存收益;②美国母公司税后留存收益;③母公司和子公司的合并税后留存净收益。

第11章 国际资本预算管理

跨国公司的一个核心问题就是,对外投资项目的要求收益率应该高于、低于还是等于国内项目的要求收益率。因此,必须考察跨国公司的资本成本(cost of capital)问题,即从事这项投资的公司股东对该项投资所要求的、经风险调整后的最低收益率。它是国际财务管理中最复杂的问题之一,即跨国资本预算问题,它直接影响合理的对外投资决策。本章在介绍资本预算方法的同时还考察了母公司及其分支机构在确定债务和权益融资恰当比例方面的相关因素。跨国公司对其不同的机构选择财务结构时,必须考虑不同资金来源的可得性、相关成本以及对公司经营风险的影响。

11.1 资本预算的基本方法

11.1.1 资本预算的基本原则

资本预算最常见的方法是计算净现值,而这需要通过预计现金流量的折现值减去初始支出来确定。在投资决策中,现金流量是指一个项目引起的企业现金流出和现金流入的增加量。这里的"现金"是广义的现金,它不仅包括各种货币资金,而且还包括项目需要投入企业拥有的非货币资源的变现价值(或重置成本)。现金流量包括现金流出量、现金流入量和现金净流量。现金流出量和流入量分别指一个项目引起的企业现金流出和流入的增加额。现金净流量则是一定期间内现金流入量和现金流出量之间的差额。即,现金净流量=现金流入量-现金流出量。本节将以现金流量估计的原则为核心介绍资本预算的基本原则。

1. 投资现金流量估计的原则

投资项目现金流量的估计必须遵循以下原则。

(1) 现金流量原则

现金流量是指一定时期内,投资项目实际收到或付出的现金数。凡是由于该项投资而增加的现金收入额或现金支出节约额均称为现金流入;凡是由于该项投资引起的现金支出均称为现金流出,一定时期的现金流入与现金流出的差额称为现金净流量。任何一个投资项目的现金流量都包含如下三个要素:①投资过程的有效期,即指现金流量的时间域;②发生在各个时刻的现金流量,即指每一时刻的现金收入或支出额;③平衡不同时点现金流量的资本成本(利率、贴现率)。

(2) 增量现金流量原则

所谓增量现金流量,是指因接受或拒绝某个投资方案后所发生的企业总现金流量变动。只有那些因采纳某个项目而引起的现金支出增加额,才是该项目的现金流出;只有那些因采纳某个项目而引起的现金流入增加额,才是该项目的现金流入。

(3) 税后原则

如果企业向政府纳税,在评价投资项目时所使用的现金流量应当是税后现金流量,因为只有税后现金流量才与投资者的利益相关。其中,应具体注意以下几个方面。

① 税后收入和税后成本。凡是减免税负的项目,实际支付额并不是真实的成本,应将因此而减少的所得税考虑进去。扣除所得税影响以后的费用净额,称为税后成本,计算公式为:税后成本=实际支付×(1-税率)。由于所得税的作用,企业营业收入的金额有一部分会流出企业,企业实际得到的现金流入是税后收入。计算公式为:税后收入=收入金额×(1-税率)。而税后现金流量计算公式为:税后现金流量=税后收入-税后成本+税负减少。

② 折旧的抵税作用。由于折旧是在税前扣除的,因此,折旧的计提可以起到减少税负的作用,称之为"折旧抵税"或"税盾效应"。接下来我们来着重说明增额现金流量原则。

2. 增额现金流量

投资分析中股东关注的是当今支付的投资在将来能取得多少收益,因此,最重要的不是项目每期总的现金流量,而是项目产生的增量现金流量(incremental cash flows)。资本预算的重点和难点之一就是计算项目的增量现金流量,其中包括初始投资、在项目寿命期内的现金流量、项目在寿命期末除去处置费用的终值或残值。换言之,公司要计算项目对母公司的价值,而不是项目价值。影响增量现金流量的因素主要包括以下几个方面。

(1) 替代性效果

当某公司引入了新产品的生产,就可能使公司原有的消费者放弃购买老产品而转向新产品。这就是所谓的产品替代性,公司新产品从老产品手中夺走了一部分销售额。同样的情况也发生在建立国外子公司的项目中,在海外建厂生产并销售实际上替代了原有的公司产品出口,那么新项目所产生的现金流量应减去由此失去的销售收入。

明确替代性效果的困难在于需要确定倘若没有在海外建厂或推出新产品,公司销售额将为多少,这就是所谓的"有无比较法"。替代性的增额效果是如果不进行新项目可能失去的销售收入,这一潜在的将会失去的销售收入应作为替代性效果的贡献,计入增额现金流量,而不应从中予以扣除。

(2) 新增销售额

以德国大众汽车公司为例,其在中国上海成立的合资子公司所采用的一部分零配件来自其在德国的母公司,如果没有上海大众这个合资公司,这些零配件很可能无法出口到中国。又如,美国动力机械公司 Black&Decker 通过在欧洲的直接投资项目确立了其在欧洲市场的竞争地位,从而带动了其产品对欧洲市场的出口,这些都为投资项目带来了新增销售额。跨国直接投资项目的新增销售额与替代性的效果正好相反,在计算项目现金流量时,必须将这些新增的销售额归因于项目本身。

(3) 机会成本

机会成本(opportunity cost)是指为了得到某种东西而所要放弃另外一些东西的最大价值。例如,中国银行在其购置的德国法兰克福市中心的一块空地上建造新的银行大楼这一项目中,在计算其净现值时,中国银行必须考虑土地成本作为项目的现金流出,而该土地成本必须依据该块土地目前的市场价值决定,而不是它的账面净值(购买时所支付的土地价格减去累计折旧)。土地目前的市场价值主要是由这块土地具有的利用机会所决定的,项目所占用土地的代价应以放弃其他利用机会所带来的损失来衡量,即土地的机会成本。

(4) 无形效益的量化

跨国投资项目通常有助于提升企业形象、打开销路、提高售后服务质量等,这些无形效益对公司的现金流量构成了影响。尽管衡量这一影响的难度很高,但应尽可能予以量化。

(5) 税的支出

在现金流量估计中,必须包含税的支出,而现实中,税的支出很难估计。首先,公司税并不是依据现金流量而是依据会计利润决定,这样超过有用寿命的有形资产折旧、某些流动资产和流动负债的自然增值等都会造成现金流量估计的偏差;其次,税必须缴纳给东道国政府和母公司政府,公司支付的税额与返回利润多少有关。

11.1.2　资本预算的基本方法

如何对各种投资项目方案,作出合理的可行性分析,从而评估决策一个最佳项目,这就是资本预算工作。大体上有五种资本预算评估方法:平均收益率法、投资回收期法、净现值法、盈利能力指数法、内部报酬率法等。

1. 平均收益率法(ARR)

平均收益率(average rate of return,ARR)是指投资项目的年平均净利润与该项目年平均投资额的比率,又称账面收益率。若平均收益率大于基准平均收益率,则应接受该项目,反之则拒绝该项目。平均收益率应用会计信息,使用历史数据得出,是一种衡量盈利性的简单方法,其使用的概念便于理解;使用财务报告的数据容易取得;考虑了整个项目寿命期的全部利润。但由于其使用的是账面收益而非现金流量,并未考虑货币的时间价值和投资的风险,因此,其往往只作为辅助的参考标准。

2. 投资回收期法(PP)

投资回收期(payback Period,PP)是指通过项目的净现金流量来回收初始投资所需时间,也称为现金偿还期。公司自行确定或根据行业标准确定一个基准回收期,若项目投资回收期小于该基准回收期,则接受该项目,反之则拒绝。回收期的计算公式一般为

$$回收期 = \frac{原始投资额}{每年现金流入量}$$

(1) 若初始投资一次性支出,且经营期每年的现金净流量相等,则回收期=初始投资额/年现金净流量。

(2) 若每年现金净流量不相等,则应分段计算。

投资回收期法作为一种静态分析方法,同样未考虑到货币的时间价值以及投资所承担的风险。此外回收期法没有考虑到回收期以后的现金流,也就是没有衡量盈利性,容易促使公司接受短期项目,从而放弃有战略意义的长期项目。

3. 净现值法(NPV)

净现值(net present value,NPV)定义为项目未来现金流量按项目资本成本折现后的现值减去项目的初始现金支出。净现值为正的项目是可接受的,反之,则应当拒绝。如果两个项目是互斥的,则应当采纳净现值较高的项目。资本成本是指具有相似风险的项目的预期收益率,假定资本成本是给定的,净现值公式为

$$\text{NVP} = -I_0 + \sum \frac{X_t}{(1+k)^t} \tag{11.1}$$

其中,I_0 表示初始现金投资;X_t 表示第 t 期的现金流量;k 表示项目的资本成本;$\frac{1}{(1+k)^t}$ 即为 t 期的现值系数。例如,分析一个企业扩建项目的现金流量及净现值,如表 11.1 所示,假设资本成本为 10%,根据 NPV 的计算可知项目是可接受的。如果投资于上述扩建项目,那么 1 351 000 元就是该项目的净现值。

净现值法具有两个突出的优点:①它评价投资的方式和公司股东评价投资的方法是一致的;净现值法关注的是现金流量而不是会计利润,并强调资金投资的机会成本。因此,这种方法和股东财富最大化的目标相一致。②它遵循了价值增加原则(value additivity principle),也就是说,独立项目集合的净现值可以简单地看成各单一项目净现值之和,意味着经理们可以独立地考察各个项目,也表明当公司承担几项投资时,其价值增加额等于接受项目的净现值之和。

表 11.1　某企业扩建项目的现金流量及现值表

年份	现金流量 X_t	现值系数	现金流量×现值系数=现值	累积现值
0	￥-4×10^6	1	￥-4×10^6	￥-4×10^6
1	1.2×10^6	0.909 1	1.91×10^6	-2.909×10^6
2	2.7×10^6	0.826 4	2.231×10^6	-0.678×10^6
3	2.7×10^6	0.751 3	2.029×10^6	1.351×10^6

4. 盈利能力指数法(PI)

盈利能力指数法(profitability index,PI)是指某一项投资在经营期和终结期现金净流量按资金成本折算的总现值与原始投资额的现值之比,计算公式为

$$\text{PI} = \frac{\sum \frac{\text{NCF}_t}{(1+k)^t}}{I} = \frac{\text{NPV}+I}{I} \tag{11.2}$$

其中,NCF_t 为第 t 期的净现金流量;I 为原始投资额的现值;k 为项目的资本成本。

当 PI≥1 时,说明项目的收益率达到了期望收益率或资本成本率,投资项目可行,反之,则不实行该项目。上例中(表 11.1)

$$PI = \frac{NPV + I}{I} = \frac{1\ 351\ 000 + 4\ 000\ 000}{4\ 000\ 000} = 1.337\ 75$$

由于计算得出的 PI>1,故此项目可行。盈利能力指数法考虑了货币的时间价值,从而真实反映投资项目的盈亏程度。

5. 内部报酬率法(IRR)

内部报酬率(internal rate of return,IRR)是指投资项目的净现值为零时的折现率。即在投资项目寿命周期内,根据该贴现率对投资项目每年的净现金流量进行贴现,使未来收益的总现值正好等于该项目原始投资额。内部报酬率法用该贴现率与项目资本机会成本做比较,对项目投资进行决策,若 IRR 不低于资本机会成本,则项目可行,反之,则不实行。具体方法为:

令 $NPV = \sum \frac{NCF_t}{(1+IRR)^t} - I = 0$,由插值法或试误法求出 IRR,与资本机会成本做比较,决策投资是否进行。

内部报酬率可直接求出投资项目所能达到的报酬率供决策者参考。其次,内部报酬率法可以弥补净现值方法中净现值大小受投资规模影响这一缺点,从而实现对不同规模项目的相对盈利能力的比较。此外它也考虑了货币的时间价值且从相对指标上反映投资项目的收益率。

11.1.3 国际平价条件和跨国资本预算

跨国投资项目净现值评估有两种不同的方法。虽然这两种方法既可以采用现金流量、汇率和折现率的名义价值,也可以采用实际价值,但实务中,通常都是以名义价值评估的。

第一种方法是基于国外子公司或项目角度的项目净现值评估,具体步骤是:①估计当地货币的未来期望现金流量;②确定国外的折现率;③计算未来的净现值;④用评估时的即期汇率把外币净现值换算成本币的净现值。其公式表示为

$$NVP^h = \left[\sum_{t=0}^{N} \frac{E(NCF_t^f)}{(1+k^f)^t}\right] e_0 \quad (11.3)$$

式中: NVP^h 为本币净现值; $E(NCF_t^f)$ 为第 t 期期末当地货币期望净现金流量; k^f 为国外的折现率; e_0 为评估时的直接标价法的即期汇率。

第二种方法是基于国内母公司角度的项目净现值评估,具体步骤是:①估计未来外币期望净现金流量;②用预测的未来各期即期汇率将外币净现金流量换算成本币净现金流量;③确定国内的折现率;④计算本币的净现值。其公式表示为

$$NVP^h = \sum_{t=0}^{N} \frac{E(NCF_t^f) \times E(e_t)}{(1+k^h)^t} \quad (11.4)$$

式(11.4)中, $E(NCF_t^f)$ 表示 t 期期末当地货币期望净现金流量; k^h 表示国内的折现率; $E(e_t)$ 表示 t 期期末直接标价法的期望汇率。

在国际购买力平价成立的情况下,跨国投资项目净现值评估的这两种方法会得出相同的结论。首先,我们按第 t 期期望即期汇率 $E(e_t)$ 将第 t 期期末外币期望净现金流量

$E(\text{NCF}_t^f)$ 换算为第 t 期期末本币期望净现金流量 $E(\text{NCF}_t^h)$：

$$E(\text{NCF}_t^h) = E(\text{NCF}_t^f) \times E(e_t) \tag{11.5}$$

根据国际费雪效应，则 $\dfrac{(1+k^h)^t}{(1+k^f)^t} = \dfrac{E(e_t)}{e_0}$，整理可得，$(1+k^h)^t = (1+k^f)^t \left(\dfrac{E(e_t)}{e_0}\right)$；代入式(11.4)，得到跨国投资项目本币的净现值 NVP^h 为

$$\text{NVP}^h = \sum_{t=0}^{N} \frac{E(\text{NCF}_t^f) \times E(e_t)}{(1+k^h)^t} = \sum_{t=0}^{N} \frac{E(\text{NCF}_t^f) \times E(e_t)}{(1+k^f)^t \times \left(\dfrac{E(e_t)}{e_0}\right)}$$

$$= \left[\sum_{t=0}^{N} \frac{E(\text{NCF}_t^f)}{(1+k^f)^t}\right] e_0 = e_0 \times \text{NPV}^f \tag{11.6}$$

式(11.6)中，NVP^f 为跨国投资项目外币的净现值。通过上述两种方法的分析，上述方法一致性成立的前提条件是国际评价条件成立。

【例 11.1】 假设中国某科技公司在欧洲进行一项无风险投资，其外币现金流量如图 11.1 所示。已知中国无风险利率为 6.2%，欧洲无风险利率为 18%。目前人民币兑欧元的汇率为 ¥0.20/€，一年后的即期汇率为 ¥0.18/€。分别用基于国外子公司或项目角度的项目净现值评估方法和用基于国内母公司角度的项目净现值评估方法计算净现值。

解： 先检验上述条件是否能使国际费雪效应成立。

如果国际费雪效应成立，则 $\dfrac{(1+k^h)^t}{(1+k^f)^t} = \dfrac{E(e_t)}{e_0}$。本例题中，$\dfrac{1+6.2\%}{1+18\%} = \dfrac{0.18}{0.2} = 0.9$，所以，能够满足国际费雪效应。

方法一：基于国外子公司或者项目角度的项目净现值评估方法

第一步：计算欧元的净现值：$\text{NPV}^f = -450 + \dfrac{500}{1+18\%} = -26.27(\text{欧元})$。

第二步：用 $\text{NVP}^h = e_0 \times \text{NPV}^f$ 将欧元的净现值按照目前的即期汇率换算成人民币净现值：$\text{NVP}^h = e_0 \times \text{NPV}^f = 0.2 \times (-26.27) = -5.25(\text{元})$。

方法二：基于国内母公司角度的项目净现值评估方法

第一步：计算本币的现金流量(图 11.2)，第 0 期期末的人民币现金流量为：$-450 \times 0.20 = -90(\text{元})$，第 1 期期末的人民币现金流量为：$500 \times 0.18 = 90(\text{元})$。

第二步：计算人民币净现值：$\text{NVP}^h = -90 + \dfrac{90}{1+6.2\%} = -5.25(\text{元})$。

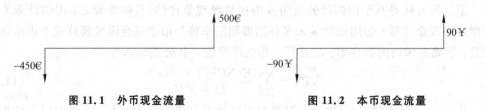

图 11.1 外币现金流量　　　　图 11.2 本币现金流量

由此可见，只要满足国际费雪效应，无论按基于国外子公司或项目角度的项目净现值评估方法还是按基于国内母公司角度的项目净现值评估法，最终得到的人民币净现值都是相等的。

11.2 国际资本结构与资本成本

最近,世界上的许多大公司在从国内筹资的同时,也开始在国外筹集资金,以使其资本结构国际化。结果,这些公司不仅实现了跨国经营,而且还有了跨国的资本结构。从这一趋势中我们能看出,企业通过国际化资金来源降低了资本成本,而国际金融市场的自由化与放松管制使得企业跨国融资成为可能。

如果国际金融市场是完全一体化的,则各国资本成本相同,从而企业从国内还是从国外融资变得无关紧要。但如果各市场不是完全一体化的,企业可以通过股票的跨国发行来为股东创造价值。

我们将要考察资本结构国际化对企业资本成本和市值的影响,了解对国内企业的国外所有权所施加的限制及其对企业资本结构的影响。我们最终关心的是跨国公司(MNC)以最低成本获取资本的能力,这可使它在实施大额资本项目时有利可图并使其股东财富最大化。

11.2.1 资本结构理论与项目估值

1. 资本结构的 MM 理论

现代资本结构理论是 Modigliani 和 Miller(合称 MM)基于完备资本市场假设条件提出的,分为无公司所得税条件下的 MM 理论和有公司所得税条件下的 MM 理论。

(1) 无公司所得税条件下的 MM 理论

MM 理论(1958)给出两个命题:

命题1:在无公司所得税条件下,负债企业的市场价值与不负债企业的市场价值相等。也就是说,公司价值与公司资本结构无关,决定公司价值的是其资产的盈利能力。公式表达为 $V_L = \dfrac{\text{EBIT}}{k_{\text{WACC}}} = V_U = \dfrac{\text{EBIT}}{k_U}$;其中,$V_L$ 是指负债公司市场价值;V_U 是指不负债公司市场价值;EBIT 是指公司资产预期永续税息前利润;k_{WACC} 是指负债公司的加权平均资本成本;k_U 是指不负债公司股东权益成本。

命题2:负债公司的股东权益资本成本随着财务杠杆的提高而增加。负债公司的股东权益资本成本等于不负债公司股东权益资本成本加上风险溢价,而风险溢价与以市场价值计算的财务杠杆(即负债与股东权益比)成正比。公式表达为 $k_{el} = k_{eu} + \dfrac{D}{E}(k_{eu} - k_d)$;其中,$k_{el}$ 是指负债公司股东权益资本成本;k_{eu} 是指不负债公司股东权益资本成本;k_d 是指公司税前债务资本成本;D 是指负债的市场价值;E 是指股东权益的市场价值。

(2) 有公司所得税条件下的 MM 理论

MM 理论(1963)进一步在有税条件下推导出两个命题:

命题1:有公司所得税条件下,负债企业的市场价值等于不负债企业的市场价值加债务利息抵税收益的现值。表达式为 $V_L = V_U + \tau \times D$;其中:$V_L$ 是指负债公司市场价值;V_U 是指不负债公司市场价值;τ 是指公司所得税税率;D 是指负债的市场价值。

命题 2：负债公司的股东权益资本成本随着财务杠杆的提高而增加。负债公司的股东权益资本成本等于不负债公司股东权益资本成本加上风险溢价，而风险溢价与以市场价值计算的财务杠杆(负债与股东权益比)成正比，和所得税税率成反比。表达式为 $k_d = k_{eu} + \dfrac{D}{E}(k_{eu} - k_d)(1-\tau)$；其中，$k_d$ 是指负债公司股东权益资本成本；k_{eu} 是指不负债公司股东权益资本成本；k_d 是指税前债务资本成本；D 是指负债的市场价值；E 是指股东权益的市场价值。

2. 加权平均资本成本的项目估值

我们已知，一家公司的资本结构对于其股东权益的价值和加权平均资本成本都会产生影响。投资项目的可行性将部分取决于项目的筹资方式和负债与股东权益的比重。

投资项目的净现值(NPV)是按资本成本对项目现金流量进行折现的现值之和，资本成本通常是加权平均资本成本。

$$\text{NPV} = -C_0 + \sum_{T=1}^{N} \frac{E(\text{NCF}_t)}{(1+k_{\text{WACC}})^T} + \frac{\text{TV}_N}{(1+k_{\text{WACC}})^N} \tag{11.7}$$

式中，$E(\text{NCF}_t)$ 为第 t 年年末的项目期望净现金流量；k_{WACC} 为加权平均资本成本，按式 $k_{\text{WACC}} = k_e \dfrac{E}{V} + k_d(1-\tau)\dfrac{D}{V}$ 计算；N 为项目寿命期；C_0 为初始投资；TV_N 为第 N 年年末的净残值。

用加权平均资本成本(k_{WACC})作为计算净现值的折现率具有概念简洁的特点，有着广泛的应用。但是，加权平均资本成本作为折现率有着严格的使用条件：第一，要求特定投资项目经营风险与公司经营风险相同；第二，要求特定投资项目资本结构与公司的资本结构相同。这样，当公司跨行业投资，或者因采纳新项目，经常会使公司的经营风险和资本结构发生变化，加权平均资本成本也要随之做出调整；第三，加权平均资本成本方法在分子上考虑经营现金流量，而把资本结构等复杂因素都放在分母上考虑。这样，加权平均资本成本不仅要考虑项目的经营风险，又要考虑项目资本结构中负债/股东权益比，还要考虑利息的税屏蔽价值、融资发行费用等，由此得出的结果就很难区分价值的来源是公司经营方面还是筹资方面。

3. 调整现值法的项目估值

调整现值法(the adjusted present value, APV)可以弥补加权平均资本成本方法存在的不足。现实中，投资决策与融资决策是相互影响和相互作用的。MM 在有税条件下，命题 1 开创性地把公司价值分为来自不负债公司经营所取得的价值和来自公司负债税屏蔽的价值。调整现值法就是遵循 MM 理论把投资项目评估分为两个部分：第一部分是将投资项目看作一个完全由股东权益性融资构成的项目，计算出基准净现值 NPV_U；第二部分是计算由于接受该项目而进行融资活动所产生的净现值 NPV_F，并把这种净现值作为对基准净现值的调整。即

$$\text{APV} = \text{NPV}_U + \text{NPV}_F \tag{11.8}$$

式中，$\text{NPV}_U = -C_0 + \sum_{T=1}^{N} \dfrac{E(\text{NCF}_t)}{(1+k_u)^T} + \dfrac{\text{TV}_N}{(1+k_u)^N}$；$k_u$ 是指不负债公司股东权益的资

本成本;NPV_F 中如果有利息税屏蔽价值则 $NPV_F = \sum_{t=1}^{N} \frac{\tau I_t}{(1+i)^t}$;$\tau$ 为公司所得税税率;I_t 为第 t 年年末归还的利息额;i 为税前负债资本成本或利息率。

调整现值法可以区分项目对公司价值增加值的构成和来源,由于其遵循净现值的可叠加性原理,把作为价值来源的各部分现金流量视为相互独立,并用与现金流量风险相对应的折现率折现成现值。式中经营期望现金流量 $E(NCF_t)$ 的折现率为 k_u,这是因为调整现值法把这部分现金流量视为全部由股东权益融资产生的,只涉及项目的经营风险,故用股东权益资本成本折现。而对于利息税屏蔽,考虑到较经营现金流量的风险低很多,则用税前利率进行折现。

调整现值法的决策标准与净现值一致,如果 APV≥0,则项目可行;如果 APV<0,则项目不可行。

11.2.2 跨国公司最佳资本结构的选择

最佳资本结构是指能产生最低资本成本和最高公司价值的负债与股东权益比重。在确定了资本需求总量的条件下,通过改变负债率来寻找最佳的资本结构。

资本结构的权衡理论假设在现实世界中存在最佳的资本结构。这就意味着,公司可以通过调整市场价值权重的资本结构来使加权平均资本成本更低。在实务中通常有两种方法来确定权重,即账面价值的权重和市场价值的权重。账面价值权重是指按公司目前资产负债表上列示的价值计算的权重。账面价值权重的优点在于:第一,由于账面价值权重并不是依据市场价值来确定的,所以在一段时间内是稳定的;第二,由于账面价值可以从资产负债表上查到,所以很容易确定。但是,债券和股票的市场价值是随时间而发生变化的,所以账面价值与实际资本结构可能产生差异,从而对加权平均资本成本形成误估。市场价值权重是指按债券和股票目前市场价值计算的权重。由于公司的主要目标是市场价值最大化,所以市场价值权重符合公司的目标。市场价值反映了买卖双方对公司债券和股票的未来收益与风险期望的现值。因此,按市场价值权重计算的加权平均资本成本应该是公司投资者所要求的平均投资收益率。

计算了资本结构各资金来源的市场价值权重之后,还要计算各资金来源的资本成本,并对这些资本成本进行加权平均。负债资本成本具有显性成本和隐性成本之分。显性成本通常是指利率,而隐性成本是指负债引起的财务危机成本和代理成本,即增加负债可能提高股东权益成本,从而使债券成本上升。

从全部是股东权益的资本结构开始,增加负债可以降低加权平均资本成本,因为由此提高的股东权益成本并没有完全抵消负债所带来的利息税屏蔽作用的好处。但是超出一定范围,进一步加大负债,就会使股东权益成本的上升超过负债因税屏蔽而降低的成本,提高了加权平均资本成本。最佳的资本结构应该是加权平均资本成本处于底部的区域。

1. 国外子公司资本结构的选择

跨国公司资本结构可以分为母公司资本结构和国外子公司资本结构。与母公司资本结构相比,国外子公司资本结构有以下特点:首先,子公司内部筹资不仅是子公司自身的内部留利,也可以是来自母公司内部留利或是母公司从外部筹集而来,通过内部转移给子公司。尽管来自母公司的资金也可以分为股东权益和负债,但母公司给予国外子公司的贷款可以视作为来自其母公司的股权投资,因为来自母公司贷款的求偿权要排在其他贷款之后,不会像其他贷款那样加大国外子公司的财务风险。其次,国外子公司也可以直接从外部筹集股东权益资金和债务资金。所以,讨论子公司资本结构中的负债通常指的是从跨国公司外部筹集的债务,包括当地币种的贷款、外币贷款和欧洲货币贷款。母公司资本结构和子公司资本结构示意图如图 11.3 所示。

我们从以下三方面讨论国外子公司资本结构:①符合子公司所在东道国标准;②符合母公司的标准;③寻求跨国公司整体资本结构的优化。第三方面,我们另外阐述。

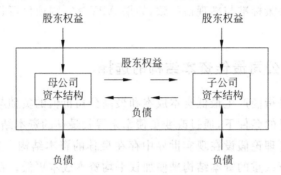

图 11.3 母公司资本结构和子公司资本结构

(1) 与子公司所在东道国标准相同的资本结构

国外子公司的资本结构符合当地负债标准,也称为资本结构本土化,其主要优点:①便于在当地得到更多的认可,有助于融入当地社会和价值观。例如,如果按当地标准看,以较高负债率经营的国外子公司往往会被理解成其母公司不愿意对该国进行实质性的投资,而遭到批评和指责。以较低负债率经营的国外子公司有较好的抵御风险能力,提高了其在当地的形象。②减少被征用或没收的政治风险。使用当地负债和股权融资,一方面可以减少投入股权资金,从而减轻被没收的不利后果;另一方面,当地投资者介入程度越深,被没收的风险就会越小。③用融资手段防范外汇风险,当地融资有助于用当地货币的筹现金流对冲当地货币的经营现金流量。④有助于管理层参考当地同行业竞争者的表现或当地经济状况来评估其股权投资收益率。比方说,有的国家虽然投资收益率较高,但其物价水平涨幅也很高,跨国公司在评估投资时必须考虑当地通货膨胀因素。

国外子公司资本结构本土化的主要缺点:①一家跨国公司之所以具有高于当地公司的竞争优势,源于其具有广泛的资本来源和多样化分散风险的能力。为什么跨国公司抛下自己的竞争优势而遵循那些在不完善资本市场基础上建立起来的标准呢?况且这些标准又并不适用于跨国公司自身。②如果跨国公司各个国外子公司的资本结构都本土化,公司总体的资本结构将是各子公司资本结构的加权平均,那么合并之后的资本结构将与哪个国家都不对应。所以,跨国公司从总体上无法通过整体优化的资本结构来融得较低资本成本的资金,就会导致资本成本的上升和财务风险的增加。

因此,国外子公司的资本结构符合当地负债标准的方式往往在母公司对子公司的债务不承担或较少承担责任时,或者由于资本市场的分割化,子公司只能依靠当地融资时才有意义。

(2) 与母公司标准相同的资本结构

是否按当地标准选择国外子公司资本结构,关键在于跨国公司母公司对国外子公司债务是否担保或以何种形式担保。如果母公司对国外子公司的债务承担全部担保责任,那么债权人就会对跨国公司整体资本结构和现金流量更为关心,国外子公司选择何种资本结构就会显得不重要。现实中,跨国公司母公司都会竭尽全力不让其子公司破产,因为一家子公司的破产会使跨国公司整体蒙受负面影响,可能会增加其资本成本,甚至会导致未来在破产发生国的项目难以实施。

当然,按单纯母公司的标准也很难行得通,假设东道国政府为吸引投资,提供了大量贴息贷款,如果充分利用这一机会就会使国外子公司的负债率超过母公司的标准,如果按母公司的标准就会放弃这一低成本的筹资机会。所以,如果寻求整体资本成本最小化,只要调整负债在母公司与子公司之间的分布即可,也就是说,子公司借得多时,母公司就少借些;反之亦然。即使复制母公司的标准在理论上是可取的,但考虑到是在东道国对子公司资本结构进行监管的特殊情况下,具体实务操作也极为困难。

2. 灵活审慎地优化跨国公司整体资本结构

灵活审慎地尽量使跨国公司整体资本成本结构最优化似乎是比较合理的选择。为了更好地发挥跨国公司的整体优势,应该利用各国税率差异、筹资币种的选择和实际利率的差异进行资本结构的决策。

(1) 充分利用各国税率的差异

各国税率差异是决策的重要因素之一。如果母国的税率小于子公司东道国的税率,以利息形式向母公司作出支付是有利的。甚至建议子公司应该完全以负债筹资。假设母公司所得税税率为35%,而子公司东道国所得税税率为45%,如果子公司获股权筹资,子公司向母公司支付1元钱的股利,意味着其税前股利就是1.82元$\left(\dfrac{1}{1-45\%}\right)$。母公司获得1元钱股利需要缴纳的税款为:$1.82\times35\%-1.82\times45\%=-0.18$(元),可是母国政府却不会返回这0.18元,因为当国外所得税税率高于母国税率时,抵免税额不得超过国外所得额按本国税率计算的应纳税额,这0.18元也就是母公司放弃的抵免税额。

如果以债务方式内部筹资,子公司向母公司支付利息1.82元,国外税额下降了0.82元,国内税额上升了$1.82\times35\%=0.64$(元)。所以,净效果就是节省了总税额$0.82-0.64=0.18$(元),总体上提高了公司的价值。所以,当母国的税率小于子公司东道国的税率时,内部筹资应选择负债方式。

尽管母国的税率小于子公司东道国的税率时,内部筹资应选择负债方式。但子公司负债还应控制在一定限额内,保持最佳的负债与股东权益比重,这是因为利息税抵扣要求子公司有利润进行抵扣。而利润的不确定性又似乎倾向于股权筹资在返回给母公司利润时的灵活性。另外,尽管负债在使公司避免支付较高子公司税额上具有优势,但负债又的确存在当子公司面临亏损却被迫向有应税利润的母公司作出利息支付的困境,这将导致即便子公司利润和公司整体利润可能是负的,跨国公司总税额仍会有增加。所以,负债筹资的利弊需要权衡。

现在假设母国税率超过了子公司东道国的税率,以股利方式转移资金是有优势的,因为这允许公司可以推迟到有多余税款抵免的年度,从而创造了在母公司层面整体避税的机会。例如,假设子公司东道国的税率为20%和母国税率为35%,如果子公司向母公司支付1元股利,实际税前股利要达到 $1 \div (1-20\%) = 1.25$(元)。母公司的净税负为 $1.25 \times 0.35 - 0.25 = 0.19$(元),其中0.25元为外国税收减免额,净税负为0.19元。这一税负只有在实际支付股利时才履行,公司可以把利润保留在低税率的子公司内无限期推迟税额。如果考虑负债筹资,子公司向母公司支付利息1.25元,外国税额下降了0.25元,母国税额上升了0.44元,净税负为0.19元,这就降低了公司整体的价值。如果公司在与债务支付利息相同的水平宣告发放股利,两者都降低公司价值0.19元而没有差异。可是,利息是必须支付的,而股利不是必须发放的,内部筹资就要选择股权筹资。

从以上讨论可知,外部负债应该让位于高税率国家的经营实体来承担,如果母国税率小于子公司东道国税率,子公司负债税屏蔽所产生的价值要比母公司负债税屏蔽的价值更高,因此就会让子公司负更多的债。因为即使子公司借了大量债务,随后也可以由母公司或其他位于低税率国家子公司内部向该子公司投入股权资本。相反,如果母国税率超过子公司东道国税率,母公司借款的税屏蔽将比子公司借款的税屏蔽更有价值。因而,跨国公司就会让母公司多借债,随后内部向子公司提供股权资金。

(2) 谨慎考虑筹资币种

在国际筹资中,常常会涉及以什么货币作为面值货币的问题。经常被采用的货币币种有三种:母公司所在国货币、东道国货币和第三国货币。由于各国的货币之间存在汇率风险,大幅度的汇率波动会使耗费很多成本得到的融资就地损失其价值,使可盈利的跨国公司的经营不能获利,结果影响财务的稳定性。因此正确选择筹资的币种对于发挥跨国公司的整体优势有着重要的意义。

(3) 善于利用实际利率差异

跨国公司可以通过内部调拨或内部交易把资金从一个子公司转移到另一个子公司或公司总部,这使得跨国公司更易于利用不同金融市场的利率差异并获得成本较低的资金。即使东道国政府采取外汇管制政策或设置其他的限制资金自由移动的障碍,大多数跨国公司仍能发现全部或部分绕过这些障碍的途径。

11.2.3 跨国公司的资本成本

资本成本指一个投资项目必须产生的用来支付融资成本的最小收益率。如果一个投资项目的收益率等于资本成本,则实施这一项目对企业价值没有影响。当一个企业确定并实施了一个收益率高于资本成本的投资项目时,企业价值将会增加。所以对于一个追求价值最大化的企业而言,尽量地降低资本成本是很重要的。

当一个企业的资本结构中既有负债又有权益时,其融资成本可用加权平均资本成本来表示,将负债的税后成本和权益资本成本加权平均即可计算出来,权重为资本结构比率。用公式表示就是

$$K = (1-\lambda)K_l + \lambda(1-\tau)i \tag{11.9}$$

式中，K 表示加权平均资本成本；K_l 表示杠杆化企业的权益资本成本；i 表示负债的税前成本；τ 表示公司所得税的边际税率；λ 表示负债占总市值的比例。通常，随着企业资本结构中负债比例的增加，K_l 和 i 都会增加，在负债与权益融资组合的最优点，加权平均资本成本（K）达到最小值。

最佳资本结构的选择很重要，因为一个追求股东财富最大化的企业会对新的资本支出进行融资，直到最后一单位新增投资的边际收益等于最后一单位新增融资的加权边际成本为止。结果当一个企业的可选投资项目给定时，如果一项措施能降低企业的资本成本，则增加了企业可实施的有利可图的投资，从而增加了股东财富。将资本结构国际化就是一个这样的措施。

1. 分割市场与一体化市场中的资本成本

计算企业的融资成本（K）时最主要的困难是权益资本成本（K_e）的计算。权益资本成本的投资者要求企业股票期望收益。这个收益通常用资本资产定价模型（CAPM）来估计。CAPM 说明股票（或更广泛地说，任何一种证券）的均衡的期望收益率是证券固有的系统风险的线性函数。确切地说，由 CAPM 决定的第 i 种证券的期望收益率为

$$R_i = R_f + (R_M - R_f)\beta_i \tag{11.10}$$

式中，R_f 表示无风险收益；R_M 表示市场投资组合，即所有资产按市值加权的投资组合的期望收益；β_i 表示证券 i 固有的系统风险的一个指标。系统风险是一种资产不可分散化的市场风险。CAPM 公式表明证券 i 的期望收益 R_i 随 β_i 增加而增大。市场风险越大，期望收益越大。β 由 $\mathrm{cov}(R_i, R_M)/\mathrm{var}(R_M)$ 计算而来，其中，$\mathrm{cov}(R_i, R_M)$ 是证券 i 与市场投资组合未来收益的协方差，$\mathrm{var}(R_M)$ 是市场投资组合收益的方差。

现在假定国际金融市场是分割化的，则投资者只能在国内分散投资。在这种情况下，CAPM 公式中的市场投资组合 M 代表的是国内的市场投资组合，在美国经常应用标准普尔 500 指数。资产定价中相关的风险指标是针对国内市场投资组合计算的 β。在分割化的资本市场中，相同的未来现金流在不同国家多半会有不同的定价，这是因为不同国家的投资者认为它们有着不同的系统风险。

考虑另一种情况，假定国际金融市场是完全一体化的，则投资者可在国际间分散投资。在这种情况下，CAPM 公式中的市场投资组合是世界上所有资产组成的"世界"市场投资组合。这时相应的风险量度是针对世界市场投资组合计算出的 β。在一体化的国际金融市场中，相同的未来现金流在各地的定价将是相同的，平均来看，在市场一体化条件下投资者会要求比市场分割化条件下更低的证券期望收益，因为它们在一体化市场中能更好地分散风险。

2. 股东权益资本成本

（1）股利资本化模型

股权资本成本至少可以由两种不同的方法进行衡量。传统的方法为股利资本化模型，表示为 $k_e = \dfrac{D_1}{P_0} + g$；其中，$k_e$ 为所要求的股东权益成本；D_1 为下一期期望支付的股利；

P_0 为第一期期末($t=0$)每股市场价值;g 为每股股价或股利的期望增长率。

传统方法假设股东所要求的收益率是由市场对风险与收益的权衡而确定的。通常将风险定义为股票收益率的标准差。

(2) 资本资产定价模型

股东权益成本也可以用资本资产定价模型(the capital asset pricing model, CAPM)来计算。估计公开发行上市的股票所要求的收益率,最常见的是用市场回归模型得出的股票特征线:$k_j = a_j + \beta_j k_m + \varepsilon_j$;其中,$a_j, \beta_j$ 为回归系数;ε_j 表示特征线的随机误差项。

衡量股票的系统性风险的系数计算公式表达为 $\beta_j = \rho_{j,m}\left(\dfrac{\sigma_j}{\sigma_m}\right)$;其中,$\sigma_j$ 和 σ_m 分别表示股票和市场组合收益率的标准差;$\rho_{j,m}$ 是股票与市场组合收益率之间的相关系数。

将股票贝塔系数 β_j 的回归估计值代入证券市场线方程,就得到估计股权资本成本或投资者要求收益率的资本资产定价模型:

$$k_e = k_{rf} + \beta_j(k_m - k_{rf}) \tag{11.11}$$

式中,k_e 为股权资本成本;k_{rf} 为无风险债券的利息率;β_j 为衡量公司股票系统风险的贝塔系数;k_m 为股票市场组合所要求或者期望的收益率,股票市场组合收益率一般用股票市场指数来衡量。

(3) 股利资本化模型与资本资产定价模型的区别

这两种衡量股东权益资本成本方法的主要区别是,股利资本化模型强调期望收益的总风险,而资本资产定价模型侧重于期望收益的系统风险,系统风险也称为市场风险,即不可分散的风险。系统风险是公司期望收益相对于市场指数不确定性的函数。实证研究表明,这两种股东权益资本成本估算方法都有一定的合理性,主要视所取的样本和测试的时间周期而定。在这两种情况下,股东权益资本成本都是市场对风险与收益偏好的某种函数,而风险却需要被特定定义。

在实务中,虽然资本资产定价模型得到广泛接受和应用,但计算公司股权风险溢酬是相当困难的,风险溢酬是指市场高于无风险负债投资者所期望收益之上的部分($k_m - k_{rf}$)。另外,虽然财务领域都认为股东权益的成本计算应着眼于向前看,但是实务中一般用历史数据作为预测的依据。另外,在外国项目的 β 系数与国内项目的 β 系数也存在争议。一方面,从非多元化的角度看,国外项目的风险更大,从而提高了系统性风险;而另一方面,从多元化的角度看,国外项目的 β 系数比国内项目更小,因为跨国投资把以前无法多元化的系统性风险也化解了,从而降低系统性风险。

3. 负债资本成本

负债资本成本,就是从债券的市场价格等于未来承诺支付的本金和利息的现值等式中求解出债券投资的内部收益率,即 $B = \sum\limits_{t=1}^{T} \dfrac{C_t}{(1+k_d)^t} + \dfrac{P}{(1+k_d)^t}$;其中,$B$ 为债券的市场价格;k_d 为债券的资本成本;C_t 为 t 年利息;P 为债券本金。

由于债券的利息可以抵扣税收,降低了企业的融资成本,其税后资本成本应将税前资本成本乘以 1 减公司所得税税率

$$k_i = k_d(1-\tau) \tag{11.12}$$

债务成本可以按同类债券的到期收益率来估算。所谓同类债券是指债券的标价货币、债券评级、到期日、偿还方式、优先求偿权、可赎回条款、可转换选择权和附认股权证等基本类同。衡量负债资本成本的程序要求预测未来几年的利率、公司使用国内和国外各种不同类型负债的比例，及其公司所得税税率。不同类型负债的利息成本可以根据各自在总负债所占权重进行加权平均，然后将税前平均负债成本 k_d，再乘以公司所得税税率后获得税后资本成本 $k_d(1-\tau)$。

债券发行者通常会请债券评级机构对其债券进行评级。按国际惯例，债券发行者有权决定不公布债券等级，公布债券等级的往往是一些债券等级比较高的公司。低等级公司可能选择不评级或不公布评级结果，投资者对此必须独立判断。所以，用计算的到期收益率作为负债成本存在一些不确定性，因为现金流是指未来承诺支付的本金和利息，而不是实际的现金流量。当债券存在违约风险，实际现金流量低于承诺现金流量时，就会高估到期收益率或者高估负债成本。

影响跨国公司资本成本的主要因素有以下几种。

(1) 市场流动性

一般认为市场流动性是一家公司可以在没有对现有证券价格产生压力的情况下发行新证券的能力，市场流动性会对公司资本成本产生影响。

在国内，公司融资的合适性取决于当时国内资本市场供求情况。理论上看，公司总是应该按其最佳资本结构来筹集资金以满足其资本预算扩展的要求。然而当资本预算超过一定规模后，公司边际资本成本将会上升。因此，倘若要维持其最佳资本结构不变，公司仅能在国内投资者对公司发行证券趋于饱和之前有一定的选择余地。

在国际背景下，公司可以在欧洲货币、债券和国际股票市场上筹资，直接在各国资本市场上筹资，或通过其在国外的分支机构在当地资本市场上筹资等途径来改善流动性。这样可以在短期内提高那些在国内市场融资受到限制的公司的融资能力，国际资本市场能够使跨国公司比国内公司更能降低股东权益成本和负债成本，同时使跨国公司即使在需要大笔融资时也能保持希望拥有的资本结构。图 11.4 表示来自国际资本市场的资金有助于跨国公司获得比国内市场更多的资金和更便宜的边际资本成本。

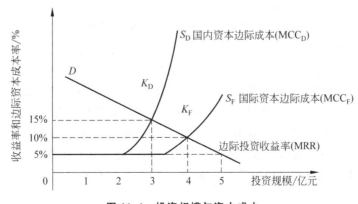

图 11.4　投资规模与资本成本

图 11.4 表明,纵轴表示投资收益率和边际资本成本率,横轴表示投资规模。跨国公司在不同的投资规模下有对应的边际投资收益率,用 D 曲线表示。该线是根据对潜在投资项目期望收益率从高到低排序而得。如果公司的资本来源仅局限于国内的话,那么边际资本成本率曲线为 S_D,假设公司扩大投资规模,相应的资本结构保持不变,其边际投资收益率与边际资本成本率相等(15%)时的最佳投资规模为 3 亿元。当跨国公司可以利用国际金融市场来扩大筹资渠道时,边际资本成本可以承受更多的筹资金额而保持不变,用曲线 S_F 表示。这样,其边际投资收益率与边际资本成本率相等(10%)时的最佳投资规模上升为 4 亿元。如果跨国公司处于分割的资本市场,那么其边际资本成本就要比纯国内公司更低,而且可以在更大投资规模上获得边际投资收益率等于边际资本成本率。

(2) 市场分割

在分割的资本市场环境中,当投资者愿意为跨国公司股票支付溢价的话,就会对跨国公司的资本成本产生影响。这种情况类似于如果国际投资存在障碍的话,投资者就会给国际投资多样化的基金支付溢价。

① 市场分割的定义。如果一个国家的资本市场上证券所要求的收益率不同于在其他国家资本市场上风险与收益相当的证券所要求收益率,就存在市场分割。换言之,如果所有资本市场完全一体化,在每个不同资本市场上同类证券经政治和外汇风险调整之后应该具有相同的所要求收益率。究竟是什么原因造成一国资本市场分割的呢?市场分割实际上是由于政府限制或投资者认知差异所造成的金融市场不完善。政府限制是指税收政策、外汇控制、资本转移的限制,对国内证券市场的行政干预等。而投资者认知上引发的市场分割包括信息不通畅,如公司信息披露的质量、投资者对证券市场和机制的熟悉程度,还有投资者所面临的交易成本、各种组合、金融风险、外汇风险和政治风险等。

② 市场有效性与市场分割。一国资本市场在国内层面上可能是有效的,但在国际层面上可能却是分割的。金融理论告诉我们,如果资本市场是有效率的,市场对新的信息会作出迅速的反应,调整至新的价位。因此,证券价格变化取决于新信息的产生及其影响。证券的价格反映其内在价值,价格的波动呈现围绕价值作随机走势。这一概念的前提是假设市场的交易成本是低的,市场上许多投资者是理性的,而且追求最大利润,每个人对于股票分析是独立的,不受相互影响。

有效的国内资本市场可能会依据这一市场上所有投资者所适合的信息对市场上全部交易证券作出正确的定价。可是,如果市场是分割的,外国投资者可能并不是该市场的参与者。因此,分割的资本市场定价是基于国内市场而不是国际市场的判断标准。

③ 市场分割对资本成本的影响。如果市场不完善,跨国公司资本成本可能不同于公司国内的资本成本,这种不完善性可能会影响构成资本结构的负债和股东权益的来源与成本。所谓分割的资本市场,是指在不同国家的筹资成本之间存在无法为汇率波动所抵消的持续性差异的非有效率市场。资本市场的分割可能起因于对跨国界资本流动控制或各个国家资本市场成熟和规模的千差万别,也可能是由于在不同市场上缺乏有关投融资准确信息引起的。

资本市场的分割会对跨国公司资本成本产生提高或降低的影响,这取决于以下诸多因素:国内资本市场可获得资本供应和需求的利率弹性,获得国际资本来源的便利性,国内资本市场或东道国资本市场的分割程度和交易成本等。当某一东道国资本市场为了防止资本从国外获得更高收益率而对资本流出加以限制时,该国资本市场就会为跨国公司提供比其母国更低的资本成本。在这种情况下,管理层必须决定当地项目是否应该从较低资本成本中获益,或判断该项目是否应该在跨国公司全球资本成本的基础上进行评价。

然而,如果一家公司的资本完全来源于一个封闭市场,其资本成本要高于那些能够从其他资本市场筹资的公司。许多国家常见的资本市场分割状态会导致股权融资的不可行或不合适。许多跨国公司发现自己很难从其他国家的资本市场上筹得股权资本,即使在发达国家中也往往如此。例如,许多国家的投资者通常因为缺乏对外国公司的了解而不愿意购买其股票。还有诸如对购买外国证券实施的限制,在外国股票交易所上市会遇到僵硬和冗长的登记与严格的披露要求等因素会使跨国公司产生犹豫。

如果跨国公司发行的证券为处于分割市场的投资者提供了其他投资和多元化的利益,那么这些投资者愿意为此支付更高的价格。这样,资本市场的分割就为跨国公司筹资创造了机会。因为跨国公司可以比其他公司筹得更低资本成本的资金。图11.4中的S_F曲线就表明跨国公司在市场分割的情况下,存在比纯国内公司更低的资本成本,甚至可以使那些被纯国内投资者认为是净现值小于零的项目投资成为可行。

(3) 税

跨国公司必须在母国市场和其有商业存在或子公司的每个东道国缴税。本章将着重于介绍税对资本成本的计算会产生什么影响。要确定税对跨国公司资本成本的实际影响是复杂的。第一,税务经理必须预测公司每个拟筹资市场的税率,尽可能在高税赋国家负债融资中获得好处。第二,必须确定每个国家税务当局对利息抵扣税的规定。在英国等国家,支付给相关国外子公司的利息是不能抵扣税的;第三,必须确定以何种法律实体筹资是最经济的。第四,必须考虑税收递延的好处。第五,当跨国公司的国外子公司向母公司汇回资金时需要缴纳预提税。因此,通过利用当地筹资,就可以减少预提税支出。

(4) 充分披露

充分披露对于那些准备去欧洲货币市场或欧洲债券市场融资的公司显得特别重要。一项对准备去欧洲债券市场发行债券的欧洲公司(其中主要是跨国公司)的研究表明,大多数筹资公司在发行前将提高其财务披露的数量和质量。这或许也是采纳了希望能够降低融资成本和使证券发行获得成功的投资银行的建议。另外也有实证支持了这样一种假设,即管理层相信充分的信息披露可以降低负债成本,所以跨国公司要求标准普尔和穆迪公司等国际债券评级机构的债券评级已经成为一种趋势。

(5) 通过现金流量的国际多样化来降低财务风险

跨国公司至少可以从两个方面充分利用其多样化经营降低加权平均资本成本。第一,多样化会稳定整体现金流量,较低的现金流波动性会使公司提高其负债能力,而负债是加权平均资本成本中较低成本的构成。第二,现金流量国际多样化可以降低公司的系统性风险,降低其β系数和股权资本成本。

跨国公司投资和经营会遇到增加的文化、政治和经济风险,因而国外投资的总风险一般要高于国内同类投资所面临的总风险。这些风险加大了国外投资收益的波动性,对跨国公司产生了不利影响。

总风险是由系统性风险和非系统性风险所组成。非系统性风险可以通过多样化投资加以分散,也称为可分散风险;而系统性风险是无法通过多样化投资加以分散的。因此,非系统性风险是不会对资本成本产生影响的,高的系统性风险产生高的资本成本。但是在国内环境中视为系统性风险的,在国外环境中由于各国经济周期的不同也可以化解一部分,关键是该项投资的国外收益率与相应市场组合收益率之间的相关性大小。特定国家政治风险的可分散性与资本市场的分割程度和投资者是采用当地投资还是全球投资的现状有关。若资本市场是完全分割的,投资者只能在当地投资,则特定国家的政治风险就是不可分散的风险,是系统性风险,相应地,要求有更高的投资收益,从而增加了公司的资本成本。

11.3 国际资本预算的复杂性

如果国际平价条件成立,按基于国内母公司和国外子公司角度的资本预算都会得出相同的结果。而当国际平价条件不成立时,两种方法所得的结论是会产生差异的。产生差异的常见原因有两种:货币的利率差异和通货膨胀率差异。必须强调,即使利率平价条件成立,仍可能会产生背离国际费雪效应的情况。

11.3.1 基于国内母公司角度的项目评估

母公司通常是在国内以本币筹资,兑换成东道国当地货币进行跨国投资。因此,母公司关心的是,该跨国投资项目所产生的现金流量兑换成本币的现金流量,因为公司投资者最感兴趣的是怎样才能从今天本币的投资中获得更多的本币的收益。如果跨国投资项目的现金流量无法兑换成投资者的本币收益,该跨国投资就缺乏意义和动机。

基于国内母公司角度的资本预算,也可以称为集中化资本预算。由跨国公司总部来承担分析,先把所有当地货币现金流量都转换成本币,这就要求母公司对汇率作出预测,总部视野宽广,在汇率估计中有机会意识到跨国投资项目所处环境的国际平价条件是否成立,如何利用国际平价条件的背离情况取得优势。该方法强调用国内所要求的收益率或资本成本转换成本币现金流量进行评估,我们知道,构成资本成本的因素很复杂,如无风险利率、国内和国外市场组合收益率、项目的 β 系数等,国内母公司毕竟对国内资本市场更为熟悉,能够更准确地估计国内的资本成本。

11.3.2 基于国外子公司或项目角度的项目评估

基于国外子公司或项目角度的项目评估,也可以称为分散化资本预算。其分析主体是子公司或项目的角度,尽管其用当地货币计算的净现值最终还是兑换成本币的净现值,但主要还是用当地资本成本折现当地货币表示的项目净现金流量,着眼于将项目在当地投资环境中与同类项目进行比较。

以由阿波罗投资管理公司(Apollo Management)控股的美国瀚森精细化工公司(Hexlon Special Chemicals inc.)为例,该跨国公司在环氧树脂方面是全球公认的巨头,拥有该系列产品市场价格的主导权,2008年全球营业收入为60亿美元,排名美国500强的第280多位。瀚森公司深切感受到,中国不仅是其经营产品的生产基地,更是主要产品的销售地。为了全面开拓中国市场,更好地发挥集团的市场优势和产品、物流管道的优势,瀚森公司于2003年在中国上海外高桥保税区设立了贸易公司,在2009年成功升级为管理型的亚太地区总部,尽管该公司至2009年已累计完成销售收入近8亿元人民币,但并不急于立即从中国汇回资金,而是与花旗银行合作建立现金池管理模式,选择收益超过中国资本成本的投资项目,目前已经在中国的上海浦东、天津、江苏阜宁、苏州、福建南平、广东封开、四川成都建立了生产基地。期望通过分享中国市场的发展和人民币升值获得更多的美元价值。

跨国资本预算的两种方法都是从市场或行业的竞争状况,着眼于长远来估计当地货币现金流量。因而,所选取的参数也是按长期国际平价条件,而不是按短期偏离国际平价条件或市场均衡来判断。这些都是为了确保公司承担的投资项目具有盈利性和长期的可行性。在按当地货币进行现金流量估计后,公司必须决定是按集中化资本预算还是分散化资本预算,分散化资本预算方法要求估计外国的资本成本,这对不熟悉当地环境的母公司有些难度。集中化资本预算方法也不简单,因为公司也面临如何将估计的未来外币现金流量转换成本币现金流量,关键是对未来汇率进行预测。因此,公司选择集中化资本预算还是分散化资本预算需要考虑公司对确定国外资本成本和对未来汇率的熟悉程度。

11.3.3 国际购买力平价不成立时项目净现值的判别标准

国际金融市场通常都是不完备的,甚至远期汇率市场不存在,国际购买力平价条件往往也不存在。此时,国外投资项目的净现值就与采用何种方法有关了。为了把注意力集中到在背离国际平价条件下国外投资项目净现值的评估上,假设这里不存在资金汇回的限制。两种方法分别得出的正负净现值可以组合成四种决策结果。显然,当 $NPV^f>0$ 和 $NPV^h>0$,我们应该接受这一项目;而如果 $NPF^f<0$ 和 $NPF^h>0$,则应该拒绝这一项目。

11.3.4 国际项目投资净现值 APV 的计算

1. APV 的计算

根据国内资本预算指标,计算 NPV(Net Present Value)的基本公式为

$$NPV = \sum_{t=1}^{T} \frac{CF_t}{(1+K)^t} + \frac{TV_T}{(1+K)^T} - C_0$$

其中,CF_t 为预期 t 年税后净现金流;TV_T 为预期净营运资本在内的税后设备残值;C_0 为建设期的初始投入成本;K 为加权的资本成本;T 为设备寿命期。因此,当 $NPV \geqslant 0$ 时,按照 NPV 标准,项目投资才是可取的。

由于国外项目预算的复杂性,11.1.3 中已经介绍将 NPV 指标修改为 APV(The Adjusted Present Value)方法,即调整后现值模型:

$$APV = NPV_U + NPV_F = -C_0 + \sum_{T=1}^{N} \frac{E(NCF_t)}{(1+k_u)^T} + \frac{TV_N}{(1+k_u)^N} + \sum_{t=1}^{N} \frac{\tau I_t}{(1+i)^t}$$

为了讨论方便,将公式字母简化表达为

$$APV = \sum_{t=1}^{T}\left[\frac{OCF_t(1-\tau)}{(1+K_u)^t} + \frac{\tau D_t}{(1+i)^t} + \frac{\tau I_t}{(1+i)^t}\right] + \frac{TV_T}{(1+K_u)^T} - C_0 \quad (11.13)$$

其中,OCF_t 为预期第 t 年合法汇回母公司的营运现金流量;τ 为母公司与子公司税率较大者的边际税率;K_u 为股权资本成本;i 为税前借款利率。APV 方法认为作为公司价值来源的每个现金流量都是相互独立的,且每个现金流量都按照考虑内在风险贴现率进行贴现。

【例 11.2】 假设一家只有股权融资组成的公司正在考虑一个项目投资,初始投资为 $CF_0 = \$1\,000$,预期投产后 1~4 年产生的营运净现金流依次为:$CF_1 = \$125$;$CF_2 = \$250$;$CF_3 = \$375$;$CF_4 = \$500$。该公司股权资本成本为 10%。如果计算净现值 $NPV = -56$,故应该放弃此项目投资。现在考虑公司能够以 8% 的利率进行借款,税率是 40%,每年的利息税盾效应是 $\tau I = 0.4 \times \$600 \times 0.08 = \$19.20$,计算 APV。

解析

$$APV = \sum_{t=1}^{T}\left[\frac{OCF_t(1-\tau)}{(1+K_u)^t} + \frac{\tau D_t}{(1+i)^t} + \frac{\tau I_t}{(1+i)^t}\right] + \frac{TV_T}{(1+K_u)^T} - C_0$$

$$= \frac{\$125}{1.10} + \frac{\$250}{1.10^2} + \frac{\$375}{1.10^3} + \frac{\$500}{1.10^4} + \frac{\$19.2}{1.08} + \frac{\$19.2}{1.08^2} + \frac{\$19.2}{1.08^3} + \frac{\$19.2}{1.08^4} - \$1\,000$$

$$= \$7.09$$

此时,$APV > 0$。因此,当该项目进行债务融资时,该项目投资是可取的。

2. 基于母公司视角的国际资本预算

调整后现值模型 APV,在分析国内资本预算投资或从跨国子公司角度进行资本预算评估时是适用的。但是,康纳德·雷萨德(1985 年)拓展 APV,使其适用于跨国公司分析国外资本预算支出。此时,如果从母公司角度进行国外资本预算评估时,需要考虑的特殊性表现为:①未来现金流量是以外币计价;②需要按照预测的汇率(采用 PPP 购买力平价论和 IRP 利率平价理论等估计方法)将未来现金流量转换为本国货币;③计算 NPV 净现值时采用国内资本成本。从母公司角度进行国外项目资本预算评估时,APV 表达式修正为

$$APV = \sum_{t=1}^{T}\frac{\overline{S_t}OCF_t(1-\tau)}{(1+K_{ud})^t} + \sum_{t=1}^{T}\frac{\overline{S_t}\tau D_t}{(1+i_d)^t} + \sum_{t=1}^{T}\frac{\overline{S_t}\tau I_t}{(1+i_d)^t} + \frac{\overline{S_T}TV_T}{(1+K_{ud})^T} - S_0 C_0$$

$$+ S_0 RF_0 + S_0 CL_0 - \sum_{t=1}^{T}\frac{\overline{S_t}LP_t}{(1+i_d)^t} \quad (11.14)$$

其中,$\overline{S_t}$ 为预期 t 年的汇率;K_{ud} 为国内母公司的股权资本成本;D_t 为第 t 年的资本折旧。

应用式(11.14)计算国外项目 APV 评估时需要注意的是:①取母公司与子公司税率的较大者为公司边际税率 τ,因为模型假设母公司所在国对不大于国内税收债务的国外税收实施一定的税收抵免。②每个贴现率都有下标 d,表示一旦国外现金流量已转化为母公司所在国货币,那么适用的贴现率就是国内的贴现率。③OCF_t 只表示可以合法汇回母公司的那部分营运现金流量,此项也不包括那些绕开限制而汇回母公司的现金流量。

如果母公司在东道国开设子公司工厂,获得的新销售额会比原来开设销售分公司更可观,但是,原有母公司工厂会产生销售收缩,即新工厂的设立会抵消现有母公司工厂的部分销售额。因此,收入的增量并不等于新工厂的销售总收入,而是总收入减去损失的销售收入。如果没有销售收缩,新工厂的销售收入就等同于销售收入的增量。④RF_0表示该项目在国外运作时所产生限制性资金的累计价值,例如,基于汇率管制的资金或因汇入母公司而额外征税的资金,只有当它们可以可用来抵消一部分项目的初始支出时,才能取得在国外项目中经常发生的现金流量S_0RF_0。RF_0等于这些资金的面值与现值的差额。⑤因为东道国为了吸引外资、促进经济发展,为本国居民提供就业机会,而对当地的国外企业提供低于市场利率的优惠性贷款(CL_0)。$S_0 CL_0 - \sum_{t=1}^{T} \frac{\overline{S_t} LP_t}{(1+i_d)^t}$表示因母公司取得低于市场水平利率的外币借款而获得的以母公司货币表示的利益现值,即优惠贷款兑换为本国货币后的面值与按同样方式兑换后并按跨国公司正常借款利率(i_d)进行贴现的优惠贷款(LP_t)现值之间的差额。当贷款以较高的普通利率贴现,贷款支付额的现值就会小于其面值,而这两者的差额就是项目所在国给予投资跨国公司的一种补助。可见,以普通贷款利率贴现的优惠贷款的现值大小,将等同于在同等债务下、以正常借款利率可以借得贷款的数额。

【例 11.3】 假设一个美国跨国公司正在考虑一个在欧洲项目投资,初始投资为$CF_0 = €600$。预期投产后1~4年产生的营运净现金流依次为:$CF_1 = €200$;$CF_2 = €500$;$CF_3 = €300$。欧元区和美元区的通货膨胀率分别为$\pi_€ = 3\%$和$\pi_\$ = 6\%$,即期汇率为$S_0(\$/€) = \$1.25/€$,国内的股权资本成本为$K_{ud} = 15\%$。试问该公司是否接受这个投资项目?

解析:根据购买力平价理论,计算美元表示的现金流分别为

$CF_0 = 600 \times 1.25 = \$750$

$CF_1 = 200 \times 1.25 \times (1.06/1.03) = \$257.28$

$CF_2 = 500 \times 1.25 \times (1.06/1.03)^2 = \$661.94$

$CF_3 = 300 \times 1.25 \times (1.06/1.03)^3 = \$408.73$

根据 $APV = \sum_{t=1}^{T} \frac{\overline{S_t} OCF_t (1-\tau)}{(1+K_{ud})^t} - S_0 C_0$,计算出 $APV = \$242.99$。

11.4 国际资本预算风险评估的复杂性

资本预算的目的是在投资项目实际运行之前通过判断预测其是否可行,其所依据的均是对未来的预测数据,这些预测数据本身具有不确定性,存在资本预算评估风险。国际资本预算主要面临两类特殊的风险,即外汇风险和政治风险。外汇风险即汇率的波动对国际资本预算评估的影响。政治风险是指投资者因东道国政局结构、政府控制和管理因素等因素的影响,而遭受经济损失的可能性。征收险、汇兑险、战争和内乱险是三种国际直接投资所面临的主要政治风险,此外还有延迟支付险和违约险等政治风险。随着国际形势的发展和国际投资法律制度的完善,公开的征用和大规模的国有化以及完全的外汇

管制已经不太常见,战争和内乱也是极其偶然的事件,但是违约险等却越来越常见。因为政治事件的发生会显著降低预期现金流的可得性与价值,且投资项目的终值更加难以估计,投资管理者必须谨慎评估政治风险。

因此在选择相互竞争的国外投资项目时,如何使用相同的资本预算理论框架和统一的标准将所有的国外资本预算的复杂因素通过对预期现金流或折现率的修正来进行量化,使最终决策更具合理性是国际资本预算风险评估模型希望解决的问题。

11.4.1 国际资本预算风险评估模型

国际资本预算的评估模型应包括数学关系式和评估参数,即现金流和资本成本的估算两个方面。对海外投资项目的现金流进行评估有集中法和非集中法两种方法:① 非集中法:$\mathrm{PV} = \left[\sum_{t=0}^{n} \frac{E_0(F_t)}{(1+K_F)^t} \right] S_0$;② 集中法:$\mathrm{PV} = \sum_{t=0}^{n} \frac{E_0(F_t S_t)}{(1+K_H)^t}$;其中:$F_t$ 表示以当地货币表示的现金流;$E_0(F_t)$ 表示现金流的期望值。

按照非集中法,首先将当地货币表示的现金流以当地的资本贴现率进行贴现,然后将贴现的现值折算成以本币表示的现值。按照集中法,首先将以当地货币表示的现金流折算成以本币表示的现金流,然后以本国的资本贴现率贴现为现值。

跨国公司总部进行项目预算一般使用集中法;而跨国公司子公司进行项目预算一般使用非集中法。两者之间一般是平行关系。在国际资本预算中,公司对于选择新的生产地点或进入新的外国市场的评估,应该根据购买力平价理论决定的汇率在长期基础上预期未来现金流而不是根据短期竞争性的均衡汇率或购买力平价关系的偏移汇率做出投资决定。集中法与非集中法比较见表11.2。

表11.2 集中法与非集中法比较

步骤	非集中法	集中法
1	当地货币的预期现金流	当地货币的预期现金流
2	使用当地货币资本成本贴现现金流	根据预期汇率折算为本币现金流
3	根据即期汇率折算成本币现值	使用本币资本成本贴现现金流

根据集中法进行资本预算,需要以未来的即期汇率作为计算的依据,如果跨国公司母公司所在国的金融市场与投资项目所在地的东道国的金融市场之间存在利率平价关系,根据两国的利率平价关系预测未来的汇率,运用这个预测汇率将当地货币表示的现金流兑换为本币表示的现金流,计算结果必定是可靠的。非集中法的预算法,需要以当地的资本成本作为计算的根据,当两个国家的金融市场之间存在汇率平价关系时,计算结果也是可靠的。公司在进行国际资本预算的决策时究竟采用哪一种方法,取决于两国金融市场是否存在汇率平价关系。

【例11.4】 美国跨国公司在瑞士投资,项目生命期为3年。期初投资为2 000万瑞士法郎,瑞士投资项目的现金流见表11.3。

表 11.3 瑞士投资项目的现金流

年度	0	1	2	3
收益		50 000 000	55 000 000	60 000 000
费用		38 205 128	40 128 205	40 512 820
折旧		6 666 667	6 666 667	6 666 666
应税收入		5 128 205	8 205 128	12 820 514
所得税 35%		1 794 872	2 871 795	4 487 180
净收入		3 333 333	5 333 333	8 333 334
净现金流	−20 000 000	10 000 000	12 000 000	15 000 000

解：按照集中法，公司根据名义无风险利率的差价预测未来即期汇率。无风险利率，美国为 10%，瑞士为 18.8%；美元相关的资本成本为 17%，瑞士法郎为 26.36%。同时公司认为两国利率的期限结构是平滑的，决定以 UIP 理论为基础，对汇率进行预测，见表 11.4。

表 11.4 投资项目的汇率预算

	预期汇率	现金流折算
0	0.80	SFr−2×10^7 = \$ −1.6×10^7
1	0.8(1.1/1.88)=0.740 7	10^7 = 7 407 407
2	0.8(1.1/1.88)2=0.685 9	1.2×10^7 = 8 230 453
3	0.8(1.1/1.88)3=0.635 1	1.5×10^7 = 9 525 987

按照集中法：
$$PV = -16\,000\,000 + 7\,407\,407/1.17 + 8\,230\,453/1.17^2 + 9\,525\,987/1.17^3 = 2\,291\,230 (美元)$$

按照非集中法：
$$PV = -20\,000\,000 + 10\,000\,000/1.263\,6 + 12\,000\,000/1.263\,6^2 + 15\,000\,000/1.263\,6^3 = 2\,864\,150 (法郎)$$
$$Sfr2\,864\,150(\$0.8/SFr) = 2\,291\,230 (美元)$$

集中法和非集中法的评估结果是一致的。从无风险利率来看，两国之间的差价为 8%。这意味着根据 UIP，瑞士法郎对美元的预期贬值是 8%；从资本成本上看，1.17×1.08=1.263 6，也反映了同样的利率差价。所以两种方法产生的现值是相等的。

11.4.2 分割的资本市场条件下的国际资本预算评估

本部分首先讨论对资本成本的平价关系的偏离，仅仅来自对 UIP 的偏离。因此，如果债券市场是分割的，则股权市场也是分割的。然后讨论即使 UIP 成立时，各国之间的项目风险标准也可能存在不同。这是因为即使债券市场是完整的，股权市场也可能是分割的。结论表明，集中资本预算法比非集中资本预算法，对于资本市场的分割更为敏感。

1. 对 UIP 的偏离——调整汇率预期

在一个分割的资本市场上，存在对资本成本平价关系的偏离。因而对于同一个投资项目,使用集中法或非集中法进行评估会得出不同的结果。

国家之间名义无风险利率不同,不仅是因为两国的通货膨胀率不同,而且是因为两国资本市场的分割导致了实际利率的不同。在这种情况下,存在对 UIP 的偏离。这是由于资本运动的障碍或外汇的风险报酬造成的。例如,一种货币可能比另一种货币有较高的报酬,这也意味着将远期汇率作为对未来即期汇率的估计就不是无偏估计,而是有偏估计。

在本部分的讨论中,设所有公司的股权资本都来自同一处,即本国股权市场,这种假设是符合大部分的实际情形的。这种假设突出了市场的分割性,因而资本成本决定于国内市场。公司在评估外国的投资项目时应使用集中法。因为它需要项目所产生的收益,足以回报提供资本的本国资本市场。

在项目评估中,对 UIP 的偏离必须计入汇率预测。如果存在外汇的利率报酬,使用集中资本预算法,意味着跨国公司的资本预算决定不必包括利息报酬,这说明跨国公司在对 UIP 的偏移中享有利润优势。反之,如果存在利息折扣,使用集中资本预算法,意味着跨国公司的资本预算决定也不必包括利息折扣,因为它需要补偿提供资本的高利率国家(母国)的投资者。

继续前述的例子。假设存在对 UIP 的偏离,且瑞士法郎利率包含了外汇风险报酬,在 18.8% 的利率中,2.8% 代表了外汇风险报酬,因而没有外汇风险报酬的利率为 16%。这意味着市场并不预期瑞士法郎的贬值等于两国的利率差价。

表 11.5 瑞士投资项目现金流的折算

年度	预期汇率	现金流折算
0	0.8	$SFr - 2\times 10^7 = \$ -1.6\times 10^7$
1	$0.8(1.1/1.16)=0.7586$	$1\times 10^7 = 7\ 407\ 407$
2	$0.8(1.1/1.16)2=0.7194$	$1.2\times 10^7 = 8\ 230\ 453$
3	$0.8(1.1/1.16)3=0.6822$	$1.5\times 10^7 = 9\ 525\ 987$

$$PV = -20\ 000\ 000 \times 0.8 + 10\ 000\ 000 \times 0.758\ 6/1.17$$
$$+ 12\ 000\ 000 \times 0.719\ 4/1.17^2 + 15\ 000\ 000 \times 0.682\ 2/1.17^3$$
$$= 3\ 179\ 322(美元)$$

存在市场分割的条件下,瑞士项目的净现值高于不存在市场分割的项目净现值。这说明瑞士项目更值得投资。美国跨国公司在一个低利率的国家享有资本成本的优势。这个例子说明,与 UIP 成立的情况相比,在存在对 UIP 偏离关系的情况下,如果对外国投资项目使用集中资本预算法,在外币利率高于本币利率的情况下,项目更容易被接受;在外币利率低于本币利率的情况下,项目更容易被否定。

在集中法的资本预算中,调整对未来即期汇率的预期,而不是调整资本成本。因为子公司的管理层熟悉当地的经营环境、名义无风险利率和项目的风险报酬,而不会感到调整资本成本的必要。

2. 调整项目风险标准

在以上的讨论中,市场组合仍然是世界市场组合,国内与国外项目的 β 也是相等的。

当存在资本成本平价关系的偏离时,必须考察国际资本市场投资组合所需要的报酬率与项目 β 的不同。事实上,即使 UIP 关系成立,如果国际资本市场的投资组合所需要的报酬率与项目 β 存在不同,资本成本的平价关系也不成立。这意味着债券市场和中介市场是完整的,而股权市场是分割的。

因为假设公司的所有资本来自本国资本市场,在存在市场分割的条件下分析资本成本时,运用集中法进行外国投资项目评估,美国公司使用美国的市场指数,瑞士公司使用瑞士的市场指数。在分割的资本市场上,市场收益率的平价关系不一定成立。国家之间的项目 β 在大多数的情况下不相等,这取决于项目收益所联系的不同市场组合的收益。

在上述例子中,现设 UIP 关系依旧成立,资本成本的平价关系不成立。无风险利率,美国为 10%,瑞士为 18.8%;市场投资报酬率,美国为 14%,根据美国股市估计项目 β 为 1.2,这可能是因为虽然项目 β 风险大于所有项目的平均风险,但是在美国市场多样化的效果可能大于世界市场多样化的效果。

$$K_U = 0.1 + 1.2 \times (0.14 - 0.1) = 0.148$$

$$PV = -20\,000\,000 \times 0.8 + 10\,000\,000 \times 0.740\,7/1.148$$
$$+ 12\,000\,000 \times 0.685\,9/1.148^2 + 15\,000\,000 \times 0.635\,1/1.148^3$$
$$= 2\,993\,837(美元)$$

结果仍然大于 2 291 320 美元。因为美国的利率低于瑞士利率,美国的资本成本也低于瑞士的资本成本,公司具有低资本成本的优势。

如果使用非集中法,必须评估瑞士股票市场的风险报酬。市场投资报酬率,瑞士为 25%,根据瑞士股市估计项目 β 为 1.6,则:

$$K_S = 0.188 + 1.6 \times (0.25 - 0.188) = 0.287\,2$$

$$PV = -20\,000\,000 \times 0.8 + 10\,000\,000/1.287\,2$$
$$+ 12\,000\,000/1.287\,2^2 + 15\,000\,000/1.287\,2^3$$
$$= 1\,635\,612(美元)$$

这个结果的出现,显然是因为瑞士是一个高资本成本的国家。瑞士的利率高于美国,瑞士的资本成本也高于美国。

专栏 11-1

D 有限公司 APV(可调整的 NPV)的计算案例

D 有限公司是英国一家老牌的生产高档巧克力的糖果公司,产品畅销西欧和北美(美国和加拿大)。D 公司在波士顿的销售分公司每年有 65 000 磅糖果销售量,仍然无法满足美国其他市场额外超过 225 000 磅糖果的年需求量。D 公司认为如果在美国成立一家独立子公司,不但可以免去所有销往美国和加拿大的货物运输问题,还可以供应整个北美市场。据估计,北美市场初期会有 390 000 磅需求量,并预计以每年 5% 的速度增长。同时,D 公司也在积极开拓东欧市场,五年后东欧市场销售量将可以消化原来销往北美市场全部销售量。

目前,即期汇率为$1.50/£,且D公司认为购买力平价理论是预测未来汇率的最佳办法,英国的长期通货膨胀率预期为4.5%,美国预期通货膨胀率为3%。D有限公司出口到北美的产品销售价格为每磅3.00£。如果美国生产线投入运作,预计每磅价格会定在7.70$左右,其中4.40$为经营利润,产品价格及营运成本预计会与美国的物价水平保持一致。

美国建厂预计成本为7 000 000$,D有限公司决定运用资本权益与债务融资相结合来筹集资金,估计权益资本成本为15%。美国项目公司具有2 000 000£的借款能力,并且准备投资建厂的美国当地州政府决定可以为D公司提供7年期,利率为7.75%,总额为3 500 000$的贷款,贷款本金可在贷款期间内分期等额偿还。其余资金采用股权融资。美国税务当局允许D公司对新设备采用7年直线折旧法。此后,该糖果生产设备,预计还会有着可观的市场价值。英美两国公司所得税率都为35%。

请运用APV(可调整的NPV)指标分析D有限公司是否应该在美国投资建立子公司呢?

资料来源:Cheol S Eun, Bruce G Renick. International Financial Management[M].7th.北京:机械工业出版社,2015:473-474.

案例解析:

根据已知:即期汇率为$S_0(£/\$)=1/1.50=0.666\ 7$;$\pi_£=4.5\%$、$\pi_\$=3\%$;

根据购买力平价理论预测各年汇率为$\overline{S_t}=0.666\ 7\times(1.045)^t\div(1.03)^t$;

初始投资成本为$S_0C_0=£0.666\ 7\times 7\ 000\ 000=£4\ 666\ 900$;税前每单位边际收入为$\$4.4\times(1.03)^{t-1}$;折旧为每年$1 000 000,残值为0。公司进行$1 000 000的优惠借款,利率为7.75%,年限7年。投资建厂前北美的市场销售量为290 000;

美国和英国的边际税率$t=35\%$;$i_d=10.75\%$,$K_{ud}=15\%$。

具体计算:

(1) 税后营运现金流$\dfrac{\overline{S_t}OCF_t(1-\tau)}{(1+K_{ud})^t}$的计算

年份 t	未来预期汇率 $\overline{S_t}$	数量	$\overline{S_t}\times$数量$\times 4.4\times(1.03)^{t-1}$(£)	销售收缩量	销售收缩额$\times(1.045)^t\times 3$(£)	$\overline{S_t}OCF_t$(£)	$\dfrac{\overline{S_t}OCF_t(1-\tau)}{(1+K_{ud})^t}$(£)
1	0.676 4	390 000	1 160 702	232 000	727 320	433 382	244 955
2	0.686 3	409 500	1 273 673	174 000	570 037	703 636	345 832
3	0.696 3	429 975	1 397 548	116 000	397 126	1 000 422	427 566
4	0.706 4	451 474	1 533 373	58 000	207 498	1 325 875	492 748
5	0.716 7	474 048	1 682 524	0	0	1 682 524	543 733
6	0.727 1	497 750	1 846 053	0	0	1 846 053	518 765
7	0.737 7	522 638	2 025 613	0	0	2 025 613	494 977
合计							3 068 576

(2) 折旧税收减免现值$\dfrac{\overline{S_t}\tau D_t}{(1+i_d)^t}$的计算

年份 t	未来预期汇率 $\overline{S_t}$	折旧额 D_t（$）	$\dfrac{\overline{S_t}\tau D_t}{(1+i_d)^t}$（£）
1	0.676 4	1 000 000	213 761
2	0.686 3	1 000 000	195 837
3	0.696 3	1 000 000	179 404
4	0.706 4	1 000 000	164 340
5	0.716 7	1 000 000	150 552
6	0.727 1	1 000 000	137 911
7	0.737 7	1 000 000	126 340
合计			1 168 146

（3）优惠贷款支付额现值的计算

低于市场利率成本进行优惠贷款带来的利益现值为：

$$S_0 CL_0 - \sum_{t=1}^{T} \dfrac{\overline{S_t}LP_t}{(1+i_d)^t} = 0.666\ 7 \times 3\ 500\ 000 - 2\ 213\ 017 = £120\ 433$$

年份 t	未来预期汇率 $\overline{S_t}$(a)	本金支付(b)（$）	利息支付(c)（$）	$\overline{S_t}LP_t$ a×(b+c)（£）	$\dfrac{\overline{S_t}LP_t}{(1+i_d)^t}$（£）
1	0.676 4	500 000	262 500	515 755	465 693
2	0.686 3	500 000	225 000	497 568	405 662
3	0.696 3	500 000	187 500	478 706	352 401
4	0.706 4	500 000	150 000	459 160	305 203
5	0.716 7	500 000	112 500	438 979	263 466
6	0.727 1	500 000	75 000	418 083	226 569
7	0.737 7	500 000	37 500	396 514	194 023
合计					2 213 017

（4）利息税抵免现值的计算

因为 $3 500 000 的优惠贷款占项目成本 $7 000 000 的 50%；项目的借款能力为 £2 000 000，计入项目成本的比例为 λ＝£2 000 000/£4 666 900＝42.855%。因此，计算 λ/项目负债比率＝42.855%/50%＝85.7%，即只有 85.7% 的优惠贷款利息支付被纳入利息税减免部分，则利息税减免的现值为 £163 342。

年份 t	未来预期汇率 $\overline{S_t}$	利息支付（$）	λ/项目负债比率	$\overline{S_t}\tau I_t \times 0.857$（£）	$\dfrac{\overline{S_t}\tau I_t \times 0.857}{(1+i_d)^t}$（£）
1	0.676 4	262 500	85.7%	53 258	48 088
2	0.686 3	225 000	85.7%	46 318	37 763
3	0.696 3	187 500	85.7%	39 160	28 828
4	0.706 4	150 000	85.7%	31 783	21 126
5	0.716 7	112 500	85.7%	24 185	14 515
6	0.727 1	75 000	85.7%	16 357	8 962
7	0.737 7	37 500	85.7%	8 298	4 060
合计					163 342

综上所述，在不考虑到期残值的情况下，APV 的计算为

$$APV = \sum_{t=1}^{T} \frac{\overline{S}_t OCF_t(1-\tau)}{(1+K_{ud})^t} + \sum_{t=1}^{T} \frac{\overline{S}_t \tau D_t}{(1+i_d)^t} + \sum_{t=1}^{T} \frac{\overline{S}_t \tau I_t}{(1+i_d)^t}$$

$$+ [S_0 CL_0 - \sum_{t=1}^{T} \frac{\overline{S}_t LP_t}{(1+i_d)^t}] - S_0 C_0$$

$$= 3\ 068\ 576 + 1\ 168\ 146 + 163\ 342 + 120\ 433 - 4\ 666\ 900 = \pounds - 146\ 403$$

所以，不考虑残值的情况下应当拒绝这个投资项目，但是由于初始投资为£4 666 900，预计到期后还会有着可观的市场价值，因而预计的残值很有可能大于£146 403，在这种情况下可以接受该项目投资。

 思考题

1. 当迪士尼公司考虑在中国上海建立一个主题公园时，仅有与该中国上海有关的预计现金流量就足以支持项目评估吗？还有没有其他一些相关的现金流量也需要加以考虑的呢？

2. 中奥实业公司是设在澳大利亚的中澳合资企业，其参照货币为澳元。该公司需要筹借2 500 万澳元，为期1 年。它可以按8％的利率借澳元贷款，也可以按13％的利率借美元贷款。公司对1 年后汇率的预测见下表。

汇率（美元/澳元）	概率	汇率（美元/澳元）	概率
0.35	0.20	0.454	0.40
0.40	0.30	0.50	0.1

（1）假定没有远期外汇市场，公司应该选择哪种贷款方案？（提示，首先把汇率换算成以澳元/美元表达的汇率。例如，0.40 美元/澳元可写成 2.5 澳元/美元）。

（2）盈亏平衡点汇率是否变化？如果结论与把美元当成本币时的结论不同，请解释原因。

3. 国外项目的资本预算和国内项目资本预算用的是同一个理论框架。那么国内项目资本预算分析的基本步骤是什么？

4. 国外项目的资本预算比起国内项目来说要复杂得多。是什么因素导致了这种复杂性？

5. 美国跨国公司计划在印度进行项目投资。期限初投资费用为 7 亿卢比，第一年的经营利润为 4 亿卢比，第二年为 6 亿卢比，即期汇率为 $0.35/INR。无风险利率美国为 4％，印度为 11％，项目 β 为 0.9，公司所需要的投资报酬率 10％。项目的全股权成本和净现值为多少？

6. 阿尔法公司计划在匈牙利设立子公司，生产并销售时尚手表。阿尔法公司有总资产 7 000 万美元，其中 4 500 万美元为权益融资，其余为负债融资。阿尔法公司认为目前的资本结构已是最佳资本结构。匈牙利子公司的建设成本估计为 HUF 2 400 000 000，其中 HUF1 800 000 000 来自匈牙利政府低于市场借款利率的优

惠贷款。那么在阿尔法公司的资本预算分析中，计算利息支付的利息税减免时所采用的负债数额为多少？

7. 紫金公司是一家中国跨国公司，前些年在澳大利亚建立了一家全资子公司，但经营业绩远低于预期，而且未来情况仍不乐观。紫金公司拟挂牌出售该子公司，并相继收到了一些有兴趣公司的收购报价，但即便是其中最高的报价仍很低。紫金公司最终准备接受这一较低的报价，其在股东大会上作出的解释是，只要项目现金流收不抵支，都应该被出售，请对此观点作出评论。

8. 当前的即期汇率为 HUF250/$1.00，匈牙利的长期通货膨胀率估计为每年10%，在美国这个数字为3%。如果这两个国家购买力平价定理都成立，那么预计5年后的即期汇率为多少？

9. 贝塔公司的最佳负债率为40%，其权益资本成本为12%，税前借款利率为8%。公司所得税的边际税率为35%。试计算：①加权平均资本成本；②完全权益融资公司的权益成本。

10. 美国跨国公司 Zeda 计划在丹麦进行直接投资。丹麦政府已经向 Zeda 提供了年利率4%、金额为 15 000 000DKK 的优惠贷款。Zeda 的正常美元借款利率为6%，丹麦克朗借款利率为5.5%。贷款计划要求分3年等额偿还本金。优惠贷款利益的现值等于多少？（目前即期汇率为 DKK5.60/$1.00，美国的预期通货膨胀率为3%，丹麦为2.5%。）

教学支持说明

▶▶ 课件申请

尊敬的老师：

您好！感谢您选用清华大学出版社的教材！为更好地服务教学，我们为采用本书作为教材的老师提供教学辅助资源。该部分资源仅提供给授课教师使用，请您直接用手机扫描下方二维码完成认证及申请。

任课教师扫描二维码
可获取教学辅助资源

▶▶ 样书申请

为方便教师选用教材，我们为您提供免费赠送样书服务。授课教师扫描下方二维码即可获取清华大学出版社教材电子书目。在线填写个人信息，经审核认证后即可获取所选教材。我们会第一时间为您寄送样书。

任课教师扫描二维码
可获取教材电子书目

 清华大学出版社

E-mail: tupfuwu@163.com　　　　　　　　　网址：http://www.tup.com.cn/
电话：010-83470332 / 83470142　　　　　　传真：8610-83470107
地址：北京市海淀区双清路学研大厦B座509室　　邮编：100084